中國社會科學引文索引（CSSCI）來源集刊

簡帛研究 二〇一三

中國社會科學院簡帛研究中心
中國社科院歷史所秦漢魏晉南北朝室

卜憲群　楊振紅　主編

廣西師範大學出版社
·桂林·

圖書在版編目（CIP）數據

簡帛研究．2013 / 卜憲群，楊振紅主編．—桂林：廣西師範大學出版社，2014.7
ISBN 978-7-5495-5536-9

Ⅰ.①簡… Ⅱ.①卜…②楊… Ⅲ.①竹簡—中國—文集 ②帛書—中國—文集 Ⅳ.①K877.54-53

中國版本圖書館 CIP 數據核字（2014）第 133520 號

廣西師範大學出版社出版發行
（廣西桂林市中華路 22 號　郵政編碼：541001
網址：http://www.bbtpress.com）
出版人：何林夏
全國新華書店經銷
廣西大華印刷有限公司印刷
（廣西南寧市高新區科園大道 62 號　郵政編碼：530007）
開本：889 mm × 1 194 mm　1/16
印張：20.25　　字數：420 千字
2014 年 7 月第 1 版　　2014 年 7 月第 1 次印刷
印數：0 001～1 200 冊　　定價：100.00 元

目　　録

清華簡《金縢》零釋*

武漢大學簡帛研究中心　陳偉

内容提要　本文討論《清華大學藏戰國竹簡(壹)》所刊《周武王有疾周公所自以代王之志》(《金縢》)四處解讀:(1)“繆”或“穆”字疑應讀爲“瘳”。瘳卜,猶卜瘳,卜問病愈之事。(2)竹書“備子”之“備”、《書·金縢》“丕”,恐皆當依《史記·魯世家》讀爲“負”。“負子”或“抱子”,爲古人常語。(3)御、許二字形、音相近,有可能相混。(4)竹書《金縢》周公“自爲衽”、《書·金縢》周公“自爲功”,大概就是擔當如楚簡所載的“衽”或“攻”,直接與三王溝通。

關鍵詞　清華竹書　金縢　穆卜　備子

《清華大學藏戰國竹簡(壹)》所刊《周武王有疾周公所自以代王之志》①,我們徑稱爲《金縢》。以下是研讀中的幾點心得。竹書釋文在整理者工作基礎上,還參考了復旦大學出土文獻與古文字研究中心研究生讀書會《清華簡〈金縢〉研讀札記》和龔俞璇同學的碩士學位論文《清華簡壹〈尹至〉等五篇集釋》②,一般以通行字寫出。

---

* 本文爲國家社科基金重大項目“湖北出土未刊布楚簡(五種)集成研究”(項目批准號 10&ZD089)的階段性成果。

① 李學勤主編:《清華大學藏戰國竹簡(壹)》,上海:中西書局,2010,14-17 頁(原大圖版)、75-84 頁(放大圖版)、157-162頁(釋文注釋)。

② 復旦大學出土文獻與古文字研究中心研究生讀書會(簡稱“復旦讀書會”):《清華簡〈金縢〉研讀札記》,復旦大學出土文獻與古文字研究中心網站,2011 年 1 月 5 日;龔俞璇:《清華簡壹〈尹至〉等五篇集釋》,武漢大學碩士學位論文,2012,63-82 頁。

一、穆卜

1-2 號簡云:“武王既克殷三年,王不豫,又(有)遲。二公告周公曰:‘我其爲王穆卜。’周公曰:‘未可以慼吾先王。’”

穆卜,《書·金縢》、《史記·周本紀》相同,《史記·魯世家》作“繆卜”。《魯世家》集解引徐廣曰:“古書‘穆’字多作‘繆’。”歷代説解,多以“穆”字爲中心。《書·金縢》孔傳:“穆,敬。召公、太公言王疾當敬卜吉凶。”《周本紀》集解引孔安國説亦云:“穆,敬也。”蔡沈《書經集傳》:“李氏曰:穆者,敬而有和意,穆卜猶言共卜也。愚謂古者國有大事卜,則公卿、百執事皆在誠一而和同以聽卜筮,故名其卜曰穆卜。下文成王因風雷之變,王與大夫盡弁啓金縢之書以卜者是也。先儒專以穆爲敬,而於所謂‘其勿穆卜’,則義不通矣。”《史記·魯世家》集解引鄭玄曰:“二公欲就文王廟卜。”王鳴盛解釋説:“鄭以穆卜爲就文王廟卜者,僖二十四年《傳》富辰言:管、蔡等國,爲文之昭。邘、晋等國,爲武之穆。疏云:自后稷以後一昭一穆,文王于次爲穆,是文子爲昭,武子爲穆(説詳《酒誥》)。故鄭以穆卜爲于文王廟卜也。”[①]唐蘭先生也從昭穆作解,提出:武王的次序是“昭”,卜他的下一代,就應該是“穆卜”了。[②] 在對竹書《金縢》的討論中,馮時先生與朱鳳瀚先生重申了唐先生的觀點。[③]

我們懷疑“繆”或“穆”字應讀爲“瘳”。《説文》:“瘳,疾瘉也。”《方言》卷三:“南楚病愈者謂之差,或謂之間,或謂之知。知,通語也。或謂之慧,或謂之憭,或謂之瘳,或謂之蠲,或謂之除。”《周禮·春官·大卜》:“以邦事作龜之八命,一曰征,二曰象,三曰與,四曰謀,五曰果,六曰至,七曰雨,八曰瘳。”鄭玄注:“國之大事待蓍龜而决者有八。定作其辭,于將卜以命龜也。鄭司農云:‘……瘳謂疾瘳不也。’”瘳卜,猶卜瘳,卜問病愈之事。[④]

在傳世文獻和出土簡牘中,有關于瘳卜比較詳細的記載。《左傳》昭公元年:“晋侯有疾,鄭伯使公孫僑如晋聘,且問疾。叔向問焉,曰:‘寡君之疾病,卜人曰實沈、臺駘爲祟,史莫之知。敢問此何神也?’”同書哀公六年:“昭王有疾,卜曰‘河爲祟。’”《吕氏春秋·精喻》:“晋襄公使人于周曰:‘弊邑寡君寢疾,卜以守龜曰:三塗爲祟。弊邑寡君使下臣願藉途而祈福焉。’”包山楚簡 245-246 號:“大司馬悼滑以將楚邦之師徒以救郙之歲荆夷之月己卯之日,五生以丞德以爲左尹佗貞:既腹心疾,以上氣,不甘食,尚速瘥,毋有柰。占之:恆貞吉,疾弁變,

① 王鳴盛:《尚書後案》,《清經解》卷四一六,上海書店,1988,第三册,115 頁。

② 故宫博物院編:《唐蘭先生金文論集》,北京:紫禁城出版社,1995,130 頁。

③ 馮時:《清華〈金縢〉書文本性質考述》,“《清華大學藏戰國竹簡(壹)》國際學術研討會”論文,清華大學出土文獻研究與保護中心,2011 年 6 月;朱鳳瀚:《讀清華簡〈金縢〉兼論相關問題》,“簡帛·經典·古史”國際論壇論文,香港:孫少文伉儷人文中國研究所、香港浸會大學中國語言文學系、中國傳統文化中心,2011 年 11-12 月。

④ 《書·大禹謨》有“官占”、周家台日書 145 貳有“産子占”,以貞問之事前置,與瘳卜類似。唐蘭先生以穆卜爲卜穆,對語序理解亦同。

病㾗。以其故説之。舉禱荊王,自熊麗以就武王,五牛、五豕。思攻解於水上與溺人。五生占之曰:吉。"《論衡·祀義》:"世信祭祀。以爲祭祀者必有福,不祭祀者必有禍。是以病作卜祟,祟得修祀,祀畢意解,意解病已。"比較好地概括了瘳卜的程序。

《金縢》正是以武王患病爲開端。"不豫"有不同理解。《逸周書·五權》:"維王不豫,于五日召周公旦。"朱右曾校釋:"天子有疾稱不豫。"[①]應大致不差。《書·金縢》作"王有疾,弗豫",《魯世家》作"武王有疾,不豫",竹書本 14 號簡背云:"周武王有疾周公所自以代王之志",都直接説到疾病。楚卜筮簡習見"遲瘥",表示病情延滯,如包山 240 號簡、望山 1 號墓 62 號簡所記。"有遲"大致是説經久不愈。在這種情形下,二公提出爲武王瘳卜,乃是古人對于疾病最自然的反應。

對二公瘳卜的提議,周公説:"未可以感吾先王。"感,《書·金縢》、《史記·魯世家》均作"戚",《魯世家》集解引述兩種解釋:"孔安國曰:'戚,近也。未可以死近先王也。'鄭玄曰:'二公欲就文王廟卜。戚,憂也。未可憂怖我先王也。'"戴鈞衡指出:"竊謂此言僅卜未足以動我先王也。戚讀若《孟子》'于我心有戚戚焉'之'戚'。趙岐注:'戚戚然,心有動也。'僅卜未可以戚先王,故下文特爲壇墠先册告而後用卜耳。"[②]如果西周(或者《金縢》作者心目中的)瘳卜與前揭春秋、戰國至漢代文獻所示略同,那麼周公先祝告,請求以自身替代武王,然後再卜問吉凶,確實與通常行事頗不相同。

《書·金縢》記成王啓金縢之書、明瞭真相後,寫道:"王執書以泣,曰:'其勿穆卜。昔公勤勞王家,惟予冲人弗及知。今天動威,以彰周公之德,惟朕小子其新逆,我國家禮亦宜之。'"竹書本略同,但無"其勿穆卜"四字。此句《魯世家》寫作:"自今後其無繆卜乎。"如果將"繆(穆)"讀爲"瘳"不誤,成王此語可理解爲,周公這樣用自己生命來進行瘳卜使得例行的瘳卜相形見絀。

二、備子

3-4 號簡記祝辭云:"爾元孫發也,遘害虐疾。爾毋乃有備子之責在上。惟爾元孫發也,不若旦也,是佞若巧能,多才多藝,能事鬼神。"整理者注云:毋乃,反詰辭,《禮記·檀弓》:"毋乃不可乎。"有備子之責在上,備,今本作"丕",《魯世家》作"負"。孔傳、馬融訓丕爲大,謂天命爾三王有大子愛爾子孫之責。鄭玄讀爲"不",謂若武王死,則爾三王有不子愛之責在上。《史記》、《白虎通》、《後漢書·隗囂傳》作"負子",負訓背,謂背弃子民。《公羊》桓公十

① 朱右曾:《逸周書集訓校釋》,上海:商務印書館,1937,73 頁。

② 戴鈞衡:《書傳補商》卷五,《續修四庫全書》50,上海古籍出版社,2002,63 頁。

六年注云:"天子有疾稱不豫,諸侯稱負茲",徐疏謂負茲謂負事繁多。曾運乾《尚書正讀》讀如《周本紀》"衛康叔封布茲"之"布茲","爲弟子助祭以事鬼神者之一役"。[①] 廖名春先生認爲:"備",可作"服",訓爲用。"服子"即"用子"。"服子之責"即"用子之求"。[②] 米雁先生認爲:"備子"當讀爲"丕子",釋爲首子、元子、太子。"負""備"當爲"丕"之聲轉。周公以身爲"丕子"武王姬發代罪的行爲,與上古殺首子的習俗相關。[③] 陳民鎮、胡凱先生認爲:"備"讀作"服",訓事,"責"可作"責任"解。今本作"丕",《史記》作"負",皆音近所譌。[④] 朱鳳瀚先生認爲:"備"讀爲"服","子"通"茲"。"備子"即"服茲",指服事上帝。[⑤] 古育安先生認爲:"備"讀爲"保","保子"指祖先對後代子孫的護佑。[⑥]

今按,竹書本"備"、《書·金縢》"丕",恐皆當依《史記·魯世家》讀爲"負"。[⑦] "負子"或"抱子",爲古人常語。《禮記·内則》:"三日始負子。"鄭玄注:"負之謂抱之而使鄉前也。"《淮南子·説林》:"負子而登牆,謂之不祥。爲其一人隕,而兩人傷。"高誘注:"負,抱也。"《禮記·曲禮上》:"長者與之提攜,則兩手奉長者之手。負劍辟咡詔之,則掩口而對。"孔疏云:"此長者之爲也。此負謂兒在人背上曰負,兒在懷中亦稱負,謂兒負之。"《詩·大雅·抑》:"借曰未知,亦既抱子。"鄭箋云:"假令人云王尚幼少,未有所知,亦以抱子。長大矣,不幼小也。"《韓非子·備内》:"語曰:'其母好者其子抱。'""子"可兼指"子孫"。《荀子·正論》:"聖王之子也,有天下之後也,勢籍之所在也,天下之宗室也。"楊倞注:"子,子孫也。"《尚書·金縢》孔疏引鄭玄曰:"愛子孫曰'子'。"也隱含此意。這樣,祝辭此語可理解爲"莫非你們在上天有抱持子孫的要求"。[⑧] 如此,既切合古人講"負子"的習慣,又與隨後周公欲以己身换取武王的文意相符。

---

① 對傳世本《金縢》"丕子"的討論,詳看顧頡剛、劉起釪《尚書校釋譯論·金縢》討論三"所謂'丕子'的問題",北京:中華書局,2005,1253-1260頁。

② 廖名春:《清華簡與〈尚書〉研究》,《文史哲》2010年第6期,121頁。

③ 米雁:《清華簡〈耆夜〉、〈金縢〉研讀四則》,武漢大學簡帛網,2011年1月10日。

④ 陳民鎮、胡凱:《清華簡〈金縢〉集釋》,復旦大學出土文獻與古文字研究中心網站,2011年9月20日。

⑤ 朱鳳瀚:《讀清華簡〈金縢〉兼論相關問題》。

⑥ 古育安:《傳世與出土〈尚書·金縢〉對讀研究一題:試論清華簡〈金縢〉的"爾毋乃有備子之責在上"及相關問題》,"2012年出土文獻研究視野與方法研討會"論文,臺北:政治大學中國文學系,2012年6月。

⑦ 《魯世家》索隱:"鄭玄曰'丕'讀曰'負'。"惠棟《九經古義》卷四已指索隱誤記。

⑧ 負子、抱子有一些引申用法。朱彬《經傳考證·尚書上》"金縢是有丕子之責于天"條在解釋《白虎通》"諸侯曰負子子民也"時寫道:"蓋負,抱也。有鞠育之義。"見《清經解》卷一三六二,第七册,700頁。馬瑞辰《毛詩傳箋通釋》云:"《説文》抱乃捊字之或體。竊疑此詩'抱子'與《禮》言'抱子'异,當即孚子之假借,孚子猶言生子也。"《晋書·石季龍載記下》:"我家父子如是,自非天崩地陷,當復何愁,但抱子弄孫日爲樂耳。"抱指逗弄。另《書·召誥》:"夫知保抱攜持厥婦子,以哀籲天,徂厥亡出執。"孔傳:"言困于虐政,夫知保抱其子,攜持其妻,以哀號呼天,告寃無辜,往其逃亡,出見執殺,無地自容,所以窮。"《後漢書·隗囂傳》云:"申命百姓,各安其所,庶無負子之責。"其出處,形式上雖近似《金縢》,其實恐當是《召誥》。

三、御・厭・歸

5號簡一段話整理者釋文作:“爾之御(許)我,我則晉璧與珪。爾不我御(許),我乃以璧與珪歸。”

《書・金縢》作:“爾之許我,我其以璧與珪歸俟爾命。爾不許我,我乃屏璧與珪。”

《史記・魯世家》作:“爾之許我,我以其璧與圭歸,以俟爾命。爾不許我,我乃屏璧與圭。”

以整理者釋文爲基礎,竹書本與傳世本有多處不同。其一,竹書本“我乃以璧與珪歸”接在“爾不我許”後,而傳世本“我其以璧與珪歸”接在“爾之許我”之後。其二,傳世本“我其以璧與珪歸”後,尚有“俟爾命”(《書》)或“以俟爾命”(《史記》)。其三,整理者將“晉”讀爲“晋”或“進”,指用玉。另有多位研究者將其釋爲“厭”,或者進一步讀爲“瘞”,理解爲用玉的具體方式。[①] 在這種情形下,竹書此字與傳世本“屏”字的意思截然相反。第四,因而,竹書本與傳世本的“歸”字也必須作不同解釋。

竹書整理者注釋説:“御字從御聲,讀爲‘許’。”清華簡《祭公》16號簡一字與此略同,整理者即釋爲“御”。竹書《金縢》此字或許也當釋爲“御”或“禦”。《爾雅・釋言》:“禦,禁也。”《莊子・徐無鬼》:“今夫子聞之而泣,是禦福也。”陸德明釋文:“禦,距也,逆也。”其意義與“許”正好相反,是指不接受周公的祈求。

晉,復旦讀書會從徐在國先生釋爲“厭”。[②] 陳民鎮、胡凱先生進而認爲:此處的“厭”,當訓閉藏。《集韻・琰韻》:“厭,閉藏也。”《莊子・齊物論》:“其厭也如緘。”《禮記・大學》:“見君子而後厭然。”均取此義。孔傳云:“屏,藏也,言不得事神。”義同“厭”。“屏”或“厭”當指瘞埋。[③] 今按,“厭”在收藏一義上與“屏”相關。其含義,恐怕當如《書・金縢》孔傳所云,指收藏而不以事神。

《書・金縢》“爾之許我”一句,孔疏串講説:“爾之許我,使卜得吉兆,旦死而發生,我其以璧與珪歸家待汝神命,我死當以珪璧事神。”在對“御”“晉”二字作上述理解的基礎上,竹書“歸”字也可與傳世本一樣,解釋爲“歸家”一類意思。古人祝禱時所説的供祀乃是擬議中事,要等到祝禱實現後才塞禱禮神。《韓非子・外儲説右下》記云:“今王病而民以牛禱,病愈,殺牛塞禱。”楚卜筮禱祠簡所見亦然。[④] 在“爾不我禦”或者“爾之許我”的情形下,周公

① 參看陳劍《清華簡〈金縢〉研讀三題》,《出土文獻與古文字》第4輯,上海古籍出版社,2011,146-150頁。

② 復旦讀書會:《清華簡〈金縢〉研讀札記》。

③ 陳民鎮、胡凱:《清華簡〈金縢〉集釋》。

④ 參看陳偉《包山楚簡初探》,武漢大學出版社,1996,150-151頁;《新出楚簡研讀》,武漢大學出版社,2010,104-106頁。

“以璧與珪歸”,乃是等祈禱如願後再舉行塞禱。

御、許二字形、音相近,解讀、轉寫時,有可能相混。《詩·大雅·下武》“昭兹來許”的“許”,三家詩即皆作“御”。[①] 我們或可設想,《金縢》中的這兩句原本是作:“爾之御(禦)我,我則晉(義爲藏)璧與珪。爾不我御(禦),我乃以璧與珪歸(義爲歸家)。”後來轉抄時,將兩處“御”字寫成“許”,于是在了解大致語境的前提下,把其後的兩句位置互换,從而形成傳世本的格局。在這種情形下,除了“許”、“御(禦)”這一實質性變化之外,另有“厭”、“屏”异文和多出“俟爾命”這種説明性文字,而基本表述和文意,都在最大程度上維持原貌。

四、爲社

5-6號簡云:“周公乃納其所爲社自以代王之説于金縢之匱。”10號簡復云:“王得周公之所自以爲社以代武王之説。”

《書·金縢》作:“公乃自以爲功,爲三壇同墠……王與大夫盡弁,以啓金縢之書,乃得周公所自以爲功代武王之説。”

《史記·魯世家》作:“周公于是乃自以爲質,設三壇,周公北面立,戴璧秉圭,告于太王、王季、文王……王乃得周公所自以爲功代武王之説。”

《史記·周本紀》作:“武王病。天下未集,群公懼,穆卜,周公乃祓齋,自爲質,欲代武王。”

對于《書·金縢》與《史記》中的“功”與“質”,顧頡剛、劉起釪先生概括説:“功,《魯世家》作‘質’,孫星衍據《釋詁》‘功、質,成也’,以爲‘功’與‘質’同訓(孫氏《注疏》)。按,僞《孔傳》及宋儒皆釋‘功’爲‘事’。清代學者始謂當如‘周、鄭交質’之‘質’,就是作爲抵押的人質(《左傳》隱公三年)。是説周公以自身爲質于三王以代武王的生命(江聲説;王鳴盛、段玉裁等亦持此説)。此義較長。洪頤煊提出一説云:‘功通攻字。《周禮·大祝》掌六祈,以同鬼、神、示。五曰攻,六曰説。鄭注:攻、説,則以辭責之。攻即下文册祝之辭……《魯世家》作乃身自以爲質。質亦辭也。’見《讀書叢録》卷一。其説亦有見,可備參考。”[②]楊筠如先生在將“質”理解爲“交質”之“質”的基礎上,進一步認爲:“疑‘功’亦與‘質’同,當讀爲‘貢’。《易·繫辭》釋文:‘貢,荀本作功。’是其證。”[③]臧克和先生認爲:功、工二字古通。《説文》:“工,巧飾也。象人有規矩也。與巫同意。”又“巫”下説:“祝也。女能事無形,以舞降神者也,象人兩袖舞形。與工同意。”是工、巫同意,工飾爲巫,與下文祝祠中强調“多材多藝”的自

① 王先謙:《詩三家義集疏》,北京:中華書局,1987,868頁。
② 顧頡剛、劉起釪:《尚書校釋譯論》,1225頁。
③ 楊筠如:《尚書覈詁》,西安:陝西人民出版社,2005,225頁。

身特點是一致的。[①] 程元敏先生新著申論“事功”之説，認爲：下文設壇、卜祝、乞代死，皆周公止二公而自爲之事，如江、孫説，周公自以身爲質（押）用取信于三王，如楊説周公自獻于三王，并僅與乞代死一義勉合，而蔑以涵括設壇、卜祝之事。矧《史記》“質”，當訓功績，《爾雅·釋詁》：“功、績、質、登、平、明、考、就，成也。”功、績、登、平、明、考、就，皆訓“成濟”（猶云成績），而質與諸文同訓，是亦釋成濟，則是《史記》“自以爲質”，一如本篇“自以爲功”。[②]

對于竹書本“社”字，整理者注云：今本作“功”，《魯世家》易爲“質”，江聲讀如“周鄭交質”之質，謂以己身爲質。或解功爲《周禮·大祝》“以辭責之”之攻，殆非。其他研究者的討論，主要沿續人質一説。如米雁先生讀“社”爲“貢”，認爲“質”與“貢”都有把自己交給先王的意思。[③] 陳劍先生作有進一步闡述。[④] 劉樂賢先生則推測字從“示”得聲，讀爲“質”。[⑤]

聯繫楚卜筮禱祠簡的相關記載看，臧克和先生之説值得重視。

包山224號簡記云：“東周客許緹歸胙於蔵郢之歲，爨月丙辰之日，攻尹之社執事人夏與衛安爲子左尹舉禱於親王父、司馬子音，特牛，饋之。莊敢爲位，既禱致命。”邴尚白先生認爲：疑“攻尹之社執事人”就是《金縢》中“史”一類的祝告者。“社執事人”的職司，可能與卜祝祭禱之事有關。《史記·龜策列傳》“使工占之，所言盡當。”“工”是指卜者。《詩·小雅·楚茨》“工祝致告”，《楚辭·招魂》“工祝招君，背行先些。”其中的“工”，毛亨、王逸皆以工巧之意來訓解，後代注家多從之。馬氏從《儀禮》鄭注，將“工”訓爲“官”，雖較工巧之説爲長，但恐怕仍一間未達，并不完全正確。由楚簡及《龜策列傳》來看，“工”應與卜祝巫覡有關。楚簡“社執事人”的“社”增添示旁，即因其從事與鬼神交通之事。[⑥] 劉信芳先生也説：社執事人，依文義應是主持攻説祭儀的神職人員。[⑦] 于成龍先生認爲：包山225號簡之“社”字，從示與祭祀有關，從工即取執技之義。執技之人多可稱“工”。[⑧]

包山231號簡記云：“大司馬悼愲將楚邦之師徒以救郙之歲荊夷之月己卯之日，觀綳以長靈爲左尹佗貞：出入侍王，自荊夷之月以就集歲之荊夷之月，盡集歲，躬身尚毋有咎。占之：恆貞吉，少有慼也。以其故説之。思攻祝歸佩环冠帶於南方。觀綳占曰：吉。”“祝”，李家浩先生釋。他認爲：“攻祝”當讀爲“工祝”，指祝官。[⑨]

---

① 臧克和：《尚書文字校詁》，上海教育出版社，1999，270頁。

② 程元敏：《尚書周書牧誓洪範金縢吕刑篇義證》，臺北：萬卷樓圖書股份有限公司，2012，146頁。

③ 米雁：《清華簡〈金縢〉“社”字試詁》，復旦大學出土文獻與古文字研究中心網站，2011年1月12日。

④ 陳劍：《清華簡〈金縢〉研讀三題》。

⑤ 劉樂賢：《清華簡〈金縢〉“社”字試釋》，“《清華大學藏戰國竹簡（壹）》國際學術研討會”論文，清華大學出土文獻研究與保護中心，2011。

⑥ 邴尚白：《楚國卜筮祭禱簡研究》，暨南國際大學碩士學位論文，1999，104–105頁。

⑦ 劉信芳：《包山楚簡解詁》，臺北：藝文印書館，2003，237頁。

⑧ 于成龍：《楚禮新証——楚簡中的紀時、卜筮與祭禱》，北京大學博士學位論文，2004，73頁。

⑨ 李家浩：《包山祭禱簡研究》，《簡帛研究二〇〇一》，南寧：廣西教育出版社，2001，31頁。

新蔡楚簡甲三111記云：……之日薦太一𢗚，纓之以𠦪玉，祈之。既成，社逾而厭之。"彭浩、賈連敏先生解釋説："社"應指專事祭祀之人，與《周禮·大祝》屬下職能類似。"社"是名詞，指專職的"祝"。逾，下。社逾，社人（從祭壇）下。《儀禮·特牲饋食禮》："祝告利成，降，出。主人降，即位。"①

竹書《金縢》周公"自爲社"、《書·金縢》周公"自爲功"，大概就是擔當如楚簡所載的"社"或"攻"，直接與三王溝通。

《史記·周本紀》："周公乃祓齋，自爲質，欲代武王。"正義云："音'至'。周公祓齋，自以贄幣告三王，請代武王，武王病乃瘳也。"用"贄"解釋"質"。《史記·魯世家》："周公于是乃自以爲質，設三壇，周公北面立，戴璧秉圭。"集解引孔安國曰："璧以禮神，圭以爲贄。"《金縢》傳世本："公乃自以爲功，爲三壇同墠。爲壇于南方，北面，周公立焉。植璧秉珪，乃告大王、王季、文王。"孔傳："璧以禮神。植，置也，置於三王之坐。周公秉桓珪以爲贄。"似即《史記正義》所本。質、贄通假互訓，古書習見。《白虎通·瑞質》：臣見君所以有贄何？贄者，質也，質己之誠，致己之悃愊也。"《説苑·修文》："贄者，所以質也。""爲贄（質）"大概是"爲社"的職掌之一，所以《史記》如此行文。

附記：小文修訂中，顏世鉉先生予以指教，并賜知臺灣地區最新研究成果，深爲感激。

① 陳偉主編：《楚地出土戰國簡册［十四種］》，北京：經濟科學出版社，2009，427頁。葛陵1號墓簡册由彭浩、賈連敏先生負責。

論清華簡《繫年》與戰國楚、宋年代問題

武漢大學歷史學院　熊賢品

内容提要　清華簡《繫年》記載有戰國時期楚、宋兩國的年代資料，是繼《竹書紀年》後關於戰國年代的又一重要發現。《繫年》所記載的戰國楚王年與《史記》一致，并不能依其重新訂正戰國楚王年；而其中有關戰國初期一些宋君年代較爲明確的記載，可以解决宋悼公、宋休公等年代問題上的一些疑難，并依此對戰國宋國的年代進行新的擬定。

關鍵詞　清華簡　《繫年》　楚國　宋國　年代

清華簡《繫年》公布後，許多學者就其中的戰國年代問題進行討論，提出了很好的意見[①]；筆者對此問題也有一些思考，現撰成此文對《繫年》中所見的戰國楚年代及相關的宋國年代問題進行討論。

① 可參考：(1)董珊：《讀清華簡〈繫年〉》，復旦大學出土文獻與古文字研究中心網站，2011年12月26日。(2)陶金：《由清華簡〈繫年〉談洹子孟姜壺相關問題》，復旦大學出土文獻與古文字研究中心網站，2012年2月14日。(3)白光琦：《由清華簡〈繫年〉訂正戰國楚年》，簡帛網，2012年3月26日。(4)梁立勇：《讀〈繫年〉札記》，《深圳大學學報》2012年第3期，58－59頁。(5)李鋭：《由清華簡〈繫年〉談戰國初楚史年代的問題》，《史學史研究》2013年第2期，100－104頁。李先生此文由如下兩篇文章修訂而成：a.《讀〈繫年〉札記(修訂)》，孔子2000網，2011年11月22日；b.《讀〈繫年〉札記(二)》，孔子2000網，2011年11月25日。本文引用時以正式發表文本爲主。

一、《繫年》與戰國楚國王年

關於戰國時期的楚王紀年，學界一般遵從《史記》中的記載，清華簡《繫年》記載有楚簡王至楚悼王諸王的年代，提供了本問題的新材料，學者多依此認爲戰國時期楚國年表應重新調整并重訂戰國楚王年年表（參表一）。筆者在閱讀《繫年》等相關材料後，認爲目前尚無充分依據依《繫年》而對《史記》所載戰國楚王年進行改訂，現討論如下。

表 1　關於戰國楚王年的主要意見（年代均爲公元前）

楚王世繫	楚國年表主要觀點				
	《史記》楚年表	平勢隆郎①	依清華簡《繫年》訂楚年表		
			白光琦②	陶金③	李鋭④
楚惠王	前 488-前 432	前 489-前 433	60 年 （前 488-前 429）	（前 488-前 432）	
楚簡王	24 年 （前 431-前 408）	前 433-前 410	（前 428-前 405）	（前 428-前 405）	27 年 （前 431-前 405）
楚聲王	6 年 （前 407-前 402）	前 410-前 405	4 年 （前 404-前 401）	4 年 （前 404-前 401）	4 年 （前 404-前 401）
楚悼王	前 401-前 381	前 405-前 385	（前 400-前 380）		前 400-
楚肅王	前 380-前 370	前 385-前 375	12 年 （前 379-前 368）		
楚宣王	前 369-前 340	前 375-前 346	（前 367-前 338）		
楚威王	前 339-前 329	前 346-前 326	（前 337-前 327）		
楚懷王	前 328-前 299	前 326-前 296	（前 326-前 297）		
楚頃襄王	前 298-前 263	前 296-前 261	33 年 （前 296-前 264）		
楚考烈王	前 262-前 238	前 261-前 237	（前 263-前 239）		
楚幽王	前 237-前 228	前 237-前 228	（前 238-前 229）		
楚哀王	前 228	前 228	1 年（前 229）		
王負芻	前 227-前 223	前 228-前 224	（前 228-前 224）		
昌平君		前 224-前 223	（前 223）		

① 平勢隆郎：《新編史記東周年表》，東京大學出版會，1995，311-317 頁。
② 陶金：《由清華簡〈繫年〉談洹子孟姜壺相關問題》，復旦大學出土文獻與古文字研究中心網站，2012 年 2 月 14 日。
③ 白光琦：《由清華簡〈繫年〉訂正戰國楚年》，簡帛網，2012 年 3 月 26 日。
④ 李鋭：《由清華簡〈繫年〉談戰國初楚史年代的問題》，《史學史研究》2013 年第 2 期，100-104 頁。

説明：[1]《史記》楚年表的贊同者主要有錢穆、陳夢家、吉本道雅、繆文遠、楊寬、晁福林等，其中繆文遠先生未對楚惠王、楚簡王年代進行説明；陳夢家先生未對楚考烈王至昌平君年代進行説明。[2]關於楚簡王年代，陶金先生認爲其在前431－前429間監國，這一段時間未被計入其王年。

（一）關於楚簡王的年代

《史記·楚世家》記載楚簡王的年代爲：

> 簡王元年，北伐滅莒。八年，魏文侯、韓武子、趙桓子始列爲諸侯。二十四年，簡王卒，子聲王當立。①

其中《楚世家》關於三晋爲侯在楚簡王8年的記載有誤，陳夢家先生指出這是誤將魏文侯、韓武子、趙桓子之元年當成其列爲諸侯之年。② 楚簡王的末年一般依照《六國年表》所載三晋始侯之年爲周威烈王23年（前403，即楚聲王5年）從而推斷爲前408年，結合《楚世家》的記載再上推24年，從而定楚簡王的年代爲前431－前408。《繫年》簡文中所記載的楚簡王年代具有關鍵意義，本文從其開始加以討論。與楚簡王有關的記載主要見於《繫年》第21章中：

> 楚簡大王立七年，宋悼公朝于楚，告以宋司城坡之約公室。王命莫敖陽爲率師以定公室，城黄池，城雍丘。晋魏斯、趙浣、韓啓章率師圍黄池，逾迵而歸之于楚。二年，王命莫敖陽爲率師侵晋，奪宜陽，圍赤岸，以復黄池之師。魏斯、趙浣、韓啓章率師救赤岸，楚人舍圍而還，與晋師戰于長城。楚師無功，多弃旃幕，宵遁。楚以與晋固爲怨。③

由於對簡文的理解不同，學者對楚簡王的年代發生了分歧。一些學者認爲簡文中所見的宋悼公朝楚發生在楚簡王7年，前引白光琦先生文章認爲由此處記載可定簡王元年爲前429年，他認爲：

> 宋昭公卒於422BC，悼公繼位，則簡王七年不得早於是年，簡王元年不得早於429BC。《史記》簡王立24年卒，今由聲王元年爲404BC計，簡王元年爲429BC，可以相符。④

前引陶金先生文章指出：

> 根據《繫年》第21章的記載，楚簡王7年……幫助宋悼公復位。楚簡王8年即宋悼公元年。由此看來，楚簡王在位年數没有問題，但要下移3年。楚聲王之後的楚悼王元

---

① 《史記》，北京：中華書局，1999，1407頁。
② 陳夢家：《六國紀年》，北京：中華書局，2004，109頁。
③ 清華大學出土文獻與研究中心編、李學勤主編：《清華大學藏戰國楚簡（貳）》，上海：中西書局，2011，189頁。
④ 白光琦：《由清華簡〈繫年〉訂正戰國楚年》，簡帛網，2012年3月26日。

年延後一年,同時在位年數減去一年。這樣年表與相關記載基本可以融洽。[①]

一些學者則認爲由相關年代及其古文字中"七"、"十"形體接近易訛的情況來看,此處簡文中的"七年"當理解爲"十年"。清華簡整理者指出《史記·六國年表》記載楚簡王年代爲前431-前408,同篇又記載宋悼公年代爲前403-前396,這與《繫年》"楚簡大王立七年,宋悼公朝于楚"的記載有較大差距。《竹書紀年》記載宋悼公在位18年,由此記載并結合《六國年表》中宋悼公卒年的記載,則其年代似當爲前413-前396,但仍與《繫年》的上述記載有差距。[②] 針對這一問題,梁立勇先生從梁玉繩《史記志疑》、錢穆《先秦諸子繫年》定宋悼公元年在周威烈王5年(前421)之説,認爲由於古文字中"七"、"十"字形相近,簡中的"七年"當理解爲"十年",簡文中所記載的是宋悼公於即位之年(即楚簡王10年,前422)至楚國之事。[③] 李鋭先生贊同宋悼公見楚簡王是在楚簡王10年,但認爲由其後簡文所記載宋悼公卒年(周威烈王22年、楚聲王元年)來看,楚簡王在位當是27年。[④]

由此可見,上述學者關於《繫年》中所見楚簡王年代的討論形成了三種觀點:(1)梁立勇先生認爲《繫年》所見宋悼公朝楚之年在楚簡王10年(前422),則楚簡王元年即前431,這是與《楚世家》的記載相符合的。(2)白光琦、陶金先生在前引文中認爲宋悼公朝楚發生在楚簡王7年;楚簡王在位年限爲24年,但相應年代應後移3年而定爲前428-前405;對於這多出的3年,白光琦先生認爲《史記》惠王立57年卒當爲60年之誤,而陶金先生認爲楚惠王57年以下空出來的3年不屬於楚惠王紀年,很可能是楚簡王作爲王大子重新掌管楚國全境的空白期,因此没有計入楚簡王紀年。(3)李鋭先生則認爲楚簡王在位年限應該爲27年而非《史記》記載的24年,其年代應該相應調整爲前431-前405。

學者們對《繫年》中所見的楚簡王年代問題意見的差别主要在於對《繫年》第21章所記載的如下資料的理解不同:

> 楚簡大王立七年,宋悼公朝于楚,告以宋司城坡之約公室。[⑤]

依《繫年》而改訂楚簡王年代的學者多認爲此事發生在宋悼公即位之年,宋悼公元年即爲楚簡王8年,如陶金先生文章指出:

> 根據《繫年》第21章的記載,楚簡王7年……幫助宋悼公復位。楚簡王8年即宋悼

① 陶金:《由清華簡〈繫年〉談洹子孟姜壺相關問題》,復旦大學出土文獻與古文字研究中心網站,2012年2月14日。
② 清華大學出土文獻與研究中心編、李學勤主編:《清華大學藏戰國楚簡(貳)》,189頁。
③ 梁立勇:《讀〈繫年〉札記》,《深圳大學學報》2012年第3期,58-59頁。
④ 李鋭:《由清華簡〈繫年〉談戰國初楚史年代的問題》,《史學史研究》2013年第2期,100-104頁。
⑤ 清華大學出土文獻與研究中心編、李學勤主編:《清華大學藏戰國楚簡(貳)》,189頁。

公元年。[①]

白光琦先生在前引文中也從此説,并結合錢穆先生所定宋昭公卒年爲前 422 年之説,進而認爲楚簡王元年不可能在前 429 年之前。[②]

但是上述學者認爲宋悼公朝楚發生在其即位之年的觀點實際并無充分的依據,因此基於此説而對楚簡王元年及年代的改訂可能并無充分材料可以支持。由於《繫年》中并無楚簡王在位年限的明確記載,筆者認爲此處的"七年"當以暫從梁立勇先生理解爲"十年"較爲合適,對楚簡王在位年限的改訂也并無充分依據,故《繫年》所見楚簡王在位的年代目前應以同於《史記》所記載的前 431–前 408 爲宜。至於《繫年》中此處所記載的"七年"問題最終應當如何解釋,可以留待後考。

(二)關於楚惠王的年代

《史記・六國年表》列楚惠王年代爲前 488–前 432,與《史記・楚世家》所記楚惠王在位 57 年卒相同,故學者多依此定楚惠王的年代爲前 488–前 432。

學者對於依《繫年》是否可以改訂楚惠王年代有不同的意見,陶金先生在前引文章中將多出的 3 年歸入楚簡王紀年,因而認爲楚惠王年代不需改訂;而白光琦先生前引文章則認爲楚惠王的卒年應該後移 3 年。由上文的討論來看,并不能由《繫年》第 21 章的記載得出楚簡王與楚惠王間較《史記》中的二者王年多出 3 年的觀點,故楚惠王的年代不需要改訂。

(三)關於楚聲王的年代

《史記・六國年表》列楚聲王的年代爲前 407–前 402,《史記・楚世家》記載楚聲王 6 年爲盜所殺,故學者一般依此定其年代爲前 407–前 402。

關於楚聲王年代的記載主要見於《繫年》第 22 章中,《繫年》第 23 章也有相關記載:

> 楚聲桓王立四年,宋公田、鄭伯駘皆朝于楚。王率宋公以城榆關,是武陽。秦人敗晋師于洛陰,以爲楚援。[③]

上述簡文記載的事情較多,由於對上述事件是否發生在同一年的理解不同,因此學者關於楚聲王的王年有不同的意見。一些學者將《繫年》第 22 章中所記載的諸事均理解爲發生在同一年,從此觀點出發,學者主張對楚聲王的年代加以改訂,如陶金先生在前引文章中指出:

> 《繫年》第 22 章完全是楚聲王元年記事,并不存在年代跨度。第 23 章則證明,楚聲

① 陶金:《由清華簡〈繫年〉談洹子孟姜壺相關問題》,復旦大學出土文獻與古文字研究中心網站,2012 年 2 月 14 日。

② 白光琦:《由清華簡〈繫年〉訂正戰國楚年》,簡帛網,2012 年 3 月 26 日。

③ 清華大學出土文獻與研究中心編、李學勤主編:《清華大學藏戰國楚簡(貳)》,196 頁。

王實際上僅在位四年。《史記》中的《楚世家》與《六國年表》均以楚聲王在位六年。筆者認爲可能是篆文"四"與"六"極易混淆。①

李鋭先生則認爲由此處的記載來看,楚聲王在位年限應當爲四年,他指出:

《繫年》叙事緊密,看起來楚聲王在位似乎祇有四年,而非《史記》等所説的六年。如果以楚聲王在位僅四年計,則楚悼王(即簡文中的悼哲王)元年是400BC,楚悼王二年(399BC),'晋腫余率師與鄭師以入王子定。魯陽公率師以交晋人,晋人還,不果入王子',這合于《六國年表》399BC所記的'王子定奔晋';'明歲',楚悼王三年(398BC),'鄭太宰欣亦起禍于鄭,鄭子陽用滅',合于《六國年表》398BC所記'鄭殺其相駟子陽'。如此看來,楚聲王在位可能祇有四年,而《史記》記爲六年。②

他認爲楚聲王元年當較《史記》中的記載後移3年而定爲前404,卒年爲前401,其在位年限應當爲4年而非6年。白光琦先生、清華大學讀書會在前引文章中也認爲楚聲王元年應當改訂爲前404。③

也有學者認爲《繫年》在同一章中所記載的事情并非完全是在同年,對所記載的事件年代應該加以區别。董珊先生依據《繫年》第22章,認爲三晋伐齊發生在周威烈王22年(即《竹書紀年》中的晋烈公12年)的觀點可信,但同時又指出:

《繫年》第22章'楚聲桓王即位,元年'之下先叙述晋烈公會諸侯、齊與越成,再叙述晋三家伐齊。楚聲王元年爲公元前407年,相當於晋烈公之9年、周威烈王之19年,距周威烈王之22年尚有3年之差。這是後面兩件事都没以年代繫之,而不是説楚聲王元年連續發生了這三件事。這也是要注意的。④

筆者認爲董珊先生的這一觀點是較爲審慎且合理的,此外如本文下文所討論的《繫年》第23章中記載有楚悼王在位5年間的事情,相關事件也并非發生在同年,故將《繫年》第22章中的事情認爲是同年的觀點并不可信,具體看來其中的事件年代可以分爲如下兩個部分:

(1)"楚聲桓王即位,元年,晋公止會諸侯于任,宋悼公將會晋公,卒於鼬。"此事發生于楚聲王元年(前407);

(2)"韓虔、趙籍、魏擊率師與越公翳伐齊,齊與越成,以建陽、邱陵之田,且男女服。越公與齊侯貸、魯侯衍盟于魯稷門之外。越公入饗于魯,魯侯禦,齊侯參乘以入。晋魏文侯斯從

① 陶金:《由清華簡〈繫年〉談洹子孟姜壺相關問題》,復旦大學出土文獻與古文字研究中心網站,2012年2月14日。

② 李鋭:《由清華簡〈繫年〉談戰國初楚史年代的問題》,《史學史研究》2013年第2期,100-104頁。

③ 清華大學出土文獻讀書會:《〈清華大學藏戰國竹簡(貳)〉研讀札記(二)》,復旦大學出土文獻與古文字研究中心網站,2011年12月31日。

④ 董珊:《讀清華簡〈繫年〉》,復旦大學出土文獻與古文字研究中心網站,2011年12月26日。

晋師,晋師大敗齊師,齊師北,晋師逐之,入至汧水,齊人且有陳子牛之禍,齊與晋成,齊侯盟于晋軍。晋三子之大夫入齊,盟陳和與陳淏於溋門之外,曰:'毋修長城,毋伐廩丘。'晋公獻齊俘馘于周王,遂以齊侯貸、魯侯羴(顯)、宋公田、衛侯虔、鄭伯駘朝周王于周。"如前引董珊先生所指出的此事即《竹書紀年》中所載周威烈王22年(前404)三晋伐齊之事。

《繫年》第23章記載有楚聲王4年宋、鄭朝楚及楚、鄭城榆關之事,應該發生在同年之内,但是并没有充分依據依此而認爲楚聲王在位衹有4年。有學者認爲篆文中的"四"、"六"易混,《史記》所記載的楚聲王在位6年爲4年之訛,也并無充分的依據。因此筆者認爲上述關於改訂楚聲王年代的觀點并不具有很强的説服力,《繫年》關於楚聲王的記載并不支持對其的年代進行改訂。

(四)關於楚悼王的年代

《史記·六國年表》列楚悼王的年代爲前401-前381,《史記·楚世家》又記載楚悼王21年卒,兩者相符合,故學者多從《六國年表》的觀點。關於楚悼王的記載主要見於《繫年》第23章中,學者或依此認爲楚悼王的年代應該加以改訂,如白光琦先生在前引文章中定楚悼王元年爲前400年,他認爲:

> 此章連續記事在五年以上,所以"聲王即世,悼哲王即位"應爲悼王元年。聲王四年卒,悼王元年應爲400BC。①

筆者認爲,本章其實并不是連續記事,本章中所記載的主要有如下五件事情:

> 簡127-128　聲王即世,悼哲王即位。鄭人侵榆關,陽城桓定君率榆關之師與上國之師以交之,與之戰于桂陵,楚師無功。景之賈與舒子共止而死。
>
> 簡129　明歲,晋𨟻余率晋師與鄭師以入王子定。魯陽公率師以交晋人,晋人還,不果入王子。
>
> 簡129-132　明歲,郎莊平君率師侵鄭,鄭皇子、子馬、子池、子封子率師以交楚人,楚人涉汜,將與之戰,鄭師逃入於蔑。楚師圍之於蔑,盡逾鄭師與其四將軍,以歸於郢。鄭太宰欣亦起禍于鄭,鄭子陽用滅,無後於鄭。
>
> 簡132-133　明歲,楚人歸鄭之四將軍與其萬民于鄭。晋人圍津、長陵,克之。王命平夜武君率師侵晋,逾(降)郜,止滕公涉澗以歸,以復長陵之師。
>
> 簡133-138　厭年,韓取、魏擊率師圍武陽,以復郜之師。魯陽公率師救武陽,與晋師戰于武陽之城下,楚師大敗,魯陽公、平夜悼武君、陽城桓定君,三執珪之君與右尹昭之竢死焉,楚人盡弃其旃幕車兵,犬逸而還。陳人焉反而入王子定于陳。楚邦以多亡

① 白光琦:《由清華簡〈繫年〉訂正戰國楚年》,簡帛網,2012年3月26日。

城。楚師將救武陽,王命平夜悼武君李人于齊陳淏求師。陳疾目率車千乘,以從楚師于武陽。甲戍,晋楚以戰。丙子,齊師至岩,遂還。

關於"厭年",清華簡整理者讀爲"薦年",指再一年[①];孟蓬生先生和鄔可晶先生皆讀爲"翌年"[②];而陳爻先生讀爲讀爲"浹年",指前後兩事間間隔一年之長的時段[③],本文認爲"厭年"當依前面兩種意見而將其理解爲事後一年爲宜。陳穎飛先生分别定上述五件事情的年代爲前401、前400、前399、前398、前397[④],這也應該是上述五件事所發生的年代。

由《繫年》本章的記載也可以訂正一些史事的年代,其一爲《史記·六國年表》記載王子定于前399年奔晋,依《繫年》看來這件事的年代應在前399之前;其二爲《史記·六國年表》記載周安王4年(楚悼王4年,前398)楚圍鄭,鄭人殺其相駟子陽,應即簡文129-132所記載的内容,李鋭先生依《繫年》指出此事年代應該提前至楚悼王3年[⑤],其説可從;其三爲《史記·六國年表》所記載的前399年"楚歸榆關於鄭",從簡文的記載來看,從前401年鄭人攻打榆關到前399年的楚、鄭交戰中,鄭國一直處於下風,因此楚將榆關歸還于鄭國當在前398年之後。

總之,由於白先生對楚聲王年代的改訂還需要更多材料支援,故其關於楚悼王年代的改訂并無充分説服力,目前應仍以從《史記》中的相關記載爲宜。

(五)關於楚肅王年代

《史記·六國年表》記載其年代爲前380-前370,《史記·楚世家》記載其11年卒,故學界多從此説定其年代爲前380-前370。白光琦先生在前引文章中認爲楚肅王元年應爲前379:

> 自悼王元年400BC,至懷王元年326BC,相距74年……而《史記》衹有73年,少1年……《六國年表》"肅王十年,魏取我魯陽(371)。"……《史記》悼王21年卒(381),則肅王10年爲魏武侯26年(370BC),可通。若悼王增1年,則肅王10年當魏惠王元年,魏方内亂,不得伐楚。知悼王21年不誤,則肅王元年爲379BC。[⑥]

《六國年表》記載魏武侯年代爲前386-前371,學界目前一般以爲有誤而訂爲前395-前370,在位26年[⑦],楚悼王卒於魏武侯15年,故楚肅王10年應爲魏武侯25年(前371),并非

① 清華大學出土文獻與研究中心編、李學勤主編:《清華大學藏戰國楚簡(貳)》,200頁。
② 孟蓬生:《清華簡〈繫年〉初札(二則)》,復旦大學出土文獻與古文字研究中心網站,2011年12月21日。
③ 陳爻:《也談〈繫年〉的"厭年"》,復旦大學出土文獻與古文字研究中心網站,2012年10月29日。
④ 陳穎飛:《楚悼王初期的大戰與楚封君——清華簡〈繫年〉札記之一》,《文史知識》2012年第5期,105-107頁。
⑤ 李鋭:《由清華簡〈繫年〉談戰國初楚史年代的問題》,《史學史研究》2013年第2期,100-104頁。
⑥ 白光琦:《由清華簡〈繫年〉訂正戰國楚年》,簡帛網,2012年3月26日。
⑦ 晁福林:《春秋戰國的社會變遷》,北京:商務印書館,2011,1001頁。

楚魏武侯26年(前370),白先生指出楚悼王在位年限應爲21年的觀點可以信從,但是白先生誤將楚悼王元年後移1年,使得其相應將楚肅王元年後移1年,同時在將楚肅王與魏武侯的年代對應中也發生相隔1年的錯誤,因而導致了其所訂的楚肅王年代較《史記》爲晚,且總體王年多出1年,因此其關於楚肅王年代的改訂缺乏足够的依據。

(六)關於楚宣王年代

《史記·六國年表》記載楚宣王年代爲前369-前340,《史記·楚世家》記載楚宣王30年卒,故學者多從此説。白光琦先生在前引文章中認爲楚宣王元年爲前367,他認爲《史記·六國年表》所載趙成侯19年(前356)"與齊、宋會平陸,與燕會阿",前一事即《史記·六國年表》所載楚宣王13年(前357)"趙孟如齊"之事,後一事即《竹書紀年》所載魏惠成王15年(前355)"邯鄲成侯會燕成侯于安邑",由於"趙孟如齊"之事不見於楚國以外諸國的記載,因此其史料應是采自楚國楚宣王13年的材料記事,他由此認爲此事與魏惠王15年(前355)趙、燕會于安邑發生在同一年,進而定楚宣王元年爲前367。[①] 筆者認爲白先生將上述諸事相繫聯的觀點值得重視,但是由於戰國時期各國曆法、歲首不同,同一件事在不同國家會有逾年的可能,將上述兩件事情的年代均定爲前355年尚無較爲充分的依據,如果理解成趙孟前357年從趙國出發,於前356年到達齊國,這種可能性是存在的;而如果理解爲前357年出發,前355年到達齊國,此種可能性則較前者爲小,上述事件可能應做如下理解,即楚宣王13年(前357)趙孟從趙國出發,于趙成侯19年(前356)到達齊國,并與趙、宋于此年相會,其後又與燕國會于阿。因此趙、燕會阿的年代應該提前至前356而非前355,也不能把這一年作爲"趙孟如齊"的年代。因此筆者認爲據此對楚宣王年代的改訂是不能成立的。

(七)楚宣王以下諸王年代

關於楚宣王以下年代,其中《史記·楚世家》記載"威王六年,周顯王致文武胙于秦惠王",《史記·秦本紀》記載爲"(惠文君)四年,天子致文武胙",秦惠文王四年爲前334年,由此可定楚威王元年爲前339年。白光琦先生對楚威王的年代保持整體王年不變而年代進行了改動,由於其對楚威王以前諸王年代的改訂并不能成立,因此此處改訂的可靠性是存疑的。此外,楚懷王以下的諸王年代則依其舊作《戰國紀年疑義》的擬定[②],對於這一部分的改訂已經有學者加以辯證[③],本文對此不再進行討論。

綜上所述,本文認爲目前學者依據清華簡《繫年》對戰國楚王年進行的改訂并無充分依據,而通過分析《繫年》的相關記載來看,其所反映的戰國楚王年是與《史記》相一致的,目前

---

① 白光琦:《由清華簡〈繫年〉訂正戰國楚年》,簡帛網,2012年3月26日。

② 白光琦:《戰國紀年疑義》,中國先秦史學會秘書處編《中國古代史論叢》(第8輯),福州:福建人民出版社,1983,424-458頁;收入氏著《先秦年代探略》,北京:中國社會科學出版社,2008,102-124頁。

③ 王勝利:《戰國楚年辯證》,《江漢考古》1988年第2期,93-95頁。

尚無充分依據可以依《繫年》對戰國楚國的王年進行改訂。

二、《繫年》與戰國宋年代

關於戰國時期的宋國諸王紀年，學界尚無明確結論，目前關於戰國時期宋國年代的看法主要如下（表二）。清華簡《繫年》爲本問題提供了新的資料，筆者試在學界已有基礎上加以討論。

表2　戰國宋國諸王年比較表（年代均爲公元前）

宋世繫	《宋世家》	錢穆①	平勢隆郎②	吉本道雅③	楊寬④	白光琦⑤	繆文遠⑥
宋昭公	前450–前404	前468–前422	前469–前423	前468–前422	前468–前404	前468–前422	
宋悼公	前403–前396	前421–前404	前423–前406	前421–前404	前403–前385	前421–前404	–前404
宋休公	前395–前373	前403–前381	前406–前384	前403–前381	前385–前363	前403–前385	前403–前381
宋桓侯	前372–前370	前380–前341	前384–前382	前380–前340	前362–前356	前384–前355	前380–?
宋剔成	前369–前329	前340–前338	前382–前332	前340–前338	前356–前329	前355–前333	? –前339
宋王偃	前328–前286	前337–前286	前332–前286	前338–前286	前328–前286	前332–前286	前338–前286

其中錢穆先生的觀點爲繆文遠先生所贊同，莊大鈞先生也贊同錢穆先生關於宋桓侯至宋王偃諸王年代的看法。⑦《繫年》中關於戰國宋紀年的記載多與楚國相關聯，而由上文的討論可見《繫年》中的戰國楚王年與《史記》中的記載是一致的。現以此爲基礎就本問題加以討論。

（一）關於宋悼公的年代

《繫年》中關於宋悼公的年代是牽涉戰國宋王年的關鍵，故本文首先對此加以討論。《繫年》第22章記載了宋悼公的卒年：

> 楚聲桓王即位，元年，晋公止會諸侯于任，宋悼公將會晋公，卒於䣇。⑧

則宋悼公末年爲前407。《史記・宋微子世家》記載"悼公八年卒"，莊大鈞先生前引文

① 錢穆：《先秦諸子繫年》，石家莊：河北教育出版社，2002，557–586頁。
② 平勢隆郎：《新編史記東周年表》，292–293頁。
③ 吉本道雅：《史記戰國紀年考》，《立命館文學》556號，1998年第9期，309–317頁。
④ 楊寬：《戰國史料編年輯證》，上海人民出版社，2001，1165–1189頁。
⑤ 白光琦：《先秦年代探略》，102–124頁。
⑥ 繆文遠：《戰國史繫年輯證》，成都：巴蜀書社，1997，49–174頁。
⑦ 莊大鈞：《戰國宋末世三君考》，《齊魯學刊》1991年第3期，26–28頁。
⑧ 清華大學出土文獻與研究中心編、李學勤主編：《清華大學藏戰國楚簡（貳）》，192頁。

中曾指出此處《史記》誤將其在位年數減少 10 年,在位年限應該爲 18 年,其觀點是可信從的。由此上推 18 年,則宋悼公元年應爲前 424 年。故宋悼公年代應爲前 424–前 407。《史記·六國年表》記載宋悼公元年爲前 403 年,錢穆先生曾認爲宋悼公的卒年爲周威烈王 22 年(前 404),其所擬定年代當加以改正。

《繫年》第 21 章記載:

> 楚簡大王立七年,宋悼公朝于楚,告以宋司城坡之約公室。①

前文已指出學者多依此認爲宋悼公于楚簡王 7 年(即其即位之年)至楚,楚簡王 8 年爲宋悼公元年,筆者認爲此説有兩個問題,首先是前文已經提及的并無充分材料支持此説,其次是此處的"七年"目前以理解爲"十年"爲宜。如此則宋悼公至楚的年代應爲前 422 年,而由本文的討論來看,宋悼公年代爲前 424–前 407,因此《繫年》所見的宋悼公至楚的年代當是在其已經即位并改元之後,而不是在即位之年。

(二)關於宋昭公的年代

由上文的討論可見,宋昭公末年當爲前 425 年。《史記·六國年表》記載宋昭公元年爲前 450 年,錢穆先生據《左傳》中記載糾正其錯誤并訂其元年爲前 468 年,爲學者所信從。故筆者認爲宋昭公的年代可以訂爲前 468–前 425,《史記·宋微子世家》記載"昭公 47 年卒",表明《史記》誤將宋昭公的年代增加了 3 年。

(三)關於宋休公的年代

關於宋休公的記載主要見於《繫年》第 23 章:

> 楚聲桓王立四年,宋公田、鄭伯駘皆朝于楚。王率宋公以城榆關,是武陽。②

"宋公田"即宋休公,楚聲王 4 年即前 404 年,《史記·六國年表》記載其元年爲前 395 年,錢穆先生曾定宋休公元年爲周威烈王 23 年(前 403),而按照《史記·宋世家》、楊寬、白光琦、錢穆先生等關於宋休公年代的觀點,則其不可能在此年朝楚,因此關於其在位的年限需要重新擬定,其在位元年應該在前 404 年之前。由前文關於宋悼公年代應爲前 424–前 407 的討論可見,宋休公元年應爲前 406 年,《史記·宋微子世家》記載"休公田 23 年卒",如此則其年代可以訂爲前 406–前 384,平勢隆郎先生關於宋休公元年的擬定由本文的討論看來是可從的。又《史記·六國年表》記載韓文侯二年"伐鄭,取陽城。伐宋,到彭城,執宋君",楊寬先生認爲此處的宋君即宋悼公③,而依本文的討論來看此處的宋君應爲宋休公。

---

① 清華大學出土文獻與研究中心編、李學勤主編:《清華大學藏戰國楚簡(貳)》,189 頁。

② 清華大學出土文獻與研究中心編、李學勤主編:《清華大學藏戰國楚簡(貳)》,196 頁。

③ 楊寬:《戰國史料編年輯證》,193 頁。

（四）關於宋桓侯的年代

《史記·六國年表》記載其元年爲前 372 年,《史記·宋微子世家》記載“辟公三年卒”,錢穆先生指出其在位年限應該爲 41 年[①],此説極具洞見,惟限於資料所限,錢穆先生定其年代爲前 380-前 340,現在看來應依《繫年》定宋桓侯的年代爲前 383-前 343。《史記·六國年表》記載魏惠王 6 年(前 364)伐宋,取儀台;15 年(前 355)魯、衛、宋、鄭侯來;16 年(前 354)侵宋黄池,宋復取之。又載韓昭侯 2 年(前 360)宋取黄池、魏取朱。又載趙成侯 19 年(前 355)與與齊、宋會平陸,上述諸事都發生在宋桓侯在位期間。

（五）關於宋剔成的年代

《史記·六國年表》記載其元年爲前 369 年,《史記·宋微子世家》記載“剔成四十一年,剔成弟偃攻襲剔成,剔成敗奔齊”,錢穆先生指出其應該在位 3 年,《史記》誤將宋桓侯與宋剔成的年代相互誤置[②],此説詳盡可從,惟限於材料問題錢穆先生定其年代爲前 340-前 338,現在看來應該依《繫年》推定宋剔成的年代爲前 342-前 340。

（六）關於宋王偃的年代

關於宋王偃的始立年代,《史記·宋微子世家》記載:“剔成四十一年,剔成弟偃攻襲剔成,剔成敗,奔齊,偃自立爲宋君”,定此年爲前 330;又載“君偃十一年,自立爲王”,定其年爲前 320。而《六國年表》中關於宋國的記載均列在齊國的條目之下,其列宋君偃元年爲前 328,自立爲王於前 318。故宋王偃元年有前 330(《宋微子世家》)、前 328(《六國年表》)兩種觀點。錢穆先生曾指出《史記》中誤將其改元之年當作其開始即位之年,使得其在位年限少了 10 年[③],如此則宋王偃元年應分别爲前 339(《宋微子世家》)、前 337(《六國年表》)。

關於宋王偃末年的記載也有兩種觀點,《史記·宋微子世家》記載:“王偃立四十七年,齊湣王與魏、楚伐宋,殺王偃,遂滅宋而三分其地”,并定此年爲前 283 年。而《史記·六國年表》記載宋王偃末年爲前 286 年,《史記·魏世家》亦記載:

> (昭王)十年,齊滅宋,宋王死我温。[④]

魏昭王的年代爲前 295-前 277[⑤],則《魏世家》所載齊滅宋的年代爲前 286,這和《史記·六國年表》是相同的。故關於宋王偃末年的記載則有前 286(《史記·六國年表》、《史記·魏世家》)與前 283(《史記·宋微子世家》)兩種可能性。

關於宋王偃在位的年限依《史記》的記載有前 339-前 283(《史記·宋微子世家》。在位

---

① 錢穆:《先秦諸子繫年》,229 頁。
② 錢穆:《先秦諸子繫年》,229 頁。
③ 錢穆:《先秦諸子繫年》,309 頁。
④ 《史記》,北京:中華書局,1999,1499 頁。
⑤ 晁福林:《春秋戰國的社會變遷》,1004 頁。

57 年,其中前 10 年并未稱王,其稱王年限爲前 329–前 283)、前 337–前 286(在位 52 年,《史記·六國年表》)兩種可能。由本文前述討論可見,宋剔成卒於前 340,則宋王偃元年應爲前 339,其稱王元年當爲前 329,這和《史記·宋微子世家》是一致的。宋王偃的末年當依《六國年表》的記載定爲前 286[①],如此則宋王偃的年代爲前 339–前 286,共在位 54 年。

由上述討論可見,本文認爲宋昭公的年代爲前 468–前 425,在位 44 年;宋悼公年代爲前 424–前 407,在位 18 年;宋休公年代爲前 406–前 384,在位 23 年;宋桓侯年代爲前 383–前 343,在位 41 年;宋剔成君年代爲前 342–前 340,在位 3 年;宋王偃在位年限爲前 339–前 286,在位 54 年。

綜上所述,《繫年》中記載有關於戰國時期楚、宋兩國的年代資料,是繼《竹書紀年》之後關於戰國年代問題的又一重要發現。其中宋國的年代資料與楚國年代資料相繫聯,因此通過對《繫年》中楚國年代資料的記載,不僅可以探討戰國楚的年代問題,還可以解決宋國的年代問題。對《繫年》中戰國楚國年代資料進行研讀後,筆者認爲目前暫不能依據《繫年》重新訂正戰國楚王年,其關於戰國時期楚國年代的記載是與《史記》相一致的,而《繫年》中關於宋國的記載則爲資料較少的戰國宋王年的探討提供了新的資料,可以解決宋悼公、宋休公等年代問題上的一些疑難,從而可以依其擬定出新的戰國時期的宋國國君年表,并對戰國年代問題的探討提供一些新的看法。

---

① 莊大鈞:《戰國宋末世三君考》,《齊魯學刊》1991 年第 3 期,26–28 頁。

清華簡《繫年》"析"地辨正*

三峽大學文學院　袁金平 張慧穎

内容提要　本文從文字學角度對《繫年》簡"昭王歸隨，與吴人戰於析"之"析"做了新的詮釋，認爲該字乃楚文字"慎"的异寫，古"慎"地在今河南正陽縣一帶。

關鍵詞　繫年　析　慎　正陽縣

清華簡《繫年》簡 83-84 云："伍員爲吴大宰，是教吴人反楚邦之諸侯，以敗楚師于柏舉，遂入郢。昭王歸隨，與吴人戰於析。"整理者注：

> 析，今河南西峽，在隨以北，楚與吴大戰於此，似與當時形勢不合。《左傳》定公五年載，楚申包胥自秦乞師，"秦子蒲、子虎帥車五百乘以救楚……使楚人先與吴人戰，而自稷會之，大敗夫槩王於沂"。簡文"析"應爲"沂"，在今河南正陽。參看楊伯峻《春秋左傳注》第一五五一頁。①

簡文所載楚、吴大戰之地爲"析"，而《左傳》明記爲"沂"，整理者從當時形勢所呈現出的地域遠近角度將簡文"析"理解作"沂"，揣測其意，似乎是以爲"沂"寫作"析"乃書手抄訛。自《繫年》公布以來，似未見學界對此説提出過异議。不過作爲清華簡整理者之一的李守奎先生則認可簡文記録的真實性，他説：

* 基金項目：教育部人文社科研究項目(09YJC740046)、湖北省教育廳人文社科研究重點項目(14D013)。

① 李學勤主編：《清華大學藏戰國竹簡(貳)》，上海：中西書局，2010，173 頁。

> 闔廬入郢,是先秦史中的大事,《春秋》經傳有比較詳細的記載。清華簡《繫年》所説與古書多有不同。綜合起來看,《繫年》與《左傳》之間的主要不同大致可以概括爲如下幾點……第四,《左傳》説的秦兵救至,“大敗夫概王於沂”,“沂”地自來不明,多异説,皆有不安。據簡文可知是“析”。析本是楚人安置許的地方,許遷至容後,析就成了楚地。晋、吴破方城,吴入楚,析當被吴軍占領。秦從西路出兵救楚,析是其所經過之地,在此處大敗吴軍,然後乘勢南下,繼而滅唐,合情合理。[①]

可見李先生以簡文所記“析”地爲是。但正如原整理者所指出的,楚地“析”歷來主張即今河南西峽縣,遠離于吴境之外;另外《左傳》言秦、楚大軍“自稷會之”,秦、楚聯軍與吴大戰的地點應該與此“稷”地相去不會太遠,楚地“稷”多主張在今河南桐柏縣境[②],此與“析”地遠隔,因此將簡文“析”理解作今西峽縣境似與情理不合。《楚世家》及《伍子胥列傳》云“敗吴於稷”、“敗吴兵於稷”,與《左傳》之“大敗夫槩王於沂”雖然相异,但所言秦、楚聯軍敗吴之地距離今西峽縣較遠則是一致的。現在看來,將簡文“析”與史書所記楚地“析”即今西峽縣視作一地在歷史地域關係上較難説通。

《左傳・宣公十一年》:“令尹蔿艾獵城沂。”杜注:“沂,楚邑。”楊伯峻注云:“《彙纂》謂當在今河南省正陽縣境,沈欽韓《補注》則以三國之流沂當之,則在今湖北省鄂城縣東二十里。兩地相距甚遠,以定五年傳‘大敗夫槩王於沂’推之,前説較妥。”[③]將楚地“沂”定在今正陽縣境是長期以來史地學界較爲通行的説法,《繫年》整理者將楚敗吴師之地“析”解作“沂”,從地理位置看,應當是目前最合適的一種解讀。不過,這種分析在文字學上還存在一定障礙。因爲“析”、“沂”形音義均不相同,其所從“木”“水”古文字階段形體差距較大,其性質與通常意義上的形近訛混似乎難以牽合,也就是説,二字寫訛的可能性很小,簡文“析”字還需要做進一步討論。

《説文》:“析,破木也。一曰折也。从木从斤。”古文字中“析”字較爲常見,皆作以斧斤剖木之形,從字形上將《繫年》此字釋作“析”没有任何問題。不過,值得我們注意的是,在已公布的戰國楚文字資料中,確認的“析”字僅兩見:

析君戟[④](《集成》11214,《楚文字編》352 頁)　上博三《仲弓》簡 20a

① 李守奎:《清華簡〈繫年〉與吴人入郢新探》,中國社會科學報,2011 年 11 月 24 日第 7 版。

② 楊伯峻:《春秋左傳注(修訂本)》,北京:中華書局,2000,1551 頁。錢穆先生認爲:“此役秦師初至,吴軍皆在楚境,不應會師于桐柏。考隨縣北四十里有厲山,一名烈山,乃神農社,年常祠之,疑即稷地。”錢穆:《史記地名考》,北京:九州出版社,2011,475 頁。錢氏所云厲山,在桐柏南,相距較近。

③ 楊伯峻:《春秋左傳注(修訂本)》,北京:中華書局,2000,712 頁。

④ 與此戟同出者有“君戈”(《集成》11048),多隸爲郙,或釋析(黄静吟《楚金文研究》,臺灣高雄中山大學博士學位論文,1997),陳劍釋㧱(《郭店簡〈六德〉用爲“柔”之字考釋》,《中國文字學報》第二輯,北京:商務印書館,2008,62 頁)。此字釋“析”可疑,當以陳説爲是。

其所從"木"旁被剖開僅存右半部分,更加彰顯剖木之意。有學者指出這是古文字中另外一種寫法的"析"字,作爲偏旁還見於中山王方壺銘。[①] 就目前材料來看,楚文字"析"的寫法與常見形體有較大不同,可能是自有來源。若此説屬實,則《繫年》簡中這個從木從斤之字很可能是另外一個字。

近年來楚文字中的"慎"字逐漸爲學者們所認識[②],一些誤釋的相關字形也被一一揭出,得到新的詮釋。如中山王譽鼎銘"嗚呼(A)哉"(《集成》2840),其中A字舊多釋爲"折"或"析",均與古文字字形不能密合。後周波先生根據三晋文字中從"所"聲可用作"慎"之字如"悊(愆)"、"貭(質)"等的寫法將A分析作從"木"、"斦(所)"聲之字,從而將其讀爲"慎"[③]。周説在字形分析以及鼎銘語境理解上均較舊説爲勝,極爲可信,因而得到了多數學者的支持。另外,2000年荆門左塚楚墓出土一件珍貴的漆棋局,上書182字,均爲標準的楚文字[④]。文字方框第一欄有一條文例爲"行(B)",原整理者將B釋讀作"訓(順)"[⑤]。此字從言,從斤,甚爲明顯。高佑仁先生已指出其誤,并根據《郭店·五行》簡17"慎"字作"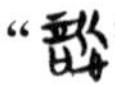"認爲B最有可能就是"慎"字,"行慎"即"慎行"[⑥]。高説于文例及字形分析亦信而有徵,當可從之。從現有資料看,古文字中的"慎"字寫法多變,前引陳劍先生文已有詳述,而周、高二文更加證實了這一點。我們推測《繫年》簡中這個從木從斤之字也有可能就是"慎"字异體,當是""這類寫法"慎"字的進一步省簡。

慎地在春秋時爲楚邑,見載于《左傳·哀公十六年》,其文云:"吴人伐慎,白公敗之。"杜注:"汝陰慎縣也。"後世學者多將吴人所伐之"慎"定在今安徽潁上縣西北。張家山漢簡《二年律令·秩律》448號簡有地名"慎",整理者注:"慎,屬汝南郡。"[⑦]而晏昌貴先生撰文指出《左傳》以及《秩律》中的"慎"地當在今河南正陽附近,其文如下:

> 《二年律令·秩律》448號簡有"慎",原注釋以爲屬汝南郡。按《漢書·地理志》云汝南郡高帝置。《漢書補注》:"全祖望曰:故屬秦潁川、南陽二郡,楚漢之際屬楚國,高帝四年屬漢,分置。十一年屬淮陽國,十二年復故。景帝二年别爲汝南國,四年復故。"周振鶴先生《西漢政區地理》以爲《漢志》無確證,漢初爲淮陽國封域,汝南郡置於文帝時。

① 吴良寶:《平肩空首布四考》,《中國文字研究》第五輯,南寧:廣西教育出版社,2004,165-166頁。

② 陳劍:《説慎》,《簡帛研究二〇〇一》上册,桂林:廣西師範大學出版社,2001,207—214頁。又陳劍《甲骨金文考釋論集》,北京:綫裝書局,2007,39-53頁。

③ 周波:《中山器銘文補釋》,劉釗主編《出土文獻與古文字研究》第三輯,上海:復旦大學出版社,2010,196-198頁。

④ 湖北省文物考古研究所等編著:《荆門左塚楚墓》,北京:文物出版社,2006,179-185頁。

⑤ 湖北省文物考古研究所等編著:《荆門左塚楚墓》,181頁。

⑥ 高佑仁:《〈荆門左塚楚墓〉漆棋局文字補釋》,《第十九屆中國文字學會全國學術會議會議論文集》,臺灣嘉南藥理科技大學,2008年5月24-25日。

⑦ 張家山二四七號漢墓竹簡整理小組:《張家山漢墓竹簡[二四七號墓]》,北京:文物出版社,2001,195頁。

因此,周氏懷疑"慎"後脱一"陽"字,即《漢志》之慎陽縣。

《水經注·汝水》(卷21):"汝水又東南,汶水注之。水首受慎水于慎陽縣故城南陂,陂水兩分,一水自陂北,遶慎陽城四周城塹……塹水又自瀆東北流,注北陂。一水自陂東北流,積爲銅陂。陂水又東北,又結而爲陂,世謂之窖陂。陂水上承慎陽縣北陂,東北流積而爲土陂。陂水又東爲窖陂。陂水又東南流,注壁陂。陂水又東北爲太陂。陂水又東,入汝。"《水經注·淮水》(卷30):"淮水又東合慎縣水,水出慎陽縣西,而東徑慎陽縣故城南,縣取名焉……慎水又東流,積爲燋陂。陂水又東南流爲上慎陂,又東爲中慎陂,又東南爲下慎陂,皆與鴻却陂水散流……陂水散流,下合慎水,而東南徑息城北,又東南入淮,謂之慎口。"慎陽故城在今河南正陽北,據《水經注》,這裏有慎水、上慎陂、中慎陂、下慎陂、慎口,而據較早的明本《水經注·淮水》,"慎水"正作"慎縣水",《禹貢錐指》(卷16)、《水道提綱》(卷61)并引作"慎縣水",所以西漢初年的慎縣可能即在此地。

《左傳·哀公十六年》:"楚大子建之遇讒也,自城父奔宋……其子曰勝,在吴。子西……召之使處吴竟,爲白公……吴人伐慎,白公敗之。"楚白邑在今河南息縣東北,慎,流行説法皆定在今安徽潁上縣西北,但此地距白公之邑過於遥遠(直綫距離約300里),不如定在"慎縣水"附近更符合當時的形勢。總之,簡文"慎"地當在今河南正陽附近,其地漢初當屬南陽郡。[①]

今河南正陽縣,曾名慎陽、滇陽和真陽。[②] 西漢置滇陽縣,由滇水經縣南流過,故名滇陽,後因避清世祖之諱改名爲正陽。據民國時《重修正陽縣志》載,"正陽,舊爲古慎國","周初縣本部爲慎國……春秋屬蔡,後復爲慎,戰國屬楚"。[③] 正陽地域曾爲古慎國一説目前尚無法證實,但聯繫到《左傳》所述當時吴、楚形勢以及上引晏文所及《水經注》説,今正陽縣一帶歷史上曾名爲"慎"當是來源有據。魯哀公十六年(楚惠王十年,前479)抗擊吴軍入侵的白公,其所封之地爲楚、吴接界之境,徐少華先生曾對此做過精彩的考辨:

白公所處之地,《左傳》曰:"召之使處吴竟,爲白公。"杜預注:"白,楚邑也。汝陰褒信縣西南有白亭。"在今河南息縣東北(原注:参閲《水經注》卷30《淮水篇》;《春秋地理考實》卷3,哀公十一年"白"條);令尹子西説"舍諸邊竟,使衛藩焉。"兩相對照,當時的

---

① 晏昌貴:《張家山漢簡地名札記三則》第二則,簡帛網,2005年11月18日。後此則内容經修改成爲其《〈二年律令·秩律〉與漢初政區地理》一文的一部分,刊於《歷史地理》第21輯,上海人民出版社,2006,又收入同作者論文集《簡帛數術與歷史地理論集》,北京:商務印書館,2010,339-340頁。

② [清]顧祖禹撰,賀次君、施和金點校:《讀史方輿紀要》,北京:中華書局,2005,2362頁。

③ 《重修正陽縣志》卷一"地理",北平大成印書社,1936。今《正陽縣志》所叙同。正陽縣地方史志編纂委員會編:《正陽縣志》,北京:方志出版社,1996,48頁。

白邑，不應屬"吴競(境)"，若然子西何能讓王孫勝"處"之呢？楊伯峻先生認爲"吴競"即指"楚與吴接界之境，非吴境内也。"(原注：參閲《春秋左傳注》哀公十六年)較爲合理。

又《史記》卷40《楚世家》説："子西召故平王太子建之子勝於吴，以爲巢大夫，號白公。"同書卷66《伍子胥列傳》又説："遂召勝，使居楚之邊邑鄢，號爲白公。"與《左傳》有异。今按，以春秋時期楚縣大夫稱"公"的慣例，"白公"即楚白縣之縣公，王孫勝既號"白公"，其居邑就應在"白"，而不應在"巢"或"鄢"；更何况，當時"白"邑已在吴楚邊境，其東邊的州來又爲吴之同盟蔡國所居，"巢"邑此時還未必爲楚所收復；從相關文獻記載和吴楚争戰的史實來看，在淮河上中游地區，并未見另有一"鄢"邑存在，加之《史記》兩篇記載互有出入，《左傳》所載當更可信。[①]

白公所封之地在今河南息縣東北，爲當時吴、楚邊境，而吴作爲進犯者，當是由東向西伐"慎"，但若將"慎"定在今安徽潁上縣西北(息縣東偏北[②])，這不論從當時地理方位還是直綫距離(見上引晏文所述)考慮都是不符當時形勢的，因此晏昌貴先生將楚"慎"地斷在今河南正陽附近顯然要比流行的潁上説合理得多。

我們再回頭看《繫年》簡"昭王歸隨，與吴人戰於析"及《左傳》定公五年"大敗夫槩王於沂"等内容。根據我們的討論，所謂"析"乃楚文字"慎"字异寫，慎地在今河南正陽縣一帶，這與整理者的推論相合，也和歷史上關於吴、楚大戰之地的討論相一致。"慎"地在春秋時期當是吴、楚博弈的一片重要區域，惜於史料缺失，尚不能做深入探討。至於《左傳》所記爲"沂"，可能是後世文人不明古字而據己意擅改，或者是其他原因，難以確考，以俟高明。

---

① 徐少華：《論春秋時期楚人在淮河流域及江淮地區的發展》，《人文論叢》2002年卷，武漢大學出版社，2003；又同作者論文集《荆楚歷史地理與考古探研》，北京：商務印書館，2010，151-152頁。

② 譚其驤主編：《中國歷史地圖集》第一册，北京：地圖出版社，1982，29-30頁。

郭店簡訓詁二則*

武漢大學歷史學院 黄傑

内容提要 據《詩·鄘風·桑中》"期我乎桑中,要我乎上宫,送我乎淇之上矣"鄭玄注及《公羊傳》隱公四年"遇者何？不期也。一君出,一君要之也"可知,郭店簡《忠信之道》簡5"要"應解釋爲"會"、"見"。此義項可補辭書之缺。《忠信之道》簡4"夫此之謂此"、簡5"忠信之謂此"兩句末的"此"應讀爲《詩·小雅·節南山》"民言無嘉,憯莫懲嗟"的"嗟"。《語叢二》簡40"正一以失其它"的"正"應解爲求。《語叢一》簡59、67的"正/政其然而行㠯/忌焉(爾也)"應讀爲"正其然,而行以焉(爾也)",意爲尋求事物的實際情況,而行爲遵從之。

關鍵詞 《忠信之道》 要 此 《語叢》 正

郭店楚簡自公布至今,已有15年。在此期間,在古文字、古文獻、思想史等領域,相關研究成果可謂汗牛充棟。從文獻學層面看,以近幾年出版的《楚地出土戰國簡册[十四種]》中的郭店簡部分及《楚地出土戰國簡册合集(一)·郭店楚墓竹書》爲代表,[①]這批材料已經得到相對比較完善的綜合整理,形成了比較可靠的文本,同時,其中也還有不少問題没有解決,包括少數篇目的竹簡編聯和一些文字的釋讀、解釋等。數年以來,筆者在研讀郭店簡的過程中,積累有一些零星的見解,今選取其中關於訓詁的兩則,謹呈於此,以求教於方家。

---

* 武漢大學研究生自主科研項目"楚地出土文獻疑難字詞研究"(中央高校基本科研業務費專項資金資助,項目編號:2012112010201)。

① 陳偉等:《楚地出土戰國簡册[十四種]》,北京:經濟科學出版社,2009。武漢大學簡帛研究中心、荆門市博物館:《楚地出土戰國簡册合集(一)·郭店楚墓竹書》,北京:文物出版社,2011。

一、《忠信之道》“要”、“此”

《忠信之道》簡 3—5：

> 大久而不渝，忠之至也。而者，信之至也。至忠亡譌，至信不背，夫此之謂此。大忠不説，大信不期。不説而足養者，地也。不期而可要者，天也。配天地也者，忠信之謂此。

“要”原作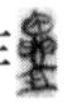（下文以 A 代替），整理者釋寫爲蝘。[①] 裘錫圭先生認爲其上部可能是“要”之變體，讀爲“要”，解爲約。[②] 這個意見得到一些學者認同，[③]也有一些學者不贊成而另尋别解，如李零先生將 A 讀爲“遇”，認爲原文似是不期而遇之意，[④]李守奎先生等贊同此説；[⑤]陳劍先生認爲，裘先生之説的主要弱點是“期”跟“要”意義犯復。“期”“要”“約”意思相近，指“約定日期”，按此理解，則“不期而可要”的説法不通。他認爲 A 所从的或也許是“夏”的譌體，將 A 隸作“䇼”，讀爲“迓”，訓爲“迎”。[⑥] 還有一些别的意見，此不具引。[⑦]

後來，郭永秉先生撰文，將甲骨、金文及戰國文字中的一系列字釋爲“要”及從“要”之字，并對 A 釋“要”作了補證。[⑧] 新出清華簡《繫年》簡 77 有“要”字，寫作。[⑨] 此字證實了上博四《采風曲目》簡 2 的及《昭王與龔之脽》簡 7 的應該釋爲“要”。而郭先生對 A、爲一字已經有很好的論證，那麽 A 從“土”從“要”再無可疑，讀爲“要”也可以確定。

① 荆門市博物館：《郭店楚墓竹簡》，北京：文物出版社，1998，163 頁。下引郭店簡整理者意見均出此書，不再出注。

② 荆門市博物館：《郭店楚墓竹簡》，164 頁，注釋[一〇]“裘按”。

③ 周鳳五：《郭店楚簡〈忠信之道〉考釋》，《中國哲學》第 21 輯（《郭店簡與儒學研究》專號），瀋陽：遼寧教育出版社，2000，138 頁。劉釗：《郭店楚簡校釋》，福州：福建人民出版社，2003，164 頁。

④ 李零：《郭店楚簡校讀記》（增訂本），北京大學出版社，2002，101、102 頁。李零：《郭店楚簡校讀記》（增訂本），北京：中國人民大學出版社，2007，131 頁。

⑤ 李守奎：《楚文字編》，上海：華東師範大學出版社，2003，764 頁。東山鐸：《〈忠信之道〉“禺”字補釋》，復旦大學出土文獻與古文字研究中心網站（以下簡稱“復旦網”），2008 年 3 月 7 日。

⑥ 陳劍：《釋〈忠信之道〉的“配”字》，《中國哲學》編委會、煙臺大學國際簡帛研究中心主辦《國際簡帛研究通訊》第 2 卷第 6 期，2002；又見復旦網，2008 年 2 月 20 日。

⑦ 陳斯鵬先生從整理者隸定，認爲即“蝇”，讀爲“繩”（陳斯鵬：《讀郭店楚墓竹簡札記（10 則）》，《中山大學學報論叢》1999 年第 6 期）。禤健聰先生認爲是“寅”，A 當隸定爲“螾”，可讀爲“演”（禤健聰：《楚簡釋讀瑣記（五則）》，《古文字研究》第 27 輯，北京：中華書局，2008，370—371 頁）。

⑧ 郭永秉：《談古文字中的“要”字和從“要”之字》，《古文字研究》第二十八輯，北京：中華書局，2010；收入其著《古文字與古文獻論集》，上海古籍出版社，2011。

⑨ 清華大學出土文獻研究與保護中心編、李學勤主編：《清華大學藏戰國竹簡（貳）》，上海：中西書局，2011，78 頁（圖版）、170 頁（釋文）。

不過,郭先生仍將“要”訓爲“約”,“不期而可要”解釋爲“不用期以時日而可與約結不欺”,又提出“要”可解爲“求”“取”,“不期而可要”解釋爲“不用與之期約而可向其求取(如四時寒暑等)”,似均難信從。“期”意爲約,如果將“要”解爲“約”,則“不期而可要”就成了“不約而可約”,顯然講不通。向天求取四時寒暑的説法,也難以成立。

在A得到確釋之前,之所以有不少學者質疑釋“要”之説,除了當時對古文字中的“要”字還没有充分認識外,一個重要的原因就是從“要”訓爲約的觀點出發,很容易推導出“期”跟“要”意義犯復的結論。而今“要”字既然已經確定,就需要我們對此處“期”“要”的内涵作深入分析,弄清二者的區别,以求得準確的理解。

“期”理解爲相約是没有問題的,關鍵在於“要”的理解。檢索古書,我們找到了兩個“期”“要”連用的例子,可與此處相參照,來考求“期”“要”二字之别及此處“要”的意義。

《詩·鄘風·桑中》“期我乎桑中,要我乎上宫,送我乎淇之上矣”,毛傳:“桑中、上宫,所期之地。”[①]顯然是將“期、要”都理解爲約。鄭玄的注解則不同:“與我期於桑中,而要見我於上宫,其送我則於淇水之上。”[②]將“要”解爲“要見”。朱熹《集傳》:“要,猶迎也。”[③]相比之下,我們認爲鄭玄的理解更符合文義,“要”應當是會、見之意。“期”是約(約定日期、地點),“要”是會、見,“送”爲既見之後相送,三句層次分明。如果將“要”解釋爲約,則既云約我於桑中,又説約我於上宫,不太能説得通。[④]

《公羊傳》隱公四年:“夏,公及宋公遇於清。遇者何? 不期也。一君出,一君要之也。”李宗侗先生《春秋公羊傳今注今譯》將“一君出一君要之”解爲“有一國的君出國,另一國君想碰見他”,譯爲“一國的君出境,另一國的君就要求跟他相見”。[⑤] 梅桐生先生《春秋公羊傳全譯》將“要”解爲“邀”,將“一君要之”譯爲“另一個國家的國君邀請他見面”。[⑥] 我們認爲兩種解釋都不妥當。很明顯,《傳》文是用“不期”及“一君出,一君要之”來解釋“遇”。《谷梁傳》隱公八年《經》“宋公、衛侯遇於垂”,《傳》:“不期而會曰遇。”兩書的解釋恰好可以對照,《公羊》之“不期”及“一君出,一君要之”即《谷梁》之“不期而會”,可見《公羊傳》之“要”應當解爲會、見。將此解釋放入原文,文義很順暢。

如果用“會”“見”來解釋此處的“要”,也很通順。“不期而可要”,即不期而可會,意爲不事先約定,却可相會、相見。李零先生認爲“不期而可A”似是不期而遇之意,對文意的把握是很準確的。之前有學者指出,《忠信之道》“天”指天時、四季,古人視四季更迭爲大信的説

---

① [清]阮元校刻:《十三經注疏》,北京:中華書局,1980,314頁。

② 《十三經注疏》,314頁。

③ [宋]朱熹:《詩集傳》,北京:中華書局,1958,30頁。

④ 《漢語大字典》、《漢語大詞典》“要”字條將這條辭例列在“邀請”義項下,也不準確。

⑤ 李宗侗:《春秋公羊傳今注今譯》,臺北:臺灣商務印書館,1976,17頁。

⑥ 梅桐生:《春秋公羊傳全譯》,貴陽:貴州人民出版社,1998,32、33頁。

法很常見,如《尉繚子·兵令下》"信如四時",《漢書·賈誼傳》"行此之令,信如四時",《禮記·樂記》"天則不言而信",孔疏"'天則不言而信'者,謂四時不失"。[①] 結合《忠信之道》簡2"至信如時,必至而不結"、簡4"大信不期"、簡4–5"不期而可要者,天也"來看,此説是正確的。另外,有學者指出"不説而足養者,地也;不期而可要者,天也"與《論語·陽貨》"天何言哉,四時行焉,百物生焉"有關,[②]"足養"與"百物生"對應,"可要"與"四時行"對應,也可證明這裏的"天"是指四季。"不期而可要者,天也",是説四季不約定也能遇見,引申之,即四季按固定的規律運行,人即使不與之相期約,也能按時相會。

"要"爲什麽可以表示會、見之意呢?"要"的另外一些義項可供參考:一、攔阻。《孟子·公孫丑下》:"使數人要於路。"二、截擊。《淮南子·原道訓》:"射者扞烏號之弓,彎綦衛之箭,重之羿、逢蒙子之巧,以要飛鳥,猶不能與羅者競多。"三、迎接。《楚辭·離騷》:"巫咸將夕降兮,懷椒糈而要之。"這些義項有一個共同點,即表示雙方會相遇、相會,如"使數人要於路"中派去攔截孟子的"數人"與孟子會在路上相遇,"以要飛鳥"中射出的箭會與飛鳥在空中相遇,"懷椒糈而要之"中屈原會與巫咸相會、相見。由此可見,"要"這個詞本身包含了雙方相會、相見的意思,所以能够在不同的語境下表示以上諸種具體各别但有内在一致性的意思。可見將"要"解釋爲會、見是有理據的。

遍查《辭源》、《辭海》、《漢語大字典(第二版)》、《漢語大詞典》等工具書,都没有見到"要"下列會、見的義項。[③] 本文所論,或可補辭書之缺。

"夫此之謂此"、"忠信之謂此"兩句末的"此"字用法比較特别。涂宗流、劉祖信先生將其解爲代詞,分别指"至忠亡譌,至信不背"、"不説而足養、不期而可要"。[④] 陳偉先生將這兩個"此"字都屬下句讀,即"夫此之謂。此大忠不説"、"忠信之謂。此口惠而實弗從",認爲"此"大概與傳世古書中的"是"字相當,可以理解爲"故""是故",也可理解爲句首提示之詞。[⑤] 劉釗先生認爲二"此"字疑涉上而誤。[⑥]

我們認爲,比較合理的解釋是,這兩個"此"字是語助詞。疑"此"當讀爲《詩·小雅·節南山》"民言無嘉,憯莫懲嗟"的"嗟"。《詩·小雅·賓之初筵》"屢舞傞傞",《説文》"䇦"下

---

① 陳劍:《釋〈忠信之道〉的"配"字》。東山鐸:《〈忠信之道〉"禹"字補釋》。

② 東山鐸《〈忠信之道〉"禹"字補釋》文後評論區"戰國時代"在2008年3月7日的評論提到了這條文獻,學友武漢大學哲學學院博士生李攀兄也向我指出這條文獻。

③ 《漢語大字典》、《漢語大詞典》"要"下列有"會合;符合"、"和;會合"一項,所舉辭例爲《詩·鄭風·蘀兮》:"叔兮伯兮,倡予要女!"《荀子·樂論》:"盡筋骨之力,以要鐘鼓俯會之節。"《禮記·樂記》:"行其綴兆,要其節奏。"鄭玄注:"要,猶會也。"此義專用於音樂,與本文所論會、見義不同。

④ 涂宗流、劉祖信:《郭店楚簡先秦儒家佚書校釋》,臺北:萬卷樓圖書有限公司,2001,69—70頁。

⑤ 陳偉:《郭店竹書别釋》,武漢:湖北教育出版社,2003,79—80頁。

⑥ 劉釗:《郭店楚簡校釋》,164頁。

引作“屢舞㘴㘴”。《禮記·月令》“掩骼埋胔”,《吕氏春秋·孟春紀》作“揜骼霾髊”。[①] “夫此之謂此”、“忠信之謂此”即“夫此之謂嗟”、“忠信之謂嗟”。

《楚辭·招魂》有“些”字,用作句末語助詞。這種用法不見於别的文獻,顯得很特殊。從古至今,有很多學者作過探討,訖今尚無定論。“些”與這裏所討論的“此”很可能存在關聯。[②] 湯炳正先生指出“此”字較原始的讀音在歌部,[③]其説可從。“些”在南北朝以降的文獻中有息計切、息箇切兩種讀音。通過對《招魂》篇内語氣詞的考察以及《招魂》、《大招》語氣詞的比較,我們確認在《招魂》的創作時代“些”應屬歌部。“此”與“些”字形有密切關聯,且均屬歌部,應當是同一個詞,“些”也應讀爲“嗟”。爲保持本文的主題一貫,關於《招魂》“些”字的考證詳見另文。

二、《語叢一、二》“正”

《語叢一》有如下文句:

> 正其然而行安尔也。(簡 59)
>
> 政其然而行(怠)安。(簡 67)

(下文以 B 代替),整理者釋寫爲“怠”,外加方框。據該書凡例,這是表示“簡文筆劃殘損,但可據文意辨識的”字。,整理者釋寫爲“怠”。裘錫圭先生認爲,簡 59 似當讀爲“政其然而行,治安尔也”。[④] 劉信芳先生將“正”讀如字,行讀作 hang,解爲列,“怠”讀爲“始”,“安”解爲定,此句解爲“正其然,而行輩、等列始定”。[⑤] 涂宗流、劉祖信先生將簡 59 讀爲“政其然而行,治安爾也”,解爲政令如此而行,政治便會安定,將簡 67 讀爲“政其然而行怠安”,解爲治理(國事)如此,行爲必然怠惰。[⑥] 李零先生將這兩句斷讀爲“政其然,而行怠焉(爾也)”。[⑦] 劉釗先生將“正”讀爲“當”,整句讀作“當其然而行,治焉(爾也)”,解爲當其合適的而行,就會得到治理。[⑧]《楚地出土戰國簡册[十四種]》及《楚地出土戰國簡册合集(一)·郭

---

① 張儒、劉毓慶:《漢字通用聲素研究》,太原:山西古籍出版社,2002,511 頁。
② 這一點蒙匿名審稿專家提示,謹此致謝!
③ 湯炳正:《招魂“些”字的來源》,收入氏著《屈賦新探》,濟南:齊魯書社,1984。
④ 荆門市博物館:《郭店楚墓竹簡》,200 頁,注釋[一三]“裘按”。
⑤ 劉信芳:《簡帛五行解詁》,臺北:藝文印書館,2000,384 頁。
⑥ 涂宗流、劉祖信:《郭店楚簡先秦儒家佚書校釋》,285 頁。
⑦ 李零:《郭店楚簡校讀記》(增訂本),209—210 頁。
⑧ 劉釗:《郭店楚簡校釋》,193 頁。

店楚墓竹書》(下文簡稱"《合集(一)》")讀爲"政其然而行怠焉(爾也)"。[1] 目前看來,這兩句話的意思還没有弄明白。

理解這兩句話的關鍵在於"正(政)"、B 二字。

B 的"㠯"旁下面有墨痕,所以不少學者認爲其下部還有筆劃。[2] 如果是這樣,此字與"安"的間距將會很小,與此簡的布局不合(見下圖版)。所以這種可能性很小。

(簡 59"行 B 安尔")

B 的筆劃周圍有不少墨痕,應當是筆劃的墨迹擴散後印染在竹簡上的。B 應當就是㠯(以)字,簡 67 的怠是加"心"旁的繁體。

"正(政)"字目前有動詞、名詞兩種解讀,我們認爲應當看作動詞,否則"正(政)其然"難以講通。至於如何解釋,需要從另一條簡文説起。《語叢二》簡 40—41:

凡過正一以失其它者也。

整理者在"過"下斷讀,丁四新先生同。[3] 李零先生在"一"下斷讀,[4]劉釗先生《郭店楚簡校釋》同,云此句不解,待考。[5] 劉先生在《郭店楚簡〈語叢二〉箋釋》中引到馬王堆帛書《十六經・正亂》《説苑・雜言》《鶡冠子・度萬》《春秋繁露・盟會要》中出現"正一"的句子,同時説不能肯定簡文和典籍中的"正一"用法是否一致。[6]《楚地出土戰國簡册[十四種]》及《合

① 陳偉等:《楚地出土戰國簡册[十四種]》,246 頁。武漢大學簡帛研究中心、荆門市博物館:《楚地出土戰國簡册合集(一)・郭店楚墓竹書》,141 頁。

② 參見上文所引述學者意見。另外,李守奎《楚文字編》將此字置於"怠"字頭下,收作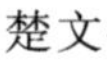,張光裕主編《郭店楚簡研究・第一卷文字編》將其收入"怠"字條下,顯然都是認爲其下部還有"心"旁。見李守奎《楚文字編》,613 頁;張光裕主編《郭店楚簡研究・第一卷文字編》,臺北:藝文印書館,1999,193 頁。

③ 丁四新:《郭店楚墓竹簡思想研究》,北京:東方出版社,2000,235 頁。

④ 李零:《郭店楚簡校讀記》(增訂本),221 頁。

⑤ 劉釗:《郭店楚簡校釋》,206 頁。

⑥ 劉釗:《郭店楚簡〈語叢二〉箋釋》,《古墓新知——紀念郭店楚簡出土十周年論文專輯》,香港:國際炎黄文化出版社,2003。

集(一)》未斷讀。[①]

這條簡文的前後幾條簡文如下:

簡 38:凡悉,已道者也。

簡 39:凡必,有不行者也。

簡 42:凡悦,作於譽者也。

句式與此簡相似,整理者將它們排在一起,是合理的。這幾句都是提出一個類似概念的詞,然後加以闡述,這條簡文應該也是如此。所以整理者的斷讀是有道理的。

句中的"正"字頗費解。我們曾猜測它義近於"得",不過在故訓中未找到根據。後來我們在傳世文獻中發現一些相關辭例,似可以爲解決這個問題提供綫索。

《孟子·梁惠王上》:"上下交征利而國危矣。"趙岐注:"征,取也。"[②]楊伯峻先生譯爲追逐。[③]《大戴禮記·文王官人》:"飲食以親,貨賄以交,接利以合,故得望譽征利,而依隱於物,曰貪鄙者也。"王聘珍解詁:"征,取也。"[④]在"取"和"追逐"兩種解釋中,我們認爲後一種比較切合文意。"征利"即求利,與"望譽"(希冀名譽)相對。按照古代的訓釋方法,我們可以説"征,求也"。

《孟子·公孫丑上》:"其爲氣也,至大至剛,以直養而無害,則塞於天地之間。其爲氣也,配義與道;無是,餒也。是集義所生者,非義襲而取之也。行有不慊於心,則餒矣。我故曰,告子未嘗知義,以其外之也。必有事焉,而勿正,心勿忘,勿助長也。無若宋人然:宋人有閔其苗之不長而揠之者,芒芒然歸,謂其人曰:'今日病矣!予助苗長矣!'其子趨而往視之,苗則槁矣。天下之不助苗長者寡矣。以爲無益而舍之者,不耘苗者也;助之長者,揠苗者也。非徒無益,而又害之。"朱熹《集注》:"正,預期也。《春秋傳》曰'戰不正勝',是也……此言養氣者,必以集義爲事,而勿預期其效。其或未充,則但當勿忘其所有事,而不可作爲以助其長,乃集義養氣之節度也。"[⑤]仔細分析,這一段有兩層意思:一,應當做的事不要忘記,也就是不要"不耘苗";二,不要過於追求效果,强爲之助,也就是不要"揠苗"。這兩層意思主要通過"必有事焉,而勿正,心勿忘,勿助長也"一句體現出來。"必有事焉""心勿忘"屬於第一層意思,"勿正""勿助長"屬於第二層意思。朱子説"必以集義爲事,而勿預期其效",對文意的把握是正確的,不過,解"正"爲預期,似乎不太準確,在故訓中也找不到根據。聯繫到《梁惠

① 陳偉等:《楚地出土戰國簡册[十四種]》,253 頁。武漢大學簡帛研究中心、荆門市博物館:《楚地出土戰國簡册合集(一)·郭店楚墓竹書》,153 頁。

② 《十三經注疏》,2665 頁。

③ 楊伯峻:《孟子譯注》,北京:中華書局,2005,2 頁。

④ [清]王聘珍撰、王文錦點校:《大戴禮記解詁》,北京:中華書局,1983,195 頁。

⑤ [宋]朱熹:《四書章句集注》,北京:中華書局,1983,232 頁。

王上》及《大戴禮記·文王官人》"征利"之"征"解爲求,此處"正"似亦可解爲求("征"、"正"相通),"勿正"即勿求,是針對拔苗助長一類過於追求效果的行爲而言的。

衆所周知,"正"古有鵠的(即射箭的目標)之意,《詩·齊風·猗嗟》"終日射侯,不出正兮",《禮記·中庸》"失諸正鵠,反求諸其身"。古漢語名詞、動詞相因,所以"正"由"鵠的"之意引申而有"以……爲目標"之意,即追求、求取。"正""征"相通,故"征"亦可表示此義。

現在回過頭來看《語叢二》簡 40—41 的"正",我們認爲亦當解爲求。"正一以失其它",即追求一項而不顧其它,這是一種片面的態度,是一種過錯。①

再看《語叢一》簡 59、67 的"正(政)其然而行㠯/㠯安(爾也)"。"政"當讀爲"正",解爲求,"正其然"即"求其然",意爲尋求事物的實際情況。② 行,行爲。"㠯/㠯"讀爲"以",解爲"由"。《漢書·劉向傳》"竊推春秋灾异,以救今事一二,條其所以,不宜宣泄",颜師古注:"以,由也。"《大戴禮·子張問入官》篇曰:"忿數者,獄之所由生也;距諫者,慮之所以塞也。"王引之云:"以,亦由也。"③《左傳》昭公四年:"苟利社稷,死生以之。"楊伯峻先生解爲"由也"。④ "由"意爲依從。"安"讀爲"焉","行以焉"猶"行以之"。"正其然,而行以焉"即尋求事物的實際情況,而行爲依從之。

由上所述,《語業》的一些"正"字表示"求""義"與帶有戰國齊系方言特色的《孟子》相符。據學者研究,《語叢》一至三具有齊系文字特點。⑤ 這兩方面似能相互呼應。

附記:本文初稿投寄《簡帛研究》後,匿名審稿專家提供了重要意見,對本文修改有很大幫助,謹在此致以誠摯的謝意!

---

① 劉釗先生所提到的其中出現"正一"的四種文獻,其相關文句分别爲:《十六經·正亂》"上人正一,下人靜之。正以待天,靜以須人"、《説苑·雜言》"響不辭聲,鑒不辭形,君子正一而萬物皆成"、《鶡冠子·度萬》"若能正一,萬國同極"、《春秋繁露·盟會要》"正一而萬物備"。這四個"正一"意思應當相同,《十六經·正亂》"上人正一",整理者注:"《老子·德經》:'侯王得一以爲天下正。'《吕氏春秋·執一》:'王者執一而爲萬物正。'"(國家文物局古文獻研究室編《馬王堆漢墓帛書[壹]》,北京:文物出版社,1980,68 頁),與此處的"正一"意思不同。

② "求其然"在古漢語中衹見於一些比較晚的文獻,如《元史》列傳第四十五:"苟從《大學》之道,以修身爲本,凡一言一動,必求其然與其所當然。"[明]吴應箕《樓山堂集》卷十七《歷朝科牘序》:"則所號爲程墨者,不可不實求其然,求其然而後繇文章而施者,可以使之無不然。"四部叢刊本《嵇中散集》卷九有"不答子貢,以求其然,則足下得不爲托心無鬼……",但有的版本不作"求其然",參見崔富章注譯《新譯嵇中散集》(臺北:三民書局,1998)419 頁、420 頁注釋 19,可見這條辭例存在疑問,故此處不列。

③ 王引之:《經傳釋詞》卷一。

④ 楊伯峻:《春秋左傳注》(修訂本),北京:中華書局,1990,1254 頁。

⑤ 馮勝君:《郭店簡與上博簡對比研究》,北京:綫裝書局,2007,258-320 頁。

上博楚簡《季庚子問於孔子》研究二題*

吉林大學古籍研究所　李春桃

内容提要　上博簡《季庚子問於孔子》篇不見於傳世文獻，内容十分重要，但關於簡文的釋讀還有一些問題尚未解决。本文考釋了該篇的兩處簡文，認爲簡 18 中"民不樹"應讀作"民不屬"，指百姓不會聚屬，與前文百姓安居相對。簡 19 中"毋欽遠、毋詣邇"可讀作"毋禁遠，毋嗜邇"，指毋疏禁遠者，毋嗜愛近者，這與《緇衣》篇所記孔子的治世思想正相一致。

關鍵詞　楚簡　古文字　屬　禁　嗜

近年來發現了大批屬於古書性质的戰國竹書，這些竹書都是先秦時期楚文字抄本，未經後人篡改，更接近原貌，是研究古文字、歷史、思想史的重要材料。《上海博物館藏戰國楚竹書(五)》於 2005 年公布，[①]内有《季庚子問於孔子》篇不見於傳世典籍，該篇記録了孔子與季庚子(即古書中的季康子)的對話。簡文非常重要，材料公布後旋即引起學者的注意，涌現了大批研究文章，但由於簡文殘缺嚴重，又有不清晰之處，所以至今還有一些可以討論的内容。本文試着梳理幾處簡文，對相關問題提出新的意見，希望能够推進相關研究。

---

* 本文受到吉林大學基本科研業務費項目資助，項目编号：2013ZZ009；同時受到第五十四批中國博士後科學基金面上資助。

① 馬承源主編：《上海博物館藏戰國楚竹書(五)》，上海古籍出版社，2005 年。

一

第 18 號簡：田(?)肥，民則安；瘠，民不樹。[①]

簡文“瘠”字釋讀爲陳劍先生觀點，[②]斷句采納的是李鋭先生意見。[③] 此簡上部殘斷作形，可能爲“田”字，也可能是一個從田之字的殘缺，從後文用“肥”、“瘠”來修飾看，其即便不是“田”字，也必定和“田”字意思相近，本文暫以“田”字處理。

下面主要討論“樹”字的讀法。“樹”字原形作，整理者誤釋爲“鼓”，後季旭昇先生將其釋爲“樹”，[④]正確可從。關於“樹”字訓讀，季先生認爲“樹”是樹立之意。唐洪志先生將“樹”讀成“著”，引《漢書·食貨志》：“理民之道，地著爲本。”颜師古注：“地著，謂安土也。”把簡文中的“著”理解成“地著”。整句義爲“田地肥沃則百姓安居樂業，貧瘠則百姓不地著，將流散他鄉。”[⑤]按，依照季旭昇先生訓“樹”爲“樹立”，于文意難通。唐洪志先生的意見也可商，《漢書》颜師古注文認爲“地著”是“安土”之義，但“著”本身却無此意，將簡文中的“樹”讀作“著”，訓爲“安土”，有增字解經之嫌。可見關於“樹”字的訓解尚有討論餘地。需要注意的是，雖然唐洪志的解字不可信，但他對整段文意的理解是可從的，“田貧瘠百姓就會流散他鄉”于文意十分通順。上引陳劍先生觀點也指出簡文中“肥”與“瘠”意思相反，“安”也應與“不尌”意思相反。白海燕先生曾注意到，簡文此段與典籍中如下語句可類比：[⑥]

> 田野不修，民氓不安。(《晏子春秋·問上六》)

《晏子春秋》此段也是説“田”給“民”帶來的影響。比對相關文獻，不難看出簡文中的“不樹”應該與“不安”意義相當，也就是唐洪志所説的“流散”。有讀音和文意兩方面的限制，我們認爲這裹的“樹”當讀成“屬”。

上古音“樹”是禪母侯部字，“屬”是禪母屋部字，[⑦]兩者聲母相同，韻部對轉，讀音相近，故可相通。如銀雀山漢簡《兵令》：“將與卒，非有父子之親，血肉之樹，六親之私也。”其中的“樹”字，《群書治要》作“屬”，[⑧]是其例。出土文獻裹，中山王方壺銘文中有形體作，以前該

---

① 爲便於行文，本文在引用出土文獻時，除要討論的古文字形體外，其餘均直接以通行字代替，不作嚴格隸定。

② 陳劍：《談談〈上博(五)〉的竹簡分篇、拼合與編聯問題》，武漢大學簡帛網，2006 年 2 月 19 日。

③ 李鋭：《讀上博(五)補札》，孔子 2000 網，2006 年 2 月 28 日。

④ 季旭昇：《上博五芻議(上)》，武漢大學簡帛網，2006 年 2 月 18 日。

⑤ 唐洪志：《上博(五)孔子文獻校理》，華南師範大學碩士學位論文，2007，20 頁。

⑥ 白海燕：《〈季庚子問於孔子〉集釋》，吉林大學碩士學位論文，2009，83 頁。

⑦ 陳復華、何九盈：《古韻通曉》，北京：中國社會科學出版社，1987，159、218 頁。

⑧ 張儒、劉毓慶：《漢字通用聲素研究》，太原：山西古籍出版社，2002，302 頁。

形一直被誤讀成“專”,後來白于藍、[1]董珊兩先生分别指出該形右部所從爲“樹”字早期形體,銘文中可讀成“屬”,[2]這一改釋非常正確,已爲學界所接受。可見古文字中“樹”可讀成“屬”。[3]所以本簡中“樹”讀成“屬”,符合戰國時期用字習慣。“屬”有附屬之意,此類用法典籍習見,除此之外“屬”還有聚、會之意,《周禮·地官·州長》:“各屬其州之民而讀法。”鄭玄注:“屬,猶合也,聚也。”《左傳·僖公十九年》:“欲以屬東夷。”杜預注:“屬,訓聚也。”又《哀公十三年》:“屬徒五千。”杜預注:“屬,會也。”簡文中“屬”字正用作“聚屬”之意,原簡文“田肥,民則安;瘠,民不屬”,是説如果田地肥沃,人民就會安居,如果田地貧瘠,人民便不會聚屬。前後對應,文意順暢。

順便提及,借助簡文中的“樹”字寫法,還可以解釋一組傳抄古文形體。“樹”字古文或作:

汗 3·30 尚　四 4·10 尚　四 4·10 雲[4]

形體從豆、從木、從攴,其中“攴”旁稍訛。與簡文相比,構字部件相同,衹是古文形體中木、豆二旁位置顛倒而已,兩者無疑是同一個字。此篇簡文的出現再一次證明了這組古文的可信性。[5]

二

第19至20號簡:(子曰:)“……慎小以合大,疏言而密守之;[6]毋欽遠,毋詣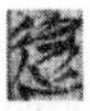;惡人勿竷,[7]好〖19〗人勿貴。……”

此段記載了孔子回答季康子的話語,尤其是後段内容,文意十分難懂。其中“欽”字,整理者以及各家多讀成本字,或讀成“歆”,都訓成“尊敬、羨慕”義。我們認爲這種意見從文意、邏輯上都不通,恐不可從。要弄清簡文涵義,應先把整段話理解清楚。

本段文字中,“毋欽遠,毋詣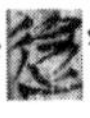”一句與後文“惡人勿竷,好人勿貴”意義緊密相承,後者

① 白于藍:《釋中山王嚳方壺中的“屬”字》,《古文字研究》第二十五輯,北京:中華書局,2004,290-295頁。

② 董珊:《中山國題名考釋拾遺(三則)》,《北京大學中國古文獻研究中心集刊》第四輯,2004,348—351頁。

③ 另,郭店簡《老子甲》2號簡“或命之或唇豆”,其中的“豆”字,整理者讀爲“屬”,傳世本和馬王堆帛書本均作“屬”。而從古文字來看“樹”從豆得聲,這也可説明“樹”、“屬”音近可通。

④ 以上形體分别出自《汗簡》、《古文四聲韻》,參徐在國《傳抄古文字編》,北京:綫裝書局,2006,562頁。

⑤ 此類形體在郭店簡《語叢三》中也有出現,另外“樹”字古文還有其他寫法,相關討論一并參看筆者學位論文《傳抄古文綜合研究》,吉林大學博士學位論文,2012,225-228頁。

⑥ “疏”字原整理者誤釋成“足”,釋成“疋”讀成“疏”參陳劍《談談〈上博(五)〉的竹簡分篇、拼合與編聯問題》。

⑦ “竷”字原整理者誤釋成“戕”,釋成“竷”參季旭昇《上博五芻議(上)》。

文意十分重要,諸家對此的理解也存在分歧,我們認爲冀小軍先生對文意的理解最爲合理,他從楊澤生、劉國勝二先生的意見把“贛”讀成“陷”,但訓爲“埋没”,整句意思是“不要因討厭某人而使他埋没,也不要因喜歡某人而使他尊貴。”[①]這種反對“惡惡、親親、貴貴”的觀念正屬於孔子所提倡的儒家思想。

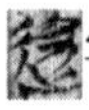字整理者釋爲“迻”,訓作趨向。此説不確,該形實從辵、從豕,楊澤生先生認爲“逐”用作“邇”。[②] 此説可從,最近公布的《清華大學藏戰國竹簡(叁)》中《説命(下)》一篇,其中“柔遠能邇”一句中“邇”字寫作“逐”,[③]其用法與本簡相同。需要明確的是,兩篇簡文中這個從辵、從豕的字,雖然與“追逐”之“逐”寫法相同,但却衹是同形關係。“追逐”之“逐”是覺部字,“邇”是脂部字,兩者讀音相隔較遠,不能相互通假。簡文中這個字衹能分析成從辵、豕聲(“豕”、“邇”均是脂部字),是“邇”字异體。簡文這段話中多是相對概念,如“小”與“大”、“疏”與“密”、“惡”與“好”,此處與“遠”相對爲文,“邇”常訓作近,用在此處正合適。“詣”字本作形,右部有些漫漶不清,若仔細辨其輪廓,可發現學者認爲其爲“旨”旁是可信的。但學者將“詣”讀成“指”,理解成“指責”,這一點却不可從。從訓詁上講,先秦文獻中“指”幾乎不表示指責義,理解成指責,是犯了以近代漢語誤訓古代詞語的錯誤。況且從文意上説,“指責”義用在簡文中也不通順。

我們認爲“詣”應讀成“嗜”,“嗜”以“旨”爲基本聲符,則“詣”與“嗜”聲符相同,二者讀音相近,相通應無問題。郭店簡《尊德義》“不以旨欲害其儀軌。”睡虎地秦簡《日書乙種》:“丁酉,吉,旨酒。”兩句中“旨”均讀作“嗜”,[④]即其例。“嗜”有喜愛、貪愛義,爲古之恒訓。[⑤]那麽“毋嗜邇”是指不要過分喜愛那些親近之人。

至於“毋欽遠”的解釋,我們認爲“欽”應該讀成“禁”。上博簡《容成氏》簡 37:“乃執兵欽暴。”《景公瘧》簡 8:“舉邦爲欽。”兩句簡文中“欽”都讀爲“禁”。[⑥] 周波先生據此總結説,楚國文字用“欽”表示“禁”。[⑦] 其説可信。那麽同爲楚文字的本篇簡文,“欽”讀爲“禁”也極其允當。“禁”有“止”義,如《戰國策·西周策》“君不如禁秦之攻周”高誘注:“禁,止也”,是

① 冀小軍:《〈季康子問於孔子〉補説》,武漢大學簡帛網,2006 年 6 月 26 日。楊澤生先生意見參《〈上博五〉零釋十二則》,武漢大學簡帛網,2006 年 3 月 20 日;劉國勝先生意見參《上博(五)零札(六則)》,武漢大學簡帛網,2006 年 3 月 31 日。

② 楊澤生:《〈上博五〉零釋十二則》。按:本文通過審稿後,鄔可晶先生發表《釋上博楚簡中的所謂“逐”字》(《簡帛研究二〇一二》,桂林:廣西師範大學出版社,2013)一文,也贊同楊先生説,并對“逐”(邇)字有專門論證。鄔文關於此處簡文的理解,與本文并不相同(詳該文 22 頁注 2),讀者可參看。

③ 李學勤主編:《清華大學藏戰國竹簡(叁)》,上海:中西書局,2012,129 頁。

④ 白于藍:《戰國秦漢簡帛古書通假字彙纂》,福州:福建人民出版社,2012,341 頁。

⑤ 宗福邦、陳世鐃、蕭海波主編:《故訓彙纂》,北京:商務印書館,2003,372 頁。

⑥ 關於“金”聲字可讀爲“禁”,李家浩先生也曾論述,可參李家浩《包山 266 號簡所記木器研究》,《著名中年語言學家自選集·李家浩卷》,合肥:安徽教育出版社,2002,234 頁。

⑦ 周波:《戰國時代各系文字間的用字差异現象研究》,復旦大學博士學位論文,2007,26 頁。

其證。[①] “禁”正好與“嗜”字意思相反。

“毋禁遠,毋嗜邇。惡人勿陷,好人勿貴”,翻譯成現代白話文,就是不要過於疏禁遠者,也不要過於親昵近者;不要埋没所討厭之人,也不要過於尊貴所喜好之人。勿疏禁遠者與勿埋没討厭之人文意相應,毋親昵近者與勿尊貴喜好之人文意相應,前後文脈一致,極其允當。

簡文記録了孔子的言語,也體現了孔子的治世思想。“毋禁遠、毋嗜邇”很容易使我們聯想到《禮記·緇衣》中一段話:

> 子曰:“大臣不親,百姓不寧,則忠敬不足而富貴已過也;大臣不治而邇臣比矣。故大臣不可不敬也,是民之表也;邇臣不可不慎也,是民之道也。君毋以小謀大……則大臣不怨,邇臣不疾,而遠臣不蔽矣。”

相關内容也見於郭店簡、上博簡,兩篇簡文内容相似,以郭店簡爲例:

> 子曰:“大臣之不親也,則忠敬不足而富貴已過也。邦家之不寧也,則大臣不以而褻臣托也。”

兩篇簡本較今本凝練,且較爲一致,當更可信。今本中的“邇臣”簡本作“褻臣”,“邇”、“褻”二字音義皆近,表意相同。張富海先生謂簡本“邦家之不寧也,則大臣不以而褻臣托也”,“意爲國家之不安寧,乃由於君主不用大臣,而近褻之臣乘機專權。”[②]孫希旦認爲今本中“邇臣比也”是“邇臣皆得比周以欺其君也”之意。[③] 雖然今本與簡本個别用詞不同,但表達的意思相近,均説明“邇臣”是爲政者應謹慎對待的。今本更是多出“邇臣不可不慎也”,這都與簡文“毋嗜邇”的思想是相似的。且兩篇文獻均以孔子口吻説出,也説明我們對簡文的理解是有依據的。另,今本多出“邇臣不疾而遠臣不蔽矣”一句,是以“邇”、“遠”對比,這與簡文表達也有相似之處,儘管原本《緇衣》可能并無此句,但後加者有所參照或據文意而補也是有可能的。《緇衣》篇所反映的“慎邇”觀念,與《季庚子問於孔子》中所體現的“毋禁遠、毋嗜邇”相似,説明出土與傳世文獻中所反映的孔子爲政治世思想是一致的。

---

① 按:本文通過審稿後,見范常喜先生《〈上博五〉字詞札記三則》(《古文字研究》第29輯,2012)也認爲簡文中“欽”當讀爲“禁”,本文初稿失引,實屬不該。但范文將“逐”(邇)當成是“辵豙”的省寫并讀爲“遁”,恐不可從,其對整段簡文的理解也與本文有較大差异,讀者可參看。

② 張富海:《郭店楚簡〈緇衣〉研究》,北京大學碩士學位論文,2002,17頁。

③ 孫希旦:《禮記集解》,北京:中華書局,2010,1327頁。

兩周出土文獻所見之醫療巫術考察

中國人民大學歷史學院　[韓]趙容俊

内容提要　本文主要運用兩周出土文獻,探討兩周巫者的醫療活動内容及其特徵。巫者職司交通鬼神,其本身雖不具超自然的力量,但古人相信巫者可藉鬼神之力成就諸多事。兩周時期,醫雖已具專門化、職業化性質,但仍未完全脱離古人巫醫之思想。换言之,兩周時期,專業醫療治病的知識常與迷信治療的方法結合,成爲古代巫者擔當的重要職責之一。由此亦可知,以巫術之法療疾的情形,尚普遍存在於周代社會之中。因此,周代的醫療知識仍然處於中國醫學的萌芽狀態,古樸幼稚,科學與謬誤參半,與巫教信仰結合在一起。即使如此,此時的巫醫,乃開拓壯大醫學的先河,正因爲如此,巫醫在中國醫學史上占有重要的地位。

關鍵詞　兩周出土文獻　醫療巫術　占卜問病　祝由之術　逐疫除凶

一、緒論

早在原始時期,人類爲求得生存與種族的繁衍,曾對各種危害與影響人類生息健康的疾病的防治,不斷進行不懈的探索。因此,對於常見的外傷病徵,古人已有若干治療的知識。

考古資料中多有揭示,至於夏商周時代,病徵、病因識別已達相當水準,①且醫療病患的方法與衛生保健上的社會成俗,一方面伴隨無數次成功或失敗的經驗之積累,在一定程度上

① 對於古人的病徵、病因識别水平的記述,如在《韓非子・五蠹》中便有記載,其云:"〔上古之世,〕民食果蓏蜯(蚌)蛤,腥臊惡臭而傷害腹胃,民多疾病。"梁啓雄:《韓子淺解》(下册)第四十九篇《五蠹》,北京:中華書局,1960,465頁。

標誌當時社會生活的文明發展狀態,與此同時,又爲後世中國醫學體系的建立與完善,奠立其基礎。[①]

即使如此,由於原始社會生活條件艱苦,食物低劣粗糙,且衛生條件極差,故對人體組織産生的慢性破壞作用,確極嚴重。尤其,在鬼神概念充斥時的許多遠古民族,對於不易得見之疾病的致因,則直接歸諸自然界神祇的降灾或鬼在作祟。

因此,古人爲消病除疫,乃通常采取各種手段安撫鬼魂,或以祭祀討好之,或以虔悔而消除鬼魂的不滿,或表示屈服以取悦之,或用某種儀式驅趕疫鬼。此時藉助於能溝通人鬼間的媒介,即巫者的力量而完成其事。[②]

古代巫醫不分,由於人類將疾病致因視爲鬼魂作用,故以巫者充當人鬼間的中介人角色,寄希望於巫術行醫、安撫死神而達於消除疾病的目的。[③] 因此,舉行治病巫術儀式時,巫者乃往往使出自己全部解數,進行充分的表演,以完成此醫療巫術。正因基於此觀念,醫與巫,醫療與巫術密切結合,并且藥物心理與巫術心理亦取得自然的結合,故求藥及求巫者之事,皆統一於醫療活動之中。[④]

其後進入人文思想萌芽且發展中的周代[⑤],古人逐漸脱離此種依賴巫者之迷信觀念[⑥],則以針、灸以及藥物爲之,[⑦]而産生後世專業醫療之術及名醫,如當時著名的專門醫生俞跗、醫

① 詳見拙著《殷商甲骨卜辭所見之巫術·先秦巫術的傳統及對後世的影響》(增訂本),北京:中華書局,2011,322-325頁。亦可參見宋鎮豪《夏商社會生活史·人生俗尚與病患醫療》(增訂本、下册),北京:中國社會科學出版社,2005,711頁。

② 朱天順:《中國古代宗教初探·鬼神崇拜與祖先崇拜》,上海人民出版社,1982,181-188頁。

③ 宋鎮豪:《夏商社會生活史·人生俗尚與病患醫療》(增訂本、下册),743-756頁。

④ 對於求藥與巫術相結合以治病的情形,許進雄在《中國古代社會》一書中,曾提及三者之關係,其云:"在古代,巫最具實用的能力是替人治病……這是因爲巫在行巫術時,要使自己精神達到恍惚、狂癲的狀態,才能使自己生幻覺而與鬼神對話。那種境界很難祇由唱歌、跳舞得到,還要借助藥力。有時病人也要讓他服藥進入恍惚的狀况才能施術。巫對於疾病的反應和治療的經驗遠較他人豐富,對某些藥物與病徵的關係遞有發現,很自然由之逐漸發展成爲善用藥物治療的醫生。故傳説早期的名醫都具有巫的身分,《説文解字》説:'古者巫彭初爲醫。'"許進雄:《中國古代社會——文字與人類學的透視》(修訂本),臺灣商務印書館,1995,506頁。

⑤ 有關周代人文思想發展的情形,可參閱拙著《殷商甲骨卜辭所見之巫術·先秦巫術的傳統及對後世的影響》(增訂本),284-293頁。

⑥ 由於周代人文思想的萌芽與發展,不惟自周、秦以降巫者的政治地位迅速降低,與此同時,擔任巫術性的活動,除巫者之外,亦有祝、史、卜、宗、樂工等,分擔爲之。陳熾彬:《左傳中巫術之研究》,臺灣政治大學中文所博士論文,1989,94-133頁。因此,於本文叙述中,除專門從事醫術的醫者之外,凡從事巫術性醫療活動的人物,則通稱爲"巫者"。

⑦ 有關以針、灸、藥物治病的内容,於《春秋左傳·成公十年》篇中便有記載,其云:"疾不可爲也,在肓之上,膏之下,攻之不可,達之不及,藥不至焉。不可爲也。"[清]阮元校刻:《十三經注疏·春秋左傳》卷二十六成公十年,北京:中華書局,1980,1906頁。此外,《禮記·曲禮下》亦有其記載,其云:"君有疾,飲藥,臣先嘗之。親有疾,飲藥,子先嘗之。醫不三世,不服其藥。"《十三經注疏·禮記》卷五《曲禮下》,1268頁。

緩、醫和、扁鵲(即秦越人)[①]、文摯等。即使如此,周代的醫療知識,仍然處於中國醫學的萌芽狀態,古樸幼稚,科學與謬誤參半,與巫教信仰結合在一起。[②]

儘管如此,此時的巫醫,已開拓壯大醫學的先河。因此,巫醫於中國醫學史上,占有重要的地位。[③]

二、兩周時期的醫療巫術

巫者職司交通鬼神,其本身雖不具超乎自然的力量,但古人相信巫者可藉鬼神之力以成就諸多事。其主要的活動類型,則爲交通鬼神、醫療巫術、救灾巫術、生産巫術、求子生育、建築巫術、喪葬巫術、祝詛放蠱、神明裁判等九項。[④]

即使如此,此九項者,惟其大者而已,[⑤]於中國先秦時期,尤其以巫鬼淫祀之地著稱的戰國時期的楚地,[⑥]巫者從事的巫術活動,其實細故尚多,不勝枚舉。[⑦]

此文以兩周出土文獻所見之占卜問病、祝由之術、防疫除凶等的醫療巫術内容爲主,叙述其文獻的記載與特徵於下。

---

① 對於扁鵲的姓名,司馬遷稱爲秦越人,如《史記·扁鵲倉公列傳》云:"扁鵲者,勃海郡鄚(鄭)人也,姓秦氏,名越人。"(《史記》卷一〇五,北京:中華書局,1959,2785-2786頁)即使如此,若綜合各種文獻所見的扁鵲故事,便知扁鵲的生存時間,已超越四百年左右。因此,山田慶兒認爲,此扁鵲故事,乃爲一種投影理想醫者的傳説。其云:"〔第一個作業假説〕扁鵲傳説不僅是遊方醫的傳説,而且也是被理想化了的醫師的傳説。某時代之醫師的理想像,作爲在創造其像之人眼中視爲最新、受到最高評價之技術與理論的完整體現者,而被刻劃(畫)……關於扁鵲傳説的我的第二個作業假説,可以表現如下。即,在今日所傳的扁鵲傳説中,具有其記述者之時代的醫學狀况與人們對醫學之願望的强烈投影。"[日]山田慶兒著,廖育群、李建民編譯:《中國古代醫學的形成·扁鵲傳説》,臺北:東大圖書公司,2003,369頁。

② 本文在定義上將巫教信仰與佛、道、基督教等的教團宗教不作區别,則稱之爲"巫教"。拙著:《殷商甲骨卜辭所見之巫術·巫義研究》(增訂本),23-58頁。

③ 詳見拙著《殷商甲骨卜辭所見之巫術·先秦巫術的傳統及對後世的影響》(增訂本),322-325頁。

④ 詳見拙著《殷商甲骨卜辭所見之巫術·巫術概况》(增訂本),59-108頁。

⑤ 若視商代甲骨卜辭所涉及的内容,則有文字文例、文法、卜辭、斷代研究、宗法制度、天文、曆法、宗教信仰、疾病與醫藥、政治、官制、農業、田遊、征伐、工藝、交通等諸事。王宇信、楊升南主編:《甲骨學一百年》,北京:社會科學文獻出版社,1999,18-19頁。其中諸多項目,應爲與巫術相關的内容。

⑥ 晏昌貴:《巫鬼與淫祀——楚簡所見方術宗教考·導論》,湖北:武漢大學出版社,2010,1-2頁。其云:"王逸《楚辭章句·九歌》云:'昔楚國南郢之邑,沅、湘之間,其俗信鬼而好祀。'班固《漢書·地理志》亦稱楚地'信巫鬼,重淫祀。'類似的記載還見於《吕氏春秋·异寶》、《淮南子·人間訓》、《列子·説符》等,楚地楚人巫風盛行、祠祀過甚已成爲戰國秦漢時人的共識。但對於楚地楚人'信巫鬼重淫祀'的具體情形,由於史載不詳,以前的學者祇能通過《楚辭》等傳世文獻進行討論……自1951年湖南長沙五里牌經科學考古發掘出土楚簡以來,訖今共出土戰國楚系簡牘約有30餘批。在爲數衆多的楚簡材料中,有一些簡牘記載的内容與古代方術和宗教有關,主要包括卜筮祭禱簡和《日書》簡,爲研究楚地楚人的宗教信仰活動提供了更爲直接、詳細的資料,爲探討楚地楚人'信巫鬼重淫祀'的習俗提供了更爲堅實的基礎。"

⑦ 有關楚地巫風之盛行内容,可參閲拙著《先秦巫者的醫療活動研究》第四章《出土文獻所見之周代巫者的醫療活動·楚地巫術的概况》,北京:清華大學歷史系博士論文,2010,110-120頁。

(一) 占卜問病

1. 戰國楚簡所見之占卜問病

由於戰國楚地出土的楚簡材料,尤其在卜筮祭禱資料之中,便涉及楚地巫者的醫療巫術活動內容,故在本文的論述上,頗具重要性的第一手參考資料。因此,筆者將在此處,首先簡介江陵楚簡、葛陵楚簡、荊門地區楚簡中的卜筮祭禱資料,然後再探究戰國楚簡所見之巫者的占卜問病活動。

(1) 江陵楚簡

對於湖北省江陵地區出土的戰國楚簡,此處以望山楚簡、天星觀楚簡、九店楚簡、秦家嘴楚簡等的四批楚簡爲主。

首先言望山楚簡,1965 年秋,在湖北省江陵八嶺山古墓區的望山 1 號、2 號楚墓中,共出土竹簡二百七十二枚,其年代爲戰國中期楚悼王以後。① 其中在 1 號楚墓竹簡中,載有墓主占卜問病的記録(圖 1)。此處舉其一二文爲例,據商承祚的復原,其簡文曰:

⧄吕(以)不能飤(食),吕(以)心孛(悖),吕(以)欶(欬),胸(胸)臘(膂)疾,尚逮(速)瘻(瘥)。毋吕(以)亓(其)古(故),又(有)咎。占之:亙(恆)卣(貞)吉。疾少迟(遲)瘻(瘥),又(有)咎,少(小)又(有)慼(慼)於⧄。(望山楚簡第 37 簡、第 44 簡、第 45 簡、第 73 簡)

⧄吕(以)心悖,不能飤(食),吕(以)聚(驟)欶(欬),足骨疾⧄。⧄聚(驟)欶(欬),足骨疾,尚毋死。占之:亙(恆)卣(貞)吉,不死。⧄。(望山楚簡第 38 簡至第 39 簡)②

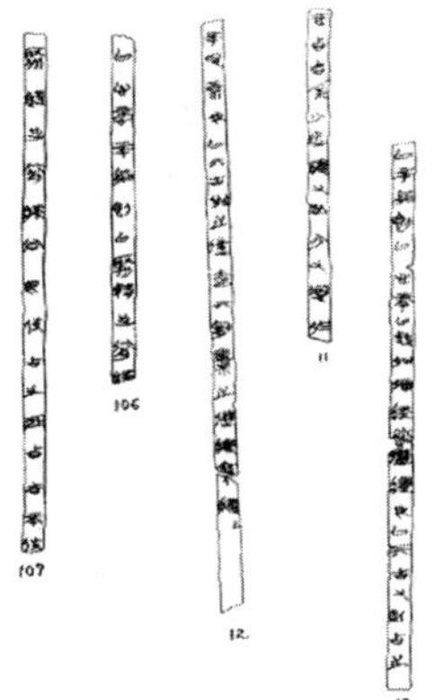

圖 1　商承祚復原的望山楚簡摹本

① 李均明:《古代簡牘》,北京:文物出版社,2003,26-28 頁。亦可參考中國社會科學院考古研究所編《中國考古學·兩周卷》,北京:中國社會科學出版社,2004,488-490 頁。

② 上列簡文的釋文,可參考商承祚編《戰國楚竹簡滙編·江陵望山一號楚墓竹簡疾病雜事札記考釋》的隸定與考釋。商承祚編:《戰國楚竹簡滙編·江陵望山一號楚墓竹簡疾病雜事札記考釋》,濟南:齊魯書社,1995,223-264 頁。亦可參見陳偉等著《楚地出土戰國簡册(十四種)》"望山 1 號墓簡册(附簽牌)·卜筮禱祠記録",北京:經濟科學出版社,2009,270-286 頁。

尤其,自第38簡至第39簡的簡文大意,乃爲墓主卲固心悖而不能飲食,又驟歒且兼足病,雖然如此,尚不致死,無有大碍,及於占問,果得恆吉。[①]

1978年1月至3月間,湖北省文物工作者曾對位於湖北江陵觀者壋公社五山大隊境内的天星觀1號楚墓,進行發掘。[②] 此處亦出土整簡七十餘枚及殘斷的楚簡,字數共計約4,500餘字,其年代爲戰國中期(前340前後),即楚宣王或威王時期,[③]但尚未正式發表。

其中有墓主的占卜問病記録,此處舉其一文爲例,其簡文曰:

> 郚還吕(以)䢼菩爲君貞:既肰雇疾,吕(以)心痵,尚毋吕(以)是(其)古(故),又(有)大咎。占之:吉。夜审(中),又(有)瘶(瘥)。夜氵化(過)分,又(有)外(瘥)。壬午,瘀(?)。䷫䷧(即《周易》的姤之解卦)。(天星觀楚簡第7簡至第8簡)[④]

據此不難得知,於天星觀楚簡中,巫者占卜問病之例,亦可見之。

上引簡文的大意,乃爲墓主邸陽君番勳得病以卜問,其後稍有病愈,且占得吉。

除望山楚簡、天星觀楚簡中的卜筮祭禱資料之外,1981年至1989年中,湖北省博物館江陵工作站,在江陵縣九店發掘東周墓597座,其中M56、M411、M621號墓出土戰國中晚期有字楚簡共235枚,但保存情況較差。[⑤]

其中在M56號墓出土的《占出入盜疾》篇中,便記載人在不同時辰患病的占斷内容,此處舉其一二文爲例,其簡文曰:

> 寅,〔朝〕闕(閉)夕啓……〔吕(以)内(入),吉。吕(以)又(有)〕疾,午少翏(瘳),申大翏(瘳),死生才(在)□。(九店楚簡《占出入盜疾》第62簡)
>
> 卯,〔朝闕(閉)夕〕啓……吕(以)内(入),必又(有)大死。吕(以)又(有)〔疾〕,未少翏(瘳),申大翏(瘳),死生才(在)丑。(九店楚簡《占出入盜疾》第63簡)
>
> 唇(辰),朝啓夕闕(閉)……吕(以)内(入),吉。吕(以)又(有)疾,栖(酉)少翏(瘳),戌大翏(瘳),死生才(在)子。(九店楚簡《占出入盜疾》第64簡)
>
> 亥,朝闕(閉)夕啓……吕(以)又(有)疾,卯少翏(瘳),巳大翏(瘳),死生才(在)申。

---

① 商承祚編:《戰國楚竹簡滙編·江陵望山一號楚墓竹簡疾病雜事札記考釋》,254頁。

② 李均明:《古代簡牘》,40頁。亦可參考中國社會科學院考古研究所編《中國考古學·兩周卷》,488 490頁。

③ 湖北省荆州地區博物館:《江陵天星觀1號楚墓》,《考古學報》1982年第1期,109-112頁。

④ 此簡文的釋文,可參考黄人二《戰國包山卜筮祝禱簡研究·天星觀簡研究》的隸定與考釋。黄人二:《戰國包山卜筮祝禱簡研究·天星觀簡研究》,臺灣大學中文所碩士論文,1996,163-165頁。亦可參見晏昌貴《巫鬼與淫祀——楚簡所見方術宗教考》"附録一:天星觀卜筮祭禱簡釋文輯校",345-370頁。

⑤ 詳見陳偉等著《楚地出土戰國簡册(十四種)·九店56號墓簡册》,301頁,以及《楚地出土戰國簡册(十四種)·九店621號墓簡册》,334頁。亦可參考中國社會科學院考古研究所編《中國考古學·兩周卷》,488-490頁。

(九店楚簡《占出入盜疾》第 71 簡)[①]

不寧唯是,1986 年至 1987 年間,湖北荆沙鐵路考古隊,於湖北江陵秦家嘴發掘四十九座楚墓,其中有三座發現竹簡。其中 M1 號墓出簡七枚,M13 號墓出簡十八枚,其内容皆爲卜筮祭禱之類的記録。此外,M99 號墓出簡十六枚,其内容除卜筮祭禱之外,尚有遣策。[②] 此墓葬的年代爲戰國晚期早段(前 278 年前)。[③]

其中有墓主的占卜問病記録,此處舉其一二文爲例,其簡文曰:

周客韙無(撫)王于宋東之歲,冬栾之月,辛未之日,〔凡〕紫以其又(有)疾之古(故),筮之於鈇(胡)□曰:"有敓(祟)見。"(秦家嘴 M1 墓楚簡第 1 簡)

野以其有病之☑。苛慶習黄靁占之:吉,無咎無敓(祟)。(秦家嘴 M99 墓楚簡第 5 簡)[④]

據此可以得知,於秦家嘴楚簡中,巫者占卜問病之例,屢見不鮮。

尤其,上引秦家嘴 M99 墓楚簡第 5 簡的簡文大意,乃爲墓主得病以卜問,且占得吉,無咎無敓(祟)。

總而言之,屬於戰國時期的各種江陵楚簡的卜筮祭禱資料之中,得見巫者曾從事占卜問病的事實。

(2) 葛陵楚簡

1994 年及 2002 年,葛陵楚簡兩次出土於河南省新蔡縣,共發現 1,571 枚殘簡。其主要内容,則爲墓主平夜(即平輿)君成的卜筮祭禱的記録,以及神靈祭禱的記載,又有遣策。[⑤] 其年代約屬於公元前 380 年左右,乃爲楚聲王以後,即戰國中期偏早之際。[⑥]

葛陵楚簡的卜筮祭禱簡之中,此處舉其一二文爲例,其簡文曰:

☑〔王徙於〕鄩(鄩)郢之戢(歲),夏𡡄(栾)之月,乙卯之日,鄦(應)嘉以衛侯之簭(筮)爲坪夜君貞:既又(有)疾,尚速瘥(瘥),毋又(有)☑。(葛陵楚簡第甲三 114、113 簡)

☑君貞:既又(有)疾,尚速瘥(瘥),毋又(有)咎。占之:難瘥(瘥)☑。(葛陵楚簡第

---

① 上列簡文的釋文,可參考陳偉等著《楚地出土戰國簡册(十四種)》的隸定與考釋。陳偉等著:《楚地出土戰國簡册(十四種)·九店 56 號墓簡册·(八)占出入盜疾》,321-325 頁。

② 李均明:《古代簡牘》,42 頁。亦可參考中國社會科學院考古研究所編《中國考古學·兩周卷》,488-490 頁。

③ 荆沙鐵路考古隊:《江陵秦家嘴楚墓發掘簡報》,《江漢考古》1988 年第 2 期,42 頁。

④ 上列簡文的釋文,可參考晏昌貴的隸定與考釋。晏昌貴:《巫鬼與淫祀——楚簡所見方術宗教考》"附録二:秦家嘴卜筮祭禱簡釋文輯校",371-376 頁。

⑤ 中國社會科學院考古研究所編:《中國考古學·兩周卷》,488-490 頁。

⑥ 河南省文物考古研究所、河南省駐馬店市文化局、新蔡縣文物保護管理所:《河南新蔡平夜君成墓的發掘》,《文物》2002 年第 8 期,18-19 頁。

甲三 194 簡)[①]

由此可知,於新蔡葛陵楚簡中,巫者占卜問病之例,屢見不鮮。

尤其,上引第甲三 114、113 簡的簡文大意,乃爲墓主平夜(即平輿)君成得病以卜問,其後稍有病愈,且占得吉。

(3)荆門地區楚簡

除江陵楚簡與葛陵楚簡的占卜問病記載之外,於荆門地區出土的包山楚簡的卜筮祭禱簡之中,此事亦可見之。1987 年初,在湖北省荆門十里鋪鎮王場村包山崗中,曾發掘五座戰國中晚期楚墓,其中 2 號墓内出土有字簡二百七十八枚,竹牘一枚。[②] 其中有卜筮祭禱簡,其内容乃爲墓主貞問吉凶禍福,以及請求鬼神先人賜福、保佑,故可分卜筮與祭禱兩類。

包山楚簡的卜筮祭禱簡中亦記載占卜問病的内容,此處舉其一二文爲例,其簡文曰:

> 大司馬悼(悼)髓(愲)逄(率)楚邦之帀(師)徒吕(以)栽(救)郙戢=(之歲),𦖞层𣪕(之月),己卯𣪕(之日),盬(盬)吉吕(以)琛(笆)豪(家)爲左尹𢌿貞(貞):既腹心疾,吕(以)𨑒(上)懸(氣),不甘飤(食),舊(久)不瘽(瘥),尚遳(速)瘽(瘥),毋又(有)柰(奈)。占之:𢘅(恆)貞(貞)吉。疾難瘽(瘥),吕(以)其古(故)敓(説)之。(包山楚簡第 236 簡至第 237 簡上部)

> 大司馬悼(悼)髓(愲)吕(以)逄(率)楚邦之帀(師)徒吕(以)栽(救)郙戢=(之歲),𦖞层𣪕(之月),己卯𣪕(之日),五生吕(以)丞悳(德)吕(以)爲左尹𢌿貞(貞):既腹心疾,吕(以)𨑒(上)懸(氣),不甘飤(食),尚遳(速)瘽(瘥),毋又(有)柰(奈),䷄䷟(即《周易》的需之恆卦)。占之:𢘅(恆)貞(貞)吉。疾𢆶(變),𤵸窔(深)。吕(以)其古(故)敓(説)之。(包山楚簡第 245 簡至第 246 簡上部)[③]

簡文的大意爲,墓主左尹邵𢌿得腹心疾,不能飲食,故占問其病情,且進行祭禱。

1994 年初,上海博物館收藏總數約 1,200 餘枚的戰國楚簡,總字數約三萬五千餘字。其内容廣泛涉及儒家、道家、兵家、雜家學説,多數爲佚書。[④] 此上博楚簡,似亦出土於荆門地區。[⑤]

---

① 上列簡文的釋文,可參考陳偉等著《楚地出土戰國簡册(十四種)》的隸定與考釋。陳偉等著:《楚地出土戰國簡册(十四種)·葛陵 1 號墓簡册·卜筮祭禱》,395-446 頁。

② 李均明:《古代簡牘》,28-31 頁。亦可參考中國社會科學院考古研究所編《中國考古學·兩周卷》,488-490 頁。

③ 上列簡文的釋文,可參考陳偉等著《楚地出土戰國簡册(十四種)》的隸定與考釋。陳偉等著:《楚地出土戰國簡册(十四種)·包山 2 號墓簡册(附簽牌)》"卜筮禱祠記録",91-118 頁。亦可參見湖北省荆沙鐵路考古隊編《包山楚簡·包山二號楚墓簡牘釋文與考釋·卜筮祭禱記録》,北京:文物出版社,1991,32-59 頁。

④ 李均明:《古代簡牘》,35-36 頁。

⑤ 參見中國社會科學院考古研究所編《中國考古學·兩周卷》,488-490 頁。

其中在《柬(簡)大王泊(怕)旱》篇中,亦有占卜問病的記載,其簡文曰:

〔楚〕柬(簡)大王泊(怕)瀞(乾),命龜尹羅貞於大顕(夏),王自臨卜。王佮(嚮)日而立,王滄(寒)至繲(躃)。龜尹智(知)王之庶(遮)於日而疠(病)疥(疥),憖(儀)愈迗(深)。(《上海博物館藏戰國楚竹書(四)·柬(簡)大王泊(怕)旱》第1簡至第2簡中間)①

此簡文的大意,乃爲柬(簡)大王患疥瘖病,而親涖卜。據此不難得知,楚王對身疾頗爲關注,令卜官占卜問病。②

2. 其他出土文獻所見之占卜問病

首先,1954年在山西省洪洞縣坊堆村的周代遺址中,曾出土有字卜骨,其臼角未切去,肩胛岡削平,臼下的頸部有十六處規則的圓鑽,骨扇右側亦有五處圓鑽,刻卜辭一行八字。③ 其刻辭云:

疒(仆),囟(斯)疒(仆),三止(趾)又(有)疾,貞(問)。④

此刻辭的大意,乃爲疒(仆)得三趾有疾而卜問。

由此觀之,屬於西周時期的甲骨文資料之中,可得見巫者曾從事占卜問病的事實。

除西周甲骨文的占卜問病記載之外,若就先秦時期巫者占卜問病的其他出土文獻資料而言,1986年在甘肅省天水市放馬灘發現古墓群,共發掘十四座墓葬,其中十三座爲秦墓,一座爲漢墓。其中1號秦墓出土竹簡,⑤其年代大約屬於戰國晚期。⑥

其中在乙種《日書》中的《五音占》與《問病》篇中,便載有占卜問病的內容,此處舉其一二文爲例,其簡文曰:⑦

〔黄鐘、〕大吕乚、姑洗乚、中吕乚、林鐘,皆曰:請謁,得;有爲,成;取(娶)婦嫁女者,吉;病者,不死;毄(繫)囚者,免。(放馬灘秦簡《日書》乙種第257簡)⑧

· 夾鐘、毋射、應鐘,皆曰:請謁,難得;有爲,難成;取(娶)婦嫁女,可毆(也);病人,

① 馬承源主編:《上海博物館藏戰國楚竹書(四)·柬(簡)大王泊(怕)旱》,上海古籍出版社,2004,195-197頁。

② 馬承源主編:《上海博物館藏戰國楚竹書(四)·柬(簡)大王泊(怕)旱》,195-197頁。

③ 李學勤:《周易溯源·西周甲骨的幾點研究》,成都:巴蜀書社,2005,181-182頁。

④ 此卜骨的刻辭,可參考李學勤的隸定與考釋。李學勤:《周易溯源·西周甲骨的幾點研究》,181-182頁。

⑤ 李均明:《古代簡牘》,51-54頁。亦可參考中國社會科學院考古研究所編《中國考古學·兩周卷》,491頁。

⑥ 甘肅省文物考古研究所編:《天水放馬灘秦簡·天水放馬灘墓葬發掘報告》,北京:中華書局,2009,113-161頁。

⑦ 下列簡文的釋文,可參考晏昌貴《天水放馬灘秦簡乙種〈日書〉分篇釋文(稿)》的隸定與考釋。晏昌貴:《天水放馬灘秦簡乙種〈日書〉分篇釋文(稿)》,武漢大學簡帛研究中心主辦《簡帛》(第五輯),上海古籍出版社,2010,38頁。亦可參見甘肅省文物考古研究所編《天水放馬灘秦簡·一號秦墓竹簡乙種〈日書〉釋文》,96-104頁。

⑧ 甘肅省文物考古研究所編:《天水放馬灘秦簡·一號秦墓竹簡乙種〈日書〉釋文》,100頁。

危;轂(繫)囚,難出。(放馬灘秦簡《日書》乙種第256簡)[①]

凡卜來問病者,以來時投日、辰、時數和之,上多下日病已(愈),上下當日陲(垂)已(愈),下多上一日未已(愈)而幾已(愈),下多上二日已(愈),上下多三日□日尚久,多四、五、六日久未替已(愈)時,多七日病不已(愈),多八九日死。(放馬灘秦簡《日書》乙種第345簡、第348簡)[②]

占病祟除:一,天毆(也),公外。二,〔地,〕社及立(位)∟。三,人鬼,大父及殤∟。四,〔時,〕大遏(害)及北公。五,音,巫帝、陰雨公。六,律,司命、天獸∟。七,星,死者。八,風,相莨(魅)者。九,水,大水毆(也)。(放馬灘秦簡《日書》乙種第350簡、第192簡)[③]

尤其前兩段引文,乃爲以五音的音律占測疾病的例證。

1993年在湖北省江陵縣荆州鎮郢北村王家臺M15號秦墓發現秦簡800餘枚,其内容爲《效律》、《日書》、《歸藏》及星占書。[④] 王家臺秦簡的年代推算爲戰國晚期,即秦白起拔郢之後。[⑤]

其中在《日書·病》篇中,亦記載人在不同時日患病的吉凶内容,此處舉其一二文爲例,其簡文曰:

·病:子有病,不五日及七日瘳,鷄鳴病死。(王家臺秦簡《日書》第399簡)

丙丁有疾,赤色當日出死,不赤色,壬有瘳,癸汗。(王家臺秦簡《日書》第401簡)[⑥]

又1975年末,在雲夢睡虎地M11號墓葬發掘之秦簡《日書·病》中,亦有言及以時日占斷疾病,以及鬼神降祟的致病之因的内容,其簡文曰:

·病:甲乙有疾,父母爲祟,得之於肉,從東方來,裹以桼(漆)器。(睡虎地秦簡《日書》甲種第68簡正貳上段)

丙丁有疾,王父爲祟,得之赤肉、雄鷄、酉(酒)。(睡虎地秦簡《日書》甲種第70簡正貳上段)

戊己有疾,巫堪行,王母爲祟,得之於黄色索(臘)魚、堇酉(酒)。(睡虎地秦簡《日

---

① 甘肅省文物考古研究所編:《天水放馬灘秦簡·一號秦墓竹簡乙種〈日書〉釋文》,100頁。

② 甘肅省文物考古研究所編:《天水放馬灘秦簡·一號秦墓竹簡乙種〈日書〉釋文》,104頁。

③ 甘肅省文物考古研究所編:《大水放馬灘秦簡·一號秦墓竹簡乙種〈日書〉釋文》,104、96頁。亦可參見陳偉《放馬灘秦簡日書〈占病祟除〉與投擲式選擇》,《文物》2011年第5期,85-86頁。

④ 荆州地區博物館:《江陵王家臺15號秦墓》,《文物》1995年第1期,39-41頁。此外,中國社會科學院考古研究所編:《中國考古學·兩周卷》,491頁。

⑤ 李學勤:《周易溯源·論戰國簡的卦畫》,284頁。

⑥ 荆州地區博物館:《江陵王家臺15號秦墓》,《文物》1995年第1期,39-40頁。

書》甲種第 72 簡正貳上段)

庚辛有疾,外鬼傷(殤)死爲祟,得之犬肉、鮮卵白色。(睡虎地秦簡《日書》甲種第 74 簡正貳上段)

壬癸有疾,毋(毋)逢人,外鬼爲祟,得之於酉(酒)、脯、脩、節肉。(睡虎地秦簡《日書》甲種第 76 簡正貳上段)①

此文中的"父母"、"王父"、"王母"、"外鬼傷(殤)死"、"外鬼"等,皆爲降祟致病的鬼神。② 據此可知,於戰國末期秦代,古人對於各種疾病之因,仍歸咎於鬼神作祟。

又在雲夢睡虎地 M11 號墓葬發掘之秦簡《日書》乙種中,亦云:

· 病:凡酉、午、巳、寅,以問病者,必代病。(睡虎地秦簡《日書》乙種第 188 簡壹)③

總而言之,屬於兩周時期的各種出土文獻資料之中,均可得見巫者曾從事占卜問病的事實。

(二)祝由之術

1. 戰國楚簡所見之祝由之術

(1) 戰國楚簡所見之祝由之術

巫者的祝由術之法,④於江陵望山 1 號楚墓竹簡中,多記載請求鬼神先人賜福、保佑之事(圖 2)。此處舉其一二文爲例,據商承祚的復原,其簡文曰:

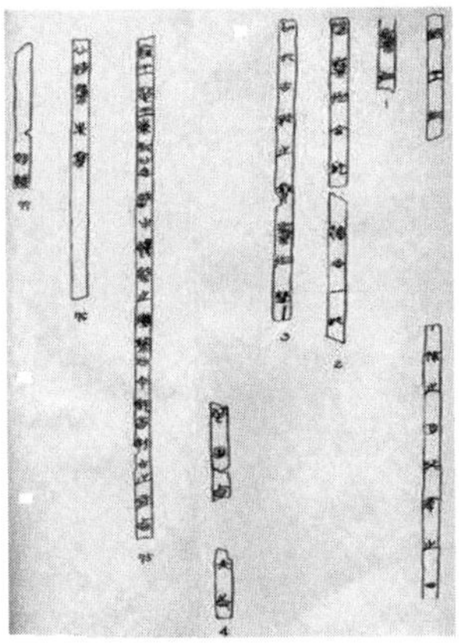

圖 2　商承祚復原的望山楚簡摹本

① 睡虎地秦墓竹簡整理小組編:《睡虎地秦墓竹簡·日書甲種釋文注釋》,北京:文物出版社,1990,193-194 頁。

② 對於先秦時期鬼神作祟及以巫術禳治的內容,可參閱吕亞虎《戰國秦漢簡帛文獻所見巫術研究·生存發展——簡帛文獻所見社會生活中的巫術》,北京:科學出版社,2010,161-185 頁。

③ 睡虎地秦墓竹簡整理小組編:《睡虎地秦墓竹簡·日書乙種釋文注釋》,247 頁。

④ 此種"祝由"巫術之法,乃爲古代以祝禱符咒治病的方術,即祝説病由以治病之一種巫術方法。後世稱以符咒禳病者爲"祝由科"。參見漢語大詞典編輯委員會編《漢語大詞典·祝由》(第七册),上海:漢語大詞典出版社,1991-1994,892 頁。此外,若視《説文解字·褶》字,於"褶,祝褶也。从示,留聲"之下,其段注云:"惠氏士奇曰:'《素問》黄帝曰:"古之治病,可祝由而已(止)。"祝由,即祝褶也。已,止也。'"[清]段玉裁注:《説文解字注》,臺北:藝文印書館,1994,6 頁。

〼吕(以)不能飤(食),吕(以)心孛(悖),吕(以)欶(歘),胐(胸)臘(脅)疾,尚递(速)瘛(瘥)。毋吕(以)亓(其)古(故),又(有)咎。占之:丞(恆)貞(貞)吉。疾少迟(遲)瘛(瘥),又(有)咎,少(小)又(有)㥁(慼)於〼。〼不見禀(福)。毋吕(以)亓(其)古(故)敓(説)之。递(速)□亓(其)䏰(胸),禱之,递(速)瘛(瘥),賽瘛(瘥)。(望山楚簡第37簡、第44簡、第45簡、第73簡、第51簡、第52簡、第153簡)

〼不死,又(有)敓(祟),無大咎。疾迟(遲)瘛(瘥),又(有)祱(祟),吕(以)亓(其)古(故)敓(説)之。賽〔禱〕〼。〼又(有)⊠(續),迟(遲)瘛(瘥),吕(以)亓(其)古(故)敓(説)之。遚(與)〔禱〕〼。(望山楚簡第60簡至第62簡)①

此簡文中的"賽",即"賽禱",乃爲墓主病愈之後舉行的一種回報神靈的祝禱。②"遚(與)禱",則爲墓主親自參與舉行的一種祝禱。③

此種巫者的祝由術之法,於秦家嘴楚簡中,亦可得見。此處舉其一二文爲例,其簡文曰:

至新父,句(苟)思(使)〔凡〕紫之疾速瘥,〔凡〕紫將擇良月良日,將速賽〔禱〕。(秦家嘴M1墓楚簡第3簡)

甲申之夕,賽禱宫地主一豭,賽禱行一白犬,司命〼酉(酒)食祚之。乙酉之日,苛慶占之:吉,速瘥。(秦家嘴M99墓楚簡第1簡)

秋三月,擇良月良日,舉(與)禱大地主一豭,舉(與)禱太〼,纓之吉玉。疾速瘥,速賽之。占之:吉。(秦家嘴M99墓楚簡第14簡)④

此簡文中的"舉(與)禱",乃爲墓主親自參與舉行的一種祝禱。⑤

除江陵楚簡之外,巫者的祝由術之法,於葛陵楚簡中,亦多記載請求鬼神先人賜福、保佑之事。此處舉其一二文爲例,其簡文曰:

〼君貞:既又(有)疾,尚速疸(瘥),毋又(有)咎。占之:難疸(瘥)〼。〼其古(故)敓(説)之。趩(與)〔禱〕〼。〼□牺(將)速疸(瘥)。瞿或〼。(葛陵楚簡第甲三194、乙四

① 上列簡文的釋文,可參考商承祚編《戰國楚竹簡滙編》的隸定與考釋。商承祚編:《戰國楚竹簡滙編·江陵望山一號楚墓竹簡疾病雜事札記考釋》,223-264頁。亦可參見陳偉等著《楚地出土戰國簡册(十四種)·望山1號墓簡册(附簽牌)·卜筮禱祠記録》,270-286頁。

② 有關古人舉行的"賽禱"之例,如《韓非子·外儲説右下》云:"一曰:秦襄王病,百姓爲之禱。病愈,殺牛塞(賽)禱。郎中閻遏、公孫衍出見之,曰:'非社臘之時也,奚自殺牛而祠社?'怪而問之。百姓曰:'人主病,爲之禱。今病愈,殺牛塞(賽)禱。'"梁啓雄:《韓子淺解·外儲説右下·二》,336頁。此外,又於《史記·封禪書》的"冬塞(賽)禱祠。"之下,(唐)司馬貞索隱云:"賽,今報神福也。"《史記》卷二八《封禪書》,1371-1372頁。

③ 參見邴尚白《楚國卜筮祭禱簡研究》,臺灣暨南國際大學中文所碩士論文,1999,80-108頁。

④ 上列簡文的釋文,可參考晏昌貴的隸定與考釋。晏昌貴:《巫鬼與淫祀——楚簡所見方術宗教考·附録二:秦家嘴卜筮祭禱簡釋文輯校》,371-376頁。

⑤ 參見邴尚白《楚國卜筮祭禱簡研究》,80-108頁。

3、乙二 45 簡)

☐［占之］曰：甚吉。未𦘔(盡)八月,疾必疸(瘥)。☐之祱(説)。斁(擇)日於八月之中,賽禱☐。☐五宔(主)山各一羖(羖)☐。(葛陵楚簡第甲三 160、甲三 303、甲二 29 簡)①

由上引葛陵楚簡的卜筮祭禱的内容而得知,其對了解先秦時期楚地的卜筮習俗、神祇系統,以及享祭制度等方面,皆具有相當重要的價值。②

巫者的祝由術之法,於荆門地區出土的包山楚簡中,亦多記載請求鬼神先人賜福、保佑之事。此處舉其一二文爲例,其簡文曰(圖 3):

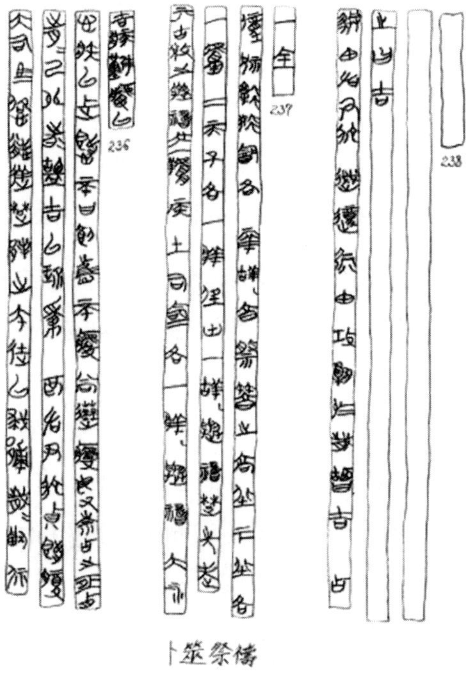

圖 3　包山楚簡摹本(第 236 簡至第 238 簡)

大司馬悼(悼)髗(愲)逄(率)楚邦之帀(師)徒㠯(以)救(救)郙歲=(之歲),䎀层肙(之月),己卯音(之日),盬(鹽)吉㠯(以)琛(苞)豪(家)爲左尹𦪁貞(貞):既腹心疾,㠯(以)走(上)懸(氣),不甘飤(食),舊(久)不癒(瘥),尚遬(速)癒(瘥),毋又(有)柰(奈)。占之:死(恆)貞(貞)吉。疾難癒(瘥),㠯(以)其古(故)敓(説)之。舉(與)禱大,一犢;侯(后)土、司命,各一牂。舉(與)禱大水,一膚(犢);二天子,各一牂。佹山,一羖

① 上列簡文的釋文,可參考陳偉等著《楚地出土戰國簡册(十四種)》的隸定與考釋。陳偉等著:《楚地出土戰國簡册(十四種)·葛陵 1 號墓簡册·卜筮祭禱》,395–446 頁。

② 河南省文物考古研究所、河南省駐馬店市文化局、新蔡縣文物保護管理所:《河南新蔡平夜君成墓的發掘》,《文物》2002 年第 8 期,16–19 頁。亦可參見中國社會科學院考古研究所編《中國考古學·兩周卷》,488–490 頁。

（羖）。舉（與）禱楚先老僮、祝韓（融）、媸（鬻）酓（熊），各兩牯（羖）。亯（享）祭篙（竹）之高丘、下丘，各一全豢。囟（思）左尹舵遂（踐）復（復）尻（處）。囟（思）攻解於戠（歲），盬（盬）吉占之曰："吉。"（包山楚簡第236簡至第238簡）

大司馬愳（悼）愲（愲）邑（以）逢（率）楚邦之帀（師）徒邑（以）救（救）郙戠＝（之歲），型层肓（之月），己卯音（之日），五生邑（以）丞悳（德）邑（以）爲左尹舵貞（貞）：既腹心疾，邑（以）走（上）懸（氣），不甘飤（食），尚遬（速）瘥（瘥），毋又（有）柰（奈），䷄（即《周易》的需之恆卦）。占之：死（恆）貞（貞）吉。疾叓（變），疠寀（深）。邑（以）其古（故）敓（説）之。舉（與）禱型（荆）王，自酓（熊）鹿（麗）邑（以）豪（就）武王，五牛、五豕。囟（思）攻解於水上與袅（没）人，五生占之曰："吉。"（包山楚簡第245簡至第246簡）[①]

上引簡文的大意，乃爲墓主左尹邵舵得腹心疾以占卜問病，且以各種"祝由"醫療巫術之法，向神靈進行祭禱。

此外，1994年初，上海博物館收藏的戰國楚簡《柬（簡）大王泊（怕）旱》篇，以及《内豊（禮）》篇中，亦有以各種"祝由"醫療巫術之法，向神靈進行祭禱的内容，其簡文曰：

贅尹至（致）命於君王："既謐（密）而卜之褒（表）。"王曰："女（如）褒（表），速祭之虗（吾）瘙（瘙）鼠（癙）疠（病）。"（《上海博物館藏戰國楚竹書（四）·柬（簡）大王泊（怕）旱》第4簡下面至第5簡中間）[②]

君子曰："孝子，父母又（有）疾，冃（冠）不力，行不頌（翔），不㝳（依）立，不庶（多）語。時昧，社（攻）、縈（禜）、行，祝於五祀，剴（豈）必又（有）益，君子邑（以）城（成）亓（其）孝。是胃（謂）君＝子＝。"（《上海博物館藏戰國楚竹書（四）·内豊（禮）》第8簡中間至第9簡上面）[③]

此簡文的大意，乃爲以"祭""社（攻）""縈（禜）""行""祝"等的各種"祝由"醫療巫術之法，向

① 上列簡文的釋文，可參考陳偉等著《楚地出土戰國簡册（十四種）》的隸定與考釋。陳偉等著：《楚地出土戰國簡册（十四種）·包山2號墓簡册（附簽牌）·卜筮禱祠記録》，91－118頁。亦可參見湖北省荆沙鐵路考古隊編《包山楚簡·包山二號楚墓簡牘釋文與考釋·卜筮祭禱記録》，32－59頁。

② 馬承源主編：《上海博物館藏戰國楚竹書（四）·柬（簡）大王泊（怕）旱》，198－199頁。

③ 馬承源主編：《上海博物館藏戰國楚竹書（四）·内豊（禮）》，226－227頁。

神靈進行祭禱。此上博楚簡各篇,似亦出土於荆門地區。①

(2) 祝由術活動的特徵

由上引楚簡的内容不難得知,於各種戰國楚簡的卜筮祭禱資料之中,尚未得見後世中國醫學基本體系的建立。换言之,此時的醫療活動,似乎皆賴於巫者的占卜問病及祝由之術而已。

若就屬於戰國時期的各種楚簡的卜筮祭禱記録所見的醫療巫術活動而言,尤其在包山楚簡中的全部疾病占卜簡文,則分别有“苛光”“譽(許)吉”“郙脁”“屈宜”“鹽(鹽)吉”“陳乙”“觀綳”“五生”“觀義”等9名貞人,依次以“長惻(龜)”“保(苞)豢(家)”“少寶”“彤筶”“琛(苞)豢(家)”“共命”“長霝(靈)”“丞悳(德)”“駁靈”等9種占具,爲墓主左尹邵舵進行占卜。但其中“共命”與“丞悳(德)”等二種占具,因簡文中有摹寫的卦畫,故屬於筮占無疑。②

此處據較爲完整的包山楚簡中的全部疾病占卜簡文的内容,列表分析,巫者運用的祝由之術情况,則略同於如下(表1)。但江陵楚簡及葛陵楚簡,因其殘損程度較爲嚴重,故無法考察其具體的内容,此處暫不進行討論。

表1 包山楚簡所見的祝由術活動内容

<table>
<tr><th>分類</th><th>占日</th><th>病徵</th><th>祝由術方法</th><th>祭祀對象</th><th>主要祭品
及其他内容</th></tr>
<tr><td rowspan="4">第207簡至
第208簡</td><td rowspan="4">癸卯之日</td><td rowspan="4">病腹疾,㠯(以)少懸(氣)</td><td>敓(説)</td><td></td><td></td></tr>
<tr><td rowspan="2">𢌿(薦)</td><td>埜(野)地主</td><td>一䝙(豭)</td></tr>
<tr><td>宫地主</td><td>一豭(豭)</td></tr>
<tr><td>賽〔禱〕</td><td>行</td><td>一白犬,酉(酒)飤(食)</td></tr>
</table>

① 參見中國社會科學院考古研究所編《中國考古學·兩周卷》,488-490頁。此外,此種戰國楚簡所見的巫者的祝由之術,如在《清華大學藏戰國竹簡(壹)·周武王有疾周公所自以代王之志(金縢)》篇中,亦可見之。其簡文曰:“武王既克𩜁(殷)三年,王不瘵(豫)又(有)𡰥(遲)。二公告周公曰:‘我亓(其)爲王穆(敬)卜。’周公曰:‘未可以慼(戚)虗(吾)先王。’周公乃爲三坦(壇)同錎(墠),爲一坦(壇)於南方,周公立女(焉),秉璧𢦏(戴)珪。史乃册祝告先王曰:‘尔(爾)元孫發也,𧧊(遘)𧺆(害)𧇥(虐)疾,尔(爾)母(毋)乃有備(負)子之責才(在)上?隹(惟)尔(爾)元孫發也,不若但(旦)也。是年(佞)若丂(巧)能,多𡯝(才)多埶(藝),能事𩲃(鬼)神。命于帝𢘓(廷),尃(溥)又(有)四方,以奠(定)尔(爾)子孫于下𡍒(地)。尔(爾)之諮(許)我=(我,我)則晉(晉)璧與珪。尔(爾)不我諮(許),我乃以璧與珪逿(歸)。’周公乃内(納)亓(其)所爲社(功)自以弋(代)王之敓(説)于金紑(縢)之匱,乃命執事人曰:‘勿敢言。’(第1簡至第6簡)”李學勤主編:《清華大學藏戰國竹簡(壹)·釋文注釋·周武王有疾周公所自以代王之志(金縢)》,上海:中西書局,2010,157-161頁。

② 楊華:《出土日書與楚地的疾病占卜》,《武漢大學學報》2003年第5期,568頁。此外,此處引用的貞人與占具之名,可參考陳偉等著《楚地出土戰國簡册(十四種)》的隸定與考釋。陳偉等著:《楚地出土戰國簡册(十四種)·包山2號墓簡册(附簽牌)·卜筮禱祠記録》,91-118頁。亦可參見湖北省荆沙鐵路考古隊編《包山楚簡·包山二號楚墓簡牘釋文與考釋·卜筮祭禱記録》,32-59頁。

續表

<table>
<tr><td rowspan="6">第 218 簡至第 219 簡</td><td rowspan="6">己酉之日</td><td rowspan="6">吕(以)其下心而疾,少氣</td><td>祱(説)</td><td></td><td></td></tr>
<tr><td></td><td></td><td>壁(辟)琥,歸之</td></tr>
<tr><td></td><td></td><td>纓(綃)琑(佩),舍(獻)之</td></tr>
<tr><td>厭</td><td>地主</td><td>一邪(豭)</td></tr>
<tr><td>賽〔禱〕</td><td>行</td><td>一白犬</td></tr>
<tr><td></td><td>二天子</td><td>歸冠紼(帶)</td></tr>
<tr><td>第 220 簡</td><td>己栖(酉)之日</td><td>吕(以)其下心而疾,少氣</td><td></td><td></td><td>〔魂〕不逗(留)於只昜(陽)</td></tr>
<tr><td rowspan="3">第 221 簡至第 222 簡</td><td rowspan="3">己茜(酉)之日</td><td rowspan="3">既又(有)病,病心疾,少氣,不内(納)飤(食)</td><td>敓(説)</td><td></td><td></td></tr>
<tr><td>與禱</td><td></td><td>犆(特)牛</td></tr>
<tr><td></td><td>殤(殤)</td><td>因其常生(牲)</td></tr>
<tr><td>第 223 簡</td><td></td><td>既又(有)病,病心疾,少氣,不内(納)飤(食)</td><td></td><td></td><td>卑(用)郙胱之敓(説)</td></tr>
<tr><td rowspan="9">第 236 簡至第 238 簡</td><td rowspan="9">己卯之日</td><td rowspan="9">既腹心疾,吕(以)走(上)懸(氣),不甘飤(食),舊(久)不瘥(瘥)</td><td>敓(説)</td><td></td><td></td></tr>
<tr><td rowspan="2">舉(與)禱</td><td>大</td><td>一羘</td></tr>
<tr><td>矦(后)土、司命</td><td>各一牂</td></tr>
<tr><td rowspan="2">舉(與)禱</td><td>大水</td><td>一膚(羘)</td></tr>
<tr><td>二天子</td><td>各一牂</td></tr>
<tr><td></td><td>佹山</td><td>一牯(羖)</td></tr>
<tr><td>舉(與)禱</td><td>楚先老僮、祝融(融)、嬭(鬻)酓(熊)</td><td>各兩牯(羖)</td></tr>
<tr><td>亯(享)祭</td><td rowspan="2">篙(竹)之高丘、下丘</td><td rowspan="2">各一全豢</td></tr>
<tr><td>攻解</td></tr>
</table>

續表

第 239 簡至第 241 簡	己卯之日	既腹心疾,㠯(以)走(上)氣(氣),不甘飤(食)	祱(說)	戢(歲)	
			㠱(與)禱	五山	各一牂
			㠱(與)禱	卲(昭)王	戠(特)牛
			㠱(與)禱	文坪(平)夏(輿)君子良、部公子春、司馬子音、蔡公子冡(家)	各戠(特)豢
			攻解	禮(詛)與兵死	
			亯(享)祭	筥(竹)之高丘、下丘	𤰇(用)盬(鹽)吉之敓(說),各一全豢
第 242 簡至第 244 簡	己卯之日	既腹心疾,㠯(以)走(上)氣(氣),不甘飤(食),舊(久)不瘽(瘥)	敓(說)		
			㠱(與)禱	祆	𤰇(用)盬(鹽)吉之祱(說),一擴
				厍(后)土、司命	各一牂
			㠱(與)禱	大水	一擴
				二天子	各一牂
				危山	一羖(羖)
			㠱(與)禱	卲(昭)王	戴(戠)牛
			㠱(與)禱	東陵連囂冢豕	酉(酒)飤(食),贛(貢)之衣裳各三爯(稱)
			㠱(與)禱	舍	一全豬,且(俎)梪(豆)保,逾之
第 245 簡至第 246 簡	己卯之日	既腹心疾,㠯(以)走(上)氣(氣),不甘飤(食)	敓(說)		
			㠱(與)禱	䢔(荊)王,自酓(熊)鹿(麗)㠯(以)𦍒(就)武王	五牛、五豕
			攻解	水上與㲻(沒)人	

續表

第 247 簡至第 248 簡	己卯之日	既腹心疾，㠯(以)𨑋(上)𢜔(氣)，不甘飤(食)，舊(久)不𤻲(瘥)	敚(説)		
			舉(與)禱	大水	一犧馬
			舉(與)禱	吾公子春、司馬子音、蔡公子冡(家)	各戠(特)豢
			舉(與)禱	社	一瘇
			攻解	日月與不辜	
第 249 簡至第 250 簡	己亥之日	㠯(以)其又(有)瘇(重)病，𨑋(上)既(氣)，尚毋死	敚(説)		
			舉(與)禱	絶無後者	各肥瘇
			攻解	漸木立(位)	遟(徙)其凥(處)而梪(樹)之

由此觀之，屬於戰國時期的各種楚簡的卜筮祭禱資料之中，不難得見巫者曾從事祝由之術的事實。换言之，當時的巫醫，在墓主遭遇罹患之時，便以告神祝詞的"敚(説)"，[①]以及向神靈祝禱的"舉(與)禱""罷(代)禱""賽禱"，[②]以及責讓冤鬼以解除灾患的"攻解"[③]等數種"祝由"醫療巫術之法，向神靈進行祭禱，并以求排難解憂且脱離其桎梏。

此處應注意者，屬於戰國時期的各種楚簡的卜筮祭禱記録，尤其竹簡所見的有關疾病祭禱卜辭類，其格式通常先記卜筮時間，再記卜筮工具、所問事項、卜筮結果，最後載墓主求福祛疾的祭禱措施，且祭禱活動主要爲墓主的治病驅祟。除包山楚簡之外，此事亦可多見於江陵楚簡、葛陵楚簡等簡文資料中。

據此不難得知，這類戰國時期的簡文卜辭格式，於前辭、命辭、占辭、驗辭的細節上，雖有

---

① 李學勤：《周易溯源 · 竹簡卜辭與商周甲骨》，269 頁。對於"敚(説)"的解釋，如《周禮 · 大祝》云："大祝：掌六祝之辭，以事鬼神示(祇)，祈福祥，求永貞。一曰：順祝，二曰：年祝，三曰：吉祝，四曰：化祝，五曰：瑞祝，六曰：筴(策)祝。掌六祈，以同鬼神示(祇)，一曰：類，二曰：造，三曰：禬，四曰：禜，五曰：攻，六曰：説。"其下鄭司農云："類、造、禬、禜、攻、説，皆祭名也。"又鄭玄注云："攻、説，則以辭責之……造、類、禬、禜皆有牲，攻、説用幣而已。"《十三經注疏 · 周禮 · 春官宗伯 · 大祝》，808-809 頁。對此"攻、説"，孫詒讓則謂："云：'攻、説，則以辭責之。'者，《論衡 · 順鼓篇》云：'攻，責也，責讓之也。'，《廣雅 · 釋詁》云：'説，論也。'謂陳論其事以責之，其禮尤殺也。《淮南子 · 泰族訓》云：'雩兑而請雨。'宋本許注云：'兑，説也。'則請雨亦有説矣。"[清]孫詒讓撰，王文錦、陳玉霞點校：《周禮正義》(第八册)，北京：中華書局，1987，1985-1992 頁。

② 楚簡中所見的主要祝禱方式，則有罷禱(代禱)、舉禱(與禱)、賽禱的三種。其中罷禱(代禱)爲針對外事，舉禱(與禱)爲與鬼神有關，賽禱爲回報神靈賜予的福佑。參見邴尚白《楚國卜筮祭禱簡研究》，80-108 頁。

③ 李學勤：《周易溯源 · 竹簡卜辭與商周甲骨》，269-272 頁。

所出入,但與殷墟、周原卜辭基本相似,實乃一脈相承,故可謂屬於同一卜法的系統之内。[①]

由此觀之,於各種戰國楚簡的卜筮祭禱資料之中,則可多見巫者曾用占卜問病及祈禱辟邪的方式,即以"祝由"的醫療巫術之法,乞求神靈而除病驅鬼的事實。[②] 此種巫術性醫療行爲,雖無濟於事,但一定有安慰病者心理的功效。

2. 其他出土文獻所見之祝由之術

(1) 西周甲骨文及秦玉版

就西周甲骨文而言,2002 年在陝西扶風齊家村北周原遺址内的 H90 坑中,曾出土一片西周有字卜骨 H90:79,此片乃爲右胛骨的中部左側部分。此卜骨有三處圓鑽,鑽中略偏刻一窄鑿,於其旁施灼成兆。[③] 此 H90:79 卜骨的刻辭云:

> 翌日甲寅,其商(禳),囟(斯)瘳?
> 八七五六八七(即《周易》的隨卦)。
> 其禱,囟(斯)又(有)瘳?
> 八六七六八八(即《周易》的豫卦)。
> 我既商(禳),禱,囟(斯)又(有)〔瘳〕?
> 八七六八六七(即《周易》的屯卦)。(以上皆見於 H90:79 卜骨)[④]

此卜辭的大意,乃爲先卜問次日甲寅舉行除灾辟邪的"禳"祭,疾病即可痊愈與否,其次又占問進行禱祝,是否即可告痊,最後卜問"禳"祭以後,再加禱祝,方能痊愈與否。尤其,刻在此卜骨上的三種筮數,則爲周代的卜筮并用之良例。[⑤]

---

① 李學勤:《周易溯源・竹簡卜辭與商周甲骨》,272 頁。其云:"從整個卜辭的格式來説,竹簡卜辭與殷墟、周原卜辭的异同,有以下幾點:(一)三者的前辭都記占卜時間,并有'貞'字。竹簡記卜人名,和殷墟卜辭相似,周原卜辭則罕見其例。殷墟卜辭、周原卜辭前辭有記占卜地點的,簡文未見。(二)竹簡卜辭的命辭以'斯……'收尾,和周原卜辭相似,在命辭中套叙筮占,也與周原卜辭類同。簡文'斯……'和'尚……'不附疑問語氣詞,不是問句。(三)簡文占辭'嘉占之曰:吉。'和殷墟卜辭常見的'王占曰:吉。'以及'由占曰:吉。'之類相似,周原卜辭未見。殷墟卜辭晚期占辭變爲'吉''引吉''大吉'等,不像早期那樣有較多的話,簡文實沿其例。(四)望山簡'辛未之日'條,於占卜後記'聲王、悼王既賽禱'云云,與殷墟卜辭的驗辭有相近之處。這樣看來,商周甲骨卜辭以至戰國時期的竹簡卜辭實際是一脈相承的,在細節上雖有出入,却屬於同一卜法緒統。"

② 牟鍾鑒、張踐合著:《中國宗教通史》(上册),北京:社會科學文獻出版社,2000,208 頁。

③ 李學勤:《周易溯源・新發現西周筮數的研究》,238–240 頁。

④ 此 H90:79 卜骨的刻辭,可參考李學勤的隸定與考釋。李學勤:《周易溯源・新發現西周筮數的研究》,238–240 頁。

⑤ 李學勤:《周易溯源・新發現西周筮數的研究》,238–240 頁。此外,有關周代卜筮并用的内容,可參考拙著《殷商甲骨卜辭所見之巫術・先秦巫術的傳統及對後世的影響》(增訂本),286–288 頁。

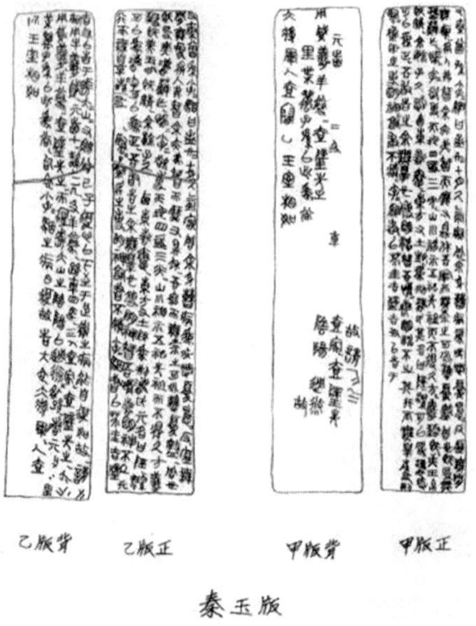

圖 4 “秦駰禱病玉版”摹本

除上述的西周甲骨卜辭的記載之外,若視“秦駰禱病玉版”的内容(圖 4),便可知戰國末年秦國的後裔駰,[①]曾祝告求神除病之事,其文曰:

> 又(有)秦曾孫𡭔=(小子)駰曰:“孟冬十月,氒(厥)氣𡨦(敗)周(凋)。余身曹(遭)病,爲我慼憂。忠=(呻呻)反𠥮(側),無間(差)無瘳。(“秦駰禱病玉版”甲版正面第 1 行至第 2 行上面)
>
> ……𡭔=(小子)駰敢㠯(以)芥(玠)圭、吉璧吉丑(紐),㠯(以)告于。(“秦駰禱病玉版”甲版正面第 6 行中間)
>
> ……吉丑(紐),㠯(以)告于崋(華)大=山=(太山。太山)又(有)賜,八月己巳,復(腹)心㠯(以)下至于足髀之病,能自復如故。”(“秦駰禱病玉版”乙版背面第 1 行)[②]

此文描述作器者久病不愈,曾在華山祈禱,求神釋罪,後有痊愈,故祝告報神還願。

(2) 秦簡材料

此類巫者以巫術性的方法治病的巫術活動,於 1975 年末在雲夢睡虎地 M11 號墓葬發掘之秦簡《日書·病》中,不惟言及鬼神降祟的致病之因,且强調報祭之舉,此處舉其文爲例,其簡文曰:

---

① 對於此玉版的作者,李零認爲係秦惠文王或秦武王的後裔駰,故此銘文寫成於秦昭王滅西周後,秦始皇即位前,即公元前 256 年至公元前 246 年之間的十年。詳見李零《中國方術續考·秦駰禱病玉版的研究》,北京:中華書局,2006,359–360 頁。

② 此“秦駰禱病玉版”的釋文,可參考李零的隸定與考釋。李零:《中國方術續考·秦駰禱病玉版的研究》,343–361 頁。亦可參見李學勤《中國古代文明研究·秦玉牘索隱》,上海:華東師範大學出版社,2004,171–175 頁。

・病：甲乙有疾，父母爲祟，得之於肉，從東方來，裹以桼(漆)器。戊己病，庚有〔閒(差)〕，辛酢。若不〔酢〕，煩居東方，歲在東方，青色死。(睡虎地秦簡《日書》甲種第68簡正貳至第69簡正貳)

丙丁有疾，王父爲祟，得之赤肉、雄鷄、酉(酒)。庚辛病，壬有閒(差)，癸酢。若不酢，煩居南方，歲在南方，赤色死。(睡虎地秦簡《日書》甲種第70簡正貳至第71簡正貳)

戊己有疾，巫堪行，王母爲祟，得之於黄色索(臘)魚、堇酉(酒)。壬癸病，甲有閒(差)，乙酢。若不酢，煩居邦中，歲在西方，黄色死。(睡虎地秦簡《日書》甲種第72簡正貳至第73簡正貳)

庚辛有疾，外鬼傷(殤)死爲祟，得之犬肉、鮮卵白色。甲乙病，丙有閒(差)，丁酢。若不酢，煩居西方，歲在西方，白色死。(睡虎地秦簡《日書》甲種第74簡正貳至第75簡正貳)

壬癸有疾，母(毋)逢人，外鬼爲祟，得之於酉(酒)、脯、脩、節肉。丙丁病，戊有閒(差)，己酢。若不酢，煩居北方，歲在北方，黑色死。(睡虎地秦簡《日書》甲種第76簡正貳至第77簡正貳)[①]

此文中的“父母”“王父”“王母”“外鬼傷(殤)死”“外鬼”等，皆爲降祟致病的鬼神。據此可知，於戰國末期秦代，古人對於各種疾病之因，仍歸咎於鬼神作祟，又基於五行的原理，以巫術之法治病，[②]并舉行報神之祭的“酢”。[③]

(3) 馬王堆帛書

若就馬王堆帛書所見的祝由術活動而言，於1973年在長沙馬王堆第3號漢墓中發現的馬王堆帛書中的一批醫書，則多反映先秦時期古人的各種醫學思維方式，[④]且大部屬於先秦著作。[⑤]

---

① 睡虎地秦墓竹簡整理小組編：《睡虎地秦墓竹簡・日書甲種釋文注釋》，193-194頁。

② 對於先秦時期鬼神作祟及以巫術禳治的内容，可參閱吕亞虎《戰國秦漢簡帛文獻所見巫術研究》，161-185頁。

③ 對於此“酢”的解釋，亦有异見，如楊華認爲其爲楚簡之“瘥”意，可備一説。楊華：《出土日書與楚地的疾病占卜》，《武漢大學學報》2003年第5期，565-568頁。

④ 許進雄：《中國古代社會——文字與人類學的透視》(修訂本)，508頁。其云：“近年在湖南長沙馬王堆發掘到一些古代的醫學著作，反映一些戰國時代的醫學成就。最早的抄本是秦、漢之際的《五十二病方》……我們可以想像漢代編輯的兩部醫學名作《神農本草》和《黄帝内經》，都是在戰國的醫學基礎上發展起來的。”

⑤ 趙璞珊：《中國古代醫學・馬王堆出土的醫學帛書》，北京：中華書局，1983，25頁。其云：“經過鑒定，這批醫書大部屬於先秦著作，從内容文字觀察，在時代上比《黄帝内經》成書爲早。”此外，馬繼興在《馬王堆古醫書考釋》中，亦云：“馬王堆出土醫書雖然大都是戰國至秦時代的著作，上至原始社會還有相當的距離，但是和各種傳世醫書比較，相對的在時間上仍然屬於最早期的。”馬繼興：《馬王堆古醫書考釋・導論》，長沙：湖南科學技術出版社，1992，22-23頁。亦可參見馬繼興《出土亡佚古醫籍研究・馬王堆出土醫書中的藥學成就》，北京：中醫古籍出版社，2005，277頁。因此，筆者據前賢的研究成果，於本文叙述中，將其視爲先秦文獻。

圖 5　馬王堆漢墓出土之帛書中《五十二病方》

尤其,於《方技》之中的《五十二病方》一篇(圖 5),其正文的基本格式,乃在每種疾病前,先書標題,然後分别記載各種方劑或其他療法,共五十二題,故與卷首"凡五十二"題字,互相一致。此《五十二病方》篇,乃爲中國最古的醫學方書。①

於此《五十二病方》篇中,不乏得見以"祝由"之法治病的記載②,此處舉其一二題爲例,其文曰:

〔瘻(癘):〕一,涶(唾)之,賁(噴):"兄父産大山,而(爾)居□谷下,□□□不而,□□□□(不)而,鳳鳥□□□,□□□尋尋,豙(喙)且貫而(爾)心。"(馬王堆帛書《五十二病方》第 82 行至第 83 行)③

〔尤(疣):〕一,以月晦日之(往)丘井有水者,以敝帚騷(掃)尤(疣)二七,祝曰:"今日月晦,騷(掃)尤(疣)北。"入帚井中。(馬王堆帛書《五十二病方》第 104 行)④

〔穨(㿗):〕一,以辛巳日古(由)曰:"賁(墳)辛巳日。",三;曰:"天神下干疾,神女倚序聽神吾(語),某狐叉(疝)非其處所,已;不已,斧斬若。"即操布攺(改)之二七。(馬王堆帛書《五十二病方》第 204 行至第 205 行)⑤

〔穨(㿗):〕一,令穨(㿗)者北首卧北鄉(嚮)廡中,禹步三,步嘑(呼)曰:"吁!狐

① 劉國忠:《古代帛書》,北京:文物出版社,2004,106-108 頁。亦可參考盧嘉錫總主編,廖育群等著《中國科學技術史——醫學卷》,北京:科學出版社,1998,85-86 頁。

② 牟鍾鑒、張踐合著:《中國宗教通史》(上册),208 頁。

③ 馬王堆漢墓帛書整理小組編:《馬王堆漢墓帛書·五十二病方釋文注釋》(肆),北京:文物出版社,1985,36 頁。

④ 馬王堆漢墓帛書整理小組編:《馬王堆漢墓帛書·五十二病方釋文注釋》(肆),39 頁。

⑤ 馬王堆漢墓帛書整理小組編:《馬王堆漢墓帛書·五十二病方釋文注釋》(肆),50 頁。

麃。",三;若智(知)某病狐☐。(馬王堆帛書《五十二病方》第210行)[①]

〔鬾:〕一,祝曰:"瀆(噴)者(諸)鬾父鬾母,毋匿□□□北□巫婦求若固得,□若四體(體),編若十指,投若□(於)水,人殹(也)人殹(也)而比鬼。"每行□,以采(奚)蠡爲車,以敝箕爲輿,乘人黑豬,行人室家,□□□□□□□□□□若,□□徹胆,鬾□鬾□□□□所。(馬王堆帛書《五十二病方》第443行至第445行)[②]

由此不難得知,於中國最古醫方之稱的《五十二病方》篇中,有醫者曾施行"祝由"之法治病的事實。[③] 尤其,於第204行至第205行所見的"古",應釋爲"由"。[④]

(4) 祝由術活動的特徵

由上述内容不難得知,屬於兩周時期的各種出土文獻資料之中,尚未正式建立後世中國醫學的基本體系。换言之,此時的醫療活動,似乎皆賴於仍處於萌芽狀態的早期醫學觀念,以及巫者的占卜問病及祝由之術等醫療巫術,故顯示科學與謬誤相混淆參半的情況。

筆者在此處將以睡虎地秦簡及馬王堆帛書《五十二病方》所見之祝由術的特徵爲主,扼要分析於下。

首先,若就雲夢睡虎地秦簡《日書甲種·病》所見的五行原理而言,楊華在《出土日書與楚地的疾病占卜》一文中,對於雲夢睡虎地秦簡《日書甲種·病》的醫療巫術内容,曾列表整理如下(表2)。[⑤]

表2　雲夢睡虎地秦簡《日書甲種·病》的祝由術内容

分類	木	火	土	金	水
疾日	甲、乙	丙、丁	戊、己	庚、辛	壬、癸
祟源	父母	王父	王母	外鬼殤死	外鬼
病因	肉,東方,漆器	赤肉,雄鷄,酒	黄色索魚,堇酒	犬肉,鮮卵白色	酒,脯,脩,節肉
病日	戊、己	庚、辛	壬、癸	甲、乙	丙、丁
間(差)日	庚	壬	甲	丙	戊
酢日	辛	癸	乙	丁	己
煩居方位	東方	南方	邦中	西方	北方
歲星位置	東方	南方	西方	西方	北方
死色	青色	赤色	黄色	白色	黑色

① 馬王堆漢墓帛書整理小組編:《馬王堆漢墓帛書·五十二病方釋文注釋》(肆),50頁。

② 馬王堆漢墓帛書整理小組編:《馬王堆漢墓帛書·五十二病方釋文注釋》(肆),74頁。

③ 張麗君:《〈五十二病方〉祝由之研究》,《中華醫史雜誌》,北京:中華醫史雜誌編委會,1997,第27卷、第3期,144-147頁。

④ 對於此文中的"古"字的考釋,李家浩曾論及:"秦漢簡帛文字往往把'由'寫作'古'字形。據此,所謂的'古'應該釋讀爲祝由之'由'。'祝由'是同義複詞,所以在馬王堆漢墓帛書中用'祝'的地方,又可以用'由'。"李家浩:《馬王堆漢墓帛書祝由方中的"由"》,《河北大學學報》2005年第1期,73頁。

⑤ 楊華:《出土日書與楚地的疾病占卜》,《武漢大學學報》2003年第5期,566頁。

資料來源:楊華《出土日書與楚地的疾病占卜》。

由此觀之,於雲夢睡虎地秦簡《日書甲種·病》中,則不難得知巫者進行之占卜問病及祝由術内容,與當時流行的五行觀念基本一致,[①]故可謂中國醫學逐漸運用陰陽五行之結果。

再次,若就馬王堆帛書所見的祝由之術而言,尤其在上引《五十二病方》中的"涶(唾)"、"賁(噴)"等巫術性舉動,大多在念誦咒語之前進行,則含有巫術行爲中的"口舌爲毒"的治病療法,[②]且此法又流行至後世。[③]

不寧唯是,念誦咒語,亦爲巫術性療法的重要組成部分之一,故上引《五十二病方》中的"祝曰"與各種咒文,以及直接詛咒病鬼之名,[④]則皆屬於精神療法之一的"咒禁療法"的範疇之内。[⑤] 换言之,古人認爲運用此種咒禁療法,便能達於威懾厲鬼而逐鬼驅疫以治病的目的。[⑥]

---

① 楊華:《出土日書與楚地的疾病占卜》,《武漢大學學報》2003年第5期,565-568頁。

② 有關以"口舌爲毒"治病的巫術性療法之例,如在《靈樞經·官能》篇中,於論述傳授醫人適宜的治療技能時,便提及此事,其云:"黄帝曰:'各得其人,任之其能,故能明其事。'雷公曰:'願聞官能奈何?'黄帝曰:'……疾毒言語輕人者,可使唾癰呪病。'"(唐)王冰注,(宋)史崧校正音釋:《靈樞經》卷第一一《官能》,《文淵閣四庫全書》第七三三册,臺灣商務印書館,1983-1986,413頁。又如《論衡·言毒》亦云:"巫咸能以祝延(移)人之疾、愈人之禍者,生于江南,含烈氣也。"黄暉撰:《論衡校釋·言毒》,北京:中華書局,1990,950頁。

③ 詳見盧嘉錫總主編,廖育群等著《中國科學技術史——醫學卷·先秦時期》,14-15頁。此外,若視"口舌爲毒"的治病療法流行至後世之例,如葛洪的《抱朴子内篇·至理》便有其記載,其云:"善行氣者,内以養身,外以却惡。然百姓日用而不知焉。吴越有禁呪之法,甚有明效,多炁(氣)耳。"[晋]葛洪:《抱朴子内篇》卷第一《至理》,《文淵閣四庫全書》第一〇五九册,29頁。又如孫思邈的《千金翼方·禁經上》亦云:"此令行禁,神明萬物,皆神效驗,須精審之。若唾熱病,以冷氣吹之二七,然後禁之。若唾冷病,以熱氣呵之二七,然後禁之。三唾之後行禁,禁後三唾,乃放之。"[唐]孫思邈撰,朱邦賢、陳文國等校注:《千金翼方校注·禁經上·禁法大例》,上海古籍出版社,1999,824頁。

④ 若視直接詛咒病鬼之名以治病之例,如在中國少數民族的巫醫療法之中,此事即可見之。對此,宋兆麟在《巫與巫術》一書中,曾提及廣東海豐地區巫者的詛咒療法巫術,其云:"廣東海豐地區漢族遇到小孩患眼紅病,則認定是赤目神作祟,必行巫術,巫師或成年人在紙上寫一首打油詩:'赤目赤目神,你是揚州掃地人。衹因掃地打瞎目,今來變作赤目神。我今天來點破你,千年萬載不相尋。'寫畢,把紙貼在門柱上,路人看了念一遍,小孩的眼疾就會痊愈。這實際是以神名當神進行詛咒的模仿巫術。由此看出,遠古醫療疾病的重擔衹能落在巫師的肩上,這是史前時代巫醫結合的歷史背景。"宋兆麟:《巫與巫術·巫醫》,成都:四川民族出版社,1989,270頁。

⑤ 詳見盧嘉錫總主編,廖育群等著《中國科學技術史——醫學卷·先秦時期》,15-17頁。此外,若視"咒禁療法"流行至後世之例,如孫思邈的《備急千金要方·養(養)性》便有其記載,其云:"凡人夜魘,勿然(燃)燈唤之,定死無疑。闇唤之吉,亦不得近前(而)急唤。夜夢惡不須説,旦以水面東方噀之呪曰:'惡夢,著草木。好夢,成寶玉。'即無咎矣。"[唐]孫思邈撰,[宋]高保衡、林億等校正:《備急千金要方》卷第八十一《養(養)性·道林養(養)性》,《文淵閣四庫全書》第七三五册,834頁。

⑥ 除馬王堆帛書《五十二病方》篇之外,此種"咒禁療法"的文獻記録,於《睡虎地秦墓竹簡》中,亦可見之。如1975年末在雲夢睡虎地M11號墓葬發掘之秦簡《日書·詰(禁)》中,便有其記載。兹舉其一文爲例,其簡文曰:"〔詰(禁):〕一室中卧者眯也,不可以居,是鬽鬼居之,取桃枱(棓)椯(段)四隅中央,以牡棘(荆)刀刊其宫蘠(牆),謼(呼)之曰:'復疾,趣(趨)出。今日不出,以牡刀皮(剝)而衣。'則毋(無)央(殃)矣。(睡虎地秦簡《日書》甲種第24簡背參至第26簡背參)"睡虎地秦墓竹簡整理小組編:《睡虎地秦墓竹簡·日書甲種釋文注釋》,214頁。

此外,上引《五十二病方》中的"禹步三"的巫術動作,[①]不惟巫醫效仿巫者跳舞舉行巫儀的動作,[②]又有由此震懾鬼魅、鎮妖驅邪、逐鬼驅疫以治病的涵義。[③]

由此觀之,於馬王堆帛書《五十二病方》篇中,則可多見巫者曾用各種祈禱辟邪的方式,[④]即施行"祝由"之法,以乞求神靈而除病驅鬼的事實。[⑤] 此種巫術性醫療行爲,雖無濟於事,但一定有安慰病者心理的功效。

綜上所陳,此種以祝由治病之術,或稱"呪禁療法",[⑥]雖後世巫、醫已分離且專業化,但在中國歷代的醫學機構中,仍然見之。[⑦] 此種事實,乃證實具有巫術性質的祝由療法,爲中國古代醫學的重要組成部分之一。[⑧] 尤其,於可謂鬼神概念充斥時的中國先秦時期,則毋庸贅述矣。

(三)逐疫除凶

巫者擔任的疾疫之防治工作,則有文獻所謂的"逐疫除凶"與"儺"兩大類,即水寑(以水

---

① 除馬王堆帛書《五十二病方》篇之外,此種"禹步三"的文獻記録,於《睡虎地秦墓竹簡》中,亦可見之。如 1975 年末在雲夢睡虎地 M11 號墓葬發掘之秦簡《日書》中,便有其記載。玆舉其一文爲例,其簡文曰:"行到邦門困(閫),禹步三,勉(進)壹(一)步,謼(呼):'皋,敢告曰:某行毋(無)咎,先爲禹除道。'即五畫地,掓(拾)其畫中央土而懷之。(睡虎地秦簡《日書》甲種第 111 簡背至第 112 簡背)"見睡虎地秦墓竹簡整理小組編《睡虎地秦墓竹簡・日書甲種釋文注釋》,223-224 頁。

② 對於巫者效仿"禹步"的文獻記録,如在《史記・夏本紀》的"〔禹〕聲爲律,身爲度,稱以出"之下,[唐]司馬貞索隱按云:"今巫猶稱'禹步'。"《史記・夏本紀》,51 頁。此外,又於《揚子法言》的"昔者,姒氏治水土,而巫步多禹"之下,李軌的注疏亦云:"禹治水土,涉山川,病足,故行跛也……而俗巫多效禹步。"[漢]揚雄:《揚子法言・重黎》,臺灣中華書局,1983,150 頁。

③ 王暉:《夏禹爲巫祝宗主之謎與名字巫術論》,《人文雜誌》2007 年第 4 期,142 頁。其"内容提要"云:"夏禹在中國古代社會中被巫祝人員視作宗主,稱爲'神禹'。禹因'半枯'而形成瘸子步伐'禹步三',被巫師用來作爲震懾鬼魅的特殊步伐……正因爲禹被認爲在治水之後主名山川百物,所以他便有控制世界上萬事萬物以至於妖魔魑魅的神力,於是'神禹'被尊爲百巫宗主,而'禹步三'也就成了巫師扮作大禹壓勝鬼怪的特殊方術。"

④ 對於馬王堆帛書《五十二病方》篇所見的巫術醫方,王暉曾提及,其云:"據統計,帛書《五十二病方》所載醫方共 283 方,包括的病名約 103 個,其中含巫術性質的醫方就有近 60 方,約占總醫方的 21.2%;涉及的疾病有 18 種,約占總病名的 17.5%。可知用這批古醫方巫術治病之法仍然很盛行,充分展現了這一最早的病方中'巫醫不分'的性質特點。"吕亞虎:《戰國秦漢簡帛文獻所見巫術研究・序》,2 頁。此外,對於馬王堆帛書《五十二病方》篇所見的各種醫療巫術活動,可參閲吕亞虎《戰國秦漢簡帛文獻所見巫術研究》,188-190 頁。

⑤ 牟鍾鑒、張踐合著:《中國宗教通史》(上册),208 頁。

⑥ 廖育群:《醫者意也——認識中醫・呪禁療法——"意"的神秘領域》,桂林:廣西師範大學出版社,2006,72-90 頁。亦可參考盧嘉錫總主編,廖育群等著《中國科學技術史・醫學卷》,15-16 頁。

⑦ 有關其例證,若視隋代太醫署設置的"祝禁博士"、唐代醫者之一的"呪禁師"、宋代太醫局設置的醫學分科"金鏃兼書禁科"、元明兩代太醫院設置的"祝由科"等事實,即不難見之。詳見盧嘉錫總主編,廖育群等著《中國科學技術史・醫學卷》,18-19 頁。

⑧ 廖育群:《醫者意也——認識中醫・呪禁療法——"意"的神秘領域》,73-79 頁。此外,陳邦賢的《中國醫學史》書中,亦云:"中國醫學的演進,始而巫,繼而巫和醫混合,再進而巫和醫分立。以巫術治病,爲世界各民族在文化低級時代的普徧現象,古書上關於這種紀載很多……以上諸説都是巫與醫混合時代,先是用祈禱咒詛來醫治疾病,後來人類的知識漸漸進步了,知道生病完全依賴祈禱咒詛是無效的,於是巫漸漸達到醫乃至藥的地位了。"陳邦賢:《中國醫學史》第一篇《上古的醫學・上古的巫醫》,上海:商務印書館,1954,7-10 頁。

洗寢)、毆寢(毆除穢物)、搜寢(毆除蟲物及不祥疾疫)等祓除活動,以及儺舞驅鬼的活動。不僅如此,若遭遇放蠱毒人之術時,古人便制定各種措施,以防範危害社會的行爲。

此處介紹兩周時期巫者的此種防疫除凶活動,并略加叙述於下。

1. 逐疫除凶

古時巫者曾擔任疾疫之防治的職責,則從事水寢、毆寢、搜寢等的逐疫除凶活動。

若論出土文獻所見之巫者的逐出癘疫及祓除不祥的巫術活動,於 1975 年末在雲夢睡虎地 M11 號墓葬發掘之秦簡《日書・詰(禁)》中,不惟言及鬼神降祟的致病之因,且提出其解除之方,此處舉其一二文爲例,其簡文曰:

〔詰(禁):〕一宅中毋(無)故而室人皆疫,或死或病,是是棘鬼在焉,正立而貍(埋),其上旱則淳(濕),水則乾。屈(掘)而去之,則止矣。(睡虎地秦簡《日書》甲種第 37 簡背壹至第 39 簡背壹)

一宅之中毋(無)故室人皆疫,多瞢(夢)米(魘)死,是是勽(孕)鬼貍(埋)焉,其上毋(無)草,如席處。屈(掘)而去之,則止矣。(睡虎地秦簡《日書》甲種第 40 簡背壹至第 42 簡背壹)

人毋(無)故一室人皆疫,或死或病,丈夫女子隋(墮)須(鬚)羸(脱)髮黄目,是宲(是)宲(殍)人生爲鬼,以沙(砂)人(仁)一升挃(實)其舂臼,以黍肉食宲(殍)人,則止矣。(睡虎地秦簡《日書》甲種第 43 簡背壹至第 46 簡背壹)

一室中卧者眯也,不可以居,是厲鬼居之,取桃枱(棓)椯(段)四隅中央,以牡棘(荆)刀刊其宫蘠(牆),謼(呼)之曰:"復疾,趣(趨)出。今日不出,以牡刀皮(剝)而衣。"則毋(無)央(殃)矣。(睡虎地秦簡《日書》甲種第 24 簡背參至第 26 簡背參)①

據此可知,沿至戰國末期秦代,古人對於各種疾病之因,仍歸咎於鬼神作祟,且以巫術方法排難解憂。

2. 儺舞活動

除如前所陳的逐疫除凶的活動之外,亦有醫療疾病時驅撻厲鬼的巫術祭祀儀式。此種巫術祭祀儀式,若就出土文獻資料所見之巫者的儺舞活動而言,於 1975 年末在雲夢睡虎地 M11 號墓葬發掘之秦簡《日書・詰(禁)》中,便有與驅鬼儀式的儺儀類似的記載,此處舉其一二文爲例,其簡文曰:

① 睡虎地秦墓竹簡整理小組編:《睡虎地秦墓竹簡・日書甲種釋文注釋》,212-217 頁。此種無所不在,無處不有的鬼神,常作祟以使人得病,"癘"乃其中之一。若視雲夢睡虎地秦簡《法律答問》篇,此篇判案成例作爲其依據,其云:"城旦、鬼薪癘,可(何)論? 當署(遷)癘署(遷)所。(睡虎地秦簡《法律答問》第 123 簡)"睡虎地秦墓竹簡整理小組編:《睡虎地秦墓竹簡・法律答問釋文注釋》,122 頁。亦可參見徐富昌《睡虎地秦簡研究》,臺北:文史哲出版社,1993,305-306 頁。

詰(禁):· 詰(禁)咎(灾),鬼害民罔(妄)行,爲民不羊(祥),告如(而)詰(禁)之,𠷎(?),道(導)令民毋麗(罹)兇(凶)央(殃)。鬼之所惡,彼(是)窋(屈)卧箕坐(踞),連行(步)奇(踦)立。(睡虎地秦簡《日書》甲種第24簡背壹至第26簡背壹)

人毋(無)故鬼攻之不已,是是剌(戾)鬼。以桃爲弓,牡棘(荆)爲矢,羽之雞羽,見而射之,則已矣。(睡虎地秦簡《日書》甲種第27簡背壹至第28簡背壹)

人若鳥獸及六畜恒行人宫(室),是上神相,好下樂入,男女未入宫(室)者毄(擊)鼓奮鐸(鈴)喿(譟)之,則不來矣。(睡虎地秦簡《日書》甲種第31簡背貳至第33簡背貳)

鬼恒爲人惡瞢(夢),譽(覺)而弗占,是圖夫,爲桑丈(杖)奇(倚)户内,復(覆)鬴户外,不來矣。(睡虎地秦簡《日書》甲種第44簡背貳至第45簡背貳)

一室中卧者眯也,不可以居,是□鬼居之,取桃枱(棓)椯(段)四隅中央,以牡棘(荆)刀刊其宫蘠(牆),謼(呼)之曰:"復疾,趣(趨)出。今日不出,以牡刀皮(剝)而衣。"則毋(無)央(殃)矣。(睡虎地秦簡《日書》甲種第24簡背參至第26簡背參)①

此文中的"詰(禁)咎(灾)",整理者解爲"禁灾",②故有"禁制灾祟"或"禁忌凶灾"之意,乃指巫者多利用各種姿勢或辟邪的道具,③禁制疾疫與厲鬼之舉動。不寧唯是,由於"詰(禁)"與"難(儺)"義可通,故可知此舉應與驅鬼儀式的儺儀類似。④

此外,於湖北省隨縣戰國曾侯乙墓的棺槨漆畫中,曾發現一執戈頭戴面具的形象(圖6),論者或謂此可怖的圖像,乃爲"䫏(倛)頭"之狀,則爲壙中驅除惡鬼,保護死者之神將。⑤

由此觀之,頭戴面具而進行的巫者的儺舞活動,於兩周時期的各種出土資料中,亦可見之。

綜上所陳,逐疫除凶儀式與儺舞活動,兩者皆有悦神逐鬼的防疫活動之義。尤其,此類活動,於中國兩周時期社會中,應爲巫者從事的主要活動之一。

---

① 睡虎地秦墓竹簡整理小組編:《睡虎地秦墓竹簡·日書甲種釋文注釋》,212-217頁。

② 睡虎地秦墓竹簡整理小組編:《睡虎地秦墓竹簡·日書甲種釋文注釋》,216頁。

③ 巫者使用的祓凶辟邪的道具,則有戈、桃、茢等物。此事在浩如煙海的先秦古籍文獻中,則屢見不鮮,如《禮記·檀弓下》云:"君臨臣喪,以巫、祝桃茢執戈,惡之也,所以异於生也。"《十三經注疏·禮記·檀弓下》,1302頁。又《春秋左傳》"襄公二十九年"亦云:"〔康王卒〕楚人使公親襚,公患之。穆叔曰:'祓殯而襚,則布幣也。'乃使巫以桃、茢先祓殯。楚人弗禁,既而悔之。"《十三經注疏·春秋左傳》襄公二十九年,2004-2005頁。又在《藝文類聚·菓部上》收録的《莊子》佚文中,亦云:"《莊子》:'插桃枝於户,連灰其下,童子入不畏,而鬼畏之。是鬼智不如童子也。'"〔唐〕歐陽詢撰,汪紹楹校:《藝文類聚(附索引)》卷八六《菓部上·桃》,上海古籍出版社,1965,1468頁。由此可知,此三文所載的桃茢執戈等的物品,皆爲巫者使用的辟邪物。

④ 參見林志鵬《殷代巫覡活動研究》,臺灣大學中文所碩士論文,2003,268-273頁。

⑤ 饒宗頤:《殷上甲微作禓(儺)》,《民俗曲藝》,臺灣施合鄭民俗文化基金會,1993,第84期,34頁。

圖 6　曾侯乙墓棺繪紋飾

3. 放蠱毒人之術

於中國巫術傳統上,則有較爲神秘且令人懼怕的一種,即爲"黑巫術"中的放蠱毒人之術。[①] 古人認爲,因巫者運用此術,使人産生疾病,又使人至於喪亡,故盡力防止其受害。

於中國古代,此種放蠱毒人之方法極多,例如金蠶蠱、疳蠱、癲蠱、蛭蠱、泥鰍蠱、石頭蠱、蛇蠱、篾片蠱、蜈蚣蠱等等。[②] 此外,亦有養鬼放鬼作害於人,以及致人於死地爲莫上之樂的黑巫術等,甚爲無稽,此種放蠱毒人巫術之例甚多,不勝枚舉。

若論有關口舌有毒與詛咒毒人巫術的出土文獻記録,於 1975 年末在雲夢睡虎地 M11 號墓葬發現的秦簡《封診式·毒言》篇中,便有其記載,其簡文曰:

> 爰書:某里公士甲等廿人,詣(送)里人士五(伍)丙,皆告曰:"丙有寧毒言,甲等難飲食焉,來告之。"即疏書甲等名事關諜(牒)北(背)。·訊丙,辭曰:"外大母同里丁坐有寧毒言,以卅餘歲時罨(遷)。"(睡虎地秦簡《封診式》第 91 簡至第 92 簡)[③]

此篇記載里人士伍丙口舌有毒,里人送官府共同報告,且其外祖母曾因口舌有毒論罪,於三十歲時則處以流放。由此可知,依其判例,若有毒言之疾,於當時的法律規定上,應將之處以遷刑。[④] 此案例雖含一種迷信性的内容,但亦反映秦代社會流行的詛咒毒人之術。

因此,古人遭遇放蠱毒人之術時,并非束手無策,而是制定各種措施,以盡力迴避其受害。

① 對人有害的巫術,即企圖使人生病、死亡,或使之遭遇災難的法術,則稱之爲"黑巫術(Black Magic)"。參見謝康《中國古代巫術文化及其社會功能(上、下)》,《中華文化復興月刊》,臺灣中華文化復興運動推行委員會,1976,第 9 卷、第 1 期,40-50 頁,第 9 卷、第 2 期,32-40 頁。另見宋兆麟《巫與巫術》,235-242 頁。此種黑巫術,又稱惡意巫術,如禁人、詛咒、放蠱、下毒等,皆基於造禍於人。因爲此種巫術執行一種在技術上可能的行動,而使對方蒙受一定的惡果,并且以害人爲目的,往往造成危害個人、家庭或社會的利益,故使人望而生畏。

② 宋兆麟:《巫與巫術》,230 頁。

③ 睡虎地秦墓竹簡整理小組編:《睡虎地秦墓竹簡·封診式釋文注釋》,162 頁。

④ 徐富昌:《睡虎地秦簡研究》,304 頁。亦可參見[日]工藤元男著,廣瀨薰雄、曹峰合譯《睡虎地秦簡所見秦代國家與社會·〈封診式·毒言〉中所見毒言禁忌》,上海古籍出版社,2010,348-352 頁。

由此觀之,於兩周時期,隨着中央王朝的逐漸確立,又基於維護統治者的利益,原始時代的宗教、政治并存的局面,已發生變化,故制定各種措施,以防範危害社會的行爲。[1]

三、結語

巫者職司交通鬼神,其本身雖不具超乎自然的力量,但古人相信巫者可藉鬼神之力以成就諸多事。古代巫者主要的活動類型,可分爲交通鬼神、醫療巫術、救災巫術、生産巫術、求子生育、建築巫術、喪葬巫術、祝詛放蠱、神明裁判等九項。[2]

古代人類,因生産條件極差,於野外勞動時,易受砍傷、摔傷或蛇蟲咬傷,因而已具有治療常見外傷病徵的若干知識。由於經驗得知某種草藥對之有必然的療效,纔能對證下藥,故治療外傷的醫療知識,遂爲愈加豐富。

即使如此,於遠古時期,由於地理環境惡劣,毒蛇猛獸横行,加上生活艱苦,且衛生條件極差,故難免疾病的時常發生。如前所述,對於常見外傷病徵,古人已有若干治療的知識。儘管如此,在鬼神概念充斥時的許多遠古民族,對於不易得見之若干病徵,則認爲此種疾病的來源,乃爲由瘟神、病鬼的纏繞而造成,即所謂鬼在作祟。

人類在經受各種疾病的苦惱中,便尋求各種醫療巫術的方法,以排難解憂且脱離其桎梏。故召請巫者診病,巫者則多采取問病卜灾等占卜形式,以診斷爲何鬼所爲而驅鬼治病。

此種事實,於兩周時期,醫雖已含有專門化、職業化的性質,然而在兩周社會中,仍未盡脱離古人巫醫之思想。例如在周朝的文獻中,以占卜探知致病之由的記載,則證實鬼神致病的觀念依然存在。由此亦可知,以巫術之法療疾的情形,尚普遍存在於周朝社會之中。

由此觀之,周代的醫療知識仍然處於中國醫學的萌芽狀態,古樸幼稚,科學與謬誤參半,與巫教信仰交織一繫。即使如此,此時的巫醫乃開拓壯大醫學的先河,正因爲如此,巫醫在中國醫學史上占有重要的地位。

① 鄧啓耀:《中國巫蠱考察》,上海文藝出版社,1999,307頁。
② 詳見拙著《殷商甲骨卜辭所見之巫術・巫者的巫術活動》(增訂本),77-108頁。

里耶秦簡牘所見"徒隷"身份及監管官署*

石家莊學院　賈麗英

内容提要　"徒隷"一詞是一個泛稱,不同的時代、不同的語境中,其所指對象并不完全相同。里耶秦簡《作徒簿》、《計録》、《課志》等文書反映,秦遷陵縣監管徒隷的官署有兩個,一個是司空曹,一個是倉曹。司空曹主城旦舂、鬼薪白粲和居貲贖債,倉曹主隷臣妾。因材料所限,治虜御史是否管理徒隷,司空曹是否也監管隷臣妾等問題尚需進一步研究。

關鍵詞　里耶秦簡　徒隷　倉曹　司空曹

從傳世文獻的記載來看,秦漢時期的主徒機構是司空。《史記·儒林列傳》徐廣注曰:"司空,主刑徒之官也。"①《漢書·百官公卿表上》如淳曰:"律,司空主水及罪人。賈誼曰'輸之司空,編之徒官'。"②因這一時期刑徒使用的廣泛性,司空也被稱作"行役之官"。③ 上個世紀,睡虎地秦簡的出土不僅印證了文獻記載,而且通過高恒、劉海年等諸位先生的研究,還使我們對秦代縣廷司空對刑徒的監管方式、類別、損毁公器的處罰、贖免等有了更深入的瞭

* 本文爲河北省高校百名優秀創新人才計劃和石家莊學院科研平臺支持科研成果。

① 《史記》卷一二一《儒林列傳》,北京:中華書局,1959,3123 頁。

② 《漢書》卷一九《百官公卿表上》,北京:中華書局,1962,731 頁。

③ 《漢書》卷六六《陳萬年傳附陳咸》:"豪猾吏及大姓犯法,輒論輸府,以律程作司空",師古曰:"司空,主行役之官。"2901 頁。

解。[①] 然而,值得注意的是《倉律》也有關於隸臣妾的贖免條文:

> 隸臣欲以人丁粼者二人贖,許之。其老當免老、小高五尺以下及隸妾欲以丁粼者一人贖,許之。贖(簡 61)者皆以男子,以其贖爲隸臣。女子操敃紅及服者,不得贖。邊縣者,復數其縣。(簡 62)[②]

倉,主倉穀事。[③] 關於隸臣妾贖免的規定爲什麼會出現在《倉律》中?因材料的限制,這一點没有引起足够的重視。

近年湘西里耶秦簡牘出土,《文物》2003 年第 1 期發表了三十余枚簡的照片和釋文,其中有二枚"傳送委輸"牘,是洞庭郡下達給遷陵縣的公文,大意是要求傳送委輸甲兵武器之事,應先征乘城卒、隸臣妾、城旦舂、鬼薪白粲、居貲贖債、司寇、隱官、踐更縣者,如果不是急事,不對百姓興徭役。此文書下達先由縣丞轉縣尉,再經縣尉抄送轉發給鄉、司空,司空轉給倉。尉主卒等武事,司空主徒及居貲贖債,因爲要徵用他們管理的人員,公文下達給他們可以理解,問題是爲什麼最後由司空轉達至倉?或有認爲倉是存放軍械的。[④] 我們不排除特殊時期會有這種現象存在,但通常的情況是秦的武器儲備是在"庫",或叫做"武庫"中。[⑤] 那麼,公文傳至倉,是否涉及到了倉所監管的人員?限於材料,我們衹能把問題放在推想的層面。而《里耶秦簡》(壹)的出版,公布了里耶古井第五、六、八層的圖片及釋文。儘管簡牘斷殘較嚴重,數量也僅約爲里耶秦簡的五分之一,但鮮活的徒隸勞作簿籍以及相關各曹的課志、計録等,可以使我們對這個問題做進一步思考。

一、關於徒隸的身份

徒隸,傳世文獻和簡牘材料中屢見。早年研究者曾結合文獻和居延漢簡、睡虎地秦簡等材料對徒隸、徒、奴婢等的身份進行探討。[⑥] 相關的隸臣妾及刑期問題,更是討論得曠日持久。無疑,隸臣妾問題的大討論推動了我們對秦漢法史以及徒隸身份的認識,但是,不可避免地,由於簡牘材料本身的局限,以及研究者利用過程中以偏概全,某些結論背離了歷史的

---

① 參見高恒《秦簡牘中的職官及其有關問題》,其著《秦漢簡牘中的法制文書輯考》,北京:社會科學文獻出版社,2008,1-48 頁。劉海年:《中國古代早期的刑徒及其管理》,其著《戰國秦代法制管窺》,北京:法律出版社,2006,259-274 頁。吴榮曾:《秦的官府手工業》,中華書局編輯部《雲夢秦簡研究》,北京:中華書局,1981,38-52 頁。

② 《睡虎地秦墓竹簡》,北京:文物出版社,1990,35 頁。

③ 《後漢書》志第二四《百官一》,北京:中華書局,1965,3559 頁。

④ 王煥林:《里耶秦簡校詁》,北京:中國文聯出版社,2007,109 頁。

⑤ 黄今言:《秦漢時期的武器生産及其管理》,《江西師範大學學報》1993 年第 8 期。

⑥ 陳直:《關於兩漢的徒》,其著《兩漢經濟史料論叢》,北京:中華書局,2008,269-296 頁。陳玉璟:《秦漢"徒"爲奴婢説質疑》,《安徽師範大學學報》1979 年第 2 期等。

真實。

本世紀初張家山二四七號漢墓竹簡及部分里耶秦簡的公布，尤其是里耶秦簡中"買徒隸"簡的出現，使"徒隸"這一身份再次進入人們的研究視野，[①]也使我們有機會對以往的認識進行反思。

"買徒隸"最早出現在里耶簡 J1(8)154：

令曰："恒以朔日上所買徒隸數。"問之，毋當令者。[②]

李學勤先生指出，什麽是徒隸？從 J1(16)5、6 所引洞庭郡文書上下文的對比就可明白"徒隸"就是"隸臣妾、城旦舂、鬼薪白粲"，并舉睡虎地秦簡《封診式・告臣》中主人甲將不聽話的"驕悍、不田作"之私奴，由官府"斬以爲城旦"，并賣給官府的事例來説明。[③] 馬怡先生、曹旅寧先生持相同觀點。[④] 王焕林先生則認爲，"由於鬼薪、白粲、城旦舂等刑徒不能買賣，故此處僅指隸臣、隸妾兩類奴隸。"[⑤]王健先生釋讀里耶秦簡存在兩種徒隸，此處應指"私臣妾"。[⑥]李力先生認爲徒隸這個詞是一種泛稱，既可指奴隸，也可指城旦舂等幾種刑徒。[⑦]

李學勤先生提到的里耶秦簡 J1(16)5 和 J1(16)6 内容大致相同，我們將 J1(16)5 的部分簡文録於下：

廿七年二月丙子朔庚寅，洞庭守禮謂縣嗇夫、卒史嘉、叚(假)卒史穀、屬尉：令曰："傳送委輸，必先悉行城旦舂、隸臣妾、居貲贖責(債)。急事不可留，乃興䌛(徭)。"今洞庭兵輸内史及巴、南郡、蒼梧，輸甲兵當傳者多。節(即)傳之，必先悉行乘城卒、隸臣妾、城旦舂、鬼薪白粲、居貲贖責(債)、司寇、隱官、踐更縣者。田時殹(也)，不欲興黔首。嘉、穀、尉各謹案所部縣卒、徒隸、居貲贖責(債)、司寇、隱官、踐更縣者簿，有可令傳甲兵，縣弗令傳之而興黔首，[興黔首]可省少弗省少而多興者，輒劾移縣，[縣]亟以律令具論，當坐者言名夬泰(太)守府。嘉、穀、尉在所縣上書，嘉、穀、尉令人日夜端行。它如律令。[⑧]

① 李力：《論"徒隸"的身份》，中國文物研究所編《出土文獻研究》第 8 輯，上海古籍出版社，2007，33－42 頁；曹旅寧：《釋"徒隸"兼論秦刑徒的身份及刑期問題》，《上海師範大學學報》2008 年第 5 期；王健：《從里耶秦簡看秦代官府買徒隸問題(論綱)》，秦俑博物館開館三十周年國際學術研究會論文，2009 年 10 月；等等。

② 湖南省文物考古研究所等：《湖南龍山里耶戰國—秦代古城一號井發掘簡報》，《文物》2003 年第 1 期。

③ 李學勤：《初讀里耶秦簡》，《文物》2003 年第 1 期。

④ 馬怡：《里耶秦簡選校》，《中國社會科學院歷史所學刊》第 4 輯，北京：商務印書館，2007，161 頁。曹旅寧：《釋"徒隸"兼論秦刑徒的身份及刑期問題》。

⑤ 王焕林：《里耶秦簡校詁》，46 頁。

⑥ 王健：《從里耶秦簡看秦代官府買徒隸問題(論綱)》。

⑦ 李力：《論"徒隸"的身份》，36 頁。

⑧ 馬怡：《里耶秦簡選校》，149 頁；湖南省文物考古研究所：《湘西里耶秦代簡牘選釋》，《中國歷史文物》2003 年第 1 期。

從劃綫部分可以看出這裏的徒隸所對應的,就是隸臣妾、城旦舂、鬼薪白粲。這一點研究者没有异議。我們要補充的是,《令》中所言“城旦舂、隸臣妾、居貲贖債”,爲什麽没有“鬼薪白粲”及其他？顯然,鬼薪白粲作爲僅次於城旦舂的刑徒,不可能不被徵用。之所以没有提及,與其説是疏忽,倒不如説《令》的抄録者認爲時人衆所周知鬼薪白粲與城旦舂在這裏爲一類人員,不需提及。

從訓詁學上看,“語詞在一定的語境中的意義,有時會圍繞着其辭彙義作些擺動……訓詁義的内涵是比較龐雜的,有語源義、辭彙義、隨文義。”[①]所以,我們在對簡牘詞語釋義時,既要考慮詞語自身的發展脈絡,也要考慮語境的制約。

“徒隸”也是這樣一個辭彙,不同的語境中所指稱的群體的意義在本義基礎上有所“擺動”。就“買徒隸”而言,從目前已公布的秦簡中,我們尚未見到城旦舂、鬼薪白粲這些刑徒被買賣的實例。文獻材料中劉邦押解刑徒去咸陽,表述爲“高祖以亭長爲縣送徒驪山”。[②] 居延簡中提到漢代接、送刑徒時,用的是“送”“付”“迎受”這樣的辭彙,陳直先生説“刑徒無買賣的明文”。[③] 現所見到的秦代官府與私家之間徒隸的流動(買賣和賞賜),幾乎全部是隸臣妾。有以下幾種情况:一是買私家的臣妾,如《封診式·告臣》例;二是官府賞賜隸臣妾,如《法律答問》“有投書,勿發,見輒燔之。能捕者購隸臣妾二人(簡53)”,[④]購,賞賜之意;三是官府出賣隸臣妾收人。如《法律答問》提到隸臣完城旦者收其妻、子,“‘……子小未可别,令從母爲收’,可(何)謂(從母爲收)？人固買(賣),子小不可别,弗買(賣)子母謂殹(也)(簡116)”,[⑤]這是法律層面的規定。張家山漢簡《奏讞書》提到秦王政二年,黥城旦講被誤判,乞鞫後,“除講以爲隱官,令自尚……妻子已賣者(簡122),縣官爲贖(簡123)”,[⑥]則是反映了隸臣妾收人被賣的事實。[⑦]

另外,睡虎地秦簡中城旦舂、鬼薪白粲等刑徒勞役時要穿囚衣、戴着“枸櫝欙杕”的刑具,可見在官府眼中,這些人的社會危害性要遠大於隸臣妾,其整體地位也比隸臣妾這個群體要低。也許正如徐鴻修先生所言“城旦是終身性的罪犯奴隸,身份較普通買賣奴隸更低一等”。[⑧] 總之,“買徒隸”與洞庭郡文書中的“徒隸”不能直接劃等號,前者所指應該是隸臣妾。我們贊同王健先生的觀點,“‘徒隸’一詞在秦簡語境中,是一個含義和應用功能上均寬泛而

---

① 王繼如:《訓詁問學叢稿》,南京:江蘇古籍出版社,2001,4頁。

② 《史記》卷八《高祖本紀》,347頁。

③ 陳直:《關於兩漢的徒》,其著《兩漢經濟史料論叢》,286-295頁。

④ 《睡虎地秦墓竹簡》,106頁。

⑤ 《睡虎地秦墓竹簡》,121頁。

⑥ 《二年律令與奏讞書》,360頁。

⑦ 關於隸臣妾和收人,《二年律令·金布律》:“諸收人,皆入以爲隸臣妾。(簡435)”曹旅寧:《釋“徒隸”兼論秦刑徒的身份及刑期問題》:“實際上這兩者是同源且名實相符的同類。”此説可從。

⑧ 徐鴻修:《從古代罪人收奴刑的演變看“隸臣妾”、“城旦舂”的身份》,《文史哲》1984年第5期。

靈活的詞組,不同語境下含義各有側重”。[①]

大約同時期的睡虎地秦簡《爲吏之道》中也有“徒隸”一詞:“徒隸攻丈,作務員程(簡293)”[②],其含義則似乎更廣些。不僅包括城旦舂、鬼薪白粲、隸臣妾,還包括爲官府勞作的其他人。文獻中提到“隸徒”七十余萬人治驪山,據袁仲一先生考證這些人有刑徒、居貲和身份自由的人。[③] 而《全秦文》中稱作“隸徒”[④]的這些人,在其他文獻材料中也稱作“隱官徒刑者”(《史記·秦始皇本紀》)、“徒”(《史記·黥布列傳》、《史記·高祖本紀》等)。稍後的材料中也有將“徒隸”“徒作者”對稱者,像桓帝《减陵工刑徒詔》“比起陵塋,彌歷時歲,力役既廣,徒隸尤勤。頃雨澤不沾,密雲復散,儻或在兹。其令徒作陵者减刑各六月”。[⑤] 而《漢書·惠帝紀》“發諸侯王、列侯徒隸二萬人城長安”[⑥],指的也應是徒作者。里耶秦簡中大量的作徒簿,這些“徒”均是“徒作者”,與《爲吏之道》中的“徒隸”意思相近。《里耶秦簡牘校釋》認爲里耶簡中“徒”與“徒隸”似無异,或是“徒隸”的簡稱,[⑦]可從。

至於後世文獻中提到的像諸如“見獄吏則頭槍地,視徒隸則心惕息”[⑧]、“大臣無乃握重權、大官而有徒隸亡恥之心”[⑨]等等,更多的是一種泛稱,或許範圍更廣些。也有的指向明確,範圍更小。像懸泉漢簡中“赦天下自殊死以下,非手殺人、盗宗廟服御物及吏盗受賕直金十斤,赦除之,免官徒隸。爲令(Ⅱ0115③:90)”什麽是免官徒隸呢? 比之稍後的處於灰坑第二層的簡可以對讀:“諸以赦令免者,其死罪令作縣官三歲,城旦舂以上二歲,鬼薪白粲一歲。”(Ⅱ0216②:615)[⑩]顯然這裏的“徒隸”指的就是死囚、城旦舂、鬼薪白粲。

總之,“徒隸”一語,是一個泛稱,不同的時代、不同的語境中,其所指對象并不完全相同。就里耶秦簡來説,《作徒薄》中的“徒隸”指的是在官府各部門勞役的城旦舂、鬼薪白粲、隸臣妾、居貲贖債,甚至包括黔首[⑪]等。洞庭郡“傳送委輸”文書中的“徒隸”是指城旦舂、鬼薪白粲、隸臣妾。“買徒隸”指的是隸臣妾。後文提及的《倉課志》中“徒隸産子課”(8-495)[⑫],這個“徒隸”可能僅指隸妾。

---

① 王健:《從里耶秦簡看秦代官府買徒隸問題(論綱)》。

② 《睡虎地秦墓竹簡》,170頁。

③ 袁仲一:《秦始皇陵兵馬俑研究》,北京:文物出版社,1990,5-6頁。

④ 《全秦文》卷一《李斯》,石家莊:河北教育出版社,1997,230頁。凌文渠《湘煙録》引《漢儀》。

⑤ 《後漢書》卷七《桓帝紀》,290頁。

⑥ 《漢書》卷二《惠帝紀》,89頁。

⑦ 《里耶秦簡牘校釋》第一卷,32頁。

⑧ 《漢書》卷六二《司馬遷傳》,2733頁。

⑨ 《漢書》卷四八《賈誼傳》,2255頁。

⑩ 胡平生、張德芳:《敦煌懸泉漢簡釋粹》,上海古籍出版社,2001,15頁。

⑪ 《里耶秦簡牘校釋》,375頁:“廿七年十一月乙卯,司空昌【薄(簿)】☑Ⅰ黔首□大男子四人。☑Ⅱ其□人載粟☑Ⅲ8-1665。”從圖版上看,黔首後面一字下部從“貝”,疑爲“貲”。

⑫ 湖南省文物考古研究所:《里耶秦簡》壹,北京:文物出版社,2012,36頁。

二、《作徒簿》反映徒隸監管官署

徒隸的監管機構,如本文伊始所言,是司空。里耶秦簡的出土證實了這一點。值得注意的是,里耶秦簡含有大量的簿籍類文書,尤其各曹和各鄉向遷陵縣呈報徒隸勞作的《作徒簿》(也有稱《徒簿》者)的簿書,除了體現時間、呈報部門及負責人、徒隸總人數,勞作專案及姓名等外,還登録了徒隸的來源。由此,我們發現:除了司空,地方徒隸的監管官署還有倉。

里耶出土的《作徒簿》多殘斷,下面是經過何有祖等校釋者綴合,比較完整的一份:

廿九年八月乙酉,庫守悍作徒薄(簿):受司空城旦四人、丈城旦一人、舂五人、受倉隸臣一人。·凡十一人。AⅠ

城旦二人繕甲□□。AⅡ

城旦一人治輸□□。AⅢ

城旦一人約車:登。AⅣ

丈城旦一人約車:缶。BⅠ

隸臣一人門:負劇。BⅡ

舂三人級:姱、□、娃。BⅢ

廿廿年上之☑ C8-686+8-973

八月乙酉,庫守悍敢言之:疏書作徒薄(簿)牒北(背)上,敢言之。逐手。Ⅰ

乙酉旦,隸臣負解行廷。Ⅱ8-686 背+8-973 背[①]

這是一份庫曹上行至遷陵縣的文書。所體現的要素與西北漢簡有關戍卒從事雜務性勞作的《卒日作簿》[②]相似。《卒日作簿》多在標題簡中體現士卒來源,如《省卒日作簿》、《鄣卒日作簿》等,附簡中有“第十燧卒史譚(525.4)”“第五燧卒高登(27.12)”等字樣。《作徒簿》標題簡則衹顯示呈報者,但緊接下來“受司空城旦四人”和“受倉隸臣一人”這樣的用語,明顯反映的是徒隸來源。而且,這種現象不是孤立的。我們把《里耶秦簡》(壹)中公布的能體現徒隸身份的《作徒簿》彙表如下:

---

① 《里耶秦簡牘校釋》第一卷,203 頁。

② 李天虹:《居延漢簡簿籍分類研究》,北京:科學出版社,2003,130 頁。

表 1 《作徒簿》身份記録①

作徒身份	材料	作徒簿來源	簡號
倉隸妾	受倉隸妾三人、司空城☐Ⅱ	都鄉守舍	8-142
	受倉隸妾七人。CⅤ		8-145
	受倉隸妾三人。☐AⅢ	畜官守丙	8-199+8-688
	受倉隸妾二人☐	田鼂	8-179 背
	受倉隸妾一人。ⅡA	貳春鄉兹	8-962+8-1087
	受倉大隸妾三人。Ⅱ	啓陵鄉守逐	8-1278+8-1757
	受倉隸妾□☐CⅡ	☐央臧	8-1641
	受司空城旦一人、倉隸妾二人。☐Ⅱ	都鄉守是	8-2011
	【倉】隸妾【四】☐Ⅱ		8-2097
倉大隸妾	受倉大隸妾三人。☐Ⅱ	啓陵☐	8-1759
倉隸臣	受司空城旦四人、丈城旦一人、舂五人、受倉隸臣一人。·凡十一人。AⅠ	庫守悍	8-686+8-973
	受司空城旦九人、鬼薪一人、舂三人,受倉隸臣二人·凡十五人。Ⅰ	庫武	8-1069+8-1434+8-1520
倉隸☐	受倉隸☐Ⅱ		8-991
倉小隸臣	受倉小隸臣二人☐		8-1713
司空城旦	受倉隸妾三人、司空城☐Ⅱ	都鄉守舍	8-142
	受司空城旦四人、丈城旦一人、舂五人、受倉隸臣一人。·凡十一人。AⅠ	庫守悍	8-686+8-973
	受司空居責(債)、城旦□☐Ⅰ	貳春鄉守綽	8-1327+8-787②
	受司空城旦九人、鬼薪一人、舂三人,受倉隸臣二人·凡十五人。Ⅰ	庫武	8-1069+8-1434+8-1520
	受司空城旦一人、倉隸妾二人。☐Ⅱ	都鄉守是	8-2011
司空丈城旦	受司空城旦四人、丈城旦一人、舂五人,受倉隸臣一人。·凡十一人。AⅠ	庫守悍	8-686+8-973
	受司空仗城旦二人。Ⅱ	啓陵鄉守高	8-801
	受司空仗城旦一人。BⅠ	啓陵鄉守逐	8-1278+8-1757

① 《里耶秦簡牘校釋》第一卷綴合後的文意更加順暢,此表以校釋本爲據。

② 何有祖:《里耶秦簡牘綴合(二)》,簡帛網 http://www.bsm.org.cn/show_article.php? id=1695。

續表

司空舂	受司空城旦四人、丈城旦一人、舂五人,受倉隸臣一人。·凡十一人。A Ⅰ	庫守悍	8-686+8-973
	受司空城旦九人、鬼薪一人、舂三人,受倉隸臣二人·凡十五人。Ⅰ	庫武	8-1069+8-1434+8-1520
司空鬼薪	受司空城旦九人、鬼薪一人、舂三人,受倉隸臣二人·凡十五人。Ⅰ	庫武	8-1069+8-1434+8-1520
	受司空鬼薪☑Ⅰ	少内守敞	8-2034
司空白粲	受司空白粲一人,病。☑	☑鄉守吾	8-1340
	受司空白粲一人,病	貳鄉守吾	8-1742+8-1956
司空居貲	受司空居貲一人。☑AⅡ	畜官守丙	8-199+8-688
司空居責	受司空居責(債)、城旦□☑Ⅰ	貳春鄉守綽	8-1327+8-787①
隸妾系舂	隸妾毄(系)舂八人。CⅢ		8-145
隸妾居貲	隸妾居貲十一人。CⅣ		8-145
	隸妾居貲五十八人。AⅢ	都鄉□	8-1095
	隸妾居貲□□☑CⅠ	☑央臧	8-1641
城旦	城旦、鬼薪積九十人。AⅡ	貳春鄉	8-1143+8-1631
	城旦、鬼薪三人。Ⅱ		8-1279
仗城旦	仗城旦積卅人。AⅢ	貳春鄉	8-1143+8-1631
	丈城旦一人。Ⅲ		8-1279
城旦舂	【城旦舂五十八人】。AⅡ	都鄉□	8-1095
	舂、白粲積六十人。AⅣ	貳春鄉	8-1143+8-1631
	舂、白粲二人。Ⅳ		8-1279
	☑舂十七人☑Ⅰ		8-2144
鬼薪	城旦、鬼薪積九十人。AⅡ	貳春鄉	8-1143+8-1631
	城旦、鬼薪三人。Ⅱ		8-1279
	☑薪廿人,☑Ⅲ		8-2151
	☑鬼薪十九人。☑	【司空】□☑	8-2156

① 何有祖:《里耶秦簡牘綴合(二)》,簡帛網 http://www.bsm.org.cn/show_article.php? id=1695。

續表

白粲	舂、白粲積六十人。AⅣ	貳春鄉	8-1143+8-1631
	舂、白粲二人。Ⅳ		8-1279
大隸臣	大隸臣廿六人☑Ⅱ	【倉是】	8-736
隸妾	隸妾積五十八人。☑ⅠB	都鄉□	8-1095
	隸妾積百一十二人。AⅤ	貳春鄉	8-1143+8-1631
	隸妾三人。Ⅴ		8-1279
小隸妾	【付】小隸妾八人。BⅠ		8-444
□隸妾	☑【隸】妾三人□☑Ⅱ		8-2171
	☑【隸妾】☑Ⅱ		8-2429
	☑妾一人薜芋。☑Ⅱ		8-1861
城旦司寇	☑城旦司寇一人,☑Ⅱ		8-2151
	☑城旦司寇一人。☑Ⅱ	【司空】□☑	8-2156
□貲責	☑□貲責七☑Ⅰ		8-2429背
	☑貲責AⅠ		8-1586
□大男子	☑大男子五人。AⅡ		8-1586
	黔首□大男子	司空昌	8-1665

表中共彙集了31份《作徒簿》,有些不能顯示作徒身份的殘簿,我們没有統計在内[①]。這31份分别是畜官、田官、庫曹、倉曹、少内及都鄉、貳春、啓陵各鄉呈報的,有三枚殘斷的簡牘顯示的是司空。另有部分殘斷簡不能顯示呈報部門。

以"受"字起始,能明確顯示徒隸來源的"倉隸臣""倉隸妾""倉大隸妾""倉小隸臣"字樣的共14份,約占總數的45.2%。"受司空"字樣的有重複現象,以《作徒簿》份數來統計,共有12份簿書出現過,占38.7%。其他身份的簡牘要麽殘斷嚴重,要麽是以月作簿的總計方式出現:

廿年八月貳春鄉作徒薄(簿)。AⅠ
城旦、鬼薪積九十人。AⅡ
仗城旦積廿人。AⅢ
舂、白粲積六十人。AⅣ

① 簡8-697:□月乙亥,司空□作□☑Ⅰ□一人有逮☑Ⅱ□人□兵☑Ⅲ一人吏養□☑Ⅳ8-697
廿三年三月辛☑Ⅰ□□月乙亥旦□☑Ⅱ8-697背
簡8-1280:廿八年九月丙寅,貳春鄉守畸徒薄(簿)。Ⅰ積廿九人。Ⅱ十三人病。Ⅲ廿六人徹城。Ⅳ8-1280

隸妾積百一十二人。AⅤ

·凡積二百九十二人。☑BⅠ

卅人甄。☑BⅡ

六人佐甄。☑BⅢ

廿二人負土。☑BⅣ

二人□瓦。☑BⅤ 8-1143+8-1631[①]

這樣的月作簿没有體現徒隸來源。而"受"字日作簿所體現的,衹有倉和司空二個部門,來源於倉的身份都是隸臣妾,來源於司空的則有城旦舂、鬼薪白粲、居貲贖債。

既然有"受"徒隸者,也就有派出者。里耶簡稱派出徒隸爲"付"。我們先看一個能識别呈報部門的"付"字作徒簿:

二人付□□□。AⅠ

一人付田官。AⅡ

一人付司空:枚。AⅢ

一人作務:臣。AⅣ

一人求白翰羽:章。AⅤ

一人廷守府:快。AⅥ

其廿六人付田官。☑BⅠ

一人守園:壹孫。☑BⅡ

二人司寇守:囚、嫭。☑BⅢ

二人付庫:恬、擾。☑BⅣ

二人市工用:餽、亥。☑BⅤ

二人付尉□□。☑BⅥ8-663

五月甲寅倉是敢言之:寫上。敢言之☑8-663背[②]

由簡牘背面的"倉是"來看,呈報部門是倉曹的負責人。應該是倉曹在五月甲寅這一天分派徒隸的作徒簿。我們看有直接派遣勞作任務的,像"守園""求白翰羽""市工用"之類,也有分派去田官、司空、庫、尉等各部門去的。試想,如果没有掌管徒隸,倉有什麽權力去給其他部門分派勞動力?

除了這枚簡,現公布的里耶簡中還有不少用於分派徒隸的作徒簿,像比較冗長的簡8-145就是一個典型。它除了安排具體的勞作,還顯示某部門將徒隸分派至都鄉、貳春鄉、啓陵

① 《里耶秦簡牘校釋》第一卷,283頁。

② 《里耶秦簡牘校釋》第一卷,196頁。

鄉,以及畜官、田官、倉、庫、尉、少内等各部曹的情况。可惜這枚簡是上半部殘斷,呈報者不詳。不過,從此簡第三欄"隸妾毄(繫)舂八人""隸妾居貲十一人""受倉隸妾七人"[①],以及把人遣送至倉的情况來看,推測或爲司空。里耶簡的整理者張春龍先生提到作徒簿時説"不少的簿是司空或倉所記録"[②]的。

除了"日作簿"和"月作簿",《里耶秦簡》(壹)序言中還披露出有"年作簿":

> 如《卅四年倉徒簿》上有"女五百一十人付田官"、"女四十四人助田官穫"。又如《卅二年司空作徒簿》登記了一百二十五名城旦、隸臣,并明記"廿三人付田官"。[③]

我們注意到,張春龍先生所舉的"付"字作徒簿正是《倉徒簿》和《司空作徒簿》。

三、《計録》與《課志》的佐證

計,《説文·言部》:"計,會也,筭也。"段玉裁注:"會,合也。"即總計、統計之意。課,《説文·言部》:"課,試也。"考核、考課之意。録和志是秦漢的文書形式。[④]

上計與考課,是秦漢時期一項官吏考核制度。對此,研究者們已進行了充分的探討[⑤],兹不贅述。里耶秦簡給我們的信息是秦地方基層各種記録按時間周期,詳細而有序。考課有綜合考課,也有單項考課,繁瑣却目的明確。遷陵縣各鄉和縣廷各曹均有計與課,各曹的職責,可在《計録》《課志》這樣的常規性文書中得到反映。下面我們看司空曹和倉曹的計與課。

---

① 《里耶秦簡牘校釋》第一卷,84-85頁。

② 《里耶秦簡》壹,4頁。

③ 《里耶秦簡》壹,4頁。

④ 李均明:《秦漢簡牘文書分類輯解》,北京:文物出版社,2009,415頁。李均明:《簡牘文書學》,桂林:廣西師範大學出版社,1999,402-405頁。

⑤ 熊鐵基:《秦漢官制史稿》第三編《官吏的選用、考課及其他各項制度》,濟南:齊魯書社,2007。高恒:《漢代上計制度論考》,其著《秦漢簡牘中的法制文書輯考》,320-340頁。于振波:《漢代官吏的考課時間與方式》,《北京大學學報》1994年第5期。李振宏:《屯戍管理制度研究》,其著《居延漢簡與漢代社會》,北京:中華書局,2003,1-63頁。等等。

表 2　司空曹《計録》與《課志》

司空曹計録	司空課志
司空曹計録:AⅠ 船計,AⅡ 器計,AⅢ 贖計,BⅠ 貲責計,BⅡ 徒計,BⅢ 凡五計。CⅠ 史尚主。CⅡ8-480①	司空課志:AⅠ □爲□□□AⅡ □課,AⅢ □□□□課,AⅣ 舂産子課,AⅤ □船課,BⅠ □□□課,BⅡ 作務□□BⅢ ……BⅣ ……BⅤ8-486②

表 3　倉曹《計録》與《課志》

倉曹計録	倉課志
倉曹計録:AⅠ 禾稼計,AⅡ 貸計,AⅢ 畜計,AⅣ 器計,BⅠ 錢計,BⅡ 徒計;BⅢ 畜官牛計,BⅣ 馬計,CⅠ 羊計;CⅡ 田官計。CⅢ 凡十計。CⅣ 史尚主。CⅤ8-481③	倉課志:AⅠ 畜彘雞狗産子課,AⅡ 畜彘雞狗死亡課,AⅢ 徒隸死亡課,AⅣ 徒隸産子課,AⅤ 作務産錢課,BⅠ 徒隸行繇(徭)課,BⅡ 畜鴈死亡課,BⅢ 畜鴈産子課。BⅣ ·凡▨C8-495④

表 2 司空曹的這份計録共 5 項。其中可能有一些通用性項目,像器計,倉曹和户曹計録

① 《里耶秦簡牘校釋》第一卷,164 頁。
② 《里耶秦簡牘校釋》第一卷,165-166 頁。
③ 《里耶秦簡牘校釋》第一卷,164 頁。
④ 《里耶秦簡牘校釋》第一卷,169 頁。

也見涉及,推測應該是針對本曹公器物的財務計帳。其他各項均爲司空曹職掌所在。船計,指公船。里耶簡 8-135 就是一份遷陵縣司空曹借給一名叫狼的人公船,狼没有如期歸還,司空守樛發文追要的公文書。贖計、貲責計,與司空掌居貲贖債直接相關,該曹專有"居貲贖債簿(簡 8-284)"[①]。具體規定可參看睡虎地秦墓竹簡《秦律十八種・司空律》簡 133-140。徒計,是司空曹作爲主徒部門必不可少的一項。這一點與《課志》對"舂産子"[②]的考課相一致,是對徒隸人數增減的把握。不過一般情况下,除了産子課,還應有死亡課,纔能對所掌徒隸數量消長有總體的認知。如同《畜官課志》以考核牛羊數量增減爲目的的"畜牛死亡課"、"畜牛産子課"[③]一樣,司空曹也應有城旦舂死亡課。但簡 8-486 字迹模糊,很難識讀,從圖片我們看第一欄第四行的第一個字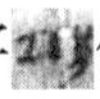似爲"城"。[④]

表 3 所示倉曹計録爲 10 項。禾稼計,貸計,都與糧草穀物關,屬於倉的職掌。[⑤] 畜計,應爲倉自養的家畜。睡虎地秦簡《秦律十八種・倉律》簡 63,就是對倉畜養雞、犬、豬的相關規定。錢計,或與畜養家畜的收入[⑥]、作務等有關。畜官計和田官計,據王彦輝先生的研究,畜官、田官二曹均爲都官系統,因遠離京師,太倉考課不便,改由縣倉考課。因此計録中有此二項順理成章。[⑦]《課志》"畜鴈死亡課","畜鴈産子課"應於此有關。值得我們注意的是,倉曹計録中有"徒計",課志中有"徒隸死亡課"、"徒隸産子課"、"徒隸行繇(徭)課"。顯然易見,這些涉及徒隸人數增減等内容的出現,祇能證明倉除了主糧穀,主徒也是其職能之一。里耶簡 8-130+8-190+8-193:"卻之:諸徒隸當爲吏僕養者皆屬倉……"[⑧]可證倉曹掌徒隸之實。而"徒隸行徭課",正是對倉屬徒隸被征派"傳送委輸"等任務的考核。

跟計與課相關聯的,《里耶秦簡》(壹)序言中張春龍先生還提到一種文書《倉徒最簿》。[⑨]最,是考課中成績最好的。"凡言殿最者:殿,後也,課居後也;最,凡要之首也,課居先也"[⑩]。

---

① 《里耶秦簡牘校釋》第一卷,128 頁。

② 里耶秦簡的《稟食簿》中常見到有舂與小城旦共同稟食的記録。《里耶秦簡校釋》第一卷:"徑廥粟米一石九鬥五升六分升五。卅一年正月甲寅朔丁巳,司空守增、佐得出以食舂、小城旦渭等卌七人,積卌七日,日四升六分升一。Ⅰ令史□視平。　得手。Ⅱ8-212+8-426+8-1632"。"☐□司空守兹、佐得出以食舂、小城旦卻等五十二人,積五十二日,日四升六分升一。Ⅰ☐令史尚視平。得手。Ⅱ8-216+8-351"等等,或與舂産子有關。

③ 《里耶秦簡牘校釋》第一卷,169 頁。另《睡虎地秦墓竹簡・秦律雜抄》:"牛大牝十,其六毋(無)子,貲嗇夫、佐各一盾。・羊牝十,其四毋(無)子,貲嗇夫、佐各一盾。・牛羊課。(簡 31)"87 頁。

④ 《里耶秦簡》壹,72 頁圖版。

⑤ 《里耶秦簡牘校釋》第一卷:"粟米二石。卅三年九月戊辰乙酉,倉是、佐襄、稟人藍出貸【更】☐Ⅰ☐令☐ Ⅱ8-1660+8-1827"374 頁。

⑥ 《睡虎地秦墓竹簡》,35 頁:"豬、雞之息子不用者,買(賣)之,別計其錢。(簡 63)"

⑦ 王彦輝:《〈里耶秦簡〉(壹)所見秦代縣鄉機構設置問題蠡測》,《古代文明》2012 年第 4 期。

⑧ 《里耶秦簡牘校釋》第一卷,68 頁。

⑨ 《里耶秦簡》壹,3 頁。

⑩ 《漢書》卷八《宣帝紀》,253 頁,顔師古注。

里耶簡中有這樣一條:

世一年五月壬子朔辛巳,將捕爰,叚(假)倉茲敢Ⅰ言之:上五月作徒薄(簿)及冣(最)世牒。敢言Ⅱ之。Ⅲ8-1559

五月辛巳旦,佐居以來。氣發。　居手。8-1559背[①]

辛巳,五月三十日。月底倉曹不僅呈報了本月的作徒簿,還呈報了"最世牒"。這"最世牒"具體内容不知,但應屬於《倉徒最簿》的一種,涉及倉屬徒隸管理考核優秀者。

綜上,"徒隸"在里耶秦簡中是一個泛稱,不同的語境其所指對象并不完全相同。從《作徒簿》、《計録》、《課志》等文書中可以看出,秦遷陵縣監管徒隸的官署有二個,一個是司空曹,一個是倉曹。由"受司空城旦"、"受司空白粲"、"受司空居貲"、"受倉隸妾"等用語來看,司空曹主城旦舂、鬼薪白粲和居貲贖債,倉曹主隸臣妾。沿着這個思路,睡虎地秦簡《倉律》中涉及隸臣妾的贖免條文,"傳送委輸"文書依次下達至司空和倉幾個官署就不難理解了。但里耶秦簡尚未完全公布,加之殘斷漫漶,二曹具體監管情況仍不詳。而第六層簡6-9"☐□□□司空隸☐"[②]這樣的釋文,我們不能斷定是否司空曹也監管隸臣妾。果真如此,那與倉曹監管的隸臣妾又有哪些區别?另外,簡755-758是一組難得的五簡編聯,其中提到一個"治虜御史",從"徒少及毋徒,薄(簿)移治虜御史,御史以均予"[③]的情況來看,難道治虜御史也管理徒隸?這些疑問且留待將來,相信隨着3萬餘枚簡的逐漸公布,我們對這些問題的認知會更清楚。

① 《里耶秦簡牘校釋》第一卷,358頁。
② 《里耶秦簡牘校釋》第一卷,21頁。
③ 《里耶秦簡牘校釋》第一卷,217頁。

湖南里耶秦簡所見“伐閲”文書

中國社會科學院歷史研究所　戴衛紅

内容提要　史籍對秦代伐閲無載,湖南里耶秦簡第一次出土了以“資中令史陽里釦伐閲”爲標題的秦代“伐閲”文書。本文首次探討了秦代伐閲的格式、内容、功用,指出此木簡分三欄書寫,第一部分以時間爲序記録了官員的履歷,及每一個階段的任職時間,具體到日;第二部分記載了官員的年齡、所經手的財務金錢以及書户造籍方面的審計考核,即“錢計”和“户計”;第三部分爲上級機構審核其履歷後,標明其所要遷轉的機構和官職。它不是一份抄録的副件,而是一份實用的基層吏員履歷、任職的伐閲文書。這枚“伐閲”木簡是我們正確認識中國古代伐閲源流和演變的重要實物資料。

關鍵詞　伐閲　功勞　里耶秦簡

在最近公布的湖南里耶秦簡中,有一枚以“資中令史陽里釦伐閲”爲標題的木簡(8-269)①,這是第一個秦代出土的“伐閲”文書。之前限於文獻資料,現代學者没有對秦代伐閲進行過研究。王彦輝先生在《〈里耶秦簡(壹)〉所見秦代縣鄉機構設置問題蠡測》一文中主要從秦代縣鄉機構的設置出發對於這個簡牘中釦先爲鄉史後爲田部史,認爲“似乎已没有道理無視田部的存在了”,并疑木簡中“□計”即“貲計”,“户計”即“户内人口統計”,并認爲這個“簿書的性質與汪桂海的分析吻合,應該屬於(漢簡中)‘累重訾直伐閲簿’一類的東西”②,但在文中并未對這份“伐閲”文書做更深的分析和討論。本文以里耶秦簡的8-269“伐閲”簡

① 湖南省文物考古研究所:《里耶秦簡》(壹),北京:文物出版社,2012。

② 王彦輝:《〈里耶秦簡(壹)〉所見秦代縣鄉機構設置問題蠡測》,《古代文明》2012年第4期。

爲中心,探究秦代伐閱的格式、内容、功用。

一、先秦時期的伐閱

伐閱之風,先秦已萌芽。從殷商末期到西周中期金文中屢見之“蔑曆”,[①]大體就是稱美某人功勞、資歷之意。唐蘭先生從蔑曆在金文中用法、字形、聲音訓詁、字義等方面,論證蔑讀爲伐,曆讀如曆,是伐其經歷,蔑×曆,是伐×的經歷。到春秋時期,蔑字已經衹用於輕、微、無等意義,而用伐字來代替蔑字,并成爲攻伐(名詞)和自伐的專用詞。總起來説,蔑曆一語的曆是家庭出身和本身經歷,當然包括功績在内。伐是美的意思,上面以下面的歷來稱美,本人則以此來誇美。而伐閱一語,就是蔑曆一語的變异。[②]

春秋戰國時期,群雄争霸戰争不斷,因此,上至諸侯顯貴,下到行政吏員也有殺伐之功。《左傳·成公十六年》:“晋侯使郤至獻楚捷於周,與單襄公語,驟稱其伐。”杜預注:“伐,功也。”《國語》載此事爲:“晋既克楚於鄢,使郤至告慶於周。未將事,王叔簡公飲之酒,交酬好貨皆厚,飲酒宴語相説也。明日,王孫子譽諸朝,郤至見邵桓公,與之語。邵公以告單襄公曰:‘欒、范不欲,我則强之。戰而勝,是吾力也。且夫戰也微謀,吾有三伐;勇而有禮,反之以仁。’”《説文》:“伐,擊也。從人持戈。一曰敗也。房越切。”清代段玉裁《説文解字注》:“擊也……伐人者有功。故左傳諸侯言時記功,大夫稱伐。”而從“吾有三伐”可以看出,“伐”可以數計。

“伐”,并不單指戰争攻伐。對於那些并没有參加戰争的一般吏員來説,他們也是有“伐”的。《國語·齊語》:“是故鄉長退而修德進賢,桓公親見之,遂使役官。桓公令官長期而書伐 ,以告且選,選其官之賢者而復用之。”韋昭注曰:“官長,長官也。期,年也。伐,功也。書其所掌在官有功者。”《管子·小匡》:“於是乎鄉長退而修德進賢。桓公親見之,遂使役之官。公令官長,期而書伐以告,且令選官之賢者而復之。曰:‘有人居我官有功,休德維順,端慤以待時使。使民恭敬以勸。其稱秉言,則足以補官之不善政。’公宣問其鄉里,而有考驗。”這是齊桓公時對官員選任時的記載,鄉長舉薦當地的賢才,齊桓公親自召見後將他們安排到不同部門中,一年後由所在部門的長官書寫彙報他們的“伐”,而從“選官之賢者”

① 學界對“蔑曆”的解釋達二十餘種之多,一部分學者認爲與軍功有關,絶大多數的學者認爲是上級對下屬的嘉勉之辭。諸家對“蔑曆” 的訓釋,可參見于省吾《釋“蔑曆”》,《東北人民大學人文科學學報》1956 年 2 期;趙光賢《釋蔑曆》,《歷史研究》1956 年第 11 期;邱德修《商周金文蔑曆初探》,臺灣五南出版社,1987;張光裕《新見曶鼎銘文對金文研究的意義》,《文物》2000 年第 6 期。不過,晁福林先生最近認爲,“作爲一種勉勵制度,‘蔑曆’之事, 多不因功勛而爲,而在於被蔑曆者品德高尚。”見《金文“蔑曆”與西周勉勵制度》,《歷史研究》2008 年第 1 期。

② 唐蘭:《蔑曆新詁》,《文物》1979 年第 5 期。徐中舒先生也認爲:“蔑曆是金文成語,有嘉獎功勞、計算業績之意。”參見徐中舒《先秦史論稿》之九“西周的衰亡”,成都:巴蜀出版社,1992。

“復”的内容中可以看到,“伐”就是“功”之意。雖然《管子》和《國語》有文字上的差异,但仍可以看出,春秋齊國時,對一般的吏員來説,主管部門會將他們在職時的功,即“伐”,書寫後彙報以供任職或升遷時使用。“期而書伐”在春秋戰國時是否已經是一種制度,我們并不清楚。而在張家山出土的《奏讞書》第20個案例中,可以看到魯國一個名叫“丁”的“佐”,因爲偷盜粟一斗而被柳下季治罪爲“完爲倡”。柳下季在治罪時查看了佐丁的“上功牒”,其上記載了丁“署能治禮,儒(儒)服”,這既表明了佐丁的功德“能治禮”,又表明了佐丁的身份不是一般的百姓,而是著儒服者,即魯國的儒者。整理小組認爲“上功牒”,即爲“申報功勞的文書”。[①] 由此可以明確看出在春秋魯國時,“佐”這一類的小吏,也擁有記載其功勞的文書。

《史記·高祖功臣侯年表序》太史公曰:“古者人臣功有五品,以德立宗廟定社稷曰勳,以言曰勞,用力曰功,明其等曰伐,積日曰閲。”很顯然,司馬遷所説的人臣五品之功,并不是漢代所定,而是“古者”定義的。所謂“古者人臣功有五品”中的“勳”、“勞”、“功”指《左傳》所載穆叔所聞“大上有立德,其次有立功,其次有立言”,即《左傳》襄公二十四年春(前549),穆叔如晋。范宣子逆之,問焉,曰:“古人有言曰,‘死而不朽’,何謂也?”穆叔未對。宣子曰:“昔匄之祖,自虞以上爲陶唐氏,在夏爲禦龍氏,在商爲豕韋氏,在周爲唐杜氏,晋主夏盟爲范氏,其是之謂乎?”穆叔曰:“以豹所聞,此之謂世禄,非不朽也。魯有先大夫曰臧文仲,既没,其言立,其是之謂乎!豹聞之:‘大上有立德,其次有立功,其次有立言。’雖久不廢,此之謂不朽。”雖未在先秦文獻中找到“明其等曰伐,積日曰閲”的文例,但仍可以推測,以“伐”定義官員的功及其等次,“閲”謂其履歷時間,早在春秋時已經使用。

二、秦代的伐閲

出土於湘西里耶的秦代簡牘8-269載:

資中令史陽里釦伐閲
十一年九月隃爲史
爲鄉史九歲一日
爲田部史四歲三月十一日

---

① 《奏讞書》第20:“异時魯法,盗一錢到廿,罰金一兩;過廿到百,罰金二兩;過百到二百,爲白徒;過二百到千,完爲倡。有(又)曰:(一七四)諸以縣官事訑其上者,以白徒法論之。有白徒罪二者,駕(加)其罪一等。白徒者,當今隸臣妾。倡,當城旦。今佐(一七五)丁盗粟一斗,直三錢,柳下季爲魯君治之,論完丁爲倡,奏魯君。君曰:盗一錢到廿錢罰金一兩,今佐丁盗一斗粟,(一七六)直(值)三錢,完爲倡,不已重虖(乎)?柳下季曰:吏初捕丁來,冠鉥(鷸)冠。臣案其上功牒,署能治禮,儒(儒)服。夫儒(儒)者君子(一七七)之節也,禮者君子之學也,盗者小人之心也。”釋文與注釋見彭浩、陳偉、工藤元男主編《二年律令與奏讞書》,上海古籍出版社,2006,372頁。

爲令史二月(第一欄)
□計
年卅六(第二欄)
户計(第三欄)
可直司空曹(第四欄)①

我們先看這枚木簡的形制。這枚簡長23cm,上部寬3cm,下部寬2.4cm;上部分保存完好,字迹清晰可見;中下段木簡有部分殘裂。這枚木簡上没有編綴的痕迹,從整個内容來看,這枚木簡本身即爲一個完整的文書。

這枚簡右邊第1行爲自題名稱“資中令史陽里釦伐閲”,這是我們第一次從秦代的出土資料中看到以“伐閲”連稱的文書。其標題昭顯了這個文書的性質,即一個基層吏員的“伐閲”文書,這比王彦輝先生所認爲的“簿書的性質與汪桂海的分析吻合,應該屬於(漢簡中)‘累重訾直伐閲簿’一類的東西”②更純粹。以下我們詳細討論這枚簡的内容。

資中。《漢書》卷二八上《地理志上》載:“犍爲郡,武帝建元六年開。莽曰西順。屬益州。縣十二:僰道,江陽,武陽,南安,資中,符,牛鞞,南廣,漢陽,郁鄢,朱提,堂琅。”在漢武帝建元六年(前135)所建的犍爲郡下轄十二縣中就有“資中”縣。那麽,“資中”在秦國時期所屬如何呢?首先,我們先看“犍爲郡”的設置,《漢書·地理志》“犍爲郡”注引應劭曰:“故夜郎國。”《華陽國志》卷三《蜀志》載:“〔建元〕六年③,分〔蜀〕、廣漢置犍爲郡。”同書卷一《巴志》載“高帝(高祖六年)分巴、蜀置廣漢郡。武帝又兩割置犍爲郡。”從以上四處記載可以看到漢武帝時的犍爲郡包括故夜郎國和蜀郡、廣漢郡的一部分,而廣漢郡直到漢高祖六年才置,因此漢武帝時犍爲郡的轄境在漢高祖六年前分屬於夜郎國和蜀郡、巴郡。雖然學界對夜郎國的疆域有争議,④但是基本上認爲犍爲郡中所轄長江以北“僰道,江陽,武陽,資中,符,牛鞞”六縣和長江以南的“南安”,在高祖六年前爲巴、蜀郡。而《華陽國志》卷三《蜀志》載:“又有綿水,出紫巖山,經綿竹入洛。東(合)流過資中,會江陽。皆溉灌稻田,膏潤稼穡。是以蜀人稱郫、繁曰膏腴,綿、洛爲浸沃也。又識齊水脈,穿廣都鹽井,諸陂池。蜀於是盛有養生之

① 原釋文以“□計”、“户計”相次,而將“年卅六”置於其後。現按照陳偉主編《里耶秦簡牘校釋(第一卷)》(武漢大學出版社,2012)中的釋文,分欄處理。

② 王彦輝:《〈里耶秦簡(壹)〉所見秦代縣鄉機構設置問題蠡測》,《古代文明》2012年第4期。居延漢簡中“累重訾直伐閲簿”是一個包含“累重”、“訾直”、“伐閲”的複合文書。

③ 〔晋〕常璩撰,任乃强校注:《華陽國志校補圖注》:“舊各本俱脱建元字。查《班志·犍爲郡》云‘建元六年開。’則此云‘六年’是建元六年也。上文叙蜀郡建設,已至元鼎二年。此下叙分郡建置,爲另一分節,故自建元另起。舊傳鈔者誤連寫之,礙建元字,妄删,作爲元鼎之六年,大謬。兹補正。”

④ 萬斗雲:《夜郎國疆域考》,《貴州民族研究》1988年第1期。

饒焉。"在這條史料中,記載了綿水的流經地區以及沿岸的農業,由於綿水的灌溉,蜀郡農業生産發達,其中,綿水過資中、江陽,且放入蜀郡的記載中,可以看出這兩個縣屬於蜀郡。而且任乃强在《華陽國志校補圖注原附士女目録一卷·益梁寧三州先漢以來士女目録》所載"文學,諫議大夫王褒,字子淵。(資中人也。)"條下校注云:"資中屬犍爲郡,常氏此與《先賢贊》并列入蜀郡。舊刻各本無异。蓋宣元時資中尚未劃入犍爲,故褒爲蜀郡人也。"因此,我們可以看到,資中在犍爲郡設置前屬於蜀郡。

而關於蜀郡的設置,《史記·秦本紀》載秦惠王后元九年(前316),"司馬錯伐蜀,滅之";秦惠王后元十一年(前314,亦即周赧王元年),"公子通封於蜀",是爲蜀侯";秦惠王后元十四年(前311),"蜀相(陳)壯殺蜀侯來降",秦"誅蜀相壯";秦昭襄王六年(前301),"蜀侯輝反,司馬錯定蜀"。《華陽國志》卷三《蜀志》:"周赧王三十年,疑蜀侯绾反,王复诛之。但置蜀守。" 在周赧王三十年即秦昭襄王二十二年(前285),在诛杀蜀侯绾之后,派张若为蜀守,设置蜀郡。昭襄王五十二年(前255),秦滅周後,秦孝文王又以李冰爲蜀守。從此處記載的"資中令史"可以印證秦國時在資中設置了縣級官吏。

令史。睡虎地秦簡《編年紀》:"(今)六年四月,爲安陸令史。"整理小組注釋云:"令史,縣令的屬吏,職掌文書等事。"[①]《史記·項羽本紀》:"陳嬰者,故東陽令史,居縣中,素信謹,稱爲長者。"《集解》引《漢儀注》:"令吏曰令史,丞吏曰丞史。"《張家山漢墓竹簡[二四七號墓]·二年律令·賜律》簡297載:"賜吏酒食,□(率)秩百石而肉十二斤、酒一斗;斗食、令史肉十斤,佐史八斤,酒七[升]。"這條簡文按照吏的秩級來賜給不同數量的肉和酒,斗食和令史的秩級在秩百石、佐史之間。

陽里釦。"陽"爲里的名字。釦,爲此伐閲的主人。在里耶秦簡8-174背面還出現了"〼令史釦行廟〼",但不能確定此二人爲同一人。

伐閲。上引《史記·高祖功臣侯年表序》太史公曰:"古者人臣功有五品……明其等曰伐,積日曰閲",伐和閲分開使用,而在這枚木簡中,首次出現了秦代的以"伐閲"連用爲標題的文書,以下内容爲釦的伐閲内容。

十一年九月隃爲史。秦昭襄王二十二年(前285)設置蜀郡後,這之後秦國有"十一年"紀年的便是秦始皇十一年(前236)。

"隃"。《睡虎地秦墓竹簡·編年紀》中寫爲"揄","今三年八月,喜揄史"。整理小組注釋認爲:"揄,本義爲引、出,當進用爲史之意。"《里耶秦簡牘校釋(第一卷)》認爲,《説文》:"逾,逑進也。"朱駿聲定聲:"謂超越而進"。《玉篇·辵部》:"逾,進也。"疑隃、揄并當讀爲

① 睡虎地秦墓竹簡整理小組:《睡虎地秦墓竹簡》,北京:文物出版社,1990。

“逾”，訓爲“進”。[①] 筆者認同上述兩個關於“隃”的訓讀和解釋。史，《睡虎地秦墓竹簡》整理小組注釋云：“史是從事文書事務的小吏”，并引《説文·叙》引漢《尉律》“學僮十七已上，始試，諷籀書九千字，乃得爲史。”喜十九周歲爲史。金毓黻先生認爲“史之初職，專掌官文書及起文書草，略如後世官署之掾吏。”[②]

爲鄉史九歲一日。釦“隃爲史”時是否就成爲鄉史了呢？《睡虎地秦墓竹簡·編年紀》中，記載“三年八月，喜揄史。（四年）十一月，喜□安陸□史。”喜在三年八月揄史，并没有確定是何機構的“史”，直到次年十一月“喜□安陸□史”纔有具體機構和職位。若從喜的經歷來推測，好似釦并不是“隃爲史”時就成爲鄉史。但是從以下行文記録釦在每一職位上的任期具體到“日”爲單位來看，如果釦“隃爲史”但没有成爲鄉史，這一段時間也應該有所記録。而此處直接記録“釦爲鄉史九歲一日”就證明釦“隃爲史”時就是擔任鄉史這一職務。鄉史，鄉一級機構的吏員。關於秦代鄉的官吏，見諸文獻和出土資料的有鄉嗇夫、有秩、三老、游徼、鄉佐等，相關的研究也大多圍繞這幾個進行。[③]《續漢書·百官志》謂鄉佐“屬鄉，主民收賦税”，對此簡牘材料中多有記載，如湖北江陵鳳凰山10號漢墓出土的木牘就記載西鄉鄉佐收取所屬市陽里、鄭里算賦的事情。而鄉部的史不見於秦漢的傳世文獻，《晋書·職官志》則有相關記載：“鄉置嗇夫一人。鄉户不滿千以下，置治書史一人。千以上置史、佐各一人，正一人。五千五百以上，置史一人，佐二人。”這是第一次在秦簡中出現“鄉史”一職。鄉史是比鄉佐級别更低的吏員。在《里耶秦簡（壹）》中還可以見到“今貳春鄉史☑”（8-342）。

爲田部史四歲三月十一日。“田部史”也是第一次出現，現存史書未見。戰國時期，有“田部吏”。《史記·廉頗藺相如列傳》：“趙奢者，趙之田部吏也。收租税而平原君家不肯出租，奢以法治之，殺平原君用事者九人。”《資治通鑒·周赧王四十四年》引此文，胡三省注：“田部吏，部收田之租税者也。”關於田部，《詩·周頌·噫嘻》：“駿發爾私，終三十里。”唐孔穎達疏：“王者之立田官，每三十里分爲一部，令一主田之吏主之。”從釦爲鄉史、田部史任職時間分開記録這一點，首先我們可以確定，鄉和田部爲兩個并列的不同機構。王彦輝先生曾根據此條記載，認爲“似乎已没有道理無視田部的存在了”[④]，確實如此。

關於田部的其他官員，傳世文獻中没有記載。在睡虎地秦墓竹簡的“田律”和“法律答問”中出現了“部佐”。《睡虎地秦墓竹簡·秦律十八種·田律》：“百姓居田舍者毋敢醢（酤）

---

① 《里耶秦簡牘校釋（第一卷）》，126頁。

② 金毓黻：《中國史學史》，北京：商務印書館，1957，3頁。關於“史”的研究，還可參見閻步克《樂師與史官——傳統政治文化及政治制度論集》，北京：生活·讀書·新知三聯書店，2001，33-82頁。

③ 安作璋、熊鐵基：《秦漢官制史稿》，濟南：齊魯書社，2007，675-694頁。臧知非：《簡牘所見漢代鄉部的建制與職能》，《史學月刊》2006年第5期。

④ 王彦輝：《〈里耶秦簡〉（壹）所見秦代縣鄉機構設置問題蠡測》，《古代文明》2012年第4期。

酉(酒),田嗇夫、部佐謹禁禦之,有不從令者有罪。"[①]此處的"部佐"因爲承前文"田嗇夫",所以省略了"田"字,即"田部佐"。《睡虎地秦墓竹簡·法律答問》:"部佐匿者(諸)民田,者(諸)民弗智(知),當論不當?部佐爲匿田,且可(何)爲?已租者(諸)民,弗言,爲匿田;未租,不論〇〇爲匿田。"[②]此處徑直稱爲"部佐",從其内容來看,全是關於"田"的内容,因此,此處部佐也即"田部佐"。

在8-269上記録的爲"鄉"和"田部"兩個機構,而在《張家山漢簡》中記録的却是"鄉部"和"田"。目前學術界基本認爲鄉即鄉部,如臧知非認爲:"鄉在法律上稱爲鄉部,即分部而治的意思,由鄉有秩或鄉嗇夫總負其責。"如《張家山漢墓竹簡·二年律令·田律》:"鄉部主邑中道,田主田道。"[③]而且,經常"田、鄉部"連見,不知是否因連見,而將"田"後省略"部"字?如《二年律令·秩律》:

長子、江州、上邽、陽翟、西成、江陵、高奴、平陽、降(絳)、鄭、贊、城父,公交車司馬、大(太)倉治粟、大(太)倉中廐、未央廐,外樂,池(449)……秩各八百石,有丞、尉者半之,司空、田、鄉部二百石。(450)

夷陵、醴陵、孱陵(457)……秩(463)各六百石,有丞、尉者半之,田、鄉部二百石,司空及衛〈衛〉官、校長百六十石。(464)

王彦輝先生也直接將二年律令中的"田"解釋爲"田部",并認爲"既然田部、鄉部并列,可證兩者都設置於鄉一級,而且分屬於不同的行政系統,各行其責。從基層行政系統來説,每鄉分設鄉部和田部,鄉部以下轄若干里,每里設里正(或稱典)、監門等;田部以下對應鄉部設有田典。"[④]于振波也認爲民户和農田屬於不同行政系統。[⑤]而楊振紅先生認爲"均稱之爲田,而非與鄉一樣爲鄉部"[⑥]。田部是關於田的專門機構,而鄉是一般行政機構。此時由於秦朝仍有公田和民田之分,田部吏的突出,一定程度反映秦代土地國有的狀況。[⑦]

里耶秦簡中還有一個從鄉部調任田部的簡例,即簡8-580"貳春鄉佐壬　今田官佐"。

① 《睡虎地秦墓竹簡》,22頁。

② 《睡虎地秦墓竹簡》,130頁。

③ 張家山二四七號漢墓竹簡整理小組:《張家山漢墓竹簡〔二四七號墓〕(釋文修訂本)》,北京:文物出版社,2006,42頁。

④ 王彦輝:《田嗇夫、田典考釋——對秦及漢初設置兩套基層管理機構的一點思考》,《東北師範大學學報》2010年第2期。

⑤ 于振波:《簡牘與秦漢社會》(長沙:湖南大學出版社,2012,9頁):"事實上,民户、農田、道路、倉庫乃至手工業者等等,可能都分别屬於不同的行政系統。"在同氏《走馬樓吴簡中的里和丘》(載《走馬樓吴簡初探》,43-76頁)中也認爲民户、農田和倉庫分屬不同系統管理。

⑥ 楊振紅:《出土簡牘與秦漢社會》,桂林:廣西師範大學出版社,2009,173頁,注釋①。

⑦ 張金光:《秦制研究》第一章《土地制度》,上海古籍出版社,2004,1-113頁;張金光:《普遍授田制的終結與私有地權的形成——張家山漢簡與秦簡比較研究之一》,《歷史研究》2007年第5期。

從這兩枚簡可以看出鄉的官員可以向田部遷轉。田部這種專門機構的官員是否能向鄉這樣的一般行政機構遷轉呢？在簡8-63中便有旬陽左公田吏遷轉爲遷陵縣冗佐的例子,詳見下文。

爲令史二月。釦遷轉爲資中縣令史有二月時間。如果我們對陽里釦的任職時間做一個簡單推算的話,他在秦始皇十一年九月到二十年九月爲鄉史;二十年九月到二十五年正月爲田部史;二十五年正月到三月爲資中令史。

而屬於蜀郡的資中令史的"伐閱"出現在遷陵縣,無疑與秦始皇二十五年(前222)王翦平定楚荆江南地、設置遷陵縣有密切的關係。《史記·秦始皇本紀》:"二十五年,王翦遂定荆江南地。五月,天下大酺。"在二十五年五月前,王翦便攻克了荆江南地。里耶秦簡8-757載"四人。徒少及毋徒,薄移治虜御= 史=,以均予。今遷陵廿五年爲縣,廿九年田,廿六年盡廿八年當田,司空厭等……",這條簡文中明確記載二十五年遷陵爲縣。

以上爲第一欄的內容,共5行,右面第1行爲標題,左面4行爲釦的任職經歷,可以看到釦每一個職位的任職時間均精細到"日",釦歷經了基層鄉史、田部史,而後晉升至縣令史。

□計。"□",左半部分爲"釒",右半部分因爲殘破,依稀可以看到上下結構。從字形上看,它與6-5()、8-13()、8-60()、8-481(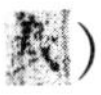)中的錢字稍有區别;其字形接近於8-63"錢計"(、)、8-75"錢計"(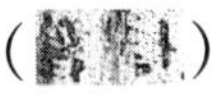)、8-493()8-1023"金錢計"(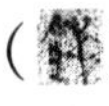)中的"錢"字。

在上引的8-63簡中:

> 廿六年三月壬午朔癸卯,左公田丁敢言之:佐州里煩故爲公田吏,徙屬。事荅不備,分┛
>
> 負各十五石少半斗,直錢三百一十四。煩冗佐署遷陵,└今上責校券二,謁告遷陵,┛
>
> 令官計者,定以錢三百一十四,受旬陽左公田錢計。問可計付署計年爲報,敢言之。
>
> 三月辛亥,旬陽丞滂敢告遷陵丞主,寫移= 券可爲報,敢告主。╱兼手
>
> 廿七年十月庚子,遷陵守丞敬告司空主,以律令從事言╱懭手即走申行司空(正)
>
> 十月辛卯旦朐忍寏秦士五狀以來╱慶手　兵手(背)(8-63)

在這枚木簡中,旬陽左公田吏煩遷轉爲遷陵縣冗佐之前,因"事荅不備"而需賠償三百一十四錢、受旬陽左公田錢計,旬陽左公田丁彙報此事。旬陽,《漢書·地理志》屬漢中郡,治所在今陝西省旬陽縣北洵河北岸。此事報告的時間爲秦始皇二十六三月,筆者推測旬陽左公田吏煩遷轉爲遷陵縣冗佐的時間也在二十五年王翦平定楚地在遷陵設縣之時。雖然煩已經從旬陽左公田吏遷轉爲遷陵縣冗佐,但他在前任工作遺留下的經濟問題必須在前一個任職機構中解決,因此要受旬陽左公田錢計,此處的"錢計",即是在任之内公事之中金錢方面的

審計。在簡 8-481“倉曹計録”“凡十計”的第二欄中也有“器計、錢計、徒計、畜官牛計”。

王彦輝先生在前引文中疑“□計”即“貲計”[①],但從字形上看,與 8-480 “貲責計”中“釒”字相去甚遠。因此根據字形和簡例,筆者認爲此字可補釋爲“錢”。8-269 簡中記載的是吏員在遷轉時要接受財務金錢方面的審計考核。與此相關,還有第三欄中的“户計”。

户計。二字在“錢計”下,王彦輝在前引論文中認爲 8-269 中的“户計”即“户内人口統計”。[②]那麽是否如此呢? 張家山漢簡《二年律令·户律》中明確記載的“恒以八月令鄉部嗇夫、吏、令史相雜案户,户籍副臧(藏)其廷”,這是西漢初年時的户律規定八月鄉部嗇夫、吏、令史向縣廷書户造籍。在里耶秦簡 8-731 中也記録:

⍁八月□□⍁

⍁春鄉户計⍁(正面)

⍁以郵行,不求報,敢言之⍁(背面)

此處可以看到在秦代,“八月”也與鄉户計有關。在簡 8-488 中,“户曹計録”下包括“鄉户計”、繇計、器計、租賃計、田提封計、桼計、鞫計等七個項目的“計”。而且在睡虎地《秦律十八種·倉律》中記載,“小隸臣妾以八月傅爲大隸臣妾,以十月益食”,張榮强據此認爲西漢初年八月造籍的做法沿襲秦代,[③]筆者同意這樣的説法。而在第一欄中記載陽里釦曾任“鄉史”一職達九年零一日,任資中令史二月,因此他在任内必定負責過當時鄉部的造籍,因此此處的“户計”,是對他在鄉史、資中令史職位中書户造籍這一工作的審核。

年卅六。此三字在“錢計”左面。我們以上推算了釦在秦始皇二十五年正月到三月爲資中令史,也即書寫這枚“伐閲”簡的時間,此年他 36 歲,那麽他的生年在秦昭襄王四十九年(前 258),“隃爲史”的時間當在 22 歲。

以上爲第二、三欄的内容,除了記載年齡,還標記了“錢計”和“户計”,這樣的標記表明釦在令史的職位上,已經經過“錢計”和“户計”,即關於在任時金錢、家庭户口這兩個方面的審核和統計。

可直司空曹。“直”,注釋解釋爲“置”,此處有可能爲“值”之意。但是釦具體任司空曹的何種官員,并不清楚。關於司空曹,里耶秦簡 8-375:“司空曹書一封丞印詣零陽　七月

① 王彦輝:《〈里耶秦簡〉(壹)所見秦代縣鄉機構設置問題蠡測》,《古代文明》2012 年第 4 期。

② 王彦輝:《〈里耶秦簡(壹)〉所見秦代縣鄉機構設置問題蠡測》,《古代文明》2012 年第 4 期。關于“□計”和“户計”,在 2013 年 11 月 24 日《浙江學刊》和中國社會科學院歷史研究所秦漢魏晋南北朝研究室共同舉辦的“出土簡牘與戰國秦漢社會轉型”國際學術會議上,賈麗英女士提醒筆者,如果“户計”是對釦家庭人口的統計,那麽“□計”可能是對其家庭財産的審計,在漢簡中也有貲責計。

③ 張榮强:《從“歲盡增年”到“歲初增年”——中國中古官方的增年標準及其演變》,2013 年 11 月 24 日“出土簡牘與戰國秦漢社會轉型”國際學術會議參會論文。

〔壬申〕□□▨”;8-1428:“廿八年十月 司空曹 徒薄[盡] 已”。司空曹的官員,在里耶秦簡中可見司空主、司空守、司空佐、司空長佐、司空嗇夫。① 上引 8-63 中“廿七年十月庚子遷陵守丞敬告司空主以律令從事言”中的“司空主”應該就是司空曹的主管官員。簡 8-480 還記載了司空曹計録包括船計、器計、贖計、貲責計、□計等五計。

司空,在《睡虎地秦墓竹簡・秦律十八種・徭律》:“未卒堵壞,司空將紅(功)及君子主堵者有罪。”整理小組注釋云:“司空,官名。掌管工程,因當時工程多用刑徒,後逐漸稱爲主管刑徒的官名,《漢書・百官志》注引如淳云:律,司空主水及罪人。賈誼曰:輸之司空,編之徒官。此處的司空爲縣司空的省稱。”《睡虎地秦墓竹簡・秦律雜抄》也載“戍者城及補城,令姑(嫴)堵一歲,所城有壞者,縣司空署君子將者,貲各一甲;縣司空佐主將者,貲一盾。”縣的司空曹主管縣内工程建設,其所使用的勞動力主要是刑徒。關於 縣司空的秩級,以上引述的張家山漢簡《二年律令・秩律》中有所反映:秩八百石縣令所治縣,其下有“司空、田、鄉部二百石”(450);秩六百石縣令所治縣,其下有“田、鄉部二百石,司空及衛〈衛〉官、校長百六十石”。(464)大縣之司空與田部、鄉部地位同樣重要,小縣中司空的秩級低於鄉部和田部。另外,在四六八簡中 “田、鄉部二百石,司空二百五十石”。由於這枚簡的前面不能肯定是在何處,不過顯示出此處的司空秩級還要高於鄉部和田部。

“可直司空曹”這五字在全簡的最後一欄,從字形上看,與第一欄、第二欄字形不太一樣。不僅字形不一樣,而且,如果説第一欄是對釦任官履歷的記載,第二欄是對他的户口、金錢進行核查審計的結果,那麽從“可直”二字的語氣來判斷,是上級機構對釦的履歷審查後,對釦的可任官職寫在這塊伐閱簡上的;“可直司空曹”反映的是當時任免官員的一種實時動態。而屬於蜀郡的資中令史的“伐閱”出現在遷陵縣,因此可以看出此處的“司空曹”應該是遷陵縣的“司空曹”,釦由資中令史調任爲遷陵“司空曹”。這與秦始皇二十五年(前 222)王翦平定楚荆江南地、設置遷陵縣有密切的關係。在平定遷陵後,秦政府馬上將實行郡縣統治多年的蜀郡地區官吏調任至剛平定的楚地,這是當時利用有多年郡縣統治經驗的官吏來穩定新征服地政權的一種切實可行的辦法。

以上我們詳細分析了簡 8-269 的形制和具體内容,其標題“資中令史陽里釦伐閱”已經顯示出這枚簡的性質,即是一名基層吏員的伐閱簿。“伐閱”兩字在文獻上連見始於《漢書》卷八四《車千秋傳》,漢武帝征和二年(前 92)巫蠱之亂後,千秋上急變訟太子冤,立拜千秋爲大鴻臚。數月,遂代劉屈氂爲丞相,封富民侯,“以千秋無他材能術學,又無伐閱功勞”。颜師

① 8-135:“廿六年八月庚戌朔丙子司空守樛敢言前日言競陵蘯陰狼假遷陵公船一袤三丈三尺名曰□┛”。8-351:“▨□司空守兹佐得出以食▨”。8-452:“▨丁丑倉兹付司空守俱”。8-163:“廿六年八月庚戌朔壬戌厩守慶敢言之令曰┛司空佐貳今爲厩佐言視事日”。8-985:“居貲士五高里惡租▨ 廿八年六月丙戌司空長佐郤符發弩守攀探遷陵拔前以爲洞庭▨”。8-1445:“卅二年啓陵鄉守夫當坐上造居梓潼武昌今徙(正)爲臨沅司空嗇夫時毋吏(背)”。

古注曰:“伐,積功也。閱,經歷也。”在正文中,與“材能術學”這樣的對稱來看,此處的“伐閱”和功勞并稱,應是與“功勞”同義的統稱。在西北地區發現的漢簡中,出現了“☑元延元年遠備甲渠令史伐閱簿(合 258.11)[①]”和“第卅三隧長始建國元年五月伐閱訾直累重官簿(E.P.T17:3)[②]”這樣標題的簿書。關於漢代的伐閱,前賢已有研究。程有爲先生認爲,“伐”是言功,主要是言武功。“閱”是“曆”“更”“經歷”的意思,“閱”和“勞”同義,均表示任職時間的長短。[③] 朱紹侯先生認爲功、勞、閥、閱四等,在漢代往往彼此不分,有時功勞與閥閱并稱,有時功勞即等於閥閱,如漢代的“功勞簿”,即稱“閥閱”[④]。大庭脩先生認爲“以閥閱”意味著“著録功勞的經歷”。閥閱的内容是著録積功、積日的經歷,閥閱之“閱”字正是相當於積勞。[⑤] 由於漢簡中并没有出現像秦簡 8-269 這樣的自題標題而且内容單一的伐閱文書,因此對於漢代的“伐閱”文書的具體内容,學術界并没有形成定論,如邢義田先生對朱紹侯先生“伐閱簿即功勞簿”這一看法有所保留。[⑥] 而到東漢後期,“伐閱”一詞又逐漸轉化爲“閥閱”,這不僅僅是字形的轉變,更重要的是反映出政治形態的轉變。對於漢魏伐閱的源流及演變,限於篇幅,將另文討論。

以上對里耶秦簡 8-269 的形制和内容的詳細討論,我們可以看到這份伐閱簿不是一份抄録的副件,而是一份實用的官員履歷、任職的伐閱文書。它的内容保存完整,分爲三個部分,第一部分記録官員的履歷,每一個階段的任職時間具體到“日”;第二部分記録了官員的年齡、所經過的財務金錢以及書户造籍方面的審計考核,即“錢計”和“户計”;第三部分爲上級機構審核其履歷後,標明其所要遷轉的機構和官職。這是目前已經公布的里耶秦簡中關於“伐閱”簿書的内容,我們期待在以後將要公布的里耶秦簡中有更多伐閱簿書,來豐富這一時期關於官員伐閱、升遷的記載。

---

① 釋文見謝桂華、李均明、朱國炤《居延漢簡釋文合校》,北京:文物出版社,1995,428 頁;圖版見簡牘整理小組編:中央研究院歷史語言研究所專刊之九十九《居延漢簡補編》(圖版之二),235 頁。

② 甘肅省文物考古研究所、甘肅省博物館、文化部古文獻室、中國社會科學院歷史研究所編:《居延新簡:甲渠候官與第四隧》,北京:文物出版社,1990,66 頁。

③ 程有爲:《閥閱考辨》,《史學月刊》1983 年第 6 期。

④ 朱紹侯:《西漢的功勞閥閱制度》,《史學月刊》1984 年第 3 期。

⑤ 大庭脩著,林劍鳴等譯:《秦漢法制史研究》,上海人民出版社,1991,448、455 頁。

⑥ 邢義田:《從居延漢簡看漢代軍隊的若干人事制度》之“伐閱訾直累重官簿”,其著《治國安邦:法制、行政與軍事》,北京:中華書局,2011,556、561 頁。

《算數書》“舂粟”題與嶽麓書院秦簡《數》中的三枚簡

[日]中國古算書研究會　大川俊隆　田村誠

一

張家山漢簡《算數書》裹有一個稱作“舂粟”的算題。這個算題的全文如下：

舂粟　禀粟一石，舂之八斗八升，當益秏(耗)粟幾何？曰：二斗二升十一分升八。[①] 朮(術)曰：直(置)所得米升數以爲法，有(又)值(置)一石米粟升數而以秏(耗)米升數乘之，如法得一升。

要解明這個算題，關鍵在於怎麽樣解釋開頭的一句“粟一石”。我們中國古算書研究會的解釋是，這“粟一石”意味着“粟重一石”，换成容量是16斗大半斗。[②] 我們解釋的根據在於《算數書》中的另一個算題“程禾”題中的一個記述，這個記述如下：

程禾曰：禾黍一石爲粟十六斗泰(大)半斗，舂之爲糲=米=一=石=、(糲米一石)爲毇=米=九=斗=，(毇米九斗)爲毁米八斗。(以下省略)

① “舂粟”題的答案雖然原來被釋爲“二斗三升十一分升八”，但是2004年夏天我們在荆州博物館核實原簡時，發現是“二斗二升十一分升八”。參見大川俊隆、張替俊夫、田村誠“《算數書》研究會訪中報告記”(《大阪産業大學論集　人文科學編》115號，2005)。

② 我們研究会對“舂粟”題所作出的解釋是受鄒大海先生論文《出土〈算數书〉校釋一則》(簡帛研究網，2004年4月11日)的啓發。

此"程禾"題中開頭有"禾黍一石爲粟十六斗泰(大)半斗"一句, "禾黍"是指粟類總稱的可能性很大,所以"舂粟"題中的穀物也大概包含在"禾黍"之内。更重要的是"禾黍一石"的"一石"意味着"重一石"。所以開頭一句的意思是"禾黍重一石"等於"粟(帶殼子的穀子)的容量十六斗泰(大)半斗"。下一句"舂之爲糲米一石"的意思是:把粟脱了殼得到糲米一石(10斗)。這個"糲米"在《算數書》裏一般又稱作"米",[①]雖然當時按照碾米的程度有了糲米、鑿米及毀米等稱呼,但當時的人們一般吃的大概是糲米,所以把糲米叫做"米"。"舂粟"題内的"米"也就是這個意思。

基於對"禾黍"題的上述理解, 我們把"舂粟"題的"稟粟一石,舂之八斗八升,當益秏(耗)粟幾何?"這段話解釋爲如下:

> 領取到重1石(容量16斗大半斗)的粟,(本來理當舂得1石=10斗糲米,但是這個粟是耗粟[含耗的粟]),結果僅能舂得8斗8升的糲米。那麽,爲了能得到10斗糲米,應當增加多少數量的耗粟呢?

這樣來理解,計算就很簡單了。設"當益秏(耗)粟"的量爲x升的話, 把此x升舂得糲米12升即可(因爲在既有的88升中加上此12升,正好得糲米100升)。這個做法是與《算數書》"飲漆"題的計算程序基本相同。[②] 現在,由於可從含耗的粟16斗大半斗 $=\frac{500}{3}$升舂得糲米88升,所以從含耗粟的x升可舂得糲米12升的比率也與此比率相同。由此,得出以下的比例式和計算式,并可以得出答案。

$$\frac{500}{3}:88=x:12$$

$$\therefore \quad x=\frac{500}{3}\times12\div88=\frac{250}{11}=22\frac{8}{11}$$

這個答案$22\frac{8}{11}$升是和"舂粟"題的答案"二斗二升十一分升八"完全一致的。

---

① "糲米"不但在《算數書》裏稱作"米",而且《數》裏也稱作"米"。參考《數》的0021簡、+0409簡、J26簡及0389簡等竹簡。

② "飲漆"題的意思是:標準純漆10升加水30升則達到"極(飽和)"狀態。現有非標準的含水漆10升,加水27升而達到"極"狀態。爲了達到規定狀態(標準純漆10升加水30升的"極"的狀態),問還要加入多少同樣的含水漆和多少水?本題的具體解法是:用10升含水漆和27升水得到37升的"極"狀態的加水漆溶液。其中含水漆与水的比率是10:27。爲了達到規定狀態,还需要3升"極"狀態的加水漆溶液,3升加水漆溶液中的含水漆和水的含量,可以用10:27的比例求得:

(餘漆,即含水漆)$\frac{10\times3}{10+27}=\frac{30}{37}$

參見大川俊隆、田村誠《張家山漢簡〈算數書〉"飲漆"考》(《文物》2007年第4期)。

那,這個計算式和"舂粟"題的術(計算法)是否一致?這個術是用文句"置所得米升數以爲法,又置一石米粟升數而以秏米升數乘之,如法得一升"來表現的,我們把這個文句换成數式形式如下:

一石米粟升數×秏米升數÷所得米升數=答案

把這個數式和上述的計算式"$\frac{500}{3}\times12\div88$"比較一下,這裏的"所得米升數"實際指的是所得糲米的 88 升。那麽"秏米升數"的"秏米"是什麽意思呢?雖然本来由重 1 石(容量$\frac{500}{3}$升)粟可以得 100 升糲米的,但是現在僅得到 88 升。即由於 $100-88=12$ 升是損耗的糲米,所以稱此爲"秏米"。

問題就在"一石米粟升數"的"一石米粟"。將"一石米"理解爲"量 1 石的糲米"是没有問題的。在此,我們認爲這"一石米粟"中的"一石米"是"粟"的修飾語,從而將這一句解釋爲"相當於量 1 石糲米之粟的升數"。如此,就能得出$\frac{500}{3}$升。那麽,爲什麽要用這種迂回的表達呢?爲什麽不能像開頭的"稟粟一石"那樣,直接稱爲"粟一石"呢?我們認爲,如果表現爲"一石粟升數"的話,句中"一石粟"與"升數"相連續,"一石粟"很可能被誤解爲量的 1 石。

基於這樣的程序,把"舂粟"題"術曰"以下的計算方法轉换爲數值的話,則爲:

$$\frac{500}{3}\times12\div88 = 答案$$

這正與我們的計算式一致。[①]

如此,這一算題的計算意義也就不難理解了。即,當時這一"舂粟"題的目的在於:在出現官府支給之粟中混有劣質粟的情況下,在舂粟得糲米的段階,出現不足時,如何計算不足部分以及如何支給追加份的計算方法。

二

在我們提出上述的想法之前,中國自然科學研究所的鄒大海氏對於這個算題提出了另外一個計算方法。[②]

---

① 張家山漢簡《算數書》研究會:《漢簡〈算數書〉——中國最古的數學書》,82 頁。

② 鄒大海:《出土〈算數書〉校釋一則》,簡帛研究網,2004 年 4 月 11 日。

他根據“程禾”題的上述内容，首先認定“舂粟”題中的“粟一石”是粟重一石〔即量$\frac{500}{3}$升〕，“米”就是糲米，并由此提出了自己的計算方法：

> 粟出糲米的標準率爲$\frac{3}{5}$，8斗8升米按此標準率所需要的粟爲88升×5÷3＝$\frac{440}{3}$升，因此一石重的粟舂爲糲的耗粟量爲($\frac{500}{3}$－$\frac{440}{3}$)升＝20升。根據術文“一石米粟”的啓示，我推測脱落的已知条件爲已知舂出的米爲100升，這樣可以算出應增加的耗粟升數爲20×100÷88＝$\frac{250}{11}$，即2斗2$\frac{8}{11}$升或者説“二斗二升十一分升八。

也就是説鄒大海氏認爲88升的糲米是由$\frac{440}{3}$升粟舂得到的。但是，實際上正因爲是重爲1石（量爲$\frac{500}{3}$升）的粟，所以才得出了以升表示的“耗粟”（$\frac{500}{3}$－$\frac{440}{3}$），即20升；[①]也正在計算上正解的，因爲糲米88升才出“耗粟”20升，爲了能舂得糲米100升，才設“耗粟”爲x升。因此，列出比例式，即：

88∶20＝100∶x

由此得出的計算公式爲：

x＝20×100÷88

那麽，如果我們將這一公式與“舂粟”題之術的計算公式：

一石米粟升數×耗米升數÷所得米升數＝答案

進行比較的話，就會發現88是“所得米升數”雖然没有問題，即應該認定以20爲“耗米升數”及以100爲“一石米粟升數”；但是這與鄒大海氏的以20升爲“耗粟”及以100升爲“糲米”的説明，顯然有所不合。於是，鄒大海氏將與“耗粟”相應的原文“耗米升數”改爲“耗粟升數”，將與“糲米”相應的原文“一石米粟升數”的“粟”字删去，改爲了“一石米升數”。即爲了與自己的計算相吻合而兩處改動了原文。

從“舂粟”題的比例計算原理來説，鄒大海氏的計算方法是没有錯的。但是他的計算方法所存在的最大問題是：爲了得到“耗粟”20的數字，首先作88升×5÷3＝$\frac{440}{3}$升的運算得出

① 原文有“當益秏(耗)粟幾何?”的句子，這裏的“秏(耗)粟”明顯是指“含耗的粟”。按照這裏的解釋，鄒氏以“秏(耗)粟”爲“損耗的粟”，這點也不合原文的意思。

$\frac{440}{3}$的數字，再由此得出$\frac{500}{3}-\frac{440}{3}=20$升，必須經過2段階的計算。但是，“術曰”以下的原文中却根本未提到這種2段階的計算。

我們可以肯定地説，在漢代，不存在像鄒大海氏所説的那種關於“舂粟”題的計算。所以，我們認爲還是我們提出的計算方法比較簡便，而且不用改動原文就可以理解，在這一點上可以説與漢代人的計算術是相吻合的。

三

2006年8月在台灣召開的“《算數書》及相關簡牘國際研討會”上，我們“《算數書》研究會”發表了一篇文章，在這個文章裏介紹了我們和鄒大海氏關於“舂粟”題的解釋的差异。① 雖然那時鄒氏没有參加這個國際會議，但是後來他了解到我們在台灣發表的内容，隨後於2009年9月發表了一篇題名爲《關於〈算數書〉、秦律和上古糧米計量單位的幾個問題》的論文②，這篇論文的第1節是“《算數書》‘舂粟’條校釋再探——兼論對校勘與訓詁的取捨問題”。在這裏他就“舂粟”題的解釋論及了自己的做法和我們的做法。

在那裏他所批評的我們做法和計算方法有2點：

> 1. 研究會（指我們的日本中國古算書研究會）理解，題目是由舂得8斗8升時的耗米，求舂得一石的耗粟。術文實際是根據耗米與米的比例等於耗粟與粟的比例這一數量關係，以比例算法求之。研究會的解釋在算法關係上難以理解一些。
>
> 2. 而且3個參與運算的參數中，有2個在題設中没有出現，一個是“一石米粟升數”，他們把它理解爲“相當於一石米的粟升數”，這裏存在由一石换算成對應的粟的運算，而“耗米”也未在題設中出現，需要另外通過計算來得出。

關於1，鄒氏對於我們的做法和計算方法理解得不够。我們的做法是：基於“耗粟16$\frac{2}{3}$斗與米8斗8升的比例等於當益的耗粟x與還應該得的米1斗2升的比例”來而作一個計算式。

關於2，他説“有2個參數在題設中没有出現”，這是事實。我們所使用的2個參數（16$\frac{2}{3}$斗和米1斗2升）在“舂粟”題中没有出現。可是“由粟16$\frac{2}{3}$斗舂得米10斗”這個事情是

① 在《漢簡〈算數書〉——中國最古的數學書》（82頁）我們也介紹了我們與鄒大海先生的看法的差异。

② 鄒大海：《關於〈算術書〉、秦律和上古糧米計量單位的幾個問題》，《内蒙古師範大學學報》2009年第5期。

當時的常識,在算題上不用寫出來,即使不寫,計算時也可以用的。"米1斗2升"也按照這個常識很容易能計算出來,所以不用寫。

關於我們把"一石米粟升數"理解爲"相當於一石米的粟升數",他在這篇論文裏説:"一石米粟升數"這種用法和解釋是孤證,需要别的證據來支持。實際如他説這樣,那時候我們對這一句的解釋是孤證,没有其他的證據。

四

2010年8月,在嶽麓書院這年9月召開的《數》書國際研讀會之前,[①]嶽麓書院的負責人先把兩種《數》的釋文及簡注寄給了中國及世界的有關專家。我們收到這兩種釋文以後,開了自己的研究會,對於這個《數》簡的釋文逐一地進行研討。

在這個研討裏,我們基於一個數理發現了一個編綴的可能性,就是説有可能0650簡放在2173及0137簡的後面。(那時候,嶽麓書院已經編綴2173及0317簡,但0650簡還没能編綴)。如果這樣,全文是如下:

……粟一石爲米八斗二升,問米一石爲粟幾可? 曰:廿斗 2173

百廿三分斗卌爲米一石,朮曰:求粟…… 0137

……爲法,以十斗乘粟十六斗大半斗爲實₌,(實)如法得粟一斗。 0650

那時候,我們還没有看過這些簡的實物或照片,所以没能斷定這些簡是否真的會編綴,以後應該先親眼看這些簡的照片,再作判斷。可是從這三枚簡釋文的内容看,我們確信這三枚簡一定構成一個算題,因爲其内容是跟《算數書》"舂粟"題的數理完全一致的。

在研讀會之前,我們給嶽麓書院用電子郵件寄了所題"對於嶽麓書院《數》書釋文・簡注的我們研討結果"(1)(2)的文章,這些文章裏我們言及了三支簡編綴的可能性及其數理。

但是,我們參加9月的研讀會時,由於時間上的限制,没能討論這個問題,而且没能看見這些簡的實物及照片。

五

到了2011年12月底,《嶽麓書院藏秦簡》(貳)終於出版了,這本書是在嶽麓書院所藏

① 研討會邀請了中國及世界的數學史研究者在長沙湖南大學嶽麓書院9月22–23日召開,會議的正式名稱是"嶽麓書院藏秦簡(第二卷)國際研讀會"。會議的目的是爲了把世界數學史研究者的意見反映在將來出版的《嶽麓書院藏秦簡(第二卷)》上。

的秦簡之中專門研討《數》書的,在另册裏又有非常鮮明的《數》的照片。我們一入手這本書,立刻確認了 2173+0317 簡及 0650 簡的筆迹。結果,這三支簡的筆迹可以判斷是同一個人物的筆迹。從文字的排列上也可以判斷這三支簡是連續的。我們在確認這些後決定發表這個論文。

這個算題全文的意思是這樣:本題的"粟一石"也意味着粟重一石,即是容量$\frac{50}{3}$斗,本來從容量$\frac{50}{3}$斗的粟中能取得 10 斗的米,可現在因爲這個粟是耗粟[含耗的粟],所以僅能取得 8 斗 2 升的米。那,這個含耗的粟有多少,才能取得米一石(10 斗)? 不用説,在這裏也作爲前提使用了"程禾"的"禾黍(重)一石爲粟十六斗大半斗。舂之爲糲米一石"之標準。

比例式是:粟$\frac{50}{3}$斗:米 8 斗 2 升 = 粟 X 斗:米 10 斗,

所以計算式(術)是:$\frac{50}{3}$斗(16 斗大半斗)×10 斗÷8 斗 2 升 = 20 斗$\frac{40}{123}$斗。

這計算式的前半"$\frac{50}{3}$斗(16 斗大半斗)×10 斗"與 0650 簡"以十斗乘粟十六斗大半斗爲實"的記述一致。雖然因爲"爲法"的前面句子看不見,所以相當於"8 斗 2 升"的一句不能確認,可是計算式的答案"20 斗$\frac{40}{123}$斗"與 2173 和 0137 簡"曰:廿斗百廿三分斗卌爲米一石"的記述一致,所以 2173 和 0137 簡"求粟"以下看不見的部分無疑地有了"八斗二升"等文字。

我們在上面説:"這個算題的内容是跟《算數書》'舂粟'題的數理完全一致的",這是就兩題的數理説的。雖然"舂粟"題與本題關於求答案的對象不一樣,"舂粟"題的答案對象是"當益的耗粟"數量,本題的答案對象是爲了取得 10 斗米的耗粟總量,可是兩題的目的是完全一樣,就是説,兩題的目的都是求相當於 10 斗米的耗粟量。其差异祇在於:《數》的算題是爲了求以斗爲單位的全體耗粟量,"舂粟"題是爲了求以升爲單位的對耗粟全體量的不足份。

關於這同一性及差异性我們可以試着通過計算來驗證一下:

當計算時,先要注意的是,如在上面已經記述的那樣,在兩題"粟 1 石"意味着重 1 石(換成容量的是 16 $\frac{2}{3}$斗),米 1 石是也相當於重 1 石。

在"舂粟"題,

粟重 1 石 = 16 $\frac{2}{3}$斗 = $\frac{500}{3}$升→米 88 升 (1)

粟 $\frac{500}{3}$ +y 升→米重 1 石 = 10 斗 = 100 升 (2)

有這樣的關係，所以從(2)減以(1)，就能得不足的關係：

粟 y 升→米 12 升 (3)

因此，從(1)及(3)能得比例式及計算式如下：

$$\frac{500}{3}\text{升}:88\text{升}=y\text{升}:12\text{升}$$

$$y=12\times\frac{500}{3}\div 88=\frac{600}{264}=\frac{25}{11}=2\frac{8}{11}\text{（升）}$$

這個計算做法是跟術文所述的計算做法"直(置)所得米升數以爲法，有(又)值(置)一石米粟升數而以秏(耗)米升數乘之，如法得一升"完全一致的。特別應該注意的是："一石米粟升數"就是以$\frac{5}{3}$乘一石米的升數，"秏(耗)米升數"就是不足的米升數。

另一方面，在《數》的本題，

粟重 1 石 = 16 $\frac{2}{3}$斗→米 82 升 = 8 $\frac{1}{5}$斗

粟 x 斗→米重 1 石 = 10 斗

有這樣的關係，立即從而能得比例式及計算式如下：

$$16\frac{2}{3}\text{斗}:8\frac{1}{5}\text{斗}=x\text{斗}:10\text{斗}$$

$$x=10\times16\frac{2}{3}\div8\frac{1}{5}=\frac{5\,000}{246}=\frac{250}{123}=20\frac{40}{123}\text{（斗）}$$

通過這個計算，能得出答案。跟"舂粟"題比較一下，本題術文中"以十斗乘粟十六斗大半斗爲實"的"粟十六斗大半斗"這句所意味的就是：對 1 石米的斗數乘以米粟换算率$\frac{5}{3}$而得出的，换言之，這"粟十六斗大半斗"無非是"舂粟"題所述的"一石米粟升數"，也是我們所解釋的"相當於一石米的粟升數"。

從以上的論證可以證明我們當初的主張，即"一石米粟升數"意味着"相當於一石米的粟升數"是對的。如上所述，鄒氏批評我們把"一石米粟升數"解釋成"相當於一石米的粟升數"的主張説："這種用法和解釋是孤證，需要别的證據來支持"。可是現在《數》的本題對我們的主張給予了另一個證據。

稗官與諸曹
——秦漢基層機構的部門設置

北京大學歷史學系　郭洪伯

内容提要　本文借鑒現代行政學方法,主要利用出土文獻,考察秦漢時期縣道等基層機構的部門設置情况。秦與西漢時期,基層機構的部門分爲稗官和曹兩大類。稗官的"官"表示行政組織,通常是基層機構執行各項對外事務的職能部門。稗官的領導層一般由嗇夫和佐組成,嗇夫爲正,佐爲副;二者職事相近可省略其一。領導層統轄兩種辦事人員:其一是輔助性辦事人員,稱作史,輔佐領導層處理稗官内部事務;其二是職能性辦事人員,具體承擔稗官的對外事務,名稱與職事因稗官而异。另一方面,令史、尉史等組成基層機構的輔助部門,職事包括監督稗官運作、爲長吏書寫和收發文書、溝通長吏與稗官。以令史爲代表的輔助部門成員在縣廷分曹辦公,以針對不同類型的事務;在曹内當值的人員即構成掾史曹職的原型。起初稗官和曹并立,而到東漢稗官銷聲匿迹,部門普遍呈現爲曹的形態。

關鍵詞　稗官　曹　職能部門　輔助部門

一、基層機構的研究難點

秦漢時期的行政性基層政府機構大體可以分爲兩類:第一類是縣道,作爲基層地方行政機構。第二類統稱都官,與縣道同級,多爲列卿下屬機構[①],《漢書·百官公卿表》有詳細名

① 于振波:《漢代的都官與離官》,李學勤、謝桂華主編《簡帛研究二〇〇二、二〇〇三》,桂林:廣西師範大學出版社,2005,223頁。高恒:《秦漢簡牘中法制文書輯考》,北京:社會科學文獻出版社,2008,54—55頁。

録。基層機構的研究難點是其名目繁多的屬吏:就以縣道爲例,《續漢書·百官志》云"各署諸曹掾史"、"諸曹略如郡員"[①],似乎"諸曹掾史"就能將縣道的屬吏一言以蔽之。然而出土文獻則顯示實際情況根本没有這麽簡單。

研究屬吏功力最深者,當屬嚴耕望的《中國地方行政制度史:秦漢地方行政制度》。嚴氏不僅竭盡所能列舉了當時可見到的各種縣道屬吏、對屬吏進行了部門劃分,更是將部門分爲"綱紀"、"門下"、"列曹"三類[②]:在窮盡史料的同時,科層觀念也貫穿始終。不過嚴耕望的研究主要基於東漢的情況。隨着越來越多的新材料出土發現,以縣道爲代表的基層機構屬吏設置再度成爲值得深入探討的議題。

由於屬吏名目紛繁,如果僅憑借各種材料中的隻言片語加以拼湊、挨個列舉,是不可能獲得系統性結論的。在檢視各種零散材料之前,最好先找到一份系統性的材料作爲綱目,就像《續漢書·百官志》那樣。本文所使用的綱目是一則不太爲人關注的材料,這就是所謂西漢時期的《洪範五行傳》,收録于蕭吉的《五行大義》中:

> 甲爲倉曹,共農賦。乙爲户曹,共口數。丙爲辭曹,共訟訴。丁爲賊曹,共獄捕。戊爲功曹,共除吏。己爲田曹,共群畜。庚爲金曹,共錢布。辛爲尉曹,共卒使。壬爲時曹,共政教。癸爲集曹,共納輸。子爲傳舍,出入敬忌。丑爲司空,守將班治。寅爲市官,平準賣買。卯爲鄉官,親事五教。辰爲少府,金銅錢布。巳爲郵亭,行書驛置。午爲尉官,馳逐追捕。未爲厨官,百味悉具。申爲庫官,兵戎器械。酉爲倉官,五穀畜積。戌爲獄官,禁訊具備。亥爲宰官,閉藏完具。[③]

這段文字顯示了一種"官曹兩分"的格局:十干爲"曹",十二支爲"官"。嚴耕望注意到這則材料,并判定是縣道的情況[④],但受限於材料,"曹"和"官"究竟有何區别以及這段文字有何深意都没有給出解釋。

各種新出材料——特别是最近的里耶秦簡——使《洪範五行傳》的解讀成爲可能。本文就以出土材料與傳世文獻相參照的經典方法,讓秦漢的"曹"與"官"各就各位,從而勾勒出秦漢時期基層機構的部門設置格局。

---

① 《後漢書》志二八《百官五》,北京:中華書局,1965,3623頁。

② 嚴耕望:《中國地方行政制度史:秦漢地方行政制度》,上海古籍出版社,2007,124頁。

③ 中村璋八:《五行大義校注(增訂版)》,東京:汲古書院,1998,190—191頁。引文吸收了嚴耕望的校勘,見嚴耕望《中國地方行政制度史:秦漢地方行政制度》,235—236頁。

④ 嚴耕望:《中國地方行政制度史:秦漢地方行政制度》, 237頁。

二、稗官的概念与典型組織體制

對於稗官的研究，最早是基於《漢書·藝文志》的“小説家者流，蓋出於稗官”[①]，學者討論小説家起源時會對此發表見解，形成“四百石以下吏”[②]、“六百石以下吏”[③]、“待詔臣與方士侍郎”[④]等多種説法，長期莫衷一是。而隨着秦漢簡牘的出土，這個議題有了新突破。趙岩和張世超認爲，稗官在睡虎地秦簡中指官嗇夫的佐史、士吏等職，在龍崗秦簡中指鄉嗇夫或其屬吏，在張家山漢簡中大致與官嗇夫、鄉嗇夫相當[⑤]。這是依據秦漢政府文書得出的結論，最接近秦漢觀念中真正的稗官，但對稗官性質的認定還有偏差。

由於稗官帶個“官”字，通常會被當作官員或職位。最早睡虎地秦簡出現“稗官”，整理小組就根據《漢書·藝文志》颜注“稗官，小官”將其解釋爲“屬下的小官”[⑥]，即低級官員的意思。但秦漢的“官”和官員或職位還不是一回事，按《漢書·百官公卿表》：

> 少府……屬官有尚書、符節、太醫、太官、湯官、導官、樂府、若盧、考工室、左弋、居室、甘泉居室、左右司空、東織、西織、東園匠十六官令丞……又中書謁者、黄門、鉤盾、尚方、御府、永巷、内者、宦者八官令丞……武帝太初元年更名考工室爲考工，左弋爲佽飛，居室爲保宫，甘泉居室爲昆臺，永巷爲掖廷。佽飛……有九丞兩尉，太官七丞，昆臺五丞，樂府三丞，掖廷八丞，宦者七丞，鉤盾五丞兩尉。[⑦]

佽飛（左弋）丞、太官丞、昆臺（甘泉居室）丞、樂府丞加起來已經有二十四個官員，再算上其它的令丞，總數遠超十六。因此，“十六官令丞”并非十六個官員，而是指尚書等十六個“機構”的令丞。“八官令丞”的官員數也遠超八個，所謂“八官令丞”還是指中書謁者等八個“機構”的令丞。這些機構就是所謂都官。由此可見，“官”不是官員或職位，而是具有一定行政職能的機構或組織。張家山漢簡《二年律令·置吏律》的表述更具對比性：

> 都官除吏官在所及旁縣道。[⑧]

---

① 《漢書》卷三〇《藝文志》，北京：中華書局，1962，1745頁。

② 余嘉錫：《小説家出於稗官説》，《余嘉錫文史論集》，長沙：嶽麓書社，1997，249頁。

③ 羅寧：《小説與稗官》，《四川大學學報》1999年第6期，55頁。

④ 潘建國：《“稗官”説》，《文學評論》1999年第2期，81頁。

⑤ 趙岩、張世超：《論秦漢簡牘中的“稗官”》，《古籍整理研究學刊》2010年第3期，90頁。

⑥ 睡虎地秦墓竹簡整理小組編：《睡虎地秦墓竹簡》，北京：文物出版社，1990，釋文40頁。

⑦ 《漢書》卷一九上《百官公卿表上》，731—732頁。

⑧ 彭浩、陳偉、工藤元男主編：《二年律令與奏讞書——張家山二四七號漢墓出土法律文獻釋讀》，上海古籍出版社，2007，178頁。

此處“官”和“吏”完全不同。“除吏”表示任用官員,“吏”指官員;“官在所”表示“機構所在的地方”,這裏的機構就是都官。

以上幾點都説明“官”不是職位,但張家山漢簡中的“稗官”爲何相當於官嗇夫、鄉嗇夫等職位?這就涉及到秦與西漢前期的一項行文慣例。先看張家山漢簡中的“稗官”:

> 都官之稗官及馬苑有乘車者,秩各百六十石,有秩毋乘車者,各百廿石。[①]

有若干石秩級的必然是職位。即使稗官能理解成官員(“當官兒的”),緊隨稗官之後的“馬苑”明顯不是職位,倒是個組織的名字。李學勤指出秦漢時期的文書和器物銘文都有職名省稱現象[②],今按《二年律令·秩律》正是如此:

> 胡、夏陽、彭陽、朐忍、□、□□、□□、臨邛、新都、武陽、梓潼、涪、南鄭、宛、穰、温、修武、枳、楊、臨汾、九原、咸陽、原陽、北輿、旗陵、西安陽、下邽、蘩、鄭、雲陽、重泉、華陰、慎、衙、藍田、新野、宜城、蒲反、成固、圜陽、巫、沂陽、長子、江州、上邽、陽翟、西成、江陵、高奴、平陽、絳、酇、贊、城父、公車司馬、太倉治粟、太倉、中廄、未央廄、外樂、池陽、長陵、濮陽,秩各八百石,有丞、尉者半之,司空、田、鄉部二百石。[③]

這裏提到的諸如“夏陽”、“太倉”其實全是行政組織的名稱,但有“若干石”秩級的必然是職位,衹是省略職位名稱而已:“夏陽”指夏陽(縣)的主管者夏陽令,“太倉”指太倉(都官)的主管者太倉令。以組織名稱指代其主管者,這在秦與西漢前期屬於慣例,《秩律》所謂的“稗官”也是用於指代稗官的主管者。并非稗官相當於官嗇夫和鄉嗇夫,而是稗官的主管者相當於官嗇夫和鄉嗇夫。

現在已經有了比較明確的方向,接下來就是順着這個思路分析稗官的性質。明確記録稗官的就是《二年律令·秩律》,除了剛才的“都官之稗官”云云,其後還有另外一段:

> 縣道司馬、候、廄有乘車者,秩各百六十石;毋乘車者,及倉、庫、少内、校長、髳長、發弩、衛將軍·衛尉士吏、都市·亭、厨有秩者及無乘車之鄉部,秩各百廿石。[④]

縣道名下的廄、倉、庫、少内等也有嗇夫,它們與稗官是否存在某種關聯?解決這個問題的關鍵是《漢官解詁》的一句話:

> 少官嗇夫,各擅其職。謂倉、庫、少内嗇夫之屬,各自擅其條理所職主。[⑤]

---

① 《二年律令與奏讞書——張家山二四七號漢墓出土法律文獻釋讀》,292、293頁。

② 李學勤:《〈奏讞書〉與秦漢銘文中的職官省稱》,中國政法大學法律古籍研究所編《中國古代法律文獻研究(第一輯)》,成都:巴蜀書社,1999,61—63頁。

③ 《二年律令與奏讞書——張家山二四七號漢墓出土法律文獻釋讀》,264頁。

④ 《二年律令與奏讞書——張家山二四七號漢墓出土法律文獻釋讀》,292、293頁。

⑤ 胡廣:《漢官解詁》,孫星衍等輯《漢官六種》,北京:中華書局,1987,21頁。

倉、庫、少内等統稱“少官”，嗇夫是“少官”的主管者。阮刻本《周禮・天官・序官》賈疏引《漢官解詁》“少官”作“小官”[①]，二者通。關於“小官”還可參看居延漢簡[②]：

> 居延庫嗇夫賀以小官印行丞事　　（312・16）
>
> 肩水關嗇夫光以小官印兼行候事　　（199・1A）

嗇夫往往使用半通印，其尺寸確實比較小，但把“小官印”理解爲小尺寸的官印未免過於膚淺，理解爲“小官”的印更妥當。“庫”和“關”都是“小官”，主管者皆爲嗇夫。

至此已經可以確定“小官”的主管者是嗇夫，前面也提到“小”與“稗”字義相同，因此“小官”和稗官其實是一回事。在此基礎上再看睡虎地秦簡《秦律十八種・金布律》的一個條款：

> 官嗇夫免，效其官而有不備者，令與其稗官分，如其事。[③]

此處的“其官”與“其稗官”都是指嗇夫（主管）的組織——稗官；官嗇夫的“官”就是指稗官，官嗇夫的全稱正是稗官嗇夫。

稗官是以官嗇夫爲主管者的組織，照此來看，史籍有“都官之稗官”的確切記載，衹是之前討論《秩律》時沒對上號，例如：

> 釋之從行，登虎圈。上問上林尉諸禽獸簿，十余問，尉左右視，盡不能對。虎圈嗇夫從旁代尉對上所問禽獸簿甚悉，欲以觀其能口對響應無窮者。[④]

按《百官公卿表》，“初，御羞、上林、衡官及鑄錢皆屬少府”[⑤]，上林在漢初是隸屬於少府的都官；虎圈就是上林的稗官，主管者是嗇夫。類似的例子還有：

> （許）廣漢坐論爲鬼薪，輸掖庭，後爲暴室嗇夫。[⑥]

掖庭（原名永巷）還是隸屬於少府的都官[⑦]；暴室就是掖庭的稗官，主管者也是嗇夫。都官種類紛繁，職事各不相同，其稗官的名目也少不了，於是《秩律》用“稗官”來概括。

另外，“都官之稗官”後面還單獨提到馬苑，看來馬苑和稗官似乎還有點區别，不過二者的共性也很明顯：第一，《秩律》將馬苑與稗官相提并論，暗示二者性質相近；第二，馬苑的主管者也是嗇夫，如秦《内史雜》提到過“苑嗇夫”[⑧]。若非特别嚴格的限定，馬苑也可以視爲一

---

① 《周禮注疏》卷一，《十三經注疏》，北京：中華書局，1979，642頁。

② 謝桂華、李均明、朱國炤：《居延漢簡釋文合校》，北京：文物出版社，1987年，511、311頁。

③ 《睡虎地秦墓竹簡》，釋文40頁。

④ 《史記》卷一〇二《張釋之馮唐列傳》，北京：中華書局，1959，2752頁。

⑤ 《漢書》卷一九上《百官公卿表上》，735頁。

⑥ 《漢書》卷九七上《外戚傳上》，3964頁。

⑦ 《漢書》卷一九上《百官公卿表上》，731頁。

⑧ 《睡虎地秦墓竹簡》，釋文62頁。

種稗官。

縣道的厩、倉、庫、少内、發弩、都市、都亭、厨之類也由嗇夫主管,其實就是縣道的稗官。此外,《秩律》表示縣道的稗官(主管者)的還有:

田、鄉部二百石,司空二百五十石。

司空、田、鄉部二百石。

田、鄉部二百石,司空及衛官、校長百六十石。①

田部、鄉部、司空屬縣道,三者的主管者也是嗇夫。值得注意的是,尹灣漢簡《東海郡吏員簿》區分官嗇夫和鄉嗇夫②,嚴格地説鄉部與稗官還有差别,龍崗秦簡可以印證這一點③:

取傳書鄉部稗官。其田(?)及□作務□☑　　　(10)

鄉部與稗官分開的提法與《東海郡吏員簿》相吻合。不過在實際運作中,鄉部可以和稗官并列,如"取傳書鄉部稗官",何况鄉部的主管者也是嗇夫。按照剛才對馬苑的處理方法,不妨將鄉部也算作縣道的稗官。

前引《秩律》在提到稗官時,皆冠以"都官"、"縣道",比如"都官之稗官及馬苑",可見稗官與縣道、都官等機構存在特定的關係。這種關係可以根據稗官主管者嗇夫所處的層級加以判斷,以睡虎地秦簡《效律》爲例:

官嗇夫貲二甲,令、丞貲一甲;官嗇夫貲一甲,令、丞貲一盾。④

甲值高於盾,嗇夫負主要責任時,令、丞負次要責任。這是個通用條款,直接的牽連關係説明嗇夫所處的層級僅次於令長和丞。除了令長和丞,基層機構的長吏還有尉。回顧剛才提到上林虎圈嗇夫,大庭脩總結其與上林長吏的關係是"上林令—(上林丞)—上林尉—虎圈嗇夫"⑤。綜上,嗇夫所處的層級僅次於縣道、都官的長吏,亦即接受長吏的領導。

稗官除了稱"小官"、"少官",還可以稱"離官"。高恒認爲"離"通"麗","離官"意味着都官的"附屬機構",主管者爲嗇夫,比如暴室嗇夫就是掖庭都官的離官嗇夫⑥。這個判斷已經比較到位。今按《二年律令·具律》:

獄事當治論者,其令、長、丞或行鄉官視它事,不存,及病,而非出縣道界也,及諸都

① 《二年律令與奏讞書——張家山二四七號漢墓出土法律文獻釋讀》,291、264、270頁。

② 連雲港市博物館等編:《尹灣漢墓簡牘》,北京:中華書局,1997,79—81頁。

③ 中國文物研究所、湖北省文物考古研究所編:《龍崗秦簡》,北京:中華書局,2001,74頁。

④ 《睡虎地秦墓竹簡》,釋文第75頁。

⑤ 大庭脩著,林劍鳴等譯:《秦漢法制史研究》,上海人民出版社,1991,403頁。

⑥ 高恒:《秦漢簡牘中法制文書輯考》,55頁。

官令、長、丞行離官有它事,而皆其官之事也……[1]

令長和丞要巡察"鄉官"或"離官",則"離官"整體在長吏之下,而且還與鄉部對等,符合條件的衹有稗官。不過"離官"的字面含義其實可以另作它解:按《説文》云"稗,禾别也"[2],而"離"也有"别"的意思,如"離宫别館",稗官和離官字面意思就相通。

將稗官視爲縣道、都官等機構的"附屬機構",從運作流程的角度看也説得通。而現在可以根據尹灣漢簡《東海郡吏員簿》記録的成員編制,更準確地界定稗官的性質[3]:

即丘吏員六十八人:長一人,秩四百石;丞一人,秩二百石;尉二人,秩二百石;令史四人;獄史二人;官嗇夫二人;鄉嗇夫八人;游徼四人;尉史二人;官佐六人;鄉佐四人;亭長卌二人。凡六十八人。 (YM6D2 正)

下邳鐵官吏員廿人:長一人,秩三百石;丞一人,秩二百石;令史三人;官嗇夫五人;佐九人;亭長一人。凡廿人。 (YM6D2 反)

稗官(包括鄉部)嗇夫是縣道或都官(這裏舉的鐵官)的成員,因此,稗官就是縣道、都官等機構的組成部分,無所謂"附屬"。至此,稗官的概念大體上呈現出來:稗官是縣道、都官等基層機構中由嗇夫擔當主管者的部門(猶如今天縣政府的"某某局"之類)。有些稗官雖然分散在外,和機構的長吏不在同一地點辦公,但性質仍然是基層機構的部門。

稗官既然是行政組織,必定具有若干成員和特定的科層結構。典型情況可以參照《秦律十八種·效律》:

入禾,萬石一積而比黎之爲户,籍之曰:"其廥禾若干石,倉嗇夫某、佐某、史某、稟人某。"[4]

倉是一種稗官,成員包括嗇夫、佐、史、稟人。四者的排列順序大致反映了層級的高低,但若就此斷定稗官具有簡單直綫型科層結構還爲時尚早。下面就以倉爲主要實例,分析稗官的科層結構。

嗇夫是稗官的主管者,上一節已經給出這個結論。關於嗇夫,還有一點需要説明:裘錫圭依據秦《金布律》指出嗇夫分有秩和月食兩種[5]。《秩律》提到的"有乘車者"和"有秩毋乘車者"有若干石的秩,都屬於有秩嗇夫。與"有秩"相對的是無秩嗇夫。尹灣漢簡《東海郡吏

① 《二年律令與奏讞書——張家山二四七號漢墓出土法律文獻釋讀》,133頁。
② 許慎:《説文解字》,北京:中華書局,1963,144頁。
③ 《尹灣漢墓簡牘》,80、84頁。
④ 《睡虎地秦墓竹簡》,釋文58頁。
⑤ 裘錫圭:《嗇夫初探》,中華書局編輯部編《雲夢秦簡研究》,北京:中華書局,1981,240頁。

員簿》區分"官有秩"、"鄉有秩"、"官嗇夫"、"鄉嗇夫"[①],前兩者是有秩嗇夫,後兩者是無秩嗇夫。有秩和無秩衹是品位差异,對職事没有影響:秦律從來不講"官有秩",衹説"官嗇夫",明顯是以"官嗇夫"泛指所有嗇夫。再者以《漢書·百官公卿表》爲例:

鄉有三老、有秩、嗇夫、游徼。三老掌教化。嗇夫職聽訟,收賦税。[②]

在表述職事時衹説"嗇夫職聽訟,收賦税",顯然也適用於鄉有秩。這就排除了官階對官職的潛在干擾。

佐在稗官中的位置僅次於嗇夫,而且可以和嗇夫共同對外代表稗官,這體現在稗官發出的文書上,以居延漢簡和敦煌漢簡爲例[③]:

建平五年八月戊□□□□,廣明鄉嗇夫宏、假佐玄敢言之 (505·37A)
元康元年七月壬寅朔甲辰,關嗇夫廣德、佐熹敢言之 (796)

粗略地講,佐是嗇夫的副貳。進一步就具體職事而言,佐與嗇夫接近,以鄉部爲例,按《續漢書·百官志》:

有秩……掌一鄉人;其鄉小者,縣置嗇夫一人。皆主知民善惡,爲役先後,知民貧富,爲賦多少,平其差品……又有鄉佐,屬鄉,主民,收賦税。[④]

嚴耕望指出鄉佐與鄉嗇夫的職事基本相同,二者的關係猶如丞之於令長[⑤],這也可推廣到其它稗官,包括倉。

再次考慮史的職事。雖然"佐史"經常連稱,但史并不能像佐那樣對外代表稗官,和嗇夫也相去甚遠。從字面上看,史負責文書寫定之類的工作,這可以在里耶秦簡的出稟記録中得到驗證[⑥]:

徑廥粟:米一石二斗少半斗　卅一年三月丙辰,倉守妃、史感、稟人援出,稟大隸妾始。

令史偏視平　感手 (8-766)

這份出稟記録由史"感"書寫。另一方面,實際運作中未必有史登場,同樣是里耶秦簡的出稟

---

① 《尹灣漢墓簡牘》,79—81頁。
② 《漢書》卷一九上《百官公卿表上》,742頁。
③ 《居延漢簡釋文合校》,607頁。甘肅省文物考古研究所編:《敦煌漢簡》,北京:中華書局,1991,250頁。
④ 《後漢書》志二八《百官五》,北京:中華書局,1965,3623頁。
⑤ 嚴耕望:《中國地方行政制度史:秦漢地方行政制度》,239頁。
⑥ 湖南省文物考古研究所編:《里耶秦簡(壹)》,北京:文物出版社,2012,釋文50頁。

記録①：

丙稟粟：米二石　令史扁視平

卅一年十月乙酉，倉守妃、佐富、稟人援出，稟屯戍士五孱陵咸陰敝、臣。

富手　　　　　　　　　　　　　　　　　　　　　　　　　　　　(8-1545)

在没有史的情况下，出稟記録直接由佐書寫。兩份記録對比來看，史相當於爲佐"代勞"書寫記録，史扮演的角色有點像"秘書"。

最後來看稟人，其職事其實已經體現在職名上，類似出納員。倉是負責出納糧草之類物資的稗官，主體職能就是出納糧草；稟人則是這項職能的具體承擔者。

倉的成員——嗇夫、佐、史、稟人——可以分爲三個類型：嗇夫和佐爲一類，二者是倉的領導者，嗇夫爲正、佐爲副。史單獨構成一類，是"秘書"型的辦事人員。稟人單獨構成一類，是具體承擔倉的出納工作的辦事人員。至此，稗官的科層結構已經有了比較粗略的輪廓，但爲了能够便於表述和推而廣之，不妨借鑒一些現代行政學關於行政組織的觀點：

行政組織依性質分爲若干種"機關"，"中樞機關"、"職能機關"、"輔助機關"是最主要的三種機關：中樞機關是一級政府中統轄全局的首腦和決策核心；職能機關是在中樞機關的領導下，分管事務的執行機關；輔助機關是協調首長處理日常事務的機關，在獲得授權時還可以代表首長行事②。三種機關的關係可以用下圖表示：

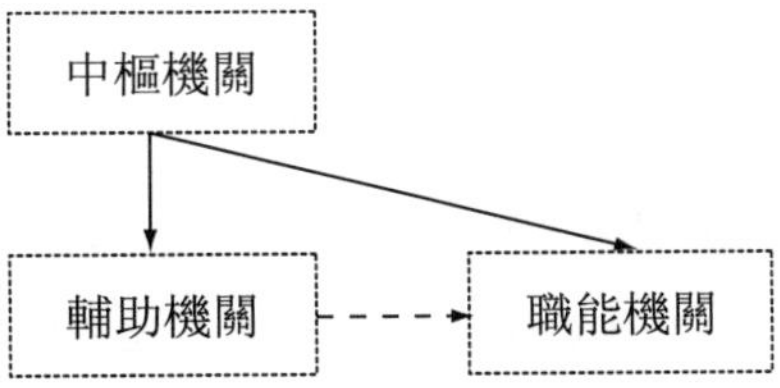

稗官倉的成員分類，恰恰符合行政學對行政組織的分類：嗇夫和佐作爲領導者，即倉的"中樞機關"。史有點像"秘書"（其實"秘書"未必能確切描述史），可以爲領導"代勞"，即倉的"輔助機關"。稟人具體執行倉的出納事務，即倉的"職能機關"。

可見，稗官稱得上是"麻雀雖小，五臟俱全"。不過"機關"一詞通常指結構比較複雜的行政組織，單一職位稱作機關恐怕不合適，可以换個説法：嗇夫和佐構成"領導層"，史是"輔助性辦事人員"，稟人是"職能性辦事人員"。下面是稗官倉的科層結構示意圖：

① 《里耶秦簡（壹）》，釋文第76頁。

② 竺乾威主編：《公共行政學（第三版）》，上海：復旦大學出版社，2008，37—38頁。

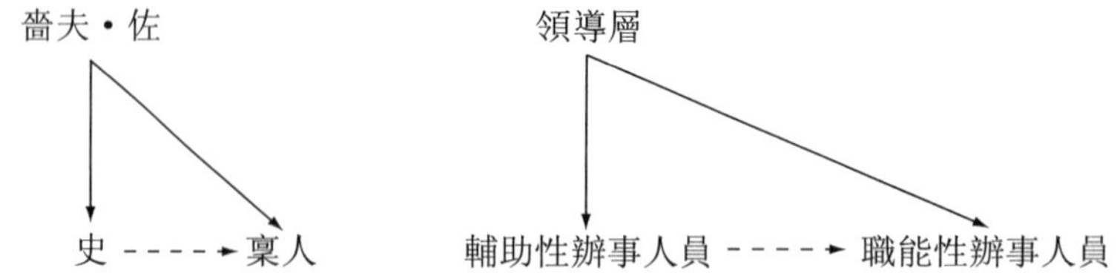

左圖是倉的實際情況,右圖是以行政學意義表示相關成員。稟人負責出納糧草,衹能對應出納糧草的稗官(包括但不限於倉)。變更稗官的類型,職能性辦事人員也會變更,比如:

女陰侯杯,容一升半,六年,庫己、工年造。[1]

庫是製造和收藏金屬器物(武器居多)的稗官,此條材料所反映的庫的職能性辦事人員是個工匠。職能性辦事人員具體承擔稗官的職能,勢必根據稗官來設定。而嗇夫、佐、史就不是某種稗官的特有成員,按《秦律十八種・置吏律》:

官嗇夫即不存,令君子無害者若令史守官,無令官佐、史守。[2]

這是全體稗官通用的條款,嗇夫、佐、史屬於稗官的通用成員(但未必全設置,見下)。將稗官成員劃分爲通用和專用兩類後,稗官組織體制的"公式"可以用下圖表示:

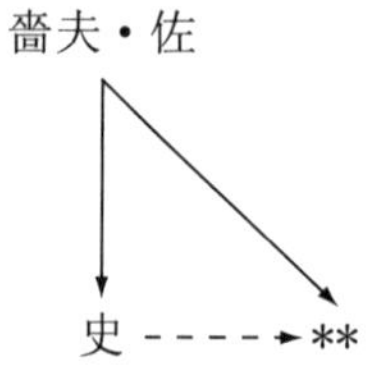

嗇夫、佐、史都是明確可知的成員;職能性辦事人員因稗官而异,這裏將其表示爲可以變更的項目。下一節還會繼續討論稗官的組織體制,并給出更多的實例。

實際運作中,稗官的科層結構并不拘泥於一種,比如前面提到的里耶秦簡的出稟記録可以没有史登場。從性質上看,史屬於"輔助",不是必需成員。在没有史的情況下,稗官的科層結構就是簡單直綫的"領導層—職能性辦事人員"。這正是稗官的主幹。

更爲明顯的科層結構變化發生在領導層。前面已經指出嗇夫和佐職事相近,這就爲領導層的變化提供了條件。對比下面兩條里耶秦簡的出稟記録[3]:

倉守妃、佐富、稟人援出,稟屯☐　　(8-56)

倉守妃、史感、稟人援出,稟大隸妾始。　　(8-762)

第一條中,倉的領導層由嗇夫(按職稱省略原則,"倉守妃"是"倉守嗇夫妃"的省稱)和佐組

---

① 安徽省文物工作隊等:《阜陽雙古堆西漢汝陰侯墓發掘簡報》,《文物》1978 年第 8 期,20 頁。

② 《睡虎地秦墓竹簡》,釋文 56 頁。

③ 《里耶秦簡(壹)》,釋文 12、50 頁。

成;第二條中,倉的領導層衹有嗇夫。下面兩條材料也是衹有嗇夫而没有佐:

> 女陰侯唾器,容一升半,六年,庫訢、工延造。[1]
>
> 河東爲甘泉上林宫造行鐙,重六斤十兩。五鳳二年,嗇夫山、工誼作。[2]

如果稗官已經設置嗇夫,與嗇夫職事相近的佐可以省略,此時領導層仍能維持運作。尹灣漢簡《東海郡吏員簿》記載的鄉佐數目(88)遠不及鄉的數目(170)[3],臧知非認爲鄉佐并非一鄉一個,而是直接受命於縣廷,流動地徵收賦税[4]。這樣解釋未免牽强,也不符合史籍的記載。鄉佐數目少衹是有些鄉部不設佐。

相反,如果稗官設了佐,則可以省略嗇夫。《秦律十八種·金布律》提到"小官無嗇夫者"[5],上一節已經指出"小官"是稗官的别稱,"小官無嗇夫者"即"稗官無嗇夫者"。稗官如果没有嗇夫,則領導層衹有佐,比如:

> 入禾倉,萬石一積而比黎之爲户。縣嗇夫若丞及倉、鄉相雜以印之,而遺倉嗇夫及離邑倉佐主稟者各一户以餼,自封印,皆輒出,餘之索而更爲發户。[6]

縣道可能有多個倉,其中一個倉有嗇夫,散布在外的其它倉衹有佐。除了直接省略嗇夫,還有一種隱性的省略嗇夫的形式——分支結構。按秦《效律》:

> 都倉、庫、田、亭嗇夫坐其離官屬於鄉者,如令、丞。[7]

這裹提到了都倉、都庫、都田、都亭四種稱作"都某"的稗官。"都"表示"總管"[8],"都某"意味着一種特定的組織體制。以倉爲例,如果將那些原本各自獨立的倉統合起來,就變成了"都倉"。散布在外的倉也就變成了"都倉"的分部,即"都倉屬於鄉者"。從分立的倉到"都倉"的合并過程可以用下圖表示:

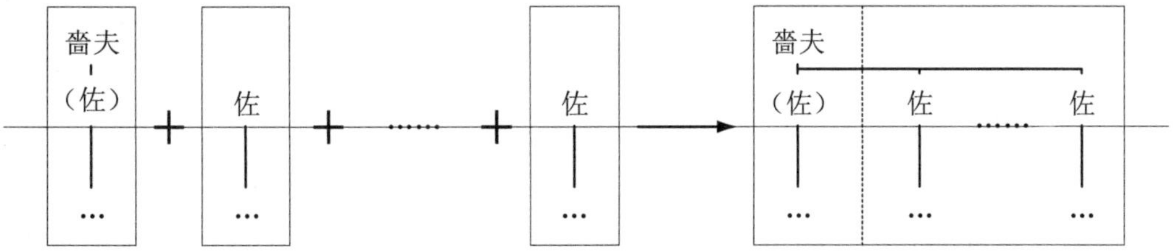

---

① 安徽省文物工作隊等:《阜陽雙古堆西漢汝陰侯墓發掘簡報》,《文物》1978年第8期,21頁。

② 薛尚功:《歷代鐘鼎彝器款識》卷二〇,瀋陽:遼瀋書社,1985,422頁。

③ 謝桂華:《尹灣漢墓所見東海郡行政文書考述》,連雲港市博物館、中國文物研究所編《尹灣漢墓簡牘綜論》,北京:科學出版社,1999,36頁。

④ 臧知非:《簡牘所見漢代鄉部的建制與職能》,《史學月刊》2006年第5期,26頁。

⑤ 《睡虎地秦墓竹簡》,釋文37頁。

⑥ 《睡虎地秦墓竹簡》,釋文25頁。

⑦ 《睡虎地秦墓竹簡》,釋文75頁。

⑧ 裘錫圭:《嗇夫初探》,《雲夢秦簡研究》,232頁。

横向的虚綫區分領導層和辦事人員;領導層標明了嗇夫和佐,辦事人員用“…”表示。每個小方框表示分立的倉,最後的大方框表示都倉。分部本質上就是“小官無嗇夫者”,日常運作仍由佐主持,因此分部稱得上是具有一定獨立性的“准稗官”。其它“都某”原理亦同。

稗官的領導層有四種形態:嗇夫與佐并置是基本形態,省略佐、省略嗇夫、分支是三種變化形態。在變化形態中,嗇夫或佐僅存其一仍能維持稗官的日常運作。嗇夫脱離佐運作比較容易理解,佐脱離嗇夫運作則説明佐不完全受嗇夫壓制:在基本形態下,二者表現爲“共治”(職事接近)的關係;在變化形態下,二者表現爲“分治”(單獨主持事務)的關係。

至此,稗官的典型組織體制基本浮出水面。基本型科層結構由領導層(嗇夫和佐)、輔助性辦事人員(史)、職能性辦事人員(比如倉的稟人)三方組成。變化型科層結構可分爲兩種情况:一是省略輔助性辦事人員,從而衹剩領導層和職能性辦事人員兩方構成簡單直綫的科層結構;二是簡化領導層,即嗇夫和佐僅存其一。

三、縣道常見稗官與稗官的性質

前兩節分析的稗官都是以嗇夫或佐爲領導層的行政組織,實際情况却没有這麼簡單。在前引《秩律》中,校長、髳長、士吏不是嗇夫,但與嗇夫相提并論,它們與嗇夫究竟有何關係?諸如校長之類稱“長”的明顯是某些組織的主管者,這些組織和稗官有何關係?還有就是第一節所引的《洪範五行傳》:

> 子爲傳舍,出入敬忌。丑爲司空,守將班治。寅爲市官,平準賣買。卯爲鄉官,親事五教。辰爲少府,金銅錢布。已爲郵亭,行書驛置。午爲尉官,馳逐追捕。未爲厨官,百味悉具。申爲庫官,兵戎器械。酉爲倉官,五穀畜積。戌爲獄官,禁訊具備。亥爲宰官,閉藏完具。

十二支的“官”中,司空、市、鄉部、少府(少内)等都是前面已經確認的稗官;從共性的角度看,十二支應該都是稗官。然而“尉官”和“獄官”却頗有些奇怪:尉是長吏,不可能屬於稗官;“獄嗇夫”也純屬無稽之談。

即使《秩律》仍嫌曖昧,《洪範五行傳》的提示還是很明確的:一些没有嗇夫的組織也可以算稗官。秦《效律》也有類似的提示:

> 官嗇夫貲二甲,令、丞貲一甲;官嗇夫貲一甲,令、丞貲一盾。其吏主者坐以貲、誶如官嗇夫。[1]

① 《睡虎地秦墓竹簡》,釋文75頁。

不稱嗇夫的"吏主者"在被追究責任時,完全比照稗官嗇夫,這就變相擴大了官嗇夫——或者稗官——的概念,官嗇夫和稗官的意義也由此得到推廣:廣義的官嗇夫包括狹義的官嗇夫以及"如官嗇夫"的"吏主者";廣義的稗官包括狹義的稗官以及性質相同的組織。

初步判斷校長、髳長、士吏之類就是"如官嗇夫"的"吏主者",由它們主管的組織都是廣義的稗官。本節將對縣道常見的稗官逐個加以解説;對於廣義的稗官,還會盡可能依據層級關係(是否直接受長吏領導)確認其性質。

鄉部:鄉部是縣道最主要的稗官,負責户口管理、徵收賦税的事務。裘錫圭考證鄉部的成員有嗇夫、佐、里典[①],這實際上就是鄉部的"領導層—職能性辦事人員"的主幹。鄉部的史不見於秦漢的傳世文獻,後代的《晋書·職官志》倒是有所記載:

> 鄉置嗇夫一人。鄉户不滿千以下,置治書史一人。千以上置史、佐各一人,正一人。五千五百以上,置史一人,佐二人。[②]

史的職事明確表述爲"治書",符合輔助性辦事人員的特徵。里耶秦簡則可以證明秦漢時期鄉部也有史[③]:

> 資中令史陽里釦伐閲:十一年九月隃爲史,爲鄉史九歲一日,爲田部史四歲三月十一日,爲令史二月。(8-269)

資中縣的某個鄉部肯定有史。這條和《晋書·職官志》合起來看,可以確認秦漢時期的鄉部也有史,是鄉部的輔助性辦事人員。

田部:田部見於秦和漢初的文獻,稱"部"意味着依地域設置(類似鄉部),其職能大致是利用刑徒耕種國有土地。秦律還提到過都田,相當於田部的統合。裘錫圭考證都田有嗇夫、部佐、田典[④],這仍然是"領導層—職能性辦事人員"的主幹,田典是田部或都田的職能性辦事人員,即一綫督作人員。前引里耶秦簡有"爲田部史四歲三月十一日",則田部也有史。

司空:司空的職能是利用刑徒修造器物和土木工程。《秦律雜抄》提到了"縣司空、司空佐、史"[⑤],即司空嗇夫、佐、史,是領導層成員和輔助性辦事人員。司空的職能性辦事人員未見明確記載,衹能略作推測。首先是"匠",見於《秦律十八種·徭律》:

> 度功必令司空與匠度之,毋獨令匠。[⑥]

---

① 裘錫圭:《嗇夫初探》,《雲夢秦簡研究》,249—250頁。

② 《晋書》卷二四《職官志》,北京:中華書局,1974,746頁。

③ 《里耶秦簡(壹)》,釋文26頁。

④ 裘錫圭:《嗇夫初探》,《雲夢秦簡研究》,249—250頁。

⑤ 《睡虎地秦墓竹簡》,釋文82頁。

⑥ 《睡虎地秦墓竹簡》,釋文47頁。

此條司空和匠的關係有些曖昧,但由於司空負責修造,設置匠也在情理之中。其次,司空也少不了一綫督作人員(類似田部的田典),但名稱暫時不詳。

倉、庫、少内:倉和庫在上一節已經作爲例子討論過了。少内負責出納"金銅錢布"類物資,和倉的性質有些類似。少内的職能性辦事人員未見明確記載,但與倉類比,應該就是金布類物資的出納員。

都亭:都亭稱作"亭",很容易和負責治安的亭長聯繫起來。但前引秦律明確提到"都亭嗇夫"而不是"亭長",因此都亭和亭長不是一回事。《洪範五行傳》"已爲郵亭,行書驛置",這是治安之外唯一能和"亭"聯繫起來的稗官,衹能是都亭。秦漢時期的文書傳遞方式主要有"以郵行"和"以亭行"兩種[①],郵和亭是散布在各地用於郵驛的設施,當即都亭的分支。尹灣漢簡《東海郡吏員簿》下邳縣、郯縣、費縣、利成縣、曲陽縣、蘭旗侯國有郵佐[②]。亭佐見於《東觀漢記》:

> (趙王)乾私出國,到魏郡鄴、易陽,止宿亭,令奴金盜取亭席,金與亭佐孟常争言,以刃傷常,部吏追逐,乾藏逃,金絞殺之,懸其屍道邊樹。[③]

這個"亭"可以用來"止宿",性質是"驛";亭佐是其負責人。總之,都亭有分支結構,分部事務由亭佐或郵佐主持。都亭的職能性辦事人員大概就是一些郵遞員,比如郵人。

獄官:根據尹灣漢簡《東海郡吏員簿》,縣(邑、侯國)設置獄史和牢監[④],除此之外都和"獄"不沾邊。按照晁錯的説法:

> (秦)刑罰暴酷,輕絶人命,身自射殺。天下寒心,莫安其處。奸邪之吏,乘其亂法,以成其威,獄官主斷,生殺自恣。[⑤]

所謂"獄官"牽涉到"主斷",即司法裁判。牢監衹是看大牢的,即使是"獄官"的組成部分,也不算主體。獄史符合條件:張家山漢簡《奏讞書》第十六條爲"新郪甲、丞乙、獄史丙治"[⑥],"治獄"是"斷獄"必經環節;獄史參與"治獄"且僅次於丞,"獄官"的主體應該就是獄史。獄史組織是負責司法事務的部門,也是縣道的主要稗官[⑦]。

校長、髳長、發弩:校長和髳長既然稱作"長",很明顯是某種組織的主管者。首先來看校長,相關情况可以參考睡虎地秦簡《封診式》:

---

① 易桂花、劉俊男:《從出土簡牘看秦漢時期的行書制度》,《中國歷史文物》2009年第4期,75頁。

② 謝桂華:《尹灣漢墓所見東海郡行政文書考述》,《尹灣漢墓簡牘綜論》,33—36頁。

③ 《後漢書》卷一四《趙孝王良傳》,559頁。

④ 《尹灣漢墓簡牘》,79—84頁。

⑤ 《漢書》卷四九《晁錯傳》,2297頁。

⑥ 《二年律令與奏讞書——張家山二四七號漢墓出土法律文獻釋讀》,355頁。

⑦ 里耶秦簡多次提到"獄佐",職事和獄史没有明顯區别,可能待遇較低:獄史爲斗食,獄佐爲佐史。

爰書:某亭校長甲、求盗在某里曰乙、丙縛詣男子丁,斬首一,珍弩二、矢廿,告曰:"丁與此首人强攻群盗人,自晝甲將乙等徼循到某山……"①

校長領求盗組成一隊人馬,這隊人馬就是校長主管的稗官,職事爲"徼循"即巡邏,屬於治安任務。其次來看髳長,張家山漢簡《奏讞書》第十六條記録了新郪縣髳長蒼的供述:

蒼曰:故爲新郪(令)信舍人,信謂蒼:武不善,殺去之。蒼即與求盗大夫布、舍人簪褭余共賊殺武于校長丙部中。丙與發弩贅苛捕蒼……②

髳長蒼作案時還有求盗隨從,似乎髳長也領求盗。發弩嗇夫和校長共同緝捕蒼,職事和校長差不多。至於發弩嗇夫的下屬:嚴耕望考證"求盗"、"負弩"都指亭卒③,看來"負弩"與求盗性質相近,從名稱上看"負弩"應該就是由發弩嗇夫統領的卒。

校長、髳長、發弩嗇夫主管的稗官,組織體制大體相同,職事都涉及縣道治安,這與通常對縣道治安的印象有些出入。高敏推測校長是史籍中常見的亭長的别稱④,廖伯源根據漢簡資料肯定了這一點⑤。亭長的主體來源無疑是校長,但亭長領的亭卒有"負弩",那麽亭長應該也和發弩嗇夫有承襲關係。至於髳長可能也與後來的亭長有關。

秦與漢初本没有亭長,前面分析都亭時已經指出亭自身的功能是郵驛,"某亭校長"衹表現出校長對"亭"的依附性。周振鶴提出亭長的"亭"應視作"亭部","亭部"表示一個地域範圍,而非專指某個亭⑥。前引《奏讞書》有所謂"校長丙部中",則校長的治安轄區確實是個"部"而不是"亭"。稱"亭部"衹表示轄區大致依亭劃分,比如"某甲亭校長"的治安轄區就是"某甲亭"周邊的區域。通俗地講,校長統領的治安隊伍相當於某亭周邊區域的"片警",校長是"警長"。

校長的分布(依"亭部")比較稠密,可以説是縣道最基本的治安隊伍,負責日常的警備巡邏,可能衹配備普通的刀劍。而發弩無論是裝備等級還是技術實力都比較高,有點"特警"的意味,如有需有可配合校長執行治安任務,相當於校長之外的補充。髳長的情況不甚清楚,可能也是一種"特警"⑦。總而言之,這些負責治安的稗官既有裝備的區分,又有常規和機動的差异。

游徼、亭長:西漢中期以後,校長、髳長、發弩嗇夫基本上見不到了。縣道負責治安的是

① 《睡虎地秦墓竹簡》,釋文 152 頁。
② 《二年律令與奏讞書——張家山二四七號漢墓出土法律文獻釋讀》,354 頁。
③ 嚴耕望:《中國地方行政制度史:秦漢地方行政制度》,243 頁。
④ 高敏:《秦漢時期的亭》,《雲夢秦簡研究》,310—311 頁。
⑤ 廖伯源:《漢初縣吏之秩階及其任命》,《社會科學戰綫》2003 年第 3 期,103 頁。
⑥ 周振鶴:《從漢代"部"的概念釋縣鄉亭里制度》,《歷史研究》1995 年第 5 期,42 頁。
⑦ 巴蜀地區有"髳人",但髳長明顯不是"髳人","髳"可能是指某種形式的裝備。

游徼和亭長。按照《續漢書・百官志》的説法:

鄉置有秩、三老、游徼。本注曰……游徼掌徼循,禁司奸盜。

亭有亭長,以禁盜賊。本注曰:亭長,主求捕盜賊,承望都尉。[①]

游徼與鄉有秩并列,前引《漢書・百官公卿表》"鄉有三老、有秩、嗇夫、游徼",則與鄉有秩和鄉嗇夫并列,受縣道長吏領導不成問題,那麼游徼的治安隊伍也能算稗官。亭長的隊伍由校長等發展而來("承望都尉"或是"承望縣尉"之訛),毋庸贅言。

亭長的隊伍就是以"亭部"爲治安轄區的"片警",職事是"徼循"。游徼的職事明顯也是"徼循"。依照《漢書・百官公卿表》,游徼似是鄉的成員,其實不然,按金關漢簡[②]:

居延守左部游徼田房年卅五歲　　(金關漢簡 73EJT3:115)

游徼的轄區仍然是"部",衹是游徼的"部"和鄉部的轄區大體等同或重合。因此,游徼和鄉部仍然是兩種稗官。游徼本質上還是"片警",但治安轄區比亭長的"亭部"大得多,機動性也强於亭長:所謂"游"大概就是反映了這種較高的機動性。

綜上,《洪範五行傳》的"午爲尉官,馳逐追捕"當即對負責治安的稗官的統稱:早期是校長、髳長、發弩,後來是游徼和亭長。

衛官:前引《二年律令・秩律》有"司空及衛官、校長百六十石",此讀與校長秩百廿石自相矛盾,應連讀爲"衛官校長"。按"衛"有保衛之意,比如保衛皇宫的二千石機構稱衛尉,衛官當指負責官署安保的稗官,主管者爲校長。衛官校長後來也改稱亭長,即文獻中的"門亭長"。

士吏:《二年律令・秩律》的士吏前面有"衛將軍衛尉"五個字,究竟是什麼意思也不好説。至於縣道的士吏,其存在性毋庸置疑,如《秦律雜抄》:

同居毋并行,縣嗇夫、尉及士吏行戍不以律,貲二甲。不當稟軍中而稟者,皆貲二甲,廢;非吏也,戍二歲;徒食、屯長、僕射弗告,貲戍一歲;令、尉、士吏弗得,貲一甲。[③]

士吏都排在長吏之後,從層級上講,士吏也算廣義的稗官。這兩條反應的士吏的職事包括安排"行戍"和監管兵卒,另據《二年律令・錢律》和《捕律》,士吏也參與縣道的治安:

盜鑄錢及佐者,棄市。同居不告,贖耐。正典、田典、伍人不告,罰金四兩。或頗告,皆相除。尉、尉史、鄉部、官嗇夫、士吏部主者弗得,罰金四兩。

盜賊發,士吏、求盜部者,及令、丞、尉弗覺知,士吏、求盜皆以卒戍邊二歲,令、丞、尉

① 《後漢書》志二八《百官五》,3623 頁。

② 甘肅簡牘保護研究中心等編:《肩水金關漢簡(壹)》下册,上海:中西書局,2011,37 頁。

③ 《睡虎地秦墓竹簡》,釋文 89、82 頁。

罰金各四兩。[①]

在"盜賊發"的情況下,士吏還會像校長那樣領求盜執行任務,這可能和士吏監管兵卒的職事有關。總體上看,士吏的職事比較雜。

按《二年律令·秩律》和《洪範五行傳》的記載,縣道的常見稗官還有市、傳、厩、厨等等,其職能已經在名稱上有所體現。不過職能性辦事人員名目闕如,無法具體討論。

以上討論的都是縣道常見稗官的標準狀態,以主體職能爲準,而現實中的稗官并不絶對標準。除了上一節提到的非主體職能,還有"兼職"的現象。這裏仍然以里耶秦簡爲例[②]:

> 卅二年正月戊寅朔甲午,启陵鄉夫敢言之:成里典、启陵郵人缺,除士五成里匄、成,成爲典,匄爲郵人。謁令、尉以從事。敢言之。 (8-157)

启陵鄉(屬遷陵縣)不僅有里典,還有郵人。郵人是郵遞員,標準狀態下應該是都亭的職能性辦事人員;启陵鄉設置郵人,相當於兼有都亭的職能。

稗官的職能根本上取決於職能性辦事人員:若某個稗官設置里典,不論這個稗官是不是鄉部,它都具有鄉部的(主體)職能;若某個稗官設置郵人,不論這個稗官是不是都亭,它都具有都亭的(主體)職能。當然,鄉部是縣道最主要的稗官,不會由别的稗官兼職。都亭則不同:對於郵驛事務不太繁忙的縣道而言,没必要單獨設置都亭,完全可以由散布在外的鄉部兼職[③]。稗官的職能可以通過調整職能性辦事人員而伸縮。

稗官的全部種類,可以説不勝枚舉。以上提到的衹是縣道的常見稗官,并不意味着縣道衹能有這些稗官。比如《二年律令·賊律》規定:

> 船人渡人而流殺人,耐之,船嗇夫、吏主者贖耐。[④]

船嗇夫(或"吏主者")和船人組成一種擺渡的稗官,包括領導層和職能性辦事人員。而在里耶秦簡中[⑤]:

> 遷陵守丞敦狐告船官□:令史懭讎律令沅陵,其假船二艘,勿留。 (6-4)

遷陵縣有船官,當即船嗇夫主管的稗官,這種稗官衹能設在有水路的縣道。里耶秦簡有一份

① 《二年律令與奏讞書——張家山二四七號漢墓出土法律文獻釋讀》,170、150頁。

② 《里耶秦簡(壹)》,釋文19頁。

③ 都亭是專司郵驛的稗官,但從里耶秦簡來看,文書傳遞不一定要由專業的郵遞部門或人員負責。比如第二節所引庫佐"處"赴縣廷核對律令的例子中,這份文書就是"七月壬子日中佐處以來"(《里耶秦簡(壹)》,釋文21頁),即庫佐自己帶着該文書交給縣廷。又如貳春鄉將"水火敗亡課"文書上交縣廷,該文書是"九月辛亥旦史邛以來"(《里耶秦簡(壹)》,釋文41頁),即由鄉部史帶到縣廷。

④ 《二年律令與奏讞書——張家山二四七號漢墓出土法律文獻釋讀》,92頁。

⑤ 《里耶秦簡(壹)》,釋文7頁。

記録徒隸分配的文書,提到鄉部(都鄉、启陵、貳春)、田官、倉、庫、少内、畜官[1]。畜官也是一種稗官,見於睡虎地秦簡《牛羊課》:

牛大牝十,其六無子,貲嗇夫、佐各一盾。·羊牝十,其四無子,貲嗇夫、佐各一盾。[2]

而畜官就不算常見。縣道所處環境不同,稗官也會有差异,不可能窮盡其名目。至於都官更是不可勝數。因此窮舉不是辦法。對於稗官,需要把握其要點,畢竟萬變不離其宗:

第一,稗官的組織體制:稗官領導層的建制以及建制的變化、辦事人員的分類、整體運作方式,第二節已經分析了這些要點。

第二,稗官的性質:縣道可以劃分爲中樞和部門。中樞由長吏組成,領導各部門。稗官是縣道的部門,而根據行政學分類(見第二節),部門也有職能部門和輔助部門的區别。縣道的稗官的事務涵蓋户口賦税、司法、治安、物資獲取與製造等方面,縣道的各項職能皆寄托於稗官。除個别稗官的職事完全對内(如衛官負責官署安保)或部分對内(如少内還管理財務),絶大多數稗官的職事都對外。因此,稗官是縣道的職能部門。對於都官等其它基層機構而言,稗官同樣是職能部門。

四、曹的功能與部門性質

稗官的成員和功能都清楚之後,曹的問題就有了明確的方向:第一,曹的成員衹能從稗官成員之外的屬吏中尋找;第二,曹(職)的功能不同於稗官。按前引尹灣漢簡《東海郡吏員簿》:

即丘吏員六十八人:長一人,秩四百石;丞一人,秩二百石;尉二人,秩二百石;令史四人;獄史二人;官嗇夫二人;鄉嗇夫八人;游徼四人;尉史二人;官佐六人;鄉佐四人;亭長卌二人。凡六十八人。 (YM6D2 正)

縣長、丞、尉是長吏,獄史、嗇夫、游徼、佐、亭長是稗官或廣義稗官,以上都已判明,剩下衹有令史和尉史。那麽令史和尉史就是本節重點關注的目標。大致圈定成員之後,接下來就從功能的角度進行分析。

參照功能尋找縣道的曹,最直接、最可靠的例子莫過於行政運作文書。里耶秦簡提供了一個非常具體的實例[3]:

---

① 《里耶秦簡(壹)》,釋文 18 頁。
② 《睡虎地秦墓竹簡》,釋文 87 頁。
③ 《里耶秦簡(壹)》,釋文 19 頁。

御史問直絡帬程書 (8-153)

四月丙午朔癸丑,遷陵守丞色下少内:謹案致之,書到言,署金布發,它如律令。ノ欣手ノ四月癸丑水十一刻刻下五,守府快行少内。 (8-155)

卅二年四月丙午朔甲寅,少内守是敢言之:廷下御史書,"舉事可爲恒程者洞庭,上帬直"。今书已到,敢言之。四月甲寅日中,佐处以来ノ欣发 处手 (8-152)

這兩份文書反映了遷陵縣丞和少内的交流,即中樞與職能部門的交流。有個名叫"欣"的人也參與運作:在中樞向職能部門發布命令時,"欣"負責書寫命令文書;在職能部門向中樞遞文書時,"欣"負責接收文書。具有執行力——能承擔調查"事恒程者帬值"任務——的職能部門是負責"金銅錢布"的少内;"欣"本身不具有任何執行力,但起到溝通中樞與職能部門的功能。以此爲基礎回顧《洪範五行傳》的説法就能看出些門道了:

庚爲金曹,共錢布。

辰爲少府,金銅錢布。

里耶秦簡中的"欣"所扮演的就是"共錢布"角色:本身不能單獨運作"錢布"事務,而是要"配合"它者(少内)運作。

縣丞要求少内的回文注明"金布發",那麽"欣"無疑就是這個"金布",但"金布"究竟是什麽身份還有待確定。下面的例子可以更推進一步[①]:

(廿六年)九月庚辰,遷陵守丞敦狐却之司空:自以二月假狼船……其聽書從事。ノ懬手,即令走□行司空 (8-135)

廿七年十月庚子,遷陵守丞敬告司空主:以律令從事,言。ノ懬手,即走申行司空 (8-63)

十一月己巳令史懬行廟 (8-138)

遷陵縣丞發給司空的文書由"懬"負責書寫,"懬"之於縣丞和司空,猶如前述"欣"之於縣丞和少内;而在行廟記録中出現了"令史懬"。由此推論:"懬"的職位很可能是令史,其功能是負責溝通遷陵縣的中樞(長吏)和某個職能部門(稗官),也符合"共某某"。

當然,"令史懬"和"懬手"畢竟不在同一份文書中出現。判定"共某某"功能究竟屬於何者,最好還是有更決定性的證據。按睡虎地秦簡《法律答問》:

空倉中有薦,薦下有稼一石以上,廷行事貲一甲,令史監者一盾。[②]

① 《里耶秦簡(壹)》,釋文 17、13、17 頁。

② 《睡虎地秦墓竹簡》,釋文 128 頁。

稗官倉是負責出納糧草的職能部門,此外又有"監倉"的令史。倉與"監倉"令史的運作實例大量見於里耶秦簡[①]:

> 徑廥粟:粟一石二斗少半斗　卅一年十一月丙辰,倉守妃、史感、稟人援出,稟大隸妾始。令史偏視平　感手 (8-766)
>
> 徑廥粟:粟一石二斗半斗　·卅一年十二月戊戌,倉妃、史感、稟人援出,稟大隸妾援。令史朝視平 (8-762)
>
> 徑廥粟:粟一石二斗半斗　卅一年二月辛卯,倉守武、史感、稟人堂出☑　令史犴視平　☑ (8-800)
>
> 粟:粟一石二斗半斗　卅一年三月丙寅,倉武、佐敬、稟人援出,稟大隸妾匄,　令史尚監 (8-760)

在出稟運作中,倉是具體執行者,職事表述爲"出"。令史本身不具有執行力,而是"監督執行",職事表述爲"視平"或"監":這也符合"共"的特徵。

從實際運作來看,令史至少具有"文書溝通"與"監督執行"兩方面的功能[②]。進一步還可以從秦律中找到更多的功能,包括以下三點:

第一,令史可以在特定情況下接受指派,成爲職能部門的成員。先來看睡虎地秦簡《封診式》中的一些例子:

> 某里公士甲自告曰:"以五月晦與同里士伍丙盜某里士伍丁千錢,無它坐,來自告,告丙。"即令令史某往執丙。
>
> 某里士伍甲縛詣男子丙,告曰:"丙,甲臣,驕悍,不田作,不聽甲令。謁賣公,斬以爲城旦,受價錢。"訊丙,辭曰:"甲臣,誠悍,不聽甲。甲未嘗身免丙。丙無病也,無它坐罪。"令令史某診丙,不病。[③]

抓捕和調查是對外事務,相應的承擔者在理論上屬於職能部門;令史以臨時派遣的形式成爲職能部門。又如在秦《置吏律》中:

> 官嗇夫即不存,令君子無害者若令史守官,無令官佐、史守。[④]

稗官主管者明顯是職能部門的成員,如果需要代理,令史是專門推薦的候選人。這仍然是以

---

① 《里耶秦簡(壹)》,釋文 49—51 頁。這裏按時間順序排列。

② 里耶秦簡還有"令佐某視平"或"令佐某監"的出稟記録。就里耶秦簡來看,令佐的職事與令史無明顯區別。令佐可能與令史職事相同(而非其下級或助手)但待遇有别:令史爲斗食級待遇;令佐爲佐史級待遇,可能有"見習令史"的意味。因此本文不單獨討論令佐。

③ 《睡虎地秦墓竹簡》,釋文 150、154 頁。

④ 《睡虎地秦墓竹簡》,釋文 56 頁。

臨時指派的形式將令史用於職能部門。

第二,令史承擔機構内的一些後勤雜務。按秦《内史雜》:

> 毋敢以火藏府、書府中。吏已收藏,官嗇夫及吏夜更行官。毋火,乃閉門户。令令史循其廷府。①

所謂"廷府"是中樞辦公場所的一部分,令史負責巡視中樞辦公場所是否有失火的隱患,屬於一種"對内"職事。

第三,令史審查職能部門(稗官)的運作狀況。秦《效律》對此有明確規定:

> 其它冗吏、令史掾計者,及都倉、庫、田、亭嗇夫坐其離官屬於鄉者,如令、丞。
> 司馬令史掾苑計,計有劾,司馬令史坐之,如令史坐官計劾然。②

王偉經過比對秦漢文書後指出,"掾"在秦與漢初是動詞,表示"審核","掾計"就是"審核計";上述兩個條款有密切聯繫③。令史"掾計"其實就是"掾官計",即審查稗官彙報的工作情況;"掾苑計"則是"掾官計"的一種特殊情況,即審核苑稗官的"計"。

令史所承擔的工作主要可以總結爲兩個方面:一是文書政令,包括溝通和爲長吏做成文書;二是對内監督作爲職能部門的稗官,包括直接的監督執行和間接的審查運作效績。按照行政學的描述,輔助部門的功能主要是發揮傳達、督促、檢查作用④。令史的功能恰恰與此相符。因此,令史構成了縣道的輔助部門,有别于作爲職能部門的稗官。最後可根據律令規定的連帶責任關係,檢驗令史和長吏的關係,按《二年律令·津關令》:

> 闌出入塞之津關,黥爲城旦舂;越塞,斬左趾爲城旦;吏卒主者弗得,贖耐;令、丞、令史罰金四兩。⑤

令史承擔的責任和中樞成員(令、丞)相同,而次於職能部門的成員(吏卒主者)。從責任的差异上看,令史和中樞的關係比較密切。但令史并非稗官的上級,其與中樞、稗官的關係衹能是下圖所示的情形:

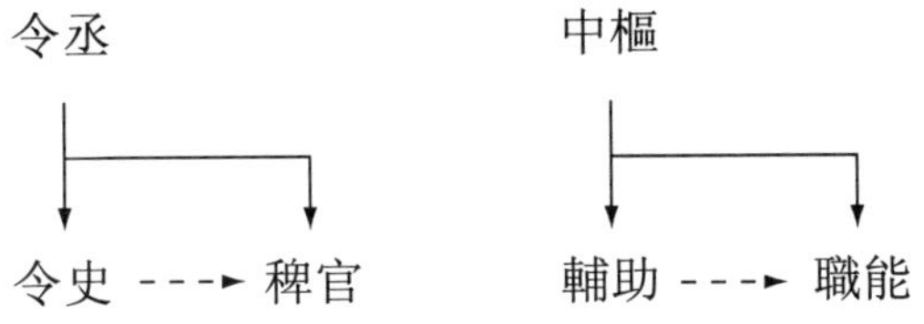

① 《睡虎地秦墓竹簡》,釋文 64 頁。
② 《睡虎地秦墓竹簡》,釋文 76 頁。
③ 王偉:《張家山漢簡〈二年律令〉雜考》,簡帛研究網,2003 年 1 月。
④ 竺乾威主編:《公共行政學(第三版)》,第 192 頁。
⑤ 《二年律令與奏讞書——張家山二四七號漢墓出土法律文獻釋讀》,305 頁。

令史處在這樣的位置,衹能是輔助部門。至此可以斷定:令史構成縣道的輔助部門,準確地説是與令長、丞配套的輔助部門。

衹有"中樞—職能部門"參與的運作衹有單綫統屬關係,很容易理解。一旦加入輔助部門就會形成"三方統屬"的運作。這種形式的運作不能僅看表象,還需深入分析其中的職事關係。還是舉一個里耶秦簡的例子①:

> 卅三年四月辛丑朔丙午,司空騰敢言之:陽陵宜居士伍毋死有貲余錢八千六十四。毋死戍洞庭郡,不知何縣署。今爲寫錢校券一,上謁言洞庭尉,令毋死署所縣責以受陽陵司空,司空不名計,問何縣官,計年爲報。已訾其家,家貧弗能入,乃移戍所。報署主責發。敢言之。
>
> 四月己酉,陽陵守丞厨敢言之:寫上謁報,報署金布發,敢言之。ノ儋手　　(9-1)

這是一個陽陵縣發出的文書,由兩部分組成:前半是司空的辦事内容,後半是中樞(此處爲縣丞)的辦事内容。注意其中的"主責":整理者將其解釋爲"司職催繳貲錢"的官員,表面上合情合理,實際上没這麽簡單。文書的前半部分已經寫明討債對象和債務數額,討債的憑證——"錢校券"——也由司空製作;司空請求縣中樞將討債憑證交給洞庭郡尉府,由郡尉府找相應的縣討債。就陽陵縣而言,司空稗官才是負責討債的職能部門。"主責"既不負責討債的具體内容,也不直接找人討債,亦即"主責"本身不具有討債的執行力;它的職事僅僅是"發":在縣廷接收討債事務的文書,屬於輔助性工作。總體事由是"討債",於是所有參與者都脱不開"討債"。但"此討債"和"彼討債"有本質區别,職能部門和輔助部門的功能不能簡單地用"司職某事"一概而論。

類似地,里耶秦簡還有"廷主户發",整理者將"主户"解釋爲"縣署中負責户口和税收的官吏"②。表面上看没什麽問題,實際上仍然没這麽簡單。縣道的鄉部就是負責製作管理户口和徵收賦税的職能部門,"廷主户"明顯在縣廷,不可能是鄉部成員,職事也不可能和鄉部重複。和"主責發"相比較,"主户"應該也是在縣廷受理和經手與民政户口有關的文書,如鄉部呈上的文書。里耶秦簡衹提到"廷主户發",暫無具體事項,但"廷主户"可以在《二年律令·户律》中覓得蹤影:

> 恒以八月令鄉部嗇夫、吏、令史雜案户籍,副藏其廷。有移徙者,輒移户及年籍爵細徙所,并封。③

運作的事務爲"案户"。鄉部是負責賦税户口事務的職能部門,在"案户"過程中,鄉部具有

① 湖南省文物考古研究所:《湘西里耶秦代簡牘選釋》,《中國歷史文物》2003年第1期,第14頁。
② 湖南省文物考古研究所:《湘西里耶秦代簡牘選釋》,《中國歷史文物》2003年第1期,第13頁。
③ 《二年律令與奏讞書——張家山二四七號漢墓出土法律文獻釋讀》,第222頁。

執行力。令史作爲輔助部門的成員，其性質是監督者，在中樞授意下監督鄉部的執行，應該可以算是“廷主户”。儘管從表面上看，令史和鄉部都是“案户”，而且共同運作，但彼此之間還是存在區别。這裏仍然强調運作中的細節差异。

以上分析了的運作實例，有些僅限於强調輔助部門和職能部門的差异，有些則完整呈現了“三方統屬”運作。完整的“三方統屬”運作流程可以歸結爲下圖所示的模型：

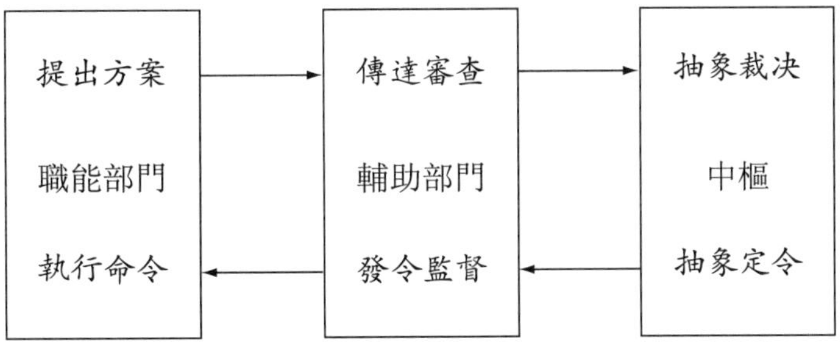

此圖以流程爲基準，包含職事與科層信息。輔助部門處在流程的“樞紐”位置：職能部門需要通過輔助部門和中樞溝通，這一點比較容易理解。中樞自身衹有抽象的領導活動，輔助部門將這種抽象的領導活動“具象化”，使之能作用於職能部門；若没有輔助部門，則中樞衹能自己將領導活動“具象化”，比如自行書寫文書、親臨督辦之類。需要强調的是：輔助部門依托於中樞，自身不能産生對職能部門的領導活動，因此不是職能部門的上級；輔助部門和職能部門的差异在於流程或職事，而非統率與被統率。

諸如“監倉”、“主户”都是輔助部門的分工，比如文書會按照來源或内容分工接收。現在衹剩一個問題還没有解决：具有分工的輔助部門和《洪範五行傳》提到的“共某某”的曹究竟是不是一回事？

還是先以縣廷接收文書爲例：前面舉的里耶秦簡的例子有“廷主户發”，此外又有“廷户曹發”[①]。户曹和“主户”都是在縣廷接受文書，職事完全相同，輔助性工作確實與曹相關，這就看出些端倪了。除了接收文書，前面提到的“掾計”也與曹相關，實例見於兩份里耶秦簡的檔案中[②]：

司空曹計録　船計　器計
贖計……　貲責計　□計
凡五計史尚主　　(8-480)

倉曹計録　禾稼計　貸計　畜計
器計　錢計　徒計　畜官牛計
馬計　羊計　田官計　凡十計史尚主　　(8-481)

① 《里耶秦簡(壹)》，釋文第 25 頁。
② 《里耶秦簡(壹)》，釋文第 34—35 頁。

有個名叫"尚"的史負責"掾計"事務,相應的"計"稱作"司空曹計"和"倉曹計"。這個"尚"不止一次登場[①]:

稻四……倉是、史感、稟人□☐　令史尚視平☐　(8-45)

稻五斗……倉☐　令史尚☐　(8-7)

稻五斗……倉是、史感、稟堂出,稟隸臣☐　令史尚視平　(8-211)

秦律規定"掾計"是令史的輔助性工作,而從"令史尚"來看,負責"司空曹計"和"倉曹計"的"史尚"應該是令史,於是承擔輔助性工作的成員(令史)就和曹聯繫起來。下面的例子包含決定性證據[②]:

資中令史陽里釦伐閱:十一年九月隃爲史,爲鄉史九歲一日,爲田部史四歲三月十一日,爲令史二月

□計　户計　年卅六

可直司空曹　(8-269)

所謂"直曹"表示到某曹當班:"釦"的職位是令史,所謂"直司空曹"就是被指派到司空曹當班。由此可見,曹的成員其實就是承擔輔助性工作的成員,或者説曹是由承擔輔助性工作的成員"填充"的。

至此,縣道的令史與輔助部門之間的關係就完全清楚了:令史組織構成了縣道的輔助部門(猶如今天的"辦公廳"),負責溝通中樞(長吏)與職能部門(稗官)、監督和審查職能部門等事務。輔助部門有不同的辦公場所,也就是曹。每個曹對應特定的輔助性工作,一般是按照職能部門的格局來劃分,如户曹、倉曹、司空曹之類。令史到曹當班,即"直曹"或者"署曹",從而形成分工。"直曹"具有流動性:如令史"尚"負責"司空曹計"和"倉曹計",説明"尚"曾在不同的曹當班。

早期沒有"掾史"的稱呼,被指派"直某曹"的令史相當於掾史的原型。比如一個令史被指派"直户曹",那麼可以稱這個令史爲"主户令史",相當於户曹掾史的原型。但因"直曹"的流動性,早期的曹職不確切,這可以從前引里耶秦簡的一個例子中窺得一斑:

卅三年四月辛丑朔丙午,司空騰敢言之:陽陵宜居士伍毋死有貲余錢八千六十四……已訾其家,家貧弗能入,乃移戍所。報署主責發。敢言之。

四月己酉,陽陵守丞厨敢言之:寫上謁報,報署金布發,敢言之。╱儋手　(9-1)

根據前面的分析,該文書中出現的"主責"和"金布"可確定爲縣廷的曹職。司空希望未來返

① 《里耶秦簡(壹)》,釋文第11、12、23頁。

② 《里耶秦簡(壹)》,釋文第26頁。

回陽陵縣的討債回文由縣廷的"主責"接收,而縣丞要求回文注明由"金布"接收。縣丞在縣廷辦公,肯定清楚縣廷的成員配置;既然縣丞讓"金布"而不是"主責"接收,要麽是縣廷根本没有"主責",要麽是縣廷的"主責"不幹這種差事,總之涉及金錢的討債文書應由"金布"接收[①]。司空祇是根據自己的理解覺得縣廷有個"主責"接收討債類文書,實際上完全不是這麽回事。本縣稗官尚且搞不清楚本縣曹職,足見曹職的不確切性。這一時期曹的意義可能在於保存某類文書的場所:比如與户口有關的文書都保存在户曹,如果要辦理與户口有關的輔助性事務,就到户曹當班。此時曹雖然已經包含特定的分工,但還算不上確切的部門,而且不論人力還是科層完善程度都無法和稗官相比。

除了令史,尉史也與輔助部門相關。李迎春考證早期的尉史跟隨尉從事治安、"更卒番上"等相關事務[②]。縣道治安、"更卒番上"事務皆有相應的稗官(職能部門)負責執行,尉史不能和稗官的職能重複,祇能是隨從尉承擔輔助性工作,比如收發文書、監督職能部門之類。尉史與長吏的關係也可以根據責任關係加以檢驗:

> □□□□發及斗殺人而不得,官嗇夫、士吏、吏部主者,罰金各二兩,尉、尉史各一兩。[③]

尉史承擔的責任和中樞(尉)相同,而次於職能部門的成員(官嗇夫等)。從責任的差异上看,尉史和尉的關係比較密切。但尉史不是稗官的上級,其與尉、稗官的關係如下圖所示:

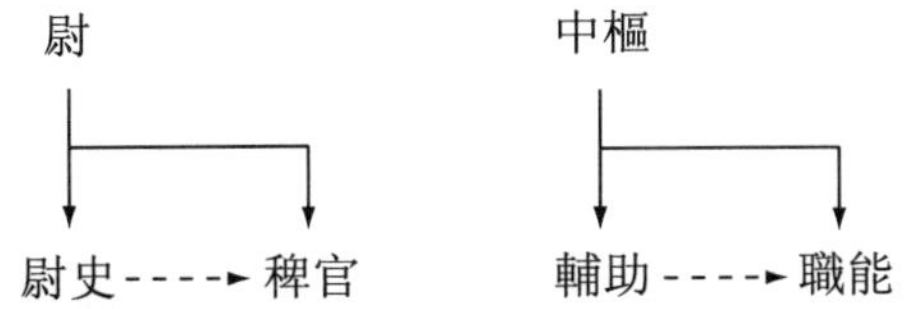

不論是職事還是所處的位置,尉史都表現出輔助部門的特徵。準確地説,尉史是與尉配套的輔助部門。

諸如都官等其它基層機構既有稗官,也有令史和尉史,比照縣道即可。現在對基層機構的輔助部門進行一番總結:中樞將各種輔助性工作——包括中樞與職能部門(稗官)之間的文書政令溝通、審查或監督職能部門的運作等——指派給令史、尉史之類的成員,通常以分曹的方式形成分工;"直曹"的成員相當於後來的曹職掾史。

① 根據本節開始所引里耶秦簡遷陵縣丞與少内往來文書的經驗,爲陽陵縣丞寫文書的"儋"應該就是縣丞所謂的"金布"。

② 李迎春:《漢代的尉史》,簡帛網,2009年6月。

③ 《二年律令與奏讞書——張家山二四七號漢墓出土法律文獻釋讀》,第150頁。

五、稗官與諸曹并立的格局

秦漢時期的基層機構中,稗官爲職能部門,諸曹爲輔助部門;雙方共同參與運作,發揮不同的作用。至此再回顧《洪範五行傳》,其中的深意就一覽無餘了:十二支稗官具體承擔縣道的各種職能,十支諸曹分别在特定的事項上(爲長吏)提供輔助;"共某某"的職事意味着諸曹衹有在長吏和稗官的基礎上才有存在意義,或者説在邏輯上後於長吏和稗官出現。

第四節的流程圖顯示,輔助部門的曹在流程上比職能部門的稗官更靠近中樞長吏。按照一種傳統的理解方法,曹可以算"内",稗官可以算"外"。但本文并未以"内外"之别描述曹和稗官的差异,而是以"三方統屬型"行政組織的輔助部門和職能部門作爲曹和稗官的性質鑒定,還是出於準確性的考慮。

所謂"内外",本質上是以空間直觀感受描述運作流程上的相對關係:中樞機關往往深居官署九重之内,因而固定爲"最内";流程上靠近中樞機關組織往往在空間位置上也靠近中樞機關,就是"内";流程上遠離中樞機關的組織往往在空間位置上也遠離中樞機關,就是"外"。與職能機關相比,輔助機關在流程上更靠近中樞機關,直觀感受就是"内"。但空間意義上的"内外"没有一個確切的分界:若以縣廷官署作爲空間界限,諸曹確實在縣廷的範圍内,而獄史組織也在這個範圍内(簡牘中還有"獄史曹"之類的説法);但不論根據現代行政學方法判斷,還是根據《洪範五行傳》自有表述,獄史組織到底不同於曹。因此,以空間或辦公場所意義的"内外"表述曹和稗官的差异尚且不如《洪範五行傳》的分類法。

現代行政學對於輔助部門和職能部門的劃分,本質上還是基於功能的差异。而《洪範五行傳》恰恰也將諸曹和稗官的功能表述爲兩類。由此可見,輔助部門和職能部門的差异其實在古人的觀念中就已經存在了,衹不過没有像今天這麽表述而已。嚴耕望將地方政府的部門分爲"綱紀"、"門下"、"列曹"三類,"綱紀"指總揆衆務,"門下"指親近職,"列曹"指各分職;"綱紀"在廣義上也屬於"門下",衹因稍有些特殊而單獨算作一類①。這已非常接近現代行政學的分類:廣義的"門下"是輔助部門,"列曹"是職能部門。衹因使用傳統名詞進行表述,其中的深意反而不容易爲人所理解。

戰國時代,稗官已經成爲秦的基層機構的職能部門。西漢繼承秦舊制,《二年律令·秩律》和《洪範五行傳》皆可爲證。曹作爲基層機構的輔助部門,也是秦代舊制。從尹灣漢墓簡牘來看,直到西漢後期稗官和曹依然并立。然而到東漢,稗官淡出視野。《續漢書·百官志》叙述縣道的建制完全是另一種模樣:

① 嚴耕望:《中國地方行政制度史:秦漢地方行政制度》,第124頁。

萬户以上爲令,不滿爲長。侯國爲相。皆秦制也。丞各一人。尉大縣二人,小縣一人。本注曰:丞署文書,典知倉獄。尉主盜賊。凡有賊發,主名不立,則推索行尋,案察奸宄,以起端緒。各署諸曹掾史。本注曰:諸曹略如郡員……

鄉置有秩、三老、游徼。本注曰:有秩,郡所署,秩百石,掌一鄉人;其鄉小者,縣置嗇夫一人。皆主知民善惡,爲役先後,知民貧富,爲賦多少,平其差品。三老掌教化……游徼掌徼循,禁司奸盜。又有鄉佐,屬鄉,主民,收賦税。

亭有亭長,以禁盜賊。本注曰:亭長,主求捕盜賊,承望都尉。[①]

稗官僅剩鄉部和"尉官"(游徼、亭長),而且看起來像是縣道之外的組織。其它的部門一概是曹。都官的情況也是如此:

永元五年,考工所造六石機,郭工鏤伯作,造工蘇、太僕護工掾岷、令恭、丞霸、掾閏、史成主。[②]

這條銘文反映了東漢考工都官的情況。令、丞以下就是曹職掾史,稗官嗇夫之類的都銷聲匿迹。稗官和曹之間究竟發生了什麽,是值得今後探討的議題。

① 《後漢書》志二八《百官五》,3623 頁。

② 許俊臣、劉得禎:《甘肅環縣發現一件東漢弩機》,《考古與文物》1986 年第 4 期,109 頁。

秦漢簡牘所見日書相關問題考察*

東北師範大學文學院　白軍鵬

内容提要　本文對斯坦因二探所發現的一枚日書簡中的"大小時"、"反支"、"解衙"等重新進行考察，提出新的見解。對《香港中文大學文物館藏簡牘》中簡84-87進行復原，并聯繫"放馬灘簡"中《六十甲子》及"尹灣漢簡"中"六甲占雨圖"等與這組簡册第三部分相驗證。

關鍵詞　大時　反支　解衙　"港藏"

斯坦因第二次中亞考古發掘中，在編號爲T.Ⅵb.1的烽燧遺址采獲了二百多枚漢簡，[①]其中一枚沙宛編號爲182，《流沙墜簡》歸於"術數類"下，題爲"吉凶宜忌殘簡"。羅振玉所作釋文爲："正月，大時在東方害卯，小時丑在東方害寅，子朔巳反支，辰解律。"林梅村、李均明所編《疏勒河流域出土漢簡》一書將其編爲153號，釋文與羅氏同；甘肅省文物考古研究所編《敦煌漢簡》及中國簡牘集成編輯委員會編《中國簡牘集成·甘肅卷上》編號爲1691，釋文亦同；大庭脩《大英圖書館藏敦煌漢簡》一書編號與林、李書同，釋文"反"作"丈"，與勞榦《敦煌漢簡校文》同。

此簡雖一枚，但是牽涉到很多古代日書的問題，因此我們打算以此簡爲出發點對相關問題做進一步的考察。

---

* 本文的寫作受到國家"十一五"重大科技攻關項目"兩漢、吴、魏、晋簡牘文字的搜集與整理"的資助。項目編號：0610-1041BJNF2328/7。

① 據王國維考證，此即漢代凌胡燧，今名灣窑墩。見《流沙墜簡》附録後之附圖及表。

裘錫圭先生在《考古發現的秦漢文字資料對於校讀古籍的重要性》一文中引用此簡前半部分作:"正月大時在東方舍卯,小時并在東方舍寅。"無論從字形還是從後面的討論來看,無疑,裘先生的釋文當是正確的。①

一、大時、小時

傳世文獻關於"大時"、"小時"最早的記載在《淮南子·天文》中。

斗杓爲小歲,正月建寅,月從左行十二辰,咸池爲太歲,二月建卯,月從右行四仲,終而複始,太歲迎者辱,背者强,左者衰,右者昌,小歲東南則生,西北則殺,不可迎也,而可背也,不可左也,而可右也,其此之謂也。大時者,咸池也,小時者,月建也。

在"睡虎地秦簡"(以下簡稱"睡簡")《日書》甲種有一篇題爲《歲》的,劉樂賢先生曾將其運行規律用表格的方式很清楚的表示出來:

月份	歲在	東	南	西	北
正、五、九	東方	旦亡	遇殃	數反其向	大祥
二、六、十	南方	大祥	旦亡	遇殃	數反其向
三、七、十一	西方	數反其向	大祥	旦亡	遇殃
四、八、十二	北方	遇殃	數反其向	大祥	旦亡

"睡簡"中還有《遷徙》(劉樂賢擬名)和《嫁子刑》兩篇,鄭剛和劉樂賢認爲這三篇當有密切聯繫。劉氏指出"'遷徙篇'和'嫁子刑篇'雖未標有'歲'字,但以其内容按之,顯然也是以'歲'爲判斷吉凶的依據。"②他對後面兩篇也進行了整理,并以表格表示出:

遷徙篇③:

	東	東南	南	西南	西	西北	北	東北
一、五、九	毄	剌離	精	室毀	困	辱	大吉	小吉
二、六、十	大吉	小吉	毄	剌離	精	室毀	困	辱

① 裘文發表在《中國社會科學》1980年第5期,後收入《古代文史研究新探》,南京:江蘇古籍出版社,1992。但是裘文并未解釋如此釋寫的原因,據胡文輝稱,他曾去信詢問,裘先生的答覆是"我據字形('害'上的'宀'從無作'人'者,應是'舍'字多寫一横)、字義(流沙墜簡吉凶宜忌簡2,亦即疏勒河628有'舍酉'、'舍子'之語,'舍'子用法與此同)定爲'舍'"見胡氏《釋"歲"——以睡虎地〈日書〉爲中心》(《中國早期方術與文獻研究》,廣州:中山大學出版社,2000)一文注36。

② 劉樂賢:《睡虎地秦簡日書研究》,臺北:文津出版社,1994,104頁。

③ 劉樂賢:《睡虎地秦簡日書研究》,88頁。

續表

三、七、十一	困	辱	大吉	小吉	嗀	刺離	精	毁
四、八、十二	精	毁	困	辱	大吉	小吉	嗀	刺離

嫁子刑篇①：

	正東	東南	正南	西南	正西	西北	正北	東北
一、五、九	盡	鬥	夬麗	執辱	郗逐	續光	吉富	反向
二、六、十	吉富	反向	盡	鬥	夬麗	執辱	郗逐	續光
三、七、十一	郗逐	續光	吉富	反向	盡	鬥	夬麗	執辱
四、八、十二	夬麗	執辱	郗逐	續光	吉富	反向	盡	鬥

關於《歲篇》中的"歲"何指，曾憲通、鄭剛、李零、劉樂賢諸家均有解釋，具體請參劉樂賢《睡虎地秦簡日書研究》相關部分，此處不再贅述。

胡文輝指出，在"睡簡"中還有另外一種"歲"，分别存於同源异流的甲種《病》篇和乙種《有疾》，將其内容歸結爲圖表如下②：

	東方木	南方火	中央土	西方金	北方水
有疾	甲乙	丙丁	戊己	庚辛	壬癸
死	青	赤	黄	白	黑
"煩"所在	東	南	邦中	西	北
"歲"所在	東	南	西	西	北

同時，他結合《淮南子·時則》、《禮記·月令》等所載五行與十二月相配，將"歲"在一年十二月中的運行情况歸納如下③：

月份	一	二	三	四	五	六	七	八	九	十	十一	十二
"歲"所在	東	東	東	南	南	南	西	西	西	北	北	北

他通過觀察《淮南子·天文》中大、小歲的運行，發現《病》、《有疾》篇的"歲"與《淮南

① 劉樂賢：《睡虎地秦簡日書研究》，287 頁。
② 胡文輝：《釋"歲"——以睡虎地〈日書〉爲中心》，《中國早期方術與文獻研究》，93 頁。
③ 胡文輝：《釋"歲"——以睡虎地〈日書〉爲中心》，《中國早期方術與文獻研究》，94 頁。

子》中的"小歲"運行規律相同,均是自東至南至西至北,并且每三月居一方。一年而行一周。而《歲》篇的"歲"則與《淮南子》中的"太歲"的運行極爲接近,均是每四個月行一周,一年三周。衹是《歲》篇的"歲"是自東而南而西而北,而《淮南子》中的"太歲"則是自東而北而西而南。他認爲"太歲"是具有左行(東南西北)和右行(東北西南)兩種運行方式。不過無論是"睡簡"中的兩種"歲"還是《淮南子》中的"太歲"和"小歲"均是其所在的方位凶,而與之相對或距離遠的方位吉。

前面所引《淮南子·天文》中已經明確提到"咸池爲太歲","大時者,咸池也。"而"小時"也就是"月建",亦即"小歲"。因此,"睡簡"中的第二種"歲"可以認爲就是"敦煌漢簡"和《淮南子》中的"小時",而《歲》篇等的"歲"則可以與"大時"和"太歲"聯繫起來。

2006年出版的《隨州孔家坡漢簡》(以下簡稱"孔簡")中亦有關於"大時"、"小時"的記載,其中《時》篇的內容如下(圓括號內爲所補缺字,尖括號內爲改正之錯字。):

時　正月,小時居寅,大時(居)卯,不可東徙　111 壹
二月,小時居卯,大時居子,不可北徙　112 壹
三月,小時居辰,大時居酉,不可東〈西〉徙　113 壹
四月,小時、大時并居南方,不可南徙　114 壹
五月,小時居午,大時居卯,不可東南徙　115 壹
……徙　116 壹
徙……　117 壹
……徙　118 壹
……徙　119 壹
……可北徙　120 壹
……不可西北徙　121 壹
……　122 壹

整理者對所缺部分作了擬補:[①]

六月,小時居未,大時居子,不可……徙
七月,小時、大時并居西方,不可西徙
八月,小時居酉,大時居午,不可西南徙
九月,小時居戌,大時居卯,不可……徙

① 湖北省文物考古研究所、隨州市考古隊:《隨州孔家坡漢墓簡牘》,北京:文物出版社,2006,141頁。

十月，小時、大時并居北方，不可北徙

十一月，小時居子，大時居酉，不可西北徙

十二月，小時居丑，大時居午，不可……徙

此篇所講爲每月“大時”、“小時”所居之位及不可徙的方位。陳炫瑋在《孔家坡漢簡日書研究》一文中結合以往的資料總結了三條徙忌規律[①]：

一、大時與小時同處一個方位時，此方位即爲不可徙之方位，如正月、四月、十月。

二、若大時與小時所居的辰位爲四仲，且彼此的位置相差在四辰以內，則不可徙往之方位爲迎大時的方位及迎小時的方位，如二月、五月、十一月。

三、若大時與小時所居的辰位超過四辰以上，則不可徙往之方位爲迎大時的方位，如三月。

根據此規律，陳先生將《時》篇復原如下：

時	正月，小時居寅，大時居卯，不可東徙	111 壹
	二月，小時居卯，大時居子，不可東、北徙	112 壹
	三月，小時居辰，大時居酉，不可西徙	113 壹
	四月，小時、大時并居南方，不可南徙	114 壹
	五月，小時居午，大時居卯，不可東、南徙	115 壹
	六月，小時居未，大時居子，不可北徙	116 壹
	七月，小時、大時并居西方，不可西徙	117 壹
	八月，小時居酉，大時居午，不可西、南徙	118 壹
	九月，小時居戌，大時居卯，不可東徙	119 壹
	十月，小時、大時并居北方，不可北徙	120 壹
	十一月，小時居子，大時居酉，不可西、北徙	121 壹
	十二月，小時居丑，大時居午，不可南徙	122 壹

陸平則不同意陳氏的觀點，他認爲“日書的安排并不如此複雜，而是將大時與小時所處的方位都作爲不可徙往的方向。這樣孔簡二月的‘北徙’需補爲‘東北徙’，三月的‘東徙’需補爲‘東西徙’，其餘殘存的不可徙往的方位均與表中各月大小時所居方位吻合。”[②]

馬王堆三號漢墓出土有《雜療方》及與之相關的“禹藏圖”（見附圖一），關於此，已經有學者聯繫“大、小時”來討論，《雜療方》的內容爲：

---

① 陳炫瑋：《孔家坡漢簡日書研究》，新竹：清華大學歷史研究所碩士論文，61-62 頁。

② 陸平：《散見漢日書零簡輯證》，簡帛網，2010 年 12 月 17 日。

禹臧(藏)貍(埋)包(胞)圖法:貍(埋)包(胞),避小時、大時所在。以産月,視數多者貍(埋)包(胞)□

胡文輝在考察"禹藏圖"後發現十二個小圖中兩個"死"字的方位變化有一定的規律:二者均左行,其中一個"死"衹居於四仲,一個月徙一方,四個月繞行四方一周,十二個月繞行四方三周;另一個"死"則是按照次序每月居一辰,十二個月繞行一周。

兩者結合,他列表如下:

月份		一	二	三	四	五	六	七	八	九	十	十一	十二
第一種死	十二辰	卯	午	酉	子	卯	午	酉	子	卯	午	酉	子
	方位	東	南	西	北	東	南	西	北	東	南	西	北
第二種死	十二辰	寅	卯	辰	巳	午	未	申	酉	戌	亥	子	丑
	方位	東			南			西			北		

他指出第一個"死"其實就是"大時"(亦即"睡簡"《歲》篇等中的"歲"和《淮南子・天文》中的"太歲"),第二個"死"則是"小時"(亦即"睡簡"《病》篇等的"歲"和《淮南子・天文》中的"小歲")。"所謂'避小時、大時所在'就是説要避開這些寫有'死'字的方位。"[①]

我們認爲"孔簡"《時》篇的徙忌當與"禹藏圖"中的避死原理相同,也就是避免徙往"大時"和"小時"所居的方位。因此陸氏的觀點當是正確的。當然,馬王堆的第一種"死"其運行方向爲左行,也就是按照"東南西北"的方向運行,而"孔簡"中的"大時"則是右行,即按照"東北西南"的方向運行,這是應該注意的。

因此,我們參照胡表將"孔簡"《時》篇的内容以表格形式表述如下:

月份		一	二	三	四	五	六	七	八	九	十	十一	十二
大時	十二辰	卯	子	酉	午	卯	子	酉	午	卯	子	酉	午
	方位	東	北	西	南	東	北	西	南	東	北	西	南
	徙忌	東	北	西	南	東	北	西	南	東	北	西	南
小時	十二辰	寅	卯	辰	巳	午	未	申	酉	戌	亥	子	丑
	方位	東			南			西			北		
	徙忌	東			南			西			北		

① 胡文釋:《釋"歲"——以睡虎地〈日書〉爲中心》,《中國早期方術與文獻研究》,102頁。

二、反支和解銜

在對“反支”進行解釋時學者往往引《後漢書》章懷太子注。《後漢書·王符傳》“公車以反支日不受章奏”。注謂“凡反支日,用月朔爲正。戌亥朔一日反支,申酉朔二日反支,午未朔三日反支,辰巳朔四日反支,寅卯朔五日反支,子丑朔六日反支。”并謂此説“見《陰陽書》”。

陳夢家先生在《漢簡綴述》中曾列表表示“反支”日的推算結果①:

戌、亥	申、酉	午、未	辰、巳	寅、卯	子、丑
一	二	三	四	五	六
七	八	九	十	十一	十二
十三	十四	十五	十六	十七	十八
十九	廿	廿一	廿二	廿三	廿四
廿五	廿六	廿七	廿八	廿九	三十

由陳表可知,每月當有五“反支”。銀雀山漢墓2號墓出土有《元光元年曆譜》,亦載有每月“反支”日的情況。劉樂賢將其稍作調整,以表表示如下②:

朔日地支	反支日地支				
子	巳	亥	巳	亥	巳
丑	午	子	午	子	午
寅	午	子	午	子	午
卯	未	丑	未	丑	未
辰	未	丑	未	丑	未
巳	申	寅	申	寅	申
午	申	寅	申	寅	申
未	酉	卯	酉	卯	酉
申	酉	卯	酉	卯	酉
酉	戌	辰	戌	辰	戌

① 陳夢家:《漢簡綴述》,北京:中華書局,2004,238頁。

② 劉樂賢:《尹灣漢墓出土曆譜及其相關問題》,《華學》第3輯,北京:紫金城出版社,1998,255頁。

戌　　　　　　戌　辰　戌　辰　戌
亥　　　　　　亥　巳　亥　巳　亥

此外,成書於宋代的《武經總要》亦有較詳細的記載,與前引陳表和《元光元年曆譜》合,衹是在子丑朔時無三十日,因此當月有四個"反支"日,這大概反映的是當時某小月的情況。總之,從這些材料中可以看到,漢代每月最多當有五個"反支"日。

出土文獻中關於"反支"的記載年代最早的見於"睡簡"《反枳(支)》篇:

反枳(支):子丑朔,六日反枳(支),寅卯朔,五日反枳(支),辰巳朔,四日反枳(支),午未朔,三日反枳(支),申酉朔,二日反枳(支),戌亥朔,一日反枳(支)。復卒其日,子有(又)復反枳(支)。一月當有三反枳(支)。

從"睡簡"反映的情況看,當時是每月三"反支"。李學勤先生在《〈日書〉中的〈艮山圖〉》一文中,引述《日書·反支》篇的時候在"一月當有三反支"的"三"後面標注"(應爲五)",可見他是將"三"視爲"五"之訛。① 劉樂賢在《睡虎地秦簡日書"反支篇"及其相關問題》一文中提出了一種新的看法。他認爲解决此問題的着眼點應該放在"復卒其日,子有(又)復反枳(支)"兩句上。"'復卒其日',乃是再接着數完十二地支中剩下的那些日子。舉例來説,如朔日的地支是子,第6日巳日是反支日,然後再接着數完十二地支中巳日以後的日支,那樣就輪到了下一個子日,所以簡文接着説'有(又)復反枳(支)'。這樣一來,每月就衹有三個反支日了。因爲每月衹有三十天左右,十二地支最多衹能輪流用三次。"②

我們基本同意他對"復卒其日"的解釋,即"再接着數完十二地支中剩下的那些日子",但是這個"復"似乎可以理解爲"重復",而非"再接着"。《説文》"復,往來也。""复,行故道也。"郝懿行謂"复、復音義同。"③段玉裁認爲"彳部之復乃後增也","復行而复廢"④"行故道"即"重復"之義。而劉氏之後的解釋似嫌迂曲,我們先回到"睡簡"對"反支"的解釋:"子丑朔,六日反枳(支)"。比如某月朔日爲子,則六日爲"巳",按照傳統的看法,還應該繼續數六日到"亥",但是根據"睡簡""反支"的解釋,我們完全可以不考慮"再六日",而是在"復卒其日"的過程中,只數與"巳"重復的"反支",即只數"巳",這樣,數完之後,恰好共有三個"巳"日。也就是"一月當有三反枳(支)"。

但是前面我們已經知道,漢代明明有一月五"反支"的情況,這又該如何解釋呢?劉樂賢認爲:"最初的反支日很可能是從一月五反支,到睡虎地秦簡《日書》時代的一月三反支乃是

① 李學勤:《簡帛佚籍與學術史》,南昌:江西教育出版社,2001,147頁。

② 劉樂賢:《睡虎地秦簡日書"反支篇"及其相關問題》,《簡帛研究》第1輯,北京:法律出版社,1993,57-58頁。

③ 郝懿行:《爾雅義疏》,上海古籍出版社,1983,356頁。

④ 段玉裁:《説文解字注》,杭州:浙江古籍出版社,1998,232頁。

爲了減少每月中的反支數目而做的調整。到漢代,又恢復了原來的規定。我們希望將來能在戰國或戰國之前的墓葬中能發現一月五反支的材料。"[①]但是這種説法似乎不能讓人信服。

前引"孔簡"中亦有《反支》篇(方括號内部分爲後補,下同):

【子朔,巳、亥反】支	123 壹
【丑朔,午、子反】支	124 壹
寅朔,午、子反支	125 壹
【卯】朔,未、丑反支	126 壹
辰朔,未、丑反支	127 壹
巳朔,申、寅反支	128 壹
午朔,申、寅反支	129 壹
未朔,酉、卯反支	130 壹
申朔,酉、卯反支	131 壹
酉朔,戌、辰反支	132 壹
戌朔,戌、辰反支	133 壹
亥朔,亥、巳反支	134 壹

反支:反支日,入一出百,出一入百。求反支日,先道朔日始,數其雌也,從亥始數(135 壹)右行雄也,從戌先行前□其□□□□□□□□□□□衝(136 壹)前自得(劉、陳二文在引述時均作"其前得"殆出於筆誤),爲有事;後自得,爲事已(137 壹)。

後來一些學者對 135-137 簡的釋文進行校訂,最後爲:

反支:反支日,入一出百,出一入百。求反支日,先道朔日始數。其雌也,從亥始數(135 壹)右行。雄也,從戌始,左行。前禺(遇),其日爲反〈支〉□□□□□□□衝(136 壹)。前自得,爲有事;後自得,爲事已(137 壹)。[②]

學者們在研究這篇時大都着眼於後半部分"反支"的求法問題上。各自提出了不同的推算方法,但是却没有取得一致的意見。這些我們後面會談到。此篇前面的"反支"日清楚的表明每月亦當有五"反支"。這一材料的發現,是否説明我們前面關於"反支"的推測有誤呢?

出土文獻中關於"反支"的記載還有一些零星的材料。除本文所討論的這枚之外,在居延、敦煌、尹灣等地所發現的漢簡中亦有記載:

---

① 劉樂賢:《睡虎地秦簡日書"反支篇"及其相關問題》,《簡帛研究》第 1 輯,60 頁。

② 陸平:《散見漢日書零簡輯證》,簡帛網,2010 年 12 月 17 日。

本始四年曆譜[①]:

六月癸酉朔,二日甲戌,反支。

八月壬申朔,二日癸酉建,反支。

永元六年曆譜[②]:

七月丙辰朔,二十八日閉,反支。

十二月癸丑朔,十八日庚午定,□,反支。

元延三年五月曆譜:

五月小,建日午,反支未,解衍丑,復丁癸,臽日乙,月省未,月殺丑,□□子。

《香港中文大學文物館藏簡牘》(以下簡稱“港藏”)有題爲《吏篇》的十一枚簡,其中第84-87號簡當單獨(與他簡)成爲一篇。現將這四枚簡的内容揭示如下:

卯解衙　辰旦凶晏食吉日中日失(昳)凶夕吉　甲辰乙巳丙午丁未戊申己酉庚戌辛亥簡84

申□酉□□卯解衙　巳旦吉晏食日中吉日失(昳)夕凶　甲午乙未丙申丁酉戊戌己亥簡85

未旦吉晏食可日中夕凶日□　甲子乙丑丙寅丁卯戊辰己巳庚午辛未壬申癸酉　亥有賊簡86

亥旦□日中□□晏食日□□簡87

陸平將簡85“申”後一字補爲“朔”字,“酉”下兩字補爲“反支”二字,并將“巳”字改釋爲“卯”,將簡87“中”下一字補爲“可”,最後一“日”字後補爲“失(昳)”字,從字形和辭例來看是正確的。[③] 這四枚簡中,簡84、85較爲完整,可以看出每枚簡由三部分組成,第一部分爲“反支”、“解衙”等内容,第二部分爲倒書,内容爲一日之中不同時段的吉凶,第三部分爲干支表。在《散見漢日書零簡輯證》(以下正文中提到此文簡稱《散見》)一文中他又將簡84上部補爲“未朔酉反支。”[④]這也是正確的。陸文將此四枚簡歸入《禹須臾所以見人日》下,在“放簡”和“孔簡”中,都有《禹須臾所以見人日》,其内容與“港藏”84-87第二部分内容極爲

① 參陳夢家《漢簡綴述》,釋文可參謝桂華等《居延漢簡釋文合校》111.6,北京:文物出版社,1987,181頁。

② 同上,惟陳氏所引有誤,當作:“十八日庚午定,反支,□”。釋文參《敦煌漢簡》1968A、1968B,北京:中華書局,1991,292頁。

③ 陸平:《讀港藏〈日書〉簡札記九則》,復旦大學出土文獻與古文字研究中心網站,2008年8月28日。

④ 陸平:《散見漢日書零簡輯證》,簡帛網,2010年12月17日。

相似,他又將"港藏"、"放簡"、"孔簡"的這一相關内容製成對照表,很方便對比觀察。[①]

由這些材料看,每月的"反支"均是由朔日推算出的第一個地支日(如丑朔,有午反支,而無子反支),這與我們前面的推測是吻合的。而在這些漢簡中,"反支"後面又往往有"解衍"、"解銜"、"解律"。劉樂賢在前引《尹灣漢墓出土曆譜及其相關問題》一文的注釋中已經提到"敦煌漢簡"中的"解律"疑與《元延三年五月曆譜》的"解衍"有關。并加注括號説"律、衍字形也相近。"而"銜"、"衍"聲近,因此這三個名稱很可能就是一個名稱的假借和訛誤。(爲便稱引,下面均以"解銜"代稱)

通過觀察,可以發現所謂的"解銜"都是緊接在"反支"的後面,而且其日支均屬於"一月五反支"中的第二(四)個"反支"。而將其與"三反支"相加,恰好就是"一月五反支"。循此思路,我們曾懷疑"敦煌漢簡"中的"辰解律","辰"當爲"亥"之誤。這兩個字在漢簡中的寫法極爲相似。可以舉幾個例子:

亥:《居延漢簡甲乙編》162.14 《居延漢簡甲乙編》15.18

本簡中所謂的"辰"作,從字形上看無疑是和"亥"很接近的。

後來我們發現陸平在《散見》一文中已經有類似的推測,并説"睡甲系(引者按,即三反支日)和解銜系後來合并爲孔甲系(引者按,即五反支日)反支。"[②]

可見,陸氏認爲"三反支"在前,"五反支"在後,這與劉樂賢的觀點正相左。我們以爲二氏的説法都是有問題的。因爲由現有出土材料看,"三反支"與"五反支"在漢代是同時存在的,而且完全不能看出它們有先後的關係。依劉氏的觀點,到了漢代又恢復了一月"五反支",但是就前面所舉例子來看,這種"三反支"的情况在漢代也是很普遍的。

事實上,所謂的"三反支"與"五反支"極有可能是同時并存的,甚至是同一系統的東西。

首先,由前面我們推測"三反支"的情况可以發現,按照"睡簡"和李賢注所説的推算"反支"的方法,其實可以得到兩種結果,但是這兩種結果又是有密切聯繫的:"三反支"完全包含於"五反支",且"三反支"與"解銜"在"五反支"系統中完全互補。這説明"解銜"與"反支"有着極爲密切的關係。

其次,前文已經提到,關於"孔簡"《反支篇》所載"反支"日的求法,已經有學者進行研究,其中劉增貴先生認爲這里記述了兩種"反支"求法。并按照文意進行推算,得出如下兩表:

① 陸平:《散見漢日書零簡輯證》,簡帛網,2010年12月17日。
② 陸平:《散見漢日書零簡輯證》,簡帛網,2010年12月17日。

表一　雌(右行)反支表

月朔日(右行)	亥	戌	酉	申	未	午	巳	辰	卯	寅	丑	子
從朔日起反行(左行)日數	1	1	2	2	3	3	4	4	5	5	6	6
反支日	亥巳	戌辰	戌辰	酉卯	酉卯	申寅	申寅	未丑	未丑	午子	午子	巳亥

表二　雄(左行)反支表

月朔日(左行)	戌	亥	子	丑	寅	卯	辰	巳	午	未	申	酉
從朔日起反行(右行)日數	1	1	2	2	3	3	4	4	5	5	6	6
反支日	戌辰	亥巳	亥巳	子午	子午	丑未	丑未	寅申	寅申	卯酉	卯酉	辰戌

他認爲"由以上看,雌雄兩種求反支日的方法,方向雖相反,但結果所得却相同。"并提出"由於'雌右行'而左返,所'反'的方向爲'左行'(順行),這與六十甲子的日子爲順行是一致的,較便於計算,因此'雄左行'而右返的方法逐漸消失。"①

陳炫瑋認爲"雄左行"模式應該有問題,因爲"睡簡"《日書》中衹存在"雌右行"的模式。他推測《孔簡・反支》的"雄雌"與運行方向無關,而是指日之雌雄。據《淮南子・天文》"雄以音知雌,故爲奇辰",因此子、寅、辰、午、申、戌爲雄,而丑、卯、巳、未、酉、亥六辰爲雌。他的推算方法是當月朔日爲子、寅、辰、午、申、戌時,先從戌朔開始推算,戌朔數完之後,再依左行順序推算其餘的奇辰,而當月朔日爲丑、卯、巳、未、酉、亥時,則先從亥朔開始推算,亥朔算完之後,再依右行順序推算其餘的偶辰。這樣推算出來的結果與睡簡的日數相合,和文獻所載的數據相合。②

我們認爲陳氏對"雄左行"的懷疑是有道理的。不僅以前從未見有與"雄左行"相同的"反支"模式,而且按照劉氏所推算的"雄左行",其結果與以往所見者也并非如其所謂"全同"。對比劉氏兩表我們就可以清楚的發現:十二日中有六日的"反支"日順序是相反的。這其實便與傳統算法相違了。比如朔日爲寅,按照以往的算法,則當以第五日爲"反支"日,那麼自然爲午日,而按劉氏所推,則似應爲子日。而且這樣推算,若有"三反支"時其結果當有一半不同。

但是另一方面,陳氏的推算方法又太過複雜,而且具體推算時又運用了傳統算法,因此與其説是一種推算,更不如説是一種對傳統算法的驗證。

陸平認爲"根據簡文,雌神右行,雄神左行。在雌、雄神日徙一辰的同時,日支也按左行

① 劉增貴:《"左右"、"雌雄"與"反"——孔家坡〈日書・反支〉考釋》,《簡帛》第3輯,上海古籍出版社,2008,239頁。
② 陳炫瑋:《孔家坡漢簡日書研究》,71頁。

的方向變化。由於雄神與日支變化的順序和速度一致,所以雄神與日支永遠不會相遇(除朔日爲戌時,但此時雄神與日支同行,不存在相遇)。衹有雌神爲右行,能在某天與日支相遇,也就是簡文所謂的'前遇'。而且在中國古代數術系統中,雌所居被認爲是不祥之日。"①

按照他的推算,若朔日爲偶辰,則結果與傳統算法完全相同,若朔日爲奇辰,則較複雜,他説"當朔日爲子,日干支與雌神在第六天與第七天交界時交錯而過,這正如簡文形容的'前遇'。此時以相遇前的一天爲"反支"日,所以簡文最後有'前自得,爲有事;後自得,爲事已。'這種計前不計後的原則,與《淮南子·天文訓》的'合於歲前則死亡,合於歲後則無殃'是一致的。"

陸氏認爲雌、雄(并非二神,詳後)與日支相遇的想法是有啓發性的。但是衹認爲雌與日支相遇則值得懷疑,尤其是按照他的算法,當朔日爲奇辰時,便需要將"反支"日往前移一日。這無疑與他批評劉文的"繁瑣"一致了。而他聯繫"前遇"等所作的解釋也是有問題的(詳後文)。

陳炫瑋在文章中將雌、雄與奇、偶辰聯繫起來,我們認爲是可取的,理由陳氏文中已經談到,這裏不再贅述。聯繫簡文的解釋,我們也試擬了一個"反支"推算法。

但是在這之前,我們要先弄清楚一件事。那就是"左行"還是"先行"的問題。在《孔家坡漢墓簡牘》一書中,整理者釋作"先行",劉增貴先生最早將這段文字與《淮南子·天文》聯繫起來,認爲所謂的"先行"當是"左行"。即雌右行,雄左行,這與《淮南子》所記北斗神之雌神右行、雄神左行相一致。但是陳炫瑋已經指出,《淮南子》中二神的運行是月徙一辰,而本篇的雌雄分明是日徙一辰。而且我們看到《淮南子》謂其"北斗之神",而此簡中衹説"雌"、"雄",未言二神,更未言與北斗有關。所以陳氏認爲"雄雌"與運行方向無關,而是指日之雌雄是很有道理的。

下面我們再來看這個始釋"先"後改釋爲"左"的字:,劉增貴和陳炫瑋都舉例證明其似"左"而非似"先",但是他們所的舉證其實并不堅强,劉氏認爲第二劃原釋爲一横劃者,其實不在一直綫上,他的意思是將第二劃左半部分作爲"左"的一撇,但是我們以爲還是視爲一劃更接近實情。此字與標準的"先"字所不同者惟左下方少一小撇,但是漢簡文字偶爾少寫一兩筆是十分常見的。

準此,我們認爲雌雄均是右行,而雄先行,這與傳統上雌雄(或陰陽、天地)的先後順序也吻合。從而可以介紹我們的推算方法:

雄從戌先行,以與奇辰支日相會日及其相對爲"反支",雌神後行,以與偶辰支日相會日及其相對爲"反支"。戌、亥日因與雌、雄運行起始日重合,自然可以視爲當日相遇,故是日即

① 陸平:《散見漢日書零簡輯證》,簡帛網,2010年12月17日。

爲“反支”日。

以表格形式表述如下（陸平在文中曾列兩表，以示其推算方法。我們表的格式參考了陸表）：

表一：雄由戌行，黑體字爲反支日

	朔日——→											
	子	丑	寅	卯	辰	**巳**	午	未	申	酉	戌	**亥**
	寅	卯	辰	巳	**午**	未	申	酉	戌	亥	**子**	丑
	辰	巳	午	**未**	申	酉	戌	亥	子	**丑**	寅	卯
	午	未	**申**	酉	戌	亥	子	丑	**寅**	卯	辰	巳
	申	**酉**	戌	亥	子	丑	寅	**卯**	辰	巳	午	未
	戌	亥	子	丑	寅	卯	**辰**	巳	午	未	申	酉
雄	戌	酉	申	未	午	巳	辰	卯	寅	丑	子	亥

表二：雌由亥行，黑體字爲反支日

	朔日——→											
	丑	寅	卯	辰	巳	**午**	未	申	酉	戌	亥	**子**
	卯	辰	巳	午	**未**	申	酉	戌	亥	子	**丑**	寅
	巳	午	未	**申**	酉	戌	亥	子	丑	**寅**	卯	辰
	未	申	**酉**	戌	亥	子	丑	寅	**卯**	辰	巳	午
	酉	**戌**	亥	子	丑	寅	卯	**辰**	巳	午	未	申
	亥	子	丑	寅	卯	辰	**巳**	午	未	申	酉	戌
雌	亥	戌	酉	申	未	午	巳	辰	卯	寅	丑	子

其實，雌、雄從出發到各自回到初始位置，要經過兩次相遇，首次相遇即簡文所謂的“前遇”，第二次相遇則當爲“後遇”，回到初始位置後繼續運行，則每月當有三次“前遇”，兩次“後遇”。“前遇”和“後遇”之日即“反支”日。

我們前面已經提到“三反支”和“解衜”在“五反支”系統中完全互補，亦即“解衜”日即孔簡的“後遇”日。因此，我們有理由將“孔簡”136壹所缺部分補爲“後遇，其日爲解衝（衜）。”

我們看最後一字，其字形爲：，比較模糊，并不能肯定就是“衝”，而從輪廓來看，與

“銜”亦很接近。“港藏”中的兩個“銜”字分别作：（簡 85）、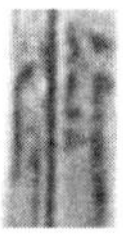（簡 84），其實也不是十分清楚，但大體的輪廓還是近似的。因此，將此字釋爲“銜”從字形上也説得過去。我們還仔細測量過這枚簡的相關部分，發現，如果將從“前”到“銜”的整個距離（雖然“銜”字與前面的字已經斷開，但是由簡 134、簡 135 等的長度和編繩位置可以推斷出斷開部分的距離，見附圖二）平均分開，則中點恰在“支”字後。可見我們所補的部分從字數上看也是吻合的。

我們前面推測“三反支”與“五反支”應該是同時并存，并可能是同一系統的東西。經由上面對孔家坡漢簡《反支》篇的解讀，似乎是可信的。

“孔簡”最後還提到“前自得，爲有事，後自得，爲事已。”劉、陳二文并未作解釋。陸文在討論奇辰與“雌神”相遇該提前一日時援以爲證。認爲是“計前不計後”。我們以爲此“前”、“後”似與“前遇”、“後遇”相關。因此“後遇”（解銜）當不是大凶，而是“事已”。這可以幫助我們了解“解銜”一詞的含義。關於此詞，諸家衹確定其爲一神煞名，但是究其真正含義，劉樂賢認爲“在選擇書籍中尚未找到，有待於進一步研究。”[①]“港藏”整理者認爲當是“解除官銜”[②]。

漢魏六朝時期墓葬中常有“注解瓶”，也叫“解注瓶”、“鎮墓瓶”，其内容通常爲死者“解除咎殃”等。又如“港藏”晋代“松人木牘”亦有言“故作松柏人以解咎殃”。我們推測，所謂的“解銜”大概也是解除“咎殃”、“不祥”之義。其或爲“反支”日，或與“反支”日相對，因此所解之“銜”當與“反支”大有關聯。

在古代選擇書中有神煞名“解神”，《協紀辨方書》引《總要歷》曰“解神者，月中善神也，所值之日宜上詞章、雪冤枉。”引《歷例》曰“正二月申，三四月戌，五六月子，七八月寅，九十月辰，十一月十二月午也。”又引曹震圭説曰“解神者，月中奏對直諫之臣也，常居與月建相對之陽辰，與太歲中奏書一義，蓋忠直之臣不處私陰之位也。”[③]

在“五反支”系統中，兩個“反支”日所居之支位亦處在相對位置上。而且由上引材料可知，“解神”所值之日宜上詞章，或“奏對”、“直諫”；而據《後漢書》所載，“反支”日則“公車不受奏章”，《歷例》謂“其日忌上表章”，兩者恰有相反之關聯。衹是“解神”依月建，因此每月所值之日固定，而“反支”依月朔，所以不是固定的。但是，“解神”似乎可以説明我們對“解銜”日的相關推測是正確的。

當然，關於“解銜”，由於材料有限，我們衹能做出如上推測，實情究竟如何，還有待更多

---

① 劉樂賢：《尹灣漢墓出土曆譜及其相關問題》，《華學》第 3 輯，256 頁。

② 陳松長：《香港中文大學文物館藏簡牘》，海天印刷有限公司，2001，42 頁。

③ 允禄等：《協紀辨方書》，《四庫術數類叢書・九》，上海古籍出版社，1991 年，811-300。

材料的證明。

最後應該指出的是,"天水放馬灘秦簡"(以下簡稱"放簡")中亦有關於"反支"的記載:

子朔巳亥,丑朔子午,寅朔子午,卯朔丑未,辰朔丑未,巳朔寅申,午朔寅申,未朔☐ 乙一二七

亥朔巳亥,是胃反支。以徙官,十徙以得憂者十喜以亡者得十。斲囚,亟出。不可冠帶、見人、取婦、嫁女、入臣妾及田 乙一二八

其中乙一二七後有殘缺,但是依據前面的簡文可以很容易將其補全,所缺部分當爲"卯酉,申朔卯酉,酉朔辰戌,戌朔辰戌"。晏昌貴先生將所缺部分補爲"卯、酉;申朔,辰、戌;酉朔,辰、酉;戌朔,乙、亥",[①]不知何故。此外,"反支"的"支"原簡作"只",與"睡簡"作"枳"近似,而當讀爲"支"。戰國秦漢簡牘中從"支"之字,絶大部分都假借從"只"的字。

"放簡""反支"與我們之前所見有很大的不同,這就是"反支"日的順序。除子朔"反支"日與前面所見相同外,其餘各日均相反。這是以往所未見的,如此計算"反支",與傳統推算方法和"孔簡""反支"日求法不同。這是否説明"反支"日還有不同的推算方法呢?仔細觀察,我們發現,"放簡"每個月的"反支"日是有規律的,即都是按照由"子"到"亥"的順序來書寫。如丑、寅朔的"反支"日是子、午,子在十二支中列首位,午爲第七位,再如巳、午朔"反支"日爲寅、申,在十二支的順序中,顯然也是寅在前,申在後;而反觀傳統的"反支"(五反支)順序,除子朔外所有"反支"日的兩個日辰在十二支的順序中均是先後辰,再前辰。如丑、寅朔,"反支"日爲午、子,即是先"後支"再"前支",因此我們推測大概是"放簡"抄寫者不懂數術,見"反支"日兩個日辰順序"顛倒",便自行按照正常順序進行"更正"。而子朔因爲反支日爲巳、亥,順序"不誤",因此未變。

三、"港藏"一組簡册的復原

在前引《散見》一文中,陸氏將這四枚簡的順序按85、84、86、87排列解説,在文末附録4《港中大館藏漢簡日書圖版》一文中,亦按照85、84、86、87的的順序編排,顯然也是按照《禹須臾所以見人日》的順序來排列,但是這樣命名與編排似乎有欠妥當。因爲這幾枚簡的内容并不僅是《禹須臾所以見人日》,如此命名有失偏頗,而且將85置於84前,雖然表面上照顧到了《禹須臾所以見人日》的順序,但是却仍然值得商榷,因爲《禹須臾所以見人日》的部分是倒書,因此,若按順序亦理應倒讀,這樣,簡85"卯"便應置於簡84"辰"右,而翻轉過來則應

---

① 晏昌貴:《天水放馬灘秦簡〈日書〉分篇釋文(稿)》,《簡帛》第5輯,上海古籍出版社,2010,26頁。

在其左,因此仍應是簡 84 在前,簡 85 在後。

循此思路,我們試圖將此部分簡册復原。顯然,這四枚并非整個簡册的全部内容,由第一、二部分可以很容易推測整篇當由十二枚簡(亦可能由包括一枚寫有篇題的十三枚簡,下文討論中衹考慮十二枚的情況)組成。由地支的順序,亦不難推測簡 84 與簡 85 當相聯,而且簡 85 之後應當有三枚簡,分别是"酉朔"、"戌朔"、"亥朔",而如此編排,恰好與第二部分的《禹須臾所以見人日》相合,因爲簡 85 是"卯",其前面恰好當爲"子"、"丑"、"寅",亦爲三枚。這樣,按照順序,又很容易可以知道整個簡册的第一枚簡當是簡 87,而簡 86 第二部分的"未"自然可以作爲整個簡册的第五枚。因此,結合前面關於相關問題的論述,我們復原的册書如下:

【子朔巳反支亥解衙】	亥旦□日中可□晏食日失(昳)□	一(簡 87)
【丑朔午反支子解衙】	【戌旦】……	二
【寅朔午反支子解衙】	【酉旦】……	三
【卯朔未反支丑解衙】	【申旦】……	四
【辰朔未反支丑解衙】	未旦吉晏食可日中夕凶日□	五(簡 86)
【巳朔申反支寅解衙】	【午旦】……	六
【午朔申反支寅解衙】	【巳旦】……	七
【未朔酉反支】卯解衙	辰旦凶晏食吉日中日失(昳)凶夕吉	八(簡 84)
申朔酉反支卯解衙	卯旦吉晏食日中吉日失(昳)夕凶	九(簡 85)
【酉朔戌反支辰解衙】	【寅旦】……	十
【戌朔戌反支辰解衙】	【丑旦】……	十一
【亥朔亥反支巳解衙】	【子旦】……	十二

但是這個復原的簡册是衹包含第一、二兩個部分的,因爲最初編聯的時候我們考慮了整個簡三部分的順序,第三部分是六甲表,簡 84、85、86 分别爲甲辰、甲午、甲子,六甲順序爲甲子、甲戌、甲申、甲午、甲辰、甲寅,若依次,則這三枚簡的順序當爲 86、(中間缺兩枚)簡 85、簡 84,但是這樣編排勢必會造成第一、二兩部分的混亂。因此如何編排干支表成爲整個復原過程的重點。

"放簡"中有《六十甲子》,是與《雜忌》置於一起的,共十枚(有兩枚各缺一部分),上半部分爲《雜忌》,下半部分則爲《六十甲子》。孫占宇將《六十甲子》部分排序如下[①]:

甲子、乙丑、丙寅、丁卯、戊辰、己巳、庚午、辛未、壬申、癸酉　　乙 223 貳

① 孫占宇:《放馬灘秦簡日書整理與研究》,西北師範大學博士學位論文,2008,122-123 頁。

甲寅、乙卯、丙辰、丁巳、戊午、己未、庚申、辛酉、壬戌、癸亥　乙 236 貳
甲辰、乙巳、丙午、丁未、戊申、己酉、庚戌、辛亥 乙 235 貳(未字原文作盡,應屬筆誤)
壬子、癸丑　乙 243 貳
甲午、乙未、丙申、丁酉、戊戌、己亥　乙 310 貳
庚子、辛丑、壬寅、癸卯　乙 56 貳
甲申、乙酉、丙戌、丁亥　乙 234 貳
【戊子、己丑、庚寅、辛卯、壬辰、癸巳】　乙 374
甲戌、乙亥　乙 213 貳
丙子、丁丑、戊寅、己卯、庚辰、辛巳、壬午、癸未　乙 237 貳

因此《雜忌》部分的簡序爲:

□□:丙午、戌、庚午、乙卯、巳丙、戌、壬辰、癸卯、五寅,吉日:乙巳、未亥、甲午、乙未、丑、丙辰、丁亥　乙 223 壹

□忌:丁丑、未亥、乙亥、丙辰,吉日:庚寅、乙丑、癸未、壬辰、戌、戊辰　乙 236 壹

雞忌:辛巳、庚辰、未卯、寅丙、辰、丁亥,吉日:乙巳、丙戌、辰、庚午、壬　乙 235 壹

卜忌:丁未、戊戌、壬戌、壬午、戊午、壬申,吉日:乙丑、庚辰、壬辰、己亥、己丑、未己、酉　乙 243 壹

……壬戌　吉日:乙丑、乙未、甲辰、辛丑、亥丑、丙申、丁酉、辛巳　乙 310 壹

衣忌:丁酉、丁亥、丙午、辰、戊戌、五寅,吉日:辛巳、辛丑、丁丑、丁巳、癸丑　乙 234 壹

……乙巳,未己、壬癸、丁丑、未丑、辛、五戊、戊辰,吉日:甲寅、丙午、甲寅、午未　乙 374 壹

毋毒之方:□必審睢桮中不見童子勿□言酉日□□子之惡主□□毒毆　乙 213 壹

主忌:壬辰、戌、丁酉、癸亥、未、乙巳、丙申,吉日:辛巳、未、卯、庚、寅、辰　乙 237 壹

孫氏的編排似乎看不出什麽根據,《六十甲子》部分,并未按正常的順序排列,而且這樣編排下來,《雜忌》部分亦有不協調的地方,雖然各種“忌”、“吉”之間看不出順序,但是其中的“毋毒之方”顯然應該置於篇首或篇尾。當然,孫氏寫作此文時《天水放馬灘秦簡》一書尚未出版,故所依底本部分釋文存在不少問題。

在《天水放馬灘秦簡》及《天水放馬灘秦簡集釋》二書中,整理者對這一部分内容作了重新編排,而且釋文也更正了不少,其上部《雜忌》部分作:

毋毒之方飲必審睢桮中不見童子勿飲言酉甘味稚子之惡主□杞毒毆　一四四
衣忌丁酉丁亥丙午辰戊戌壬寅・吉日辛巳辛丑丁丑丁巳癸丑　一四五
・井忌己巳庚申壬戌・吉日乙丑乙未甲辰辛丑亥丑丙申丁酉辛巳　一四六

·雜忌辛巳庚辰未卯寅丙辰丁亥·吉日乙巳丙戌辰庚午甲辰— 一四七

□未丙午□□甲午乙卯巳丙戌壬辰癸卯五寅·吉日乙巳未亥甲午乙未丑丙辰丁亥 一四八

·彘忌丁丑未亥乙亥丙辰·吉日庚寅乙丑癸未壬辰戌戊辰 一四九

·羊忌壬辰戌丁酉癸亥未乙巳丙申·吉日辛巳未卯庚寅辰 一五〇

乙巳未己壬癸丁丑未丑辛丑戊戌辰·吉日甲寅丙午甲寅午未 一五一

…… 一五二

·卜忌丁未戊戌壬午戊午壬申·吉日乙丑庚辰壬辰己亥己丑庚己酉 一五三

《六十甲子》部分爲：

甲戌　乙亥 一四四

甲申乙酉　丙戌丁亥 一四五

甲午乙未丙申　丁酉戊戌己亥 一四六

甲辰乙巳丙午丁未　戊申己酉庚戌辛亥 一四七

甲子乙丑丙寅丁卯戊辰　己巳庚午辛未壬申癸酉 一四八

甲寅乙卯丙辰丁巳戊午　己未庚申辛酉壬戌癸亥 一四九

丙子丁丑戊寅己卯　庚辰辛巳壬午癸未 一五〇

【戊子己丑庚寅　辛卯壬辰癸巳】 一五一

庚子辛丑　壬寅癸卯 一五二

壬子　癸丑 一五三

如此編排,《六十甲子》部分的規律非常明顯,即由最中心的"甲子"開始,然後從右到左依次爲"甲戌+丙子"、"甲申+戊子"、"甲午+庚子"、"甲辰+壬子"、"甲寅",這樣也照顧到了"雜忌"部分,將"毋毒之方"置於篇首。當然,這種編排我們覺得還有可以改進的地方,即應將簡一四八與簡一四九調换,這樣,"甲子"到"甲戌"無需跳過"甲寅",而"甲辰"到"甲寅"亦無需跳過"甲子"。①

尹灣漢簡亦有所謂的"六甲占雨圖"：

甲寅乙卯　　右

甲辰乙巳丙午丁未

甲午乙未丙申丁酉戊戌己亥

① 馮先思和晏昌貴二位先生亦有如此看法,馮先思:《讀放馬灘〈日書〉筆記二則》,復旦大學出土文獻與古文字研究中心網站,2010年1月16日;晏昌貴:《天水放馬灘秦簡〈日書〉分篇釋文(稿)》,《簡帛》第5輯,29頁。

甲申乙酉丙戌丁亥戊子己丑庚寅辛卯
甲子乙丑丙寅丁卯戊辰己巳庚午辛未壬申癸酉
甲戌乙亥丙子丁丑戊寅己卯庚辰辛巳壬午癸未
丙辰丁巳戊午己未庚申辛酉壬戌癸亥
戊申己酉庚戌辛亥壬子癸丑
庚子辛丑壬寅癸卯
壬辰癸巳　　左

從整個六甲圖看,二者是很接近的。而且顯然"放簡"整理者對"甲子"和"甲寅"的順序也是參考尹灣漢簡中"甲子"和"甲戌"的情況而來的。當然,區别也還是有的,比如"放簡"中(調整後)"甲寅"一系干支最多,而在尹灣漢簡中則恰好是最少的,依次類推,如此一來,兩圖的左側部分内容便有很大不同,而且顯然"放簡"的排列比尹灣漢簡更具有規律性。

以此爲綫索,依照第一、二部分的簡序,第三部分復原後爲:

【壬子癸丑】	一(簡 87)
【庚子辛丑壬寅癸卯】	二
【戊子己丑庚寅辛卯壬辰癸巳】	三
【丙子丁丑戊寅己卯庚辰辛巳壬午癸未】	四
甲子乙丑丙寅丁卯戊辰己巳庚午辛未壬申癸酉亥有賊	五(簡 86)
	六
【甲寅乙卯丙辰丁巳戊午己未庚申辛酉壬戌癸亥】	七
甲辰乙巳丙午丁未戊申己酉庚戌辛亥	八(簡 84)
甲午乙未丙申丁酉戊戌己亥	九(簡 85)
【甲申乙酉丙戌丁亥】	十
【甲戌乙亥】	十一
	十二

關於"干支表"部分有幾點需要説明:

首先,按照簡 85、86 的干支來看,似乎應該每簡書十組干支,整個簡册,恰好容兩個"甲子"(簡 85 由"甲午"寫到"己亥",下部殘缺,不知是否還有文字)。但是仔細觀察簡 84,在"辛亥"後面應該已經無字,這樣,對"干支表"就不能按照常見的六甲表順序和字數考慮,衹能另闢蹊徑。

其次,因爲如此編排須寫於十枚簡上,而整篇册書有十二枚,這就涉及到"干支"部分有兩枚簡無字或寫有篇題或其它内容,而編聯之後無字部分的位置又恰好可以檢驗編排的正確與否。依照我們的復原,空白簡爲簡六與簡十二,按照簡牘標題格式,標題可書於簡册首簡或末簡正面,因此可以假定簡十二書寫篇題,因此這樣編排完全不影響整個“干支表”的整體效果。當然,即使簡十二只作爲空白簡,也仍然不影響“干支表”的效果。而第六枚簡空白(或書寫與此相關的内容),則恰好將左右兩部分平均分開。

第三,如此編排,“干支表”部分整體是由左向右的順序,這樣似乎與常見的情況有違,我考慮造成這種結果的原因大概與第二部分是倒書有關。我們已經知道,這篇册書由三部分組成,在書寫的時候書寫者應該是先將第一部分的内容順次書於每枚簡上,然後翻轉過來書寫第二部分,在書寫完第二部分後再次翻轉過來時(經過兩次翻轉後)便誤將順序顛倒,在簡十二上書寫篇名,然後順次將“甲戌”、“甲申”等書於簡上。當然,如此書寫亦有可能是有意爲之,我們看尹灣漢簡,從“甲子”到“甲寅”其整體順序也是從左到右的,這或許與占筮的内容相關。因此,加上前面兩表,現在我們見到的這種“六甲”表已經有三個,而且排列方式各有异同,值得注意。

第四,簡 86“亥”後尚存二字,整理者釋爲“有賊”,因圖版不清,暫依整理者釋,其它三枚中干支結束後則無字,此二字究竟有何意義,尚不能明。

後記:本文完成後,看到森和先生在簡帛網(2008 年 8 月 22 日)上發布的《從離日與反支日看〈日書〉的繼承關係》一文。文中有對“孔家坡漢簡”中“反支”的推算方法的討論,有些與本文相合。但是森和先生文中認爲“左”是“右”之誤字則是本文不能同意的,而且其文中對推算方法的標示也稍嫌繁瑣,請參看。

附圖一

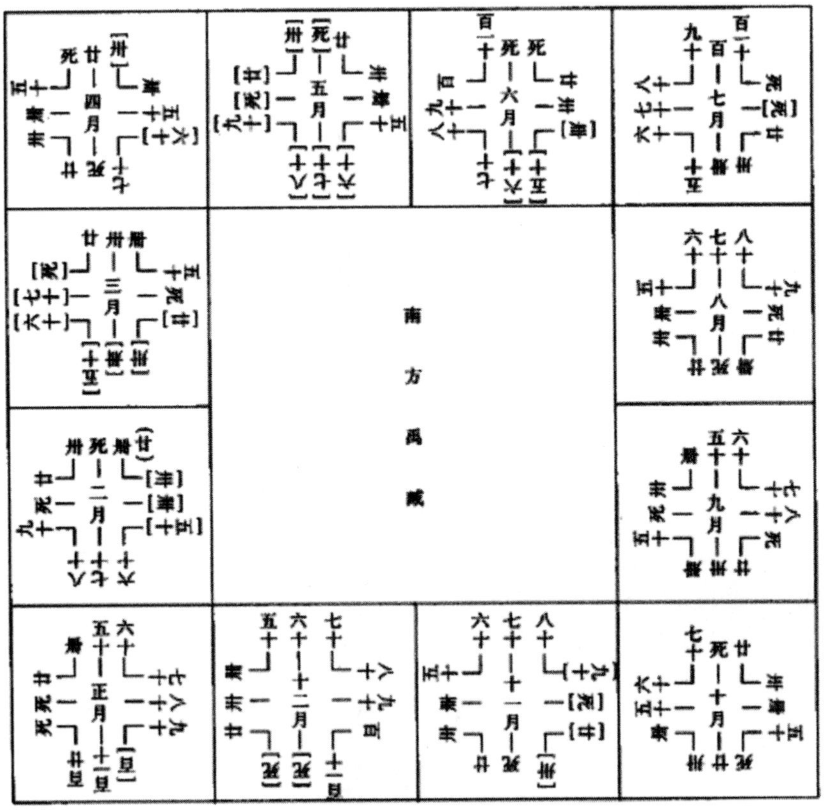

圖一 “南方禹藏图”(复原图)

附圖二

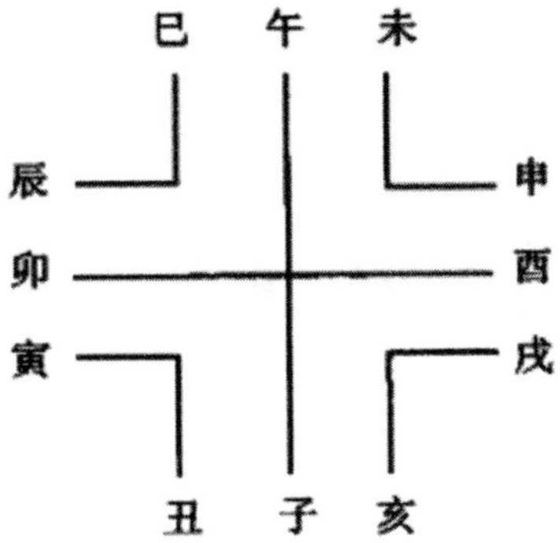

圖二 十二辰方位图

讀《銀雀山漢墓竹簡〔貳〕》"論政論兵類"札記

復旦大學歷史學系　林志鵬

内容提要　本文考釋銀雀山漢墓所出"論政論兵"類竹書部分疑難字詞,如讀《將敗》"睘用"、"睘鬬"之"睘"爲"旋"。將《爲國之過》"而其勞佚人也不等=進"校爲"而其勞佚人也不以等進";釋"其所以使民之埶"之"埶"爲"設";"而无以論其吏大夫之士非士"校讀爲"而无以論其吏事之非"。讀《五名五共》"兵有五共"之"共"爲"恐";釋"軍無所粱"之"粱"爲"梁"。將《十陣》"所以吴"、"將以吴"之"吴"讀爲"虞";"或擊或頯"、"擊舟頯津"之"頯"讀爲"戾";"鼓罪=莊"釋爲"鼓羽蜚壯"。此外,還討論了《患之》、《十陣》所見的"葰"字,將之分別讀爲"慫"、"聳"。

關鍵詞　銀雀山漢簡　論政論兵　十陣　爲國之過

一

《將敗》"十七曰□,十八曰賊"(簡994)

簡文前句末字殘,整理者疑殘字爲"膊"①。鵬按,據右旁殘存筆畫來看,似與同墓所出竹書"傅"字所從相近②。若釋作"膊",疑讀爲"暴"。"膊",古音滂母鐸部;"暴",并母藥部。音近可通。《説文》:"膊,薄脯,膊(暴)之屋上。"③"膊"與"暴"可能爲一組同源字,故《廣

① 銀雀山漢墓整理小組:《銀雀山漢墓竹簡〔貳〕》,北京:文物出版社,2010,137頁,注釋2。

② 參看駢宇騫《銀雀山漢簡文字編》,北京:文物出版社,2001,271-272頁。

③ 鵬按,"膊之屋上",段玉裁《説文解字注》讀爲"薄之屋上",并訓薄爲迫,此則讀"膊"爲"暴",訓爲曬。

雅·釋詁二》云:"膞,曝也。"《方言》卷七也説:"膊、曬、晞,暴也。東齊及秦之西鄙言相暴僇爲膊。燕之外郊、朝鮮洌水之間凡暴肉、發人之私、披牛羊之五藏謂之膊。"簡文"暴"訓爲虐,與下句"賊"意義相類,《説苑·脩文》謂紂"剛厲暴賊,而卒以滅"即以二字連言,《管子·形勢解》論人之大失有"爲主而賊,爲父母而暴"亦二者對文。

二

《將失》"收亂民而睘用之,止北卒而睘鬬之,无資而有資,可敗也"(簡 995-996)

整理者將二"睘"字讀爲還,訓"北"爲敗走。"无資而有資",引《尉繚子·攻權》"六畜未聚,五穀未收,財用未斂,則雖有資無資矣"爲説[①]。張震澤則指出《尉繚子》之"資"似指資用,簡文則訓爲憑藉,二者用法有异[②]。鵬按,"睘"疑讀爲"旋",同墓所出《善者》簡 1163"道(蹈)白刃而不還踵"、《將德》簡 1206"賞不逾日,罰不睘面",還、睘皆通作"旋",是其證。簡文"旋"用爲疾、速之義。"无資而有資",二"資"字義稍别,前"資"指資與,後"資"指資取。簡文謂將所收亂民和敗卒旋即投入戰鬥,無所資給而馬上取用,故可敗也。

三

《兵之恒失》"兵之恒失正爲民之所不安爲……"(簡 1009)

整理者讀作"兵之恒失,正爲民之所不安爲……"[③]鵬按,疑讀作"兵之恒失正,爲民之所不安,爲……"簡文"正"屬上讀,"失正"一詞見於文獻,如《春秋穀梁傳》桓公九年"曹伯使其世子射姑來朝……使世子伉諸侯之禮而來朝,曹伯失正矣。"《晏子春秋·問下》載晏子告叔向語:"卑而不失尊,曲而不失正者,以民爲本也。"

四

《爲國之過》"欲士卒之輯陸□□也,而其勞佚人也不等=進"(簡 1052)

---

① 《銀雀山漢墓竹簡〔貳〕》,138 頁,注釋 3。

② 張震澤:《孫臏兵法校理》,北京:中華書局,1984,182 頁,注釋 2。

③ 《銀雀山漢墓竹簡〔貳〕》,139 頁。

簡文"陸",整理者讀爲"睦";"不等=進",讀爲"不等等進"[①]。鵬按,"輯"訓爲和,"輯睦"即"和睦",整理者説是。"不等=進"疑本作"不以等進",簡文奪"以"字,"等"下重文符疑衍。"等"即階級、等差。簡文謂欲使士卒和睦,但安排勞佚却不以等差,此爲治國之過。

五

《爲國之過》"欲吏之毋穫民利也,而其所以使民之埶易姦也"(簡1058)

整理者讀"埶"爲"勢"[②]。鵬按,簡文"埶"疑讀爲"設",指政事之設置。古音"埶"爲疑母月部,"設"爲書母月部,音近可通。馬王堆帛書《繆和》:"列埶尤尊,賞禄甚厚"、"埶爲賞慶爵列"、"埶列爵位之尊"等文句之"埶",裘錫圭先生已指出當讀爲"設",并引《荀子·儒效》及武威漢簡《儀禮》中"埶"通爲"設"爲證[③]。

六

《爲國之過》"而无以論其吏大夫之士非士"(簡1062-1063)

本篇論"爲國之過"有十五,其中第九條爲"欲吏之廉忠毋□官也,欲民之毋行姦要利也,而无以論其吏大夫之士非士,故其吏大夫多不矜節,民多姦。"此條見於簡1062、1063。簡1062由三段殘簡綴合,殘斷處在"毋"、"而"二字下,"毋"字後尚缺一字[④]。鵬按,"而无以論其吏大夫之士非士"當有衍誤,疑本作"而无以論其吏士(事)之非","大夫"二字涉下文"吏大夫"而衍,并誤重"士"字。本篇第八條句式與此類似,其中有"而无以審其吏治之失"一句(見簡1060-1061),正與"而无以論其吏士(事)之非"對應,"吏士"疑讀爲"吏事"。

七

《五名五共》"兵有五共五暴"、"軍無所梁"(簡1167)

---

① 《銀雀山漢墓竹簡〔貳〕》,142頁。

② 《銀雀山漢墓竹簡〔貳〕》,142頁。按,竹書圖版"民之埶"三字已殘泐,姑依整理者説釋。

③ 裘錫圭:《出土古文獻與其他出土文字資料在古籍校讀方面的重要作用》,其著《中國出土古文獻十講》,上海:復旦大學出版社,2004,173-175頁。

④ 《銀雀山漢墓竹簡〔貳〕》,16頁(圖版)、143頁(釋文)。按,簡1063亦由兩段簡綴合,但兩段簡殘斷處吻合,無缺字。

整理者將篇題及簡文的“五共”讀爲“五恭”[①]。所謂“五共”爲軍隊進入敵境後之事,即“入境而共,軍失其常;再舉而共,軍無所梁;三舉而共,軍失其事;四舉而共,軍無食;五舉而共,軍不及事。”鵬按,諸“共”字讀爲“恭”頗費解[②],疑當讀爲“恐”。恐者,使之怖懼也。楚帛書乙篇“恭民之未知”,李零先生讀“恭”爲“恐”[③],“恭”從“共”聲,可爲“共”、“恐”相通之佐證。

“軍無所梁”之“梁”,整理者讀爲“糧”,張震澤則認爲“梁”指“稻粱”,爲加食,與下文“軍無食”之“食”爲常食有别[④]。鵬按,“梁”訓爲稻粱或讀爲“糧”,似不可通,且與下文“軍無食”義複。“梁”疑讀爲“梁”,訓爲通。“梁”之本義爲橋,故引申有交通往來之意。“軍無所梁”指軍無所通、所援者,陷於孤立。

八

《患之》“天地之菍行其國”(簡1276)、《十陣》“鈎楷菍柤”(簡1552)

《患之》論國患,屢見“天地之菍行其國”句,如簡1276“五患曰:有國,天地之菍行其國,身不死,國多灾殃,所謂溺國也。”簡文“菍”,整理者依字隸寫而無説。鵬按,“菍”疑讀爲“慫”,訓爲驚怖。《説文》:“慫,驚也。”字或作“聳”、“悚”、“竦”、“愯”。“天地之慫”指灾异(如彗星、日月食、地震等)而言。

“菍”字又見於本書《十陣》簡1552“水戰之法,必衆其徒而寡其車,令之爲鉤楷菍柤貳輯羸(?)絳皆具。”[⑤]末句所述皆水戰工具,似當讀作“鈎楷、菍柤、貳輯、羸(?)絳”,“輯”可依張震澤説釋爲“楫”,[⑥]“貳楫”、“羸(?)絳”待考。“鈎楷、菍柤”疑即水戰所用之鉤、距。“楷”讀爲“鍇”,《説文》云:“九江謂鐵曰鍇。”《廣雅·釋器》也説:“金、鍇,鐵也。”《方言》卷二:“鍇,堅也。”錢繹《箋疏》:“鍇,通作楷。”鈎楷即鐵製之鉤。水戰用鉤,見《太平御覽》卷315引《伍子胥水戰法》:“大翼一艘,廣丈六尺,長十二丈,容戰士二十六人、櫂五十人,舳艫三人,操長鉤、矛、斧者四,吏僕、射長各一人,凡九十一人。”[⑦]“菍柤”之“菍”可讀爲“聳”或“崇”,訓爲高。柤者,木距也。《説文》:“柤,木閑。”徐鍇《繫傳》:“柤之言阻也。”《廣雅·釋器》:“柤,距也。”鉤、距在水戰中爲一組配對的工具,《墨子·魯問》:“公輸子自魯南游楚焉,始爲舟戰

① 《銀雀山漢墓竹簡〔貳〕》,153頁。
② 對於“五恭”的解釋,可參考張震澤《孫臏兵法校理》,168–169頁。
③ 李零:《長沙子彈庫戰國楚帛書研究》,北京:中華書局,1985,60頁,注釋6。
④ 《銀雀山漢墓竹簡〔貳〕》,153頁;張震澤:《孫臏兵法校理》,169頁,注釋11。
⑤ “羸”字不清,依整理者説隸寫。
⑥ 張震澤:《孫臏兵法校理》,143頁,注釋55。
⑦ 嚴可均:《全上古三代文》卷五,《全上古三代秦漢三國六朝文》,北京:中華書局,1958,第1册,37–38頁。

之器，作爲鉤强之備，退者鉤之，進者强之。”孫詒讓《閒詁》：“畢云：《太平御覽》引作‘謂之鉤拒，退則鉤之，進則拒之也。’詒讓案，退者以物鉤之則不得退，進者以物拒之則不得進，此作‘鉤强’無義，凡‘强’字并當依《御覽》作‘拒’。”[①]鵬按，前人解《魯問》“鉤距”多視爲一器，不無可疑，今得簡文可證鉤、距當爲二物，且質地有别，《六韜·犬韜·練士》謂勇力之士能“拔距伸鉤”，亦鉤、距分言之例。

九

《十陣》“疏陣者，所以吴也”（簡 1532）、“中之薄也，將以吴也”（簡 1535）

本篇所述陣法有“疏陣”、“數陣”，二者相對。簡文説：“疏陣者，所以吴也。”整理者認爲“吴”爲“吠”之异體，惟未論定其借爲何字；張震澤疑此字爲“犯”，但亦未敢肯定[②]。鵬按，“吴”字又見於本篇論“方陣”章（簡 1535）：“方陣之法，必薄中厚旁，居陣在後。中之薄也，將以吴也。”簡文“吴”疑“吴”之誤，二字形近致訛。“吴”當讀爲“虞”，訓爲欺[③]。《廣雅·釋詁二》：“虞，欺也。”王念孫《疏證》云：“《淮南子·繆稱訓》引《屯》六三‘即鹿無虞’，高誘注云：‘虞，欺也。’……宣十五年《左傳》‘我無爾詐，爾無我虞’，謂兩不相欺也。‘虞’與‘詿誤’之‘誤’古聲義并同，《逸周書·官人解》‘營之以物而不誤’，《大戴禮》作‘虞’，是其證矣。”[④]疏陣用於欺敵、誤敵，所以簡文説：“故必疏距間，多其旌旗羽旄。”其陣法“或進或退，或擊或豥，或與之征，或要（邀）其衰。”[⑤]至於方陣“薄中厚旁”，四邊布以重兵，中間則較疏，亦有壯大聲勢、迷惑敵軍的用意。下文論水戰亦云“兵有誤，車有御，徒必察其衆少”，“誤”亦讀爲“虞”。

十

《十陣》“或擊或豥”（簡 1538）、“擊舟豥津”（簡 1554）

前文引述《十陣》“疏陣之法”有“或擊或豥”一句，整理者云：“豥，本輯壹·二三《將過》篇用作‘剛毅’之‘毅’，當即《説文》‘豙’字异體。下文一五五號簡有‘擊舟豥津’之語，亦以‘豥’與‘擊’對舉，其義未詳。”[⑥]鵬按，整理者説是。大徐本《説文》無“豙”字，段玉裁《注》本

① 孫詒讓：《墨子閒詁》，《諸子集成》第 4 册，北京：中華書局，1954，291 頁。
② 《銀雀山漢墓竹簡〔貳〕》，191 頁，注釋 9；張震澤：《孫臏兵法校理》，134 頁，注釋 8。
③ 鵬按，“虞”又有防備之義，簡文若作此訓，義亦可通。
④ 王念孫：《廣雅疏證》（收入《小學名著六種》），北京：中華書局，1998，49 頁。
⑤ 簡文“要”讀爲“邀”，從整理者説。“豥”字之釋讀見本文下條。
⑥ 《銀雀山漢墓竹簡〔貳〕》，191 頁，注釋 24。

據《玉篇》、《廣韻》引《説文》補:"頛,癡頛,不聰明也。"段《注》:"五怪切,十五部,據《廣韻》,此《説文》舊音也。"[①]"頛"、"毅"二字古音皆爲疑母物部,《十陣》"頪(頛)"字疑讀爲"戾"(來母質部),訓爲違、背。簡文論疏陣"或進或退,或擊或頪(戾)","或擊或戾"即"或擊或違"、"或擊或離"之意,"戾"正與前句"退"呼應。下文論水戰之法云:"擊舟頪(戾)津,示民徒來。"戾訓爲背,"戾津"即背對渡口之意。

十一

《十陣》"玄翼之陣,必多旌旗羽旌,鼓罪=莊"(簡 1538)

"玄翼"一詞,整理者缺釋,前文列舉十陣之名作"玄襄"。鵬按,簡文强調玄翼之陣"必多旌旗羽旌",而"翼"字從羽,可見其義與之相關。"翼"疑爲"翔"之异體,"翼"從"襄"得聲,襄、翔二字古音皆爲陽部,聲母則爲心、邪旁紐,音近可通。

"鼓罪=莊",整理者云:"罪,馬王堆帛書或用作'飛'字。此字下之符號可能是重文號,也可能是合文號。如是合文號,則此句當讀作'鼓羽非莊'。"[②]張震澤將"罪"下符號視爲重文符,讀此句爲"鼓罪罪莊",并釋"罪"爲"輩"(訓爲車隊),讀"莊"爲"壯",解此句爲"鼓聲起,車隊輩輩壯盛也。"[③]鵬按,"鼓罪=莊"疑讀爲"鼓羽非(蜚)莊(壯)","蜚"(與"飛"古通用),訓爲飛揚。"鼓羽蜚壯"謂旌旗飛揚、鼓聲雷動,聲勢壯大。

前文簡 1534 説"玄翼之陣,所以疑衆難故也。"其多用旌旗羽旌,蓋有製造聲勢、迷惑敵人之目的[④],作用和前文疏陣"所以虞也"類似。"疑衆難故"之"難"訓爲應對,同書《兵之恒失》簡 1010–1012"欲以國〔兵之所短〕,難敵兵之所長[⑤],耗兵也。欲强國之所寡[⑥],以應敵之所多[⑦],速詘之兵也。備固,不能難敵之器用,陵兵也。"二"難"字與"應"近義互用,可見難可訓應。而此處之"故"亦可讀爲"備固"之"固",衆、固皆指敵軍實力而言[⑧]。

---

① 段玉裁:《説文解字注》上册,許惟賢整理本,南京:鳳凰出版社,2007,738 頁。

② 《銀雀山漢墓竹簡〔貳〕》,192 頁,注釋 36。

③ 張震澤:《孫臏兵法校理》,140 頁,注釋 40。

④ 此點整理者已指出,見《銀雀山漢墓竹簡〔貳〕》,191 頁,注釋 13。

⑤ 此句簡文原作"難敵國兵之所長","國"涉上句"國兵"而衍。此處以"國兵"、"敵兵"相對,下文更以"國"、"敵"對舉。

⑥ 簡文原作"欲强多國之所寡","强"爲動詞,"多"字涉下句"敵之所多"而衍。

⑦ "敵"下原有"國"字,涉上文而衍。

⑧ 張震澤《孫臏兵法校理》(135–136 頁,注釋 13):"故,通固,固又通錮……(玄翼之陣)正所以令敵衆生疑,又不易圍裹錮禁我也。"理解與本文不同。

銀雀山漢墓竹簡《田法》考略*

——以與《管子》比較爲中心

山東理工大學齊文化研究院　郭　麗

内容提要　銀雀山漢墓竹簡《田法》主張擇地建城;土地按照肥瘠狀況,分爲上、中、下三等,實行换田之制;規定了稅收的標準;對於不能完成任務的生産者,有詳細的處罰標準;記載了年終的休閑和狩獵活動。《田法》的鄉村建制較《管子》規模爲大,當是戰國時期人口增多的結果。《田法》主要是關於田地的種植、管理的法規,是一部具體的法律規範。與其他先秦齊國相關典籍相較,在細節的規定上有了新的内容。

關鍵詞　銀雀山漢墓竹簡　《田法》　《管子》　生活

銀雀山漢簡《〈守法〉〈守令〉等十三篇》是以篇題木牘爲綫索整理出來的,木牘共列以下十三個篇題:《守法》、《要言》、《庫法》、《王兵》、《市法》、《守令》、《李法》、《王法》、《委法》、《田法》、《兵令》、《上篇》、《下篇》。簡文《田法》主要論述土地管理和稅收方面的法律制度。與《十三篇》的其他簡文相較,研究者更加注意《田法》,相關研究成果較多[①]。李學勤《〈田

* 本文是國家社會科學基金項目《歷代〈管子〉文獻整理與研究》(12BTQ030);全國高等院校古籍整理研究工作委員會研究項目《唐前典籍徵引〈管子〉研究》(1140)的研究成果。

① 主要有:楊作龍:《銀雀山竹書〈田法〉芻議》,《洛陽師專學報》1987年第1期;楊兆榮:《銀雀山竹書田法同於李悝田法——與田昌五先生商榷》,《思想戰綫》1996第3期;李根蟠:《從銀雀山竹書〈田法〉看戰國畝産和生産率》,《中國史研究》1999第4期。

法〉講疏》對於《田法》進行了疏解[①]。《田法》的探討還可繼續。本文主要將《田法》和《管子》進行比較,結合先秦其他典籍,庶幾有助於《田法》的進一步研究[②]。

一、都邑與城建

簡文《田法》認爲,建設城邑,須選擇適合的土地,城邑的規模要與周邊地區大小相稱,如此則退可以據守,出可以攻戰:"量土地肥膮(磽)而立邑建城,以城爯(稱)……三相爯(稱),出可以戰……"這與《尉繚子》相近,《兵談》云:"量土地肥墝而立邑建城,以城(此二字今本脱,據銀雀山本補)稱地,以地(今本作'城',據銀雀山本改正)稱人,以人稱粟。三相稱,則内可以固守,外可以戰勝。"[③]又與《禮記·王制》意相近:"凡居民,量地以制邑,度地以居民,地邑民居,必參相得也。"[④]《管子》作爲齊國歷史文獻的精粹,論述了齊國的城建思想,《乘馬》云:"凡立國都,非於大山之下,必於廣川之上,高毋近旱而水用足,下毋近水而溝防省。因天材,就地利,故城郭不必中規矩,道路不必中準繩。"[⑤]建立國都,要在大山之下,廣闊的平原之上,水源充足的地方,據天地之勢,建立都邑。都邑的形制不見得中規中矩,道路不一定是正南正北、正東正西,要根據自然地理環境修建,齊都臨淄的城建符合這一學説[⑥]。一般城邑的建設,《管子》也有專門論述,《度地》云:"聖人之處國者,必於不傾之地,而擇地形之肥饒者,鄉山,左右經水若澤,内爲落渠之寫,因大川而注焉。"[⑦]城邑擇址需選擇土壤肥沃之地,背靠大山,有河水,便於防守,也便於根據當地資源,種植穀物,養殖牲畜。

至於國家規模,《田法》云:"百里【而一】縣,千里而一國,古之……"其大意是古代之國家方圓一千里,縣百里,這與《逸周書·作雒》"制郊甸方六百里,國〈因〉西土爲方千里,分以百縣"規模接近。將千里之國分爲百縣,一縣正爲百里。據《管子》,天子之國千里,一般諸侯國百里、七十里、五十里,大小不等,《事語》:"彼天子之制,壤方千里,齊諸侯方百里,負海子

① 李學勤在《〈田法〉講疏》中,認爲"《田法》開首一段同於《尉繚子·兵談》,後面多似《管子·乘馬》,有的地方還類似於《管子·立政》"。見李學勤《簡帛佚籍與學術史·〈田法〉講疏》,南昌:江西教育出版社,2001,362頁。本論文主要在李學勤先生《〈田法〉講疏》的基礎上,對《田法》做出進一步探討。

② 銀雀山漢墓竹簡整理小組:《銀雀山漢墓竹簡》(壹),北京:文物出版社,1985。簡文《田法》引文,均出自此書,以後不再出注。

③ 改正文字參照銀雀山漢簡整理小組的整理資料。

④ 銀雀山漢墓竹簡整理小組認爲《田法》篇首句與《尉繚子·兵談》和《禮記·王制》相關文句接近。參銀雀山漢墓竹簡整理小組《銀雀山漢墓竹簡》(壹),147頁,注釋[二]。

⑤ 黎翔鳳:《管子校注·乘馬》,北京:中華書局,2004,83頁。

⑥ 群力:《臨淄齊國故城勘探紀要》,《文物》1972年第5期。

⑦ 黎翔鳳:《管子校注·度地》,1050-1051頁。

七十里,男五十里,若胸臂之相使也,故准、徐疾羸不足,雖在下也,不爲君憂。"[①]尹桐陽曰:"'齊',衆也。《爾雅》作'黎'。"[②]又《管子·輕重乙》:"請與之立壤列天下之旁,天子中立,地方千里,兼霸之壤三百有餘里,佌諸侯度百里,負海子男者度七十里。"[③]天子之國千里,霸王之國三百多里,衆多諸侯國地方百里,依山傍海的子國、男國地方七十里,土地大小不等,長幼有序。《田法》所言之國,當是天子之國。

二、授地與賦税

《田法》主張根據家庭人口多少的不同,分別授予不同的土地。家庭人口多,須供養的人多,要分上好的土地;人口少,則分次等的土地:"□□法之大術也。食口七人,上家之數也。食口六人,中家之數也。食口五人,下【家之數也】。"這與《周禮》接近,《地官·小司徒》云:"均土地以稽其人民而周知其數。上地家七人,可任也者家三人。中地家六人,可任也者二家五人。下地家五人,可任也者家二人。"鄭玄注曰:"一家男女七人以上,則授之以上地,所養者衆也。男女五人以下,則授之以下地,所養者寡也。"[④]《管子·乘馬數》說:"有一人耕而五人食者,有一人耕而四人食者,有一人耕而三人食者,有一人耕而二人食者。"[⑤]黎翔鳳注云:"田地有别,田養人多,地較少,故一人耕而所食不同,田地以筴均調之。"[⑥]説明先秦農業生産中,因爲土地産量不同,需要根據家庭的人口狀況合理分配土地,以使百姓過上安定的生活。

《田法》還規定了人民承擔和免除賦役的年齡:"□□□以上、年十三歲以下,皆食於上。年六十【以上】與年十六以至十四,皆爲半作。"此處簡文有脱字。銀雀山漢簡整理小組《注》曰:"半作,猶言半勞動力。"主要説十三歲以下的孩童不用賦役,十四至十六歲,賦役是成人的一半。六十歲以上的人賦役是成年人的一半,再到達某個年齡段的時候,就免去服役了。戰國時期齊國的賦役年齡與宗周禮樂文明的規定有不同,《周禮·地官·鄉大夫》云:"國中自七尺以及六十,野自六尺以及六十有五,皆征之。"《正義》:"七尺謂年二十,……六尺謂年十五。"根據孔穎達正義,宗周成年人的標準,在城邑中和在郊外有不同的規定。城邑以二十歲至六十歲爲標準,郊外以十五歲至六十五歲爲標準。可能是城邑中的百姓從事工商業的

① 黎翔鳳:《管子校注·事語》,1240-1241頁。
② 黎翔鳳:《管子校注·事語》,1242頁。
③ 黎翔鳳:《管子校注·輕重乙》,1443-1444頁。
④ [唐]孔穎達:《周禮注疏·地官·小司徒》,《十三經注疏》本,北京:中華書局,1980,711頁。
⑤ 黎翔鳳:《管子校注·乘馬數》,1233頁。
⑥ 黎翔鳳:《管子校注》,1236頁。

爲多,郊外主要是農業生產者之故。《田法》當借鑒了春秋時期齊國的服役制度。《管子・乘馬》説:"距國門以外,窮四竟之内,丈夫二犂,童五尺一犂,以爲三日之功。"[①]國門,國都的城門。齊國規定在都城臨淄之外,齊國境内所有的百姓,每年都要有徭役,未成年人的徭役量是成年人的一半。又據《管子・國蓄》:"大男食四石,月有四十之籍。大女食三石,月有三十之籍。吾子食二石,月有二十之籍。"[②]大男,大女,成年男女。吾子,小孩子,包括未成年的男子和女子。籍,税收。尹知章注曰:"在工商曰租籍;在農曰租税。"説明未成年人的税收是成年男子的一半,而成年女子的税收較之成年男子略有減少。《田法》包括了老年人的服役,規定更爲詳細。

《田法》認爲,從事農業生產的人數越多,其國家實力越强:"什八人作者王,什七人作者朝(霸),什五人作者存,什四人作者亡。"必須有足够的勞動力從事農業生產,纔能生產出足够的糧食,糧食多,則民富裕,能王霸。從事農業生產的人,每人耕種的土地面積越大,所生產的糧食越多,則國家越强盛,簡文云:"一人而田大畝廿【四者王,一人而】田十九畝者朝(霸),【一人而田十】四畝者存,一人而田九畝者亡。"耕種的田畝要在單位畝産量上下功夫。單位畝産量越高,國家越富裕。王者之國,農夫一人生產的糧食,能够滿足三年的生活需要;霸者之國,農夫的糧食産量,一年耕種而滿足二年的需要;存者之國和將要滅亡之國,糧食的單位産量都很低:"王者一歲作而三歲食之,霸者一歲作而二歲食【之,存者一歲作□□□食】之,亡者一歲作十二月食之。"這裏與《管子》説法接近,《揆度》云:"一歲耕,五歲食,粟賈五倍。一歲耕,六歲食,粟賈六倍。二年耕,而十一年食。夫富能奪,貧能予,乃可以爲天下。"[③]惟《管子》所説的畝産量爲高。

對於不同職業的人,有不同的税收標準。有技巧的人,政府需要利用他們的技巧,其餘的人根據其才能而任之以相應的職位。邑嗇夫負責考量民之土地的大小,均衡農人與其他職業者的勞動量,《田法》云:"……有技巧者爲之,其餘皆以所長短官職之。邑嗇夫度量民之所田小……□明示民,乃爲分職之數,齊其食㱃(飲)之量,均其作務之業。"《管子》亦然。《管子》將民分爲士、農、工、商四業,對於從事士、工、商的人員,其賦税自有標準,與農人不同,《乘馬》:"士聞見博學意察,而不爲君臣者,與功而不與分焉。賈知賈之貴賤,日至於市,而不爲官賈者,與功而不與分焉。工治容貌功能,日至於市,而不爲官工者,與功而不與分焉。"[④]士、工、商,儘管不從事農業生產,士需要爲君主做事,商賈需要在經營過程中爲官府做事,工做爲有手工技藝的人員,也要爲官家做一些事情。對於農人,《乘馬》云:"民乃知時日

① 黎翔鳳:《管子校注・乘馬數》,91 頁。
② 黎翔鳳:《管子校注・國蓄》,1272 頁。
③ 黎翔鳳:《管子校注・揆度》,1380 頁。
④ 黎翔鳳:《管子校注・乘馬》,91 頁。

之蚤晏,日月之不足,飢寒之至於身也。是故夜寢蚤起,父子兄弟不忘其功,爲而不倦,民不憚勞苦。"①士、工、商人員,要求他們子承父業,兢兢業業,從事本業。至於在某一方面拔粹者,則給予厚重的獎賞,以激勵人們,《山權數》:"民之能明於農事者,置之黄金一斤,直食八石。民之能蕃育六畜者,置之黄金一斤,直食八石。民之能樹藝者,置之黄金一斤,直食八石。民之能樹瓜瓠葷菜百果,使蕃衮者,置之黄金一斤,直食八石。民之能已民疾病者,置之黄金一斤,直食八石。民之知時,曰歲且阨,曰某穀不登,曰某穀豐者,置之黄金一斤,直食八石。民之通於蠶桑,使蠶不疾病者,皆置之黄金一斤,直食八石"②對於精通於各項農業生産中相關技藝的百姓,都有獎勵。如善於農業勞作、養殖六畜、種植樹木和瓜果蔬菜的百姓及能够治療百姓疾病、觀察農業節氣、養育桑蠶的人,均有獎賞。

《田法》對於每年的糧食收入亦有標準,云:"……歲收:中田小畝畝廿斗,中歲也。上田畝廿七斗,下田畝十三斗,大(太)上與大(太)下相復(覆)以爲衛(率)。"中田,中等田地。每年的糧食收入,中等田地,畝産二十斗;土質最好的土地,每畝糧食産量二十七斗;下等的土地,每畝十三斗。將最好的土地與最下等的土地産量進行平均,以之作爲比率。《管子》亦以中年的糧食收成做爲標準,《治國》:"常山之東,河、汝之間,蚤生而晚殺,五穀之所蕃孰也。四種而五穫,中年畝二石,一夫爲粟二百石。"③常山之東,河、汝之間,一年四季適合耕作農作物,五穀皆宜生長,糧食産量較高。一般年景,一畝收成糧食二石,一個成年男子能够收穫糧食二百石,則一個男子平均種植的土地是一百畝。百姓專心從事農田勞作,會增加糧食生産,國家因之富裕而大治。《管子》還將土地、黄金、絹的比價進行折算,在一般的年景下,其比價比較穩定,《乘馬》云:"方六里,一乘之地也。方一里,九夫之田也。黄金一鎰,百乘一宿之盡也。無金則用其絹,季絹三十三,制當一鎰,無絹則用其布,經暴布百兩當一鎰。一鎰之金,食百乘之一宿,則所市之地六步一斟,命之曰中歲。"④中歲之年,一鎰之金與百乘之一宿的價格相當,這個價格也能够購買六步一斟的土地。

三、機構與管理

《田法》規定了農村行政機搆的設置:"五十家而爲里,十里而爲州,十鄉〈州〉而爲州〈鄉〉。州、鄉以地次受(授)田於野,百人爲區,千人爲或(域)。人不舉或(域)中之田,以地次相……五人爲伍,十人爲連,貧富相……"即五十家組成一里,十個里組成一州,十州組成

① 黎翔鳳:《管子校注·乘馬》,91-92頁。
② 黎翔鳳:《管子校注·山權數》,1309頁。
③ 黎翔鳳:《管子校注·治國》,926頁。
④ 黎翔鳳:《管子校注·乘馬》,90頁。

一鄉。州、鄉的官員將土地授給農夫,一百人形成一個區,千人形成一域。其鄉里之制爲:1鄉=10州=100里=5000家。

《管子》對於鄉里之制亦有詳細的規定,《立政》云:"分國以爲五鄉,鄉爲之師。分鄉以爲五州,州爲之長。分州以爲十里,里爲之尉。分里以爲十游,游爲之宗。十家爲什,五家爲伍,什伍皆有長。"[①]將國家分爲五個鄉,每鄉分爲五州,每州分爲十里,每里分爲十游,每個鄉、州、里、游都有最高長官。按照居民劃分,則是五家組成伍,十家組成什,伍什都有長官進行管理。即是:1國=5鄉=25州=250里=2500游。

《乘馬》論述了城邑的規制:"方六里命之曰暴,五暴命之曰部,五部命之曰聚。聚者有市,無市則民之。五聚命之曰某鄉,四鄉命之曰方,官制也。官成而立邑。五家而伍,十家而連,五連而暴,五暴而長,命之曰某鄉,四鄉命之曰都,邑制也。"[②]即是:1都=4鄉=20暴=100連=1000家。

《小匡》講述都城的規制:"制國以爲二十一鄉,商工之鄉六,士農之鄉十五……制五家爲軌,軌有長。十軌爲里,里有司。四里爲連,連有長。十連爲鄉,鄉有良人。三鄉一帥。"即是:1鄉=10連=40里=400軌=2000家。

《小匡》還講述了都城之外的五鄙之制,云:"制五家爲軌,軌有長。六軌爲邑,邑有司。十邑爲率,率有長。十率爲鄉,鄉有良人。三鄉爲屬,屬有帥。五屬一大夫,武政聽屬。文政聽鄉,各保而聽。"即:1屬=3鄉=30率=300邑=1800軌=9000家。五鄙是臨淄都城周圍的地方,有特別的建制。

根據上述記述,《管子》與簡文《田法》的建制分别爲:

《管子》:城邑之制:1鄉=5暴=25連=250家

都城之制:1鄉=10連=40里=400軌=2000家

五鄙之制:1鄉=10率=100邑=600軌=3000家。

《田法》:鄉里之制:1鄉=10州=100里=5000家

《乘馬》"五家而伍,十家而連",與《田法》簡文"五人爲伍,十人爲連"含義相同。惟《田法》中的1鄉=5000家,與《管子·乘馬》邑制:1鄉=250家,《小匡》之都制:1鄉=2000家,鄙制:1鄉=3000家規模不同。《管子》都的制度規模較小,鄙在城外,面積較大,地廣人稀,規模較都爲大;一般的城邑規制中人口數量更少一些。簡文《田法》鄉的規模較《管子》爲大,當是戰國時期人口增多,鄉邑制度有所變化。戰國時期,隨着生産力的提高,人口增多,

① 黎翔鳳:《管子校注·立政》,65頁。

② 黎翔鳳:《管子校注·乘馬》,89-90頁。

人口密度增大,鄉包含的家自然增多[①]。

《田法》重視農業生産,認爲當藏富於民,故云:"……賦,餘食不入於上,皆𦜕(藏)於民也。"將多餘的糧食儲藏在百姓家中,是齊國的一項重要方針,《管子·山至數》云:"王者藏於民,霸者藏於大夫,殘國亡家藏於篋。"藏於民乃是"散棧臺之錢散諸城陽,鹿臺之布散諸濟陰",因爲"民富,君無與貧;民貧,君無與富"。故齊國采取輕税的方針,《管子·大匡》云:"桓公踐位十九年,弛關市之征,五十而取一,賦禄以粟,案田而税,二歲而税一。上年什取三,中年什取二,下年什取一,歲飢不税。"[②]齊桓公時期的關市賦税是五十取一。至於土地徵收的賦税,是根據土地的土壤好壞,年成的豐欠,二年徵收一次賦税,平均下來,是什取二。《管子》主張減税,因爲"夫民之所生,衣與食也",在繳納賦税之後,民衆應當有足够的糧食滿足日常生活,《禁藏》云:"所以富民有要,食民有率。率三十畝而足於卒歲,歲兼美惡,畝取一石,則人有三十石。果蓏素食當十石,糠秕六畜當十石,則人有五十石。布帛麻絲,旁入奇利,未在其中也。故國有餘藏,民有餘食。"[③]這裏以人均三十畝地爲最低標準,以每畝地收穫一石爲最低限度,則每人每年糧食收成三十石,加上其他農副産品的收成,人均能够達到五十石,這樣,民衆能够過着富足的生活。

四、百姓財富和年終活動

《田法》主張藏富於民,認爲惟有糧食産量達到較高水準,國家税收纔能保證,百姓家中纔能有多餘的糧食;糧食富足,國家自然安定。歲末年終,土地的糧食産量若達不到相應的標準,會有嚴格的處罰措施:"卒歲田入少入五十斗者,□之。"糧食産量少收入一百斗,則罰爲公家服徭役一年;年終少收入二百斗,則罰農夫爲公家服徭役二年;更嚴重的,則罰其爲公家終身賦役:"卒歲少入百斗者,罰爲公人一歲。卒歲少入二百斗者,罰爲公人二歲。出之之歲【□□□□】□者,以爲公人終身。"年底收入比預計産量低出三百斗,則受黥刑,并終身爲公家賦役:"卒歲少入三百斗者,黥刑以爲公人。"簡文對於怠惰於農業生産的人,處罰非常嚴厲。相較之下,《管子》對於從事農業生産的農人,以承認他們辛勤勞動爲起點,重視民衆生活,減輕他們的税收,使之有更多的收入,以保護農人的生産與生活,但是没有對於懶惰者的處罰條例;《田法》則對偷惰者有明確的處罰,這與戰國時期社會動蕩,人民觀念變化,許多農

① 至於《管子·度地》:"百家爲里,里十爲術,術十爲州,州十爲都,都十爲霸國。"(黎翔鳳:《管子校注·度地》,1051頁。)此處1都=10州=100術=1000里=100000家,其制度與《管子》之《立政》《乘馬》《小匡》不同,《管子》之《立政》《乘馬》《小匡》成書時間較早,當是不同時期采用不同制度之故。

② 黎翔鳳:《管子校注·大匡》,368頁。

③ 黎翔鳳:《管子校注·禁藏》,1025頁。

人不能安心農業生産相關。

《田法》規定了農民可以支配的農産品。百姓種植農作物,産出糧食之後,可以使用豆稈、麥稭。其允許的使用量是所有量的十分之一。芻草可以有每人一斗的使用量,主要農産品則存放在人們家裏:“叔(菽)荎(萁)民得用之,稾民得用其什一,芻人一斗,皆瓶(藏)於民。”菽,豆類的總稱。萁,豆稈。百姓可以飼養牲畜的種類和數量都有一定規定。家庭富有的上等人家可以畜養一頭豬、一條狗,養雞可以有雌雄各一隻,《田法》:“上家畜一豖、一狗、鷄一雄一雌。”過去農業生産比較落後,糧食供應常常不足,故限制牲畜禽類的飼養,以確保糧食的儲存。《管子·立政》云:“六畜人徒有數。”[①]亦是此義。至於租借公家的牲畜,歸還時在保有原來牲畜的情況下,還要按照一定的利息量,交付官府。這種利息,主要通過産出的牲口來計算。《田法》:“諸以令畜者,皆瓶(藏)其本,齎其息,得用之。”銀雀山漢簡整理小組云:“‘齎’,疑當讀爲‘資’,二字古通。資,利也,取也。資其息得用之,蓋是允許取用所繁殖之牲畜之意。”

百姓年終在官府的組織下,有一些團體活動。《田法》以十月爲歲終之月。年終休息的時候,政府爲百姓提供部分糧食,每十人供給一斗肉,百姓自帶酒類和其他的佐食之物,聚在一起會餐:“粟九升,上爲之出日大半升,以爲卅日之休□……醪。卒歲大息,上予之十人而一斗肉,使相食之。酒食自因其所。”肉是政府專人養殖牲畜而來。根據簡文,在政府服役的公人,有人善於飼養牲畜,官家就委派他們飼養牛、馬、狗、豖、鷄,云:“上使公人可使畜長者,養牛馬及狗豖鷄。”畜長一詞先秦和漢代多有使用,主要指飼養牲畜[②]。年終是農閑季節,休息五日之後,官府組織身體强壯者,進行狩獵活動,這是一種軍事演習,也有消滅過多野獸的用意。打獵獲得的野獸,可作爲冬季休息時期的食物,《田法》云:“先大息五日,上使民之壯者,吏將以邋(獵),以便戎事,及助大息之費。”打獵亦有節制,簡文云:“邋(獵)毋過二日必錯。”打獵兩天之後一定要停止,不可過分。

五、農業生産和土地制度

農業生産,有相應的官員進行督促。官員主要有邑嗇夫、田嗇夫,其主要職責是督促民人進行耕作:“……民歲□□稱□人邑嗇夫□□吏邑□吏二人與田嗇夫及主田之所□參也,而課民之……”邑嗇夫這一職官在《市法》中已出現,是級別較高的官員,有較多的職責,管理

① 黎翔鳳:《管子校注·立政》,76頁。

② 黎翔鳳:《管子校注·重令》:“畜長樹藝,務時殖穀,力農墾草,禁止末事者,民之經産也。”尹知章注曰:“畜長,謂畜産也。”286頁。《史記·貨殖列傳》:“農工商賈畜長,固求富益貨也。”北京:中華書局,1959,3271頁。

市場的市嗇夫就是受其管轄[①]。這裏的田嗇夫主要是掌管賦稅、徭役及農事的低層官吏。田嗇夫這一職官名稱較久,睡虎地秦墓竹簡《秦律十八种・廄厩苑律》:"以四月、七月、十月、正月膚田牛。卒歲,以正月大課之。最,賜田嗇夫壺酉(酒)束脯。"《管子》有專門管理農業生産的職官,《小匡》云:"甯戚爲田。"尹知章注曰:"教以農事。"田官的主要職責是組織民衆開墾土地,種植農作物,以取得更好的收成,故《小匡》云:"墾草入邑,辟土聚粟,多衆盡地之利,臣不如甯戚,請立爲大司田。"甯戚作爲齊國的卿大夫,就曾負責全國的農業生産[②]。

負責農業生産的官員,負有考察莊稼成熟狀況和土地美惡的責任,《田法》:"……□□居焉,循行立稼之狀,而謹□□美亞(惡)之所在。"簡文主張,根據土質優劣的不同,三年時間,要把用於交田地稅的土地更换一次,"以爲地均之歲……□巧(考)參以爲歲均計,二歲而均計定,三歲而壹更賦田。"使農民得到的土地,無論好壞,十年達到均等的狀態,"十歲而民畢易田,令皆受地美亞(惡)□均之數也。"古時因土地肥沃程度不同,將田地分爲上、中、下三等,施行换田制度。《公羊傳・宣公十五年》何休注曰:"司空謹别田之高下善惡,分爲三品,上田一歲一墾,中田二歲一墾,下田三歲一墾,肥饒不得獨樂,墝埆不得獨苦,故三年一换主易居,財均力平。"《漢書・地理志》:"制轅田。"注:"張晏曰:周制三年一易,以同美惡。……孟康曰:三年爰土易居,古制也。"[③]農民三歲耕上田,三歲耕中田,三歲耕下田,换田三次之後,每個農民都耕種過上中下三等田,故"十歲而民畢易田"[④]。在周代,爰土之制是管理者限制農民貧富分化的方法。

因土地肥磽不同,施行换田,有一定的换算方法。將山川草澤之地與土地换算,以公平税收。一般山林的守衛,縣令可以管理;若是城邑附近山林中有可以制作農具、或可以爲國家制作重要器具的木材,則限制使用。《田法》:"恒山林□□□者,縣得制之。"山上有大的木材,能够用來打造各種器具,這種土地五份,相當於一份田地。山地上有小木材,可以砍伐,或用作柴草,這種山地的九份,相當於一份田地。有的童山,衹有雜草,則是十倍相當於一份田地:"……大材之用焉,五而當一。山有木,无大材,然而斤斧得入焉,九而當一。禿……□□兼(鐮)纆得入焉,十而當一。"至於水田,若是生長魚類,七份水田相當於一份良田。小溪不能生長魚類,但是還能够生長其他作物,則一百份水田相當於一份良田。此外還有水中衹生長蒲葦的田地,也有一定量的税收,"禿尺(斥)津□……罔(網)得入焉,七而當一。小溪浴(谷)古(罟)罔(網)不得入焉,百而當一。美霃(沈)澤蒲葦……□□石,百而【當

① 參看郭麗《戰國時期齊國"市"之考察——以銀雀山漢墓竹簡〈市法〉爲中心》,《紀念中國社會科學院博士後制度實施二十周年:首届歷史學博士後論壇(2012)論文》(考古學、中國古代史),2012,29-36頁。

② 甯戚是齊桓公時期重要的卿大夫,關於其生平事迹,參看李金玲《齊桓公時期之卿大夫甯戚考》,《蘭臺世界》2012年第1期。

③ 《漢書・地理志》,北京:中華書局,1964,1642頁。

④ 晁福林亦認爲三年换田一次,并有詳細的論證。參見晁福林《戰國授田制簡論》,《中國歷史文物》1999年第1期。

一】。……□,百而當一。"從上述情況來看,《田法》對於良田、山川、沼澤,土地肥沃程度不等,産出的作物各不相同,規定了不同的税收標準。銀雀山漢簡《田法》的地均之制,與《管子》最爲接近[①]。《管子·乘馬》云:"地之不可食者,山之無木者,百而當一。涸澤,百而當一。地之無草木者,百而當一。樊棘雜處,民不得入焉,百而當一。藪,鎌纆得入焉,九而當一。蔓山,其木可以爲材,可以爲軸,斤斧得入焉,九而當一。汎山,其木可以爲棺,可以爲車,斤斧得入焉,十而當一。流水,網罟得入焉,五當一。林,其木可以爲棺,可以爲車,斤斧得入焉,五而當一。澤,網罟得入焉,五而當一。命之曰地均,以實數。"[②]《管子》將各種不同類型的土地與良田進行了换算。言當年不可耕種的土地、童山,一百當一。乾枯的沼澤、不長草木之地、荆棘叢生之地,一百當一。草地茂盛之處,鐮刀可以收割之地,以九當一。有可做器具和車軸的樹木之山地,以九當一。有樹木可以做棺材和車子的難以攀爬的山地,以十當一。魚塘和沼澤地,能够捕魚,以五當一。林地,樹木可以做棺材和車子,以五當一。《管子》之"地均",專言計算土地面積時,各種山林藪澤之地所應取之折算比例。對於高地,《管子》規定的税收與一般土地不同。土地越高,得到的水分越少,則越容易乾旱,故賦税低,《乘馬》云:"十仞見水不大潦,五尺見水不大旱。十一仞見水,輕征。"[③]《管子》的記載,較漢簡《田法》爲詳細,規定的種類更多,説明《管子·乘馬》使用的範圍更爲廣泛。

綜上,銀雀山漢簡《田法》主張根據土地的肥瘠程度而選擇建城市的地址;在種植糧食作物時,應當按照土地之肥瘠,分爲上、中、下三等;徵收賦税有年齡限制;一人以能够多種土地爲佳;規定了一年税收的標準;詳細規定行政區域建制;對於農業生産者,没有完成糧食收成,規定了詳細的處罰標準;對於其他田地折算成農田的標準和規定。較之《管子》和其他齊國典籍,《田法》在内容上對於我們今天研究齊國制度提供了重要的文獻資料。主要是詳細記載年終的狩獵活動,及獵獲禽獸的歸屬;詳細規定了不能完成農業生産任務,實施的處罰;詳細規定了賦税標準,糧食生産達到的標準,民衆可以使用農副産品的種類與數量,其内容當是延續齊國歷來的制度,而根據時代的需要,有所變化。其鄉村建制與《管子》不同,當是因爲時代變遷,而對於春秋時期齊國"作内政以寓軍令"政策的修正。管仲時期的農業税收,施行"相壤定籍"之制,故《管子》有多篇文章詳細説明各種土地條件下的税收標準,還規定了豐欠年份對於糧食收成的税收標準,其他山川漁澤之地,亦有與土地相應的换算方法。相較之下,《田法》的换田制度與各種土地的徵收標準雖然有規定,其内容没有《管子》詳細。《管子》主要是大政方針的規定,對於農業生産,主要是鼓勵、獎賞,很少有懲罰措施。在法律

① 李學勤:《簡帛佚籍與學術史·〈田法〉講疏》云:"《田法》948-975 号簡述'地均'之法……這一段文字最像《管子·乘马》。"又云:"綜觀《田法》,與《管子·乘馬》的思想内容最爲近似。"361、362 頁。

② 黎翔鳳:《管子校注·乘馬》,89 頁。

③ 黎翔鳳:《管子校注·乘馬》,90 頁。

實施方面,則有嚴格的懲處措施。《田法》則主要是對於田地的種植、管理、處罰制度有詳細的規定,是一部具體的法規,其内容繼承了齊國原有的制度,而有新的推進。與其他先秦齊國相關典籍相較,在細節的規定上有了新的内容。

敦煌漢簡所見烏孫歸義侯質子新莽朝及“車師之戰”考辨

甘肅省社會科學院　侯宗輝

内容提要　一般認爲,敦煌馬圈灣遺址第五探方所掘獲的簡文是集中反映新莽天鳳三年王駿征伐西域的材料。但考究其中與烏孫歸義侯“卑爰疐”有關的三枚簡可發現,簡文記録的是天鳳元年正月卑爰疐侍子與車師侯等人在戊己校尉的護送下即將東入敦煌的史實。依此重新審讀與分類剖析這批簡,發現有的簡文是對天鳳三年之前西域局勢的記録,有的則是天鳳三年王駿出使西域後襲擊焉耆前的軍情分析文書。而所謂的“車師之戰”則可能是指王莽立新後,匈奴與西域叛漢國家屢次寇抄車師諸國的全記録,并非是針對某一次戰鬥的記載。

關鍵詞　漢簡　卑爰疐　車師之戰　王莽

敦煌馬圈灣漢代烽燧遺址第五號探方共掘獲四百餘枚木簡,大多反映了新莽時期西域的軍事和外交關係,是探討新朝與西域關係極爲珍貴的第一手資料。學界先後對這批簡已進行了深入的研究。[①] 筆者不揣淺陋,擬在前輩研究的基礎上,重點對烏孫歸義侯卑爰疐遣子入侍新朝和車師戰爭的材料再進行分析,錯謬之處,祈請專家指正。

一、與烏孫歸義侯卑爰疐侍子有關的三枚簡

馬圈灣漢代烽燧遺址第五號探方所出的這批簡文,前人多認爲是新莽天鳳三年王駿出使西域、征討焉耆失利後反映西域局勢的材料。但有三枚簡,是與烏孫歸義侯卑爰疐遣子入侍新朝有關,頗顯特别,簡文如下:

(1)車師侯伯與妻子人民桼十桼人,願降歸德,欽將伯等及烏孫歸義　《敦》[②]88

(2)尉與車師前侯詡、車師(侯)伯、卑爰疐侍子俱來,度以己巳到,如律令　《敦》89A

正月丙辰移書敦德　草　《敦》89B

(3)五校吏士妻子議遣烏孫歸義侯疐侍子女到大煎都候鄣　《敦》90

審讀簡文,這三枚簡都涉及到烏孫歸義侯卑爰疐。由此觀之,在王莽立新以後,卑爰疐依舊活躍在歷史的舞臺上。卑爰疐,《漢書·西域傳》記載:“至元始中,卑爰疐殺烏日領以自效,漢封爲歸義侯。兩昆彌皆弱,卑爰疐侵陵,都護孫建襲殺之。”這條材料在時間的叙述上是粗綫條的,將漢廷封卑爰疐爲歸義侯和孫建襲殺卑爰疐的時間都系於“元始”年間,容易引起誤解。學界前賢對此已有解讀,如張維華先生在《西域都護通考》中根據《漢書·段會宗傳》的記載認爲,孫建爲都護似在元延中(前12-9),而非《漢書·西域傳》所載的元始(1-5)中。[③] 余太山先生也認爲:“《漢書·西域傳》‘元始’乃‘元延’之誤。”從而認爲“孫建殺卑爰疐在元延中無疑。”[④]其後,有學者依據懸泉漢簡、敦煌漢簡等材料考證指出,《漢書·西域傳》所

① 自1991年以來,學界先後對這批簡文的文句釋讀、所涉人物、文書性質和基本史實等問題作了充分考辨,成就突出。主要成果有:吴礽驤:《敦煌馬圈灣漢代烽燧遺址發掘報告·伍·簡牘》,《敦煌研究》(下册),北京:中華書局,1991,67-92頁;吴礽驤:《新獲敦煌馬圈灣漢簡中的西域資料》,《西北史地》1991年第1期,1-11頁;裘錫圭:《讀漢簡札記》,《簡帛研究》第2輯,北京:法律出版社,1996,211-224頁;胡平生:《敦煌馬圈灣漢簡中關於西域史料的辯證》,《漢簡研究的現狀與展望》,大阪:關西大學出版社,1993,251-269頁;李永良、張德芳:《關於敦煌漢簡中西域史料的幾個問題》,《漢簡研究的現狀與展望》,150-163頁;饒宗頤、李均明:《天鳳三年西域戰役》,《新莽簡輯證》,臺北:新文豐出版公司,1995,200-207頁;袁延勝:《懸泉漢簡所見烏孫的幾個年代問題》,《西域研究》2005年第4期,14-15頁;孫占宇:《敦煌漢簡王莽征伐西域戰爭史料研究綜述》,《西域研究》2006年第3期,105-110頁;孫占宇:《馬圈灣漢簡所見一次發生在車師的戰爭》,《敦煌學輯刊》2006年第3期,51-57頁;孫占宇:《與狐蘭支亡降匈奴事件有關的三枚漢簡新探》,《青海民族研究》2008年第1期,107-109頁。

② 甘肅省文物考古研究所編:《敦煌漢簡》,北京:中華書局,1991。本文簡稱《敦》。因所引簡文衆多,故不一一注明頁碼,衹詳細轉引釋文號,以下類同。

③ 張維華:《漢史論集》,濟南:齊魯書社,1980,279-180頁。

④ 余太山:《兩漢魏晋南北朝與西域關係史研究》,北京:中國社會科學出版社,1995,65頁,注釋55。

載的"元始中,卑爰疐殺烏日領以自效,漢封爲歸義侯"是可信的,但"孫建襲殺卑爰疐的時間應在公元 8–15 年之間"[①]。質言之,《漢書·西域傳》所載的"元始中"僅僅衹是指卑爰疐被封爲"歸義侯"的時間,而非"孫建襲殺"卑爰疐的時間。

上引三枚簡從内容上看,都與卑爰疐侍子東來、車師侯與妻子人民歸降新莽政權,即將入塞到達敦煌有關,應當是有聯繫的同一件事情。簡(1)圖版比較清晰,文字釋讀也没有异議。衹是查核圖版時發現,在木簡頂端約有能容納四五個字的空白,理應有文字存在。據《敦煌馬圈灣漢代烽燧遺址發掘報告》稱,第五探方的簡牘均出土於灰坑中,灰坑表面均有一厚層鹽鹼化硬殼,簡牘堆積下面亦已鹼化。[②] 或許是經受雨水浸泡,鹽鹼化侵蝕嚴重,該簡頂端與其他簡粘連在一起,導致字迹漫漶不清。根據簡(2)文字記載類比,或許"車師前侯詡"等字樣應置於該句釋文之前。簡(2)中,查對圖版可知,中華書局本《敦煌漢簡》漏釋"車師侯伯"之"侯"字,今據圖版增補。"來"字,原釋爲"求"字,裘錫圭先生改爲今釋[③],以"來"字理解整個句義,是指尉、車師前侯詡、車師侯伯、卑爰疐侍子等一行人一同前來,語義明晰。當從其説。B 面"草"字與"正月丙辰移書敦德"一句之間有較大空格,《敦》207A、《敦》208A 簡與之格式相似。《漢書·淮南王傳》:"每爲報書及賜,常召司馬相如等視草乃遣。"師古注云:"草謂爲文之稿草。"前賢王國維亦對出土木簡中存在的草稿情況作過解釋:"司徒司空府此簡不云叩頭死罪,而但云敢言之,或系都尉與敦煌太守之公牘而出於都尉治所者,蓋具書之草稿也。"[④]由此"草"字可知,該檔是一份草稿遺存。簡(3)"女"字緊跟"侍子"之後,連讀起來令人費解,似爲衍字。

此三枚簡中,除了卑爰疐外,還涉及"車師前侯詡""車師侯伯""欽"等三個主要人物。悉數考索相關人物,對"卑爰疐侍子"東來欲入塞内事件發生的背景和時間推測有重要參考價值。

"車師前侯詡",史書無載。但在同批出土的漢簡中與其有關的還有兩枚簡:

(4)空諸國不止,車師前附城詡行侯事,詡兄子外亡,嗣當代　《敦》84

(5)都護虜譯持檄告戊部尉欽,車師前附城詡　《敦》112

簡(4)中"嗣"字,原釋爲"朔"字,胡平生先生改爲今釋。[⑤] 嗣有繼承、接續之意。符合原文語境。"空諸國不止",依據同批簡文記載,其主語應當是指匈奴,是説匈奴對車師諸國寇抄不休。從記録的文字信息可知,"詡"是車師前國國王的弟弟,其在匈奴侵奪車師"諸國不止",

① 袁延勝:《懸泉漢簡所見漢代烏孫的幾個年代問題》,《西域研究》2005 年第 4 期,15 頁。
② 吴礽驤:《敦煌馬圈灣漢代烽燧遺址發掘報告》,《敦煌研究》下册,67 頁。
③ 裘錫圭:《讀漢簡札記》,《簡帛研究》第 2 輯,223 頁。
④ 羅振玉、王國維:《流沙墜簡》之《簿書類》,北京:中華書局,1993,109 頁。
⑤ 胡平生:《敦煌馬圈灣漢簡中關於西域史料的辯證》,《漢簡研究的現狀與展望》,256 頁。

國王的兒子逃亡外出的特殊情况下代行侯事,擔任車師前侯職位的。"詡"在"行侯事"之前的身份是"附城"。附城是王莽時期的爵稱。居攝三年,"莽乃上奏曰:'今制禮作樂,實考周爵五等,地四等,有明文;殷爵三等,有其説,無其文。孔子曰:'周監於二代,鬱鬱乎文哉!吾從周。'臣請諸將帥當受爵邑者爵五等,地四等。'奏可。於是封者高爲侯伯,次爲子男,當賜爵關内侯者更名曰附城,凡數百人。"[①]簡(5),"詡"的身份依舊是"車師前附城",還未兼行侯事,因此在内在的時間邏輯上當早于簡(4)的社會背景。這樣,我們大致了解了"詡"的情况,也明白了"詡"從附城到侯的身份地位的轉變,是與當時動盪的社會環境有密切聯繫的。"車師侯伯"亦不見於史書。由於簡(1)頂端有空缺而無字,簡(2)也衹言"車師侯伯",故這位叫"伯"的車師侯不知是哪一國的國君。據《漢書・西域傳》,當時的車師諸國包括車師前國、車師後國、車師都尉國、車師後城長國等。因此,我們僅僅知道這個"車師侯伯"與妻子人民七十七人願意歸降新朝,他和車師前侯詡、卑爰疐侍子等人一起即將進入敦煌。第三個重要人物就是"欽"。簡(1)中的"欽"當指戊己校尉郭欽。這批漢簡中有多處提到"戊部尉欽"或"戊部尉",學界一致認爲是指"戊己校尉郭欽"。[②] 此處,欽"將伯等及烏孫歸義"即是説,由欽帶領車師侯伯妻子人民以及烏孫歸義侯卑爰疐侍子等人從車師前往敦煌。簡(2)則補充可知,在這批人中還有車師前侯詡。此處釋文句首的"尉"字當上接另外一枚簡,依據同批簡文記述可知是"戊部尉"。於是,簡(1)、簡(2)所記述的是,由戊己校尉郭欽帶領車師前侯詡、車師侯伯與妻子人民以及卑爰疐侍子等一批人即將入關,來到敦煌郡境内的事情。同時,從簡(5)明顯可以看出,當"車師前侯詡"還是"附城"的時候,就已經和"戊部尉欽"之間有聯繫。那麽,當詡代行侯事以後,與其有關聯的"尉"、"欽"必是戊己校尉郭欽無疑。

這裏,就涉及到對此三枚簡所記事件發生時間的大體推算問題。簡文中無論是"車師前侯",還是"車師侯"的稱謂,顯然是始建國元年(9)王莽"定諸侯王之號皆稱公,及四夷僭號稱王者皆更爲侯"以後的事情。又據《漢書・西域傳》記載,始建國二年(10)"戊己校尉史陳良、終帶殺戊己校尉刀護"後逃入匈奴。同書《王莽傳》載,始建國二年十一月,立國將軍建奏:

> 西域將欽上言,九月辛巳,戊己校尉史陳良、終帶共賊殺校尉刁護,劫略吏士,自稱廢漢大將軍,亡入匈奴。

九月辛巳(十八日),戊己校尉刁護被殺,十一月立國將軍建上奏王莽,時間約有兩個月左右。并且説,這件事是由"西域將欽"上報告知的。"將"的身份表明,這裏的"欽"絶非時任西域都護的但欽。"欽"疑指"郭欽"。以常理推測,郭欽擔任戊己校尉之前應該也是長期在西域

① 《漢書》卷九九《王莽傳上》,4089頁。

② 孫占宇:《敦煌漢簡王莽征伐西域戰爭史料研究綜述》,《西域研究》2006年第3期,107頁。

爲官,諳熟西域或車師諸國事務,在刁護被殺後,方能順理成章的擔當起戊己校尉的職責。《敦》99號簡記有在新莽時期有"戊部將軍"的官職,此職不見史載。此"西域將"或是"戊部將軍"的别稱。若此推斷無誤,即使郭欽在刁護之後就繼任戊己校尉,從新莽中央政府商議人選到任命詔書到達車師,最快也到始建國三年(11)了。即大致可推斷出,簡(1)-(3)所記由戊己校尉郭欽帶領的車師前侯諷等一行人東行入關的事情當發生在始建國三年之後。

再審簡(2)内容,在A、B面都有明確的干支記時。學界對這兩個日期之間的内在關聯缺乏討論。A面説,"尉"與車師前侯諷、卑爰疐侍子等人一同前來,估計在"己巳"日到達,"如律令"是要沿途驛置機構按照國家相關規定予以過往食宿接待。從語氣口吻上看,這當是西域都護府發出的文書。B面"正月丙辰"是馬圈灣烽燧移書敦德府的具體時間,也表明這是一件由西域都護府發往敦煌郡府在馬圈灣的録副遺存。政府公文在傳遞程式和收發時間上均有嚴格的規定。這份移書報告敦煌太守府,來客是在"己巳"日到達,因此,移書時間"丙辰"日當在到達日"己巳"之前。B面"正月"表明"己巳"、"丙辰"日屬同一月,則説明在某年正月裏先有"丙辰"日後有"己巳"日。《漢書·王莽傳下》記載,天鳳二年"立國將軍孫建死"。天鳳二年是公元15年,也就是説,孫建襲殺卑爰疐的時間下限是在王莽天鳳二年。天鳳二年之後,卑爰疐已死,自然不存在"卑爰疐侍子"的問題了。前面,我們已大致推斷出此次卑爰疐侍子、車師前侯諷等人前往敦煌的事情發生在始建國三年以後。那麽,就可以依據曆譜朔閏,在始建國三年至天鳳二年之間,檢尋符合"丙辰"在前、"己巳"在後的正月屬於哪一年了。

又,《漢書·王莽傳上》云王莽立新後,改正朔,易服色,"以十二月朔癸酉爲建國元年正月之朔。"即居攝三年(8)十二月朔變成了始建國元年(9)正月之朔,則西漢慣用月朔推遲一月。胡平生先生結合漢簡,已對王莽始建國元年至天鳳四年曆朔做了排列。① 筆者以此爲據,對始建國三年至天鳳二年間的正月曆朔作了推演,唯有天鳳元年(14)正月符合。天鳳元年正月爲甲辰朔,則該月"丙辰"爲十三日,"己巳"爲二十六日。

前引有論者指出,"孫建襲殺卑爰疐的時間應在公元8-15年之間"。爲了印證郭欽帶領的車師前侯諷、卑爰疐侍子等入關的事情發生在始建國三年之後的推斷,筆者又擴大範圍,對始建國元年、始建國二年和天鳳三年與天鳳四年的正月曆朔逐一進行了推算,均不符合。

准乎此,這對天鳳三年新莽軍出使、征伐西域之前西域的局勢,以及與車師戰爭有關的簡文將有不同於以往的新認識。

① 胡平生:《敦煌馬圈灣漢簡中關於西域史料的辯證》,270頁。

二、反映天鳳三年之前西域局勢的簡文

由於前舉“卑爰疐侍子”三枚簡與馬圈灣第五探方一同所獲的大批簡文,多與天鳳三年王莽出使、征伐西域有關,故而過去的研究者多認定其屬於天鳳三年或四年新莽征伐西域的遺物①。但通過上述分析,顯然,個别簡文反映的是天鳳三年之前的史實。因此,有必要對這批簡文重新審讀。筆者以“卑爰疐侍子”簡所反映的史實背景與時間爲切入點,對這批簡文又進行了比讀與整理,發現有的簡文與天鳳三年之前的西域都護和戊己校尉有關,有的則可能是天鳳三年之前匈奴多次寇抄車師諸國的某些細節描述。

第一組:

(6)必蒙天右,期殄滅良等爲故。崇叩頭死罪死罪,唯　《敦》127

(7)不以時伏誅,臣愚竊不勝忿忿,與戊部尉欽計議　《敦》121

(8)擊虜兵、立三國、解諸國、傳聞南逆將軍已伏誅,立逮持　《敦》106

第二組:

(9)故車師後亡侯虜支,將諸亡國千餘人　《敦》85

(10)故車師後亡侯弟虜布,將兵二千餘人　《敦》86

第一組與西域都護李崇有關。簡(6)中“右”字, 原釋爲“有”, 裘錫圭先生改爲今釋。“右”與“佑”通;“良”字, 原釋爲“臣”字, 裘先生改釋爲“良”。② 也有學者對這批簡中的“臣”與“良”字從字體角度做了比對,認爲二字的區别十分明顯,贊同“臣”爲“良”字。③ 裘錫圭先生懷疑“良”就是指戊己校尉史陳良,并進一步指出“此書就應是作于始建國二年陳良叛變之後,天鳳元年陳良被求得之前的。”④“崇”字學界普遍認爲是指西域都護李崇。

《漢書・西域傳》載建國二年,“時戊己校尉刀護病, 遣史陳良屯桓且谷備匈奴寇。史終帶取糧食, 司馬丞韓玄領諸壁, 右曲候任尚領諸壘, 相與謀曰:‘西域諸國頗背叛, 匈奴欲大侵, 要死。可殺校尉, 將人衆降匈奴。’即將數千騎至校尉府, 脅諸亭令燔積薪, 分告諸壁曰:‘匈奴十萬騎來入, 吏士皆持兵, 後者斬!’得三四百人, 去校尉府數里止, 晨火燃。校尉開門擊鼓收吏士, 良等隨入, 遂殺校尉刀護及子男四人、諸昆弟子男, 獨遺婦女小兒。”如此看來,簡(6)就是西域都護李崇向朝廷的奏書,表明他期待儘快將陳良等叛臣緝拿歸案的

① 學界對天鳳三年王駿出使西域,攻擊焉耆的具體時間上有兩種意見,胡平生《敦煌馬圈灣漢簡中關於西域史料的辯證》和饒宗頤、李均明《新莽簡輯證》兩文認爲在天鳳三年六月,而吴礽驤《敦煌馬圈灣漢代烽燧遺址發掘報告》和李永良、張德芳《關於敦煌漢簡中西域史料的幾個問題》認爲在天鳳四年六月。

② 裘錫圭:《讀漢簡札記》,220 頁。

③ 孫占宇:《與狐蘭支亡降匈奴事件有關的三枚漢簡新探》,《青海民族研究》2008 年第 1 期,109 頁。

④ 裘錫圭:《讀漢簡札記》,220 頁。

迫切心情。簡(7)語義明晰。因在漢簡中不見戊己校尉以下西域官吏向朝廷的奏事之權,那麼簡文中與"戊部尉"郭欽對應的"臣"當指西域都護李崇。"不勝忿忿"或是因爲陳良等人"不以時伏誅",他與戊己校尉郭欽"計議"對策,商討如何捉拿逃入匈奴的逆臣。其憤恨的口吻與簡(6)"殄滅"相呼應,"殄",《說文》曰:"盡也"。簡(8)中"南逆將軍"當指南將軍。"逆"字表達了對不順從者或叛逆者的蔑稱,主要是修飾"將軍"一詞,漢簡和史書中多見"逆虜"、"逆胡"等稱謂。故"南逆將軍"的核心詞依舊是"南將軍"。南將軍,《漢書·匈奴傳》載在戊己校尉史陳良殺戊己校尉刀護後,"遣人與匈奴南犁汗王南將軍相聞。匈奴南將軍二千騎入西域迎良等"。王先謙《漢書補注》引周壽昌言:"匈奴有左王將、右王將、左右大將等官,無稱將軍者。此南犁汗王所屬稱南將軍者,追仿漢官制也。"[①]戊己校尉史陳良的叛逃活動與匈奴南將軍的協助密不可分。"伏誅"表明南將軍因犯某罪而被處以死刑,已被誅殺。因而當聞聽幕後支持者"南逆將軍已伏誅",出現了"殄滅"陳良的絶好時機,這或是簡(6)所言"必蒙天佑"的結果。"立速持"表達了上書之人的急切心理。綜合來看,簡(6)、簡(7)、簡(8)描述的是始建國二年陳良殺害戊己校尉刁護,并在匈奴南將軍的接應庇護下逃入匈奴,西域都護李崇和戊己校尉郭欽尋覓機會殄滅叛臣的活動過程。

第二組,兩枚簡。與始建國二年西域都護但欽斬車師後王須置離後,輔國侯狐蘭支舉國亡降匈奴有關。簡(9)與簡(10),孫占宇在前賢的基礎上又做了深入考究,認爲簡(9)中的"支"就是車師後國"輔國侯狐蘭支",簡(10)中的"布"當是狐蘭支之弟。這二簡很可能是始建國二年狐蘭支逃亡匈奴事件發生之後,西域都護但欽等人向朝廷彙報情况的上奏文書或其副本在馬圈灣一帶的遺留,而不是戊己校尉郭欽等將領對天鳳三年王莽征伐西域戰爭的記述。并由此推斷出,李崇至遲在公元 14 年就已經擔任西域大都護一職了。[②] 這恰與始建國五年(13)西域都護但欽被焉耆所殺在時間順序上相銜接。筆者亦贊同其說。張維華先生《西域都護通考》云,李崇任西域都護自天鳳三年始,至莽死而終。[③] 余太山先生懷疑,自始建國五年但欽被殺至天鳳三年李崇出西域之前,西域很可能没有都護。[④] 今據漢簡資料表明,直至《漢書》之《匈奴傳》和《王莽傳》所記天鳳元年,陳良被王莽"燒殺"之前,李崇爲了緝拿消滅陳良等人費盡心思,抓住一切可趁之機,期盼將陳良等逆臣一網打盡。當以漢簡所載史實爲准。

而在此過程中,通過前面的分析,我們也知道在天鳳元年之前郭欽就已擔任戊己校尉一職了,并且曾與西域都護李崇商議追緝陳良的對策。這説明,無論是始建國二年戊己校尉刀

① 王先謙:《漢書補注》,北京:中華書局,1983,1589 頁。

② 孫占宇:《與狐蘭支亡降匈奴事件有關的三枚漢簡新探》,108–109 頁。

③ 張維華:《漢史論集》,282 頁。

④ 余太山:《兩漢魏晋南北朝與西域關係史研究》,248 頁。

護被殺,還是始建國五年西域都護但欽被害以後,新莽政府旋即就分别選派任命了新的戊己校尉和西域都護,主持管理西域事務。若以史書所載郭欽在天鳳三年出西域爲擔任戊己校尉職務的起始時間,則從刀護被殺到天鳳三年前後近六年時間,戊己校尉一職始終懸空,是不合情理的。戊己校尉屯田車師,肩負抵禦匈奴侵擾西域、維護絲路北道暢通的重任,新朝初立伊始,王莽不可能弃之不顧,這也與其“普天之下,訖於四表,靡所不至”的抱負和“募天下囚徒、丁男、甲卒三十萬人”[①]欲同時并出征討匈奴的決心不相符合。反之,正是由於新莽政權十分重視對西域的管理,依舊竭力維持新朝與西域國家的友好往來,纔會出現簡(1)至簡(3)所記烏孫歸義侯卑爰疐遣子入侍新朝,車師前侯詡、車師侯伯等人率妻子百姓自願歸附的現象。

第三組:

(11)焉耆虜還且將桼八千人皆發,與南將軍期會車師　《敦》149

(12)孤弱殆不戰,自東西即虜取,等党成結固,車師必懼　《敦》74

(13)欲及其結謀未堅,党輩未成,坐誤者過惡未　《敦》202

(14)[寇]車師、略諸侯、欲以威西域,貪狠桀黠狂狡,尤爲諸國賊亂,戊部衆《敦》72

(15)南將軍徼其敖勇,以壞龜兹、車師諸國,□□□大煎都候鄣近於西域　《敦》108

第四組:

(16)臣謹寫欽檄、記、傳責之,共奴桀黠侵　《敦》83

(17)疌子、汨呼、郁立師、卑陸侯,皆舉國徙人民　《敦》67

第三、第四兩組主要反映匈奴或焉耆、匈奴聯兵侵奪車師,戊己校尉盡力守禦以及車師諸國被害頗深的景象。簡(11),文中稱焉耆爲“虜”,暗示當在始建國五年焉耆叛變殺害都護但欽之後。南將軍,是新莽初期匈奴右部管理西域事務的主要負責人。據簡(8)“南逆將軍已伏誅”與李崇期盼殄滅陳良一事有關,這次焉耆將兵期會南將軍,必在南將軍“伏誅”之前,是故將此置於天鳳三年之前。南將軍轄地與車師後國相接,在陳良殺害戊己校尉刀護後,遣二千余騎迎接陳良,其後又“將人衆寇擊諸國”[②]。《漢書·西域傳》載,焉耆國有人口“三萬二千一百,勝兵六千人”,而簡文所記“將桼八千人”期會於南將軍,可見是傾全國之兵力。這或與當時車師的局勢對其有利,方便了焉耆與匈奴南將軍聯合。先是始建國二年,匈奴與車師後國亡侯狐蘭支共擊車師,殺後城長,傷都護司馬。緊接着,陳良等人殺害戊己校尉刀護投奔匈奴南將軍。及至始建國五年,王莽與匈奴短暫的和親關係完全破裂,“匈奴大擊北邊”,

① 《漢書》卷九九《王莽傳中》,4121頁。

② 《漢書》卷九四《匈奴傳下》,3823頁。

"焉耆國近匈奴,先叛,殺都護但欽,莽不能討"[①]。至此,匈奴勢力在西域具有絶對優勢。戊己校尉勢弱,難以抵抗。焉耆趁機出兵聯合匈奴,自當不會受到多大的阻力。簡(12)"孤弱"是指駐守車師的戊己校尉勢力單薄,難以阻擋匈奴的北侵。自"東西即虜取"意爲焉耆、南將軍聯兵合擊擄掠,若二者結成聯盟,則車師諸國必然懼怕。簡(13)之"結謀未堅,党輩未成"的口氣似乎是建議要乘其尚未完全勾結在一起,新朝政府應主動出擊。簡(14),"寇"字的圖版部分漫漶難辨,李均明[②]、胡平生[③]先生據同類簡文而增補;"狠"字原釋爲"狼"字,張德芳先生改作今釋;[④]"尤"、"賊"原釋作"左"、"城",胡平生先生改爲今釋。[⑤] 這裏是對匈奴寇抄車師、劫掠諸侯,意欲威脅西域國家之野心的譴責。簡(15)記南將軍"壞龜兹、車師諸國"的行爲,正與簡(14)"欲以威西域"、"尤爲諸國賊亂"相呼應。而"大煎都候鄣近於西域"的語氣似乎表明要提高警惕,做好防禦準備。

第四組兩枚簡所反映的大致是,天鳳二年到天鳳三年王駿出使西域之前匈奴侵抄車師諸國的史實。簡(16)有"共奴"稱謂,"共奴"即"恭奴"。《漢書·西域傳》載,天鳳二年五月,王莽"號匈奴曰'恭奴'"。則這枚簡所記事情當在天鳳二年五月以後。此簡從文中語氣推測,應爲西域都護李崇幕府文書。"桀",兇悍、殘暴之意;黠,狡猾、險惡也。指面對殘暴狡詐的匈奴,西域都護李崇以"檄、記、傳"三令五申督責戊己校尉郭欽强加防範。此處認定其屬於天鳳三年之前,是基於這樣的判斷:《漢書·西域傳》載天鳳三年王莽遣五威將王駿、西域都護李崇將戊己校尉出西域,王駿率軍攻打焉耆,却遭遇焉耆伏兵,王駿軍潰身死,李崇"收餘士,還保龜兹"。又據同書《西域傳》載,車師前國西南至都護治所千八百七里,龜兹國東至西域都護治所烏壘城三百五十里。也就是説,龜兹距車師前國有二千一百五十七里。身居龜兹的李崇遠離匈奴,何以匈奴來侵車師,駐扎在車師的戊己校尉不知情,反而是遠在龜兹的西域都護屢次提醒郭欽。若將此簡歸於天鳳三年新莽征伐西域的記録,則不符邏輯,令人費解。况且"李崇兵敗如山,自顧不暇,再'寫欽檄、記傳責之',似無可能"。[⑥] 因此,較爲合理的解釋是,該簡記録的是天鳳二年五月以後,天鳳三年王駿出使西域之前,面對匈奴屢次寇奪車師諸國的現象,儘管駐守車師的戊部兵力有限,但西域都護李崇依舊接二連三地告誡戊己校尉郭欽需做好防禦事宜。

簡(17)中"疌之"、"汨呼"、"郁立師"、"卑陸侯"即《漢書·西域傳》所載的"捷枝"、"狐

① 《漢書》卷九六《西域傳下》,3927 頁。

② 饒宗頤、李均明:《新莽簡輯證》,202 頁。

③ 胡平生:《敦煌馬圈灣漢簡中關於西域史料的辯證》,256 頁。

④ 李永良、張德芳:《關於敦煌漢簡中西域史料的幾個問題》,《漢簡研究的現狀與展望》,161 頁。

⑤ 胡平生:《敦煌馬圈灣漢簡中關於西域史料的辯證》,第 256 頁。

⑥ 孫占宇:《馬圈灣漢簡所見一次發生在車師的戰爭》,《敦煌學輯刊》2006 年第 3 期, 56 頁。

胡”、“郁立師”、“卑陸後”[①]等西域小國。捷枝,位於輪台以東。狐胡,王治車師柳谷,地處車師前國之北,卑陸後國以南。卑陸後,東與郁立師、北與匈奴、南與車師接。郁立師,東與車師後城長、西與卑陸、北與匈奴接。衹有捷枝國靠近西域都護府治烏壘,其餘三國均與車師諸國交錯而居,北近匈奴。這些國家皆舉國遷徙人民,毫無疑問與匈奴的大舉南侵有關。自始建國二年始,戊己校尉史陳良等人就因“匈奴欲大侵,要死”而生叛逆之心,殺戊己校尉刀護後逃遁至匈奴;簡(4)記録因匈奴寇抄“諸國不止”,車師前國國君或戰亡,其子外逃,本爲“附城”的詡衹得代行車師前侯的職位;簡(1)、簡(2)記述了由於匈奴侵入車師,在國破家亡的情況下,車師前侯詡、車師侯伯等人率領妻子人民欲東來歸降新朝;其後,王莽貶易王侯的錯誤民族政策,引發西域諸國叛漢附匈,焉耆殺害都護但欽,王莽無力征討,而“西域瓦解”[②]。隨後又盡遣兵力與匈奴南將軍期會車師;簡(15)也記南將軍“壞龜兹、車師諸國”。可證其時西域諸國多受匈奴攻襲,創傷頗巨。捷枝國處於龜兹以東,正是在這種背景下,一些與漢朝交往甚密的西域國家難以忍受侵逼,紛紛舉國遷徙人民,尋求庇護。

馬圈灣第五探方出土的這批與新莽天鳳三年出使征伐西域有關的漢簡中,有許多記録戰争的簡文涉及戊己校尉郭欽、車師侯、車師諸國及其與車師後國接壤的匈奴南將軍,因此前人多系於天鳳三年王駿攻打焉耆失利後,何封、郭欽退居車師時,焉耆聯合匈奴再度夾擊圍攻郭欽部隊的遺存。也稱之爲“車師之戰”。但依據前面的分類排比和分析可知,其中一些簡文所記事件是發生在天鳳三年之前的,并非所有簡文都是針對天鳳三年出使征伐西域的專門記述。曾有學者依據《漢書》對王莽征伐西域事件的記載,對“車師之戰”發生在天鳳三年提出過質疑。[③] 這批簡中的紀年簡既有居攝三年、始建國元年、始建國二年、始建國四年,又有天鳳元年、天鳳三年、天鳳四年。而且,這批文書的來源比較複雜,缺殘甚多,次第難以排定,是多份文書的抄録遺存,這爲學界所共識。因此,綜合上述論證,筆者認爲,所謂的“車師之戰”實際是指從王莽立新以後,對周邊民族歧視壓迫,導致匈奴與西域叛漢諸國多次寇抄車師并與防禦抗擊的漢軍交戰的全記録,而非某一次戰争的記載。至於天鳳三年西域之戰中的車師,主要擔當着支援突襲焉耆軍隊的後勤物資中轉基地。當襲擊焉耆失敗後,何封、郭欽等人率軍衹是途徑車師退回敦煌,并未發生戰事。

---

① 胡平生:《敦煌馬圈灣漢簡中關於西域史料的辯證》,256 頁。

② 《漢書》卷九六《西域傳下》,3927 頁。

③ 孫占宇:《馬圈灣漢簡所見一次發生在車師的戰争》,55-56 頁。

三、反映天鳳三年新莽軍出使西域後襲擊焉耆之前的簡文

在這批與新莽天鳳三年征伐西域有關的簡文中,以往的研究大致趨同認爲天鳳三年王莽派遣王駿等人出使西域,是因爲始建國五年焉耆叛變殺西域都護但欽,新莽爲了專門鎮壓焉耆,爲但欽報仇而出重兵。實則不然,前述已論證在戊己校尉刀護、西域都護但欽分别被害後,新莽政府在很短的時間内就已任命了新的人員擔任相應職務,維持西域局勢。在筆者看來,天鳳三年出使西域是王莽遣十二人頒符命於天下,命十二將十道并出匈奴,共"行皇天之威"[1]的延續,而攻擊焉耆則是王駿等人到達西域後,爲展現新莽政權之威武,纔决定征討焉耆。

這在一些簡文中也有所展示,如以下幾枚簡:

(18)今共奴已與鄯善不和,則中國之大利也。臣愚以爲欽將兵北▨ 《敦》66

(19)距恭奴、遮焉耆、殄滅逆虜 《敦》98

(20)逆虜無党,必易殄滅,恐誤天時戰利詣塞 《敦》96

(21)誠恐誤天時、失戰利,不敢入塞從報□□□□郭▨ 《敦》52

(22)暴深,人民素惡共奴,尚隱匿深山危谷 《敦》73

簡(19)"距"字原釋爲"炬",簡(22)"惡"字原釋爲"惠"字,胡平生先生改爲今釋。這五枚簡當屬五威將王駿幕府檔案,是在攻打焉耆之前,對敵我雙方形勢的分析,語境之間有相互的聯繫性。從簡(18)可以看出,正是由於當時匈奴與鄯善"不和",爲進攻焉耆創造了有利條件,"逆虜無党,必易殄滅"。上書的主人公不能親自入塞向皇帝彙報,是唯恐"誤天時、失戰利"。簡(22)中"暴深"意指匈奴曾對西域諸國侵害頗深,當地人民極其憎恨匈奴,目前尚隱居在"深山危谷"之中。這是在向皇帝表明若發動戰争,必會得到民心的支持。這裏面還包含着一條軍事部署的重要信息。即簡(18)、(19)透漏出的王駿安排戊己校尉郭欽將兵北上,居於焉耆後方,以"距恭奴、遮焉耆"的戰略部署。這可能也就是史書所記天鳳三年"戊己校尉郭欽别將兵,後至焉耆"的原因。從這些文書的記録中明顯可以看出,王駿征討焉耆之前,恰值鄯善與匈奴關係不和,儘管對西域整體局勢、敵我勢力是有一定估計的,但"恐誤天時戰利"、"誠恐誤天時、失戰利,不敢入塞"等語詞也顯示出此次進攻比較倉促。關於天鳳三年戰役,《漢書》之《王莽傳》、《西域傳》均有記載,《王莽傳》:

是歲,遣大使五威將王駿、西域都護李崇將戊己校尉出西域,諸國皆郊迎貢獻焉。

---

① 《漢書》卷九九《王莽傳中》,4121頁。

諸國前殺都護但欽,駿欲襲之,命左帥何封、戊己校尉郭欽別將。焉耆詐降,伏兵擊駿等,皆死。欽、封後到,襲擊老弱,從車師還入塞。莽拜欽爲填外將軍,封剿胡子。何封爲集胡男。西域自此絶。

《西域傳》:

天鳳三年,乃遣五威將王駿、西域都護李崇將戊己校尉出西域,諸國皆郊迎,送兵穀,焉耆詐降而聚兵自備。駿等將莎車、龜兹兵七千餘人,分爲數部入焉耆,焉耆伏兵要遮駿。及姑墨、尉犁、須危國兵爲反間,還共擊駿等,皆殺之。唯戊己校尉郭欽別將兵,後至焉耆。焉耆兵未還,欽擊殺其老弱,引兵還。莽封欽爲剼胡子。李崇收餘士,還保龜兹。數年莽死,崇遂没,西域因絶。

《資治通鑒·漢紀》:

是歲,遣大使五威將王駿、西域都護李崇、戊己校尉郭欽出西域。諸國皆郊迎,送兵穀。駿欲襲擊之,焉耆詐降而聚兵自備,駿等將莎車、龜兹兵七千餘人分爲數部,命郭欽及佐帥何封別將居後。駿等入焉耆,焉耆伏兵要遮駿,及姑墨、封犁、危須國兵爲反間,還共襲駿等,皆殺之。欽、封後至焉耆,焉耆兵未還,欽襲擊,殺其老弱,從車師還入塞。莽拜欽爲填外將軍,封剿胡子;何封爲集胡男。李崇收餘士,還保龜兹。及莽敗,崇没,西域遂絶。

在上述三則記載中,均没有直言此次出西域就是以征伐焉耆爲直接目的。早在始建國五年,《漢書·西域傳》已云,在匈奴寇抄西域不止的情况下,“西域瓦解”,至焉耆“殺都護但欽,莽不能討”。同時,王莽曾經籌集的欲擊打匈奴的“十二部兵久屯而不出,吏士罷弊,數年之間,北邊虚空,野有暴骨矣”①。若要攻打焉耆,必然面臨與匈奴勢力和西域其他叛漢附匈力量的對抗,這對於新莽政府而言,是一件重大的軍事、政治問題,史書怎會僅言“出西域”,豈不怪哉!

再者,“諸國皆郊迎,送兵穀”顯示了西域各國對新莽軍的歡迎。而攻打焉耆,王駿是以莎車、龜兹兵爲主力的,這表明王駿等人出西域後,并不是直奔焉耆城下。新莽軍一路上旨在宣揚新室威武,至少在過了焉耆以後,鑒於當時鄯善已與匈奴不和,而西域諸國又多郊迎貢獻,在此有利的形勢下,王駿等人纔産生攻打焉耆的想法。其實,《王莽傳》記“諸國前殺都護但欽,駿欲襲之”就暗示了在時間邏輯上的先後順序。王駿在出使西域取得成功之後,纔有了爲但欽復仇的打算。而“駿欲襲之”説明提出攻打焉耆計畫的是王駿,并非是出使西域之前新莽政府的既定之策。《資治通鑒》所記與此同。而班固、司馬遷均以“襲”字記述王駿

① 《漢書》卷九四《匈奴傳下》,3826 頁。

攻打焉耆之事，也指明了王駿等人欲乘焉耆不備而率軍偷襲。"襲"，《左傳·莊公二十九年》："凡師，有鐘鼓曰伐，無曰侵，輕曰襲。"《白虎通·誅伐》："掩人不備，行不假途，人銜枚，馬勒韁，晝伏夜行，爲襲也。"亦有論者指出，"此次出使本無軍事使命，因此西部邊境及中央政府皆無戰爭準備"[①]。這也可以從衆多簡文内容得到印證，比如：

(23) 二十六日，上急責發河西三郡精兵□度以十一月　　《敦》51

(24) 故校騎稱月八日發，將八十六人，令期胡十二日發　　《敦》56

(25) 十月去時，期遣使來食十一月十日，今豫爲責糒不到十一、二日，即　　《敦》40

(26) 檄書檢下，責記不審輒卯見不，三輩兵皆起居未　　《敦》77

(27) 假敦德庫兵奴矢五萬枚，雜驅三千匹，令敦德廪食吏士，當休馬審處　　《敦》80

(28) 齋五十曰糧還詣部，盡力炬虜、不昭遺死力，臣厶前比比上書，請河西精兵　　《敦》139

所引簡文均是出使西域襲擊焉耆以後，各路將領向中央請求增援，王莽臨時調遣兵士、糧草、弩矢及馬匹的記録。顯然，即使"比比上書"，也不能改變兵源不足、糧秣不濟、兵器短缺的現狀，陷入了戰爭的泥淖。

因此，天鳳三年王莽派遣五威將王駿、西域都護李崇將戍己校尉出西域，重在向西域諸國展示新朝之威嚴。當得知鄯善已與匈奴關係破裂，而所到之處諸國皆進獻討好，王駿等人觀其形勢有利於新室，遂準備襲擊焉耆，滅其威風，揚威於西域，并就當時的有利條件和軍事部署向中央作了彙報。最後率領莎車、龜兹兵從焉耆西面攻擊，孰料反被焉耆詐降伏擊。及何封、郭欽部從車師等北邊一綫到達焉耆時，正值焉耆兵伏擊王駿、李崇等部尚未歸還，郭欽擊其老弱。但迫於路途艱險，孤軍深入，糧食孚盡，士吏饑餧，兵器敗傷等戰略後勤補給困難，戰爭難以繼續，衹得從車師返還入塞。

結語

馬圈灣漢簡有關新莽時期西域的史料非常豐富，學界前賢已作了大量的成就突出的工作，使我們明了了天鳳三年新莽出使征伐西域的基本脈絡。本文以與"卑爰疐"有關的三枚簡爲切入點，推測出卑爰疐侍子、車師侯及其人民約在天鳳元年正月東入塞内，降附新朝的史實。在此基礎上，對其他簡文又做了排比分析，發現其中有的簡文實反映的是天鳳三年之前西域局勢的材料。其中的"車師之戰"是新莽朝建立以後，匈奴及西域叛漢親匈國家屢次

① 胡平生：《敦煌馬圈灣漢簡中關於西域史料的辯證》，267頁。

寇擊車師并與守禦漢軍作戰的記録遺存,并非某一次戰鬥的記載。與此同時,通過史書與簡文的對讀發現,新朝天鳳三年王駿等人出使西域後,獲知鄯善與匈奴關係不和,遂產生襲擊焉耆的決定,孰料反被焉耆伏擊,身死軍潰。戊己校尉郭欽擊其老弱後,僅是在返還入塞的途中路過車師,并未在車師遭遇焉耆與匈奴聯兵的夾擊。馬圈灣"卑爰疐"簡所反映的史實爲我們了解新莽與西域關係史提供了更深的思考,而與這批簡有關的其他信息則仍需要進一步研究。

金關漢簡"孔子知道之易"爲《齊論·知道》佚文蠡測[*]

甘肅簡牘博物館　蕭從禮
西北民族大學圖書館　趙蘭香

内容提要　在西漢時期的《論語》中最爲重要的是《古論》、《魯論》和《齊論》三家。《齊論》與《古論》、《魯論》最大的區别在於多了《問王》、《知道》二篇。西漢末期，安昌侯張禹綜合《齊論》和《魯論》後形成的《論語》二十篇爲世人尊崇。此後，包括《問王》和《知道》二篇在内的《齊論》至遲在三國魏晋時期亡佚，《知道》篇則完全失考。肩水金關出土的"孔子知道之易"漢簡或即《齊論·知道》佚文。簡文《知道》書寫時代與《齊論》流傳時間相當；與儒家學説有密切關係；符合《論語》的命篇原則和分章提示；爲戍邊吏卒習字簡。

關鍵詞　《論語》　《齊論》　《知道》　金關漢簡

《漢書·藝文志》載："《論語》者，孔子應答弟子時人及弟子相與言而接聞於夫子之語也。當時弟子各有所記。夫子既卒，門人相與輯而論纂，故謂之《論語》。"據《藝文志》記載，西漢時傳授《論語》者12家，計229篇。其中較爲重要的傳授爲《古論》、《魯論》和《齊論》三種傳本。《古論》即西漢武帝時出孔子壁中的古《論語》二十一篇，有兩《子張》篇。孔安國爲之做過訓解，因巫蠱之難，此古《論語》僅存於秘府。亡佚於魏晋時。《魯論》爲魯人傳本，凡

* 本文係2013年度國家社科基金重大項目《懸泉漢簡整理與研究》(批準號13&ZD086)階段性成果；西北民族大學中央高校基本科研費資助項目《漢簡河西戍吏卒的衣食住行研究》(zyz2011047)系列論文。

二十篇,此爲今傳《論語》篇次所據之本。《齊論》二十二篇,較之《魯論》傳本,所多二篇即班《志》自注中所言的《問王》和《知道》二篇。漢興以來,《論語》的流傳有《齊論》和《魯論》兩大系統。西漢末年安昌侯張禹融合《魯論》和《齊論》,號《張侯論》,爲世人所尊,成爲官方定本。東漢末鄭玄就《魯論》篇章,考之《齊論》、《古論》,爲之注解。魏時何晏以鄭注本《論語》作《論語集解》,流傳至今。自何晏《論語集解》流傳之後,至遲到魏晋時期,《齊論》亡佚。

尽管《齊論》早已亡佚,今人無法窺其原貌,但我們可以從文獻記載略知《齊論》的一些基本特點。班固《漢書·藝文志》載“《齊》二十二篇。多《問王》、《知道》”。如淳注曰:“《問王》、《知道》,皆篇名也。”[①]此《齊》即指《齊論》。何晏《論語集解序》曰:“《齊論》有《問王》、《知道》,多於《魯論》二篇。《古論》亦無此二篇,分《堯曰》下章‘子張問’以爲一篇,有兩《子張》,凡二十一篇,篇次不與齊、魯《論》同。”[②]可見,較之《魯論》和《古論》,《齊論》多了《問王》、《知道》二篇。又《隋書·經籍志》載“《古論》章句煩省,與《魯論》不异。”[③]可見《古論》和《魯論》除了章句有差异外,其篇次相同。如此,則《齊論》與《魯論》篇次亦不同。又據何晏《論語集解序》:“《齊論》二十二篇,其二十篇中,章句頗多於《魯論》。”[④]可見,除《問王》和《知道》二篇外,《齊論》另二十篇的章句也比《魯論》要多。上述差别中,最大的區别在於《齊論》多了《問王》、《知道》二篇。

《齊論》亡佚之後,歷代學者如王應麟、顧憲成、朱彝尊、段玉裁、劉寶楠等或據傳本《論語》,或據東漢許慎《説文解字》中“論語”資料,或據東漢末鄭玄《論語注》等文獻,提出各種對包括《問王》、《知道》篇在内的《齊論》存佚的推測。馬國翰據《漢書·王吉傳》和《貢禹傳》、《經典釋文》、《禮記正義》等書輯有《齊論》一卷。陳東《歷代學者關於〈齊論語〉的探討》[⑤]一文言之甚詳,此不贅。這裏我們簡要説説歷代學者對《齊論》中《知道》篇的研究。據班固《藝文志》記載,《齊論》“多《問王》、《知道》”二篇。《隋書·經籍志》言:“張禹本授《魯論》,晚講《齊論》,後遂合而考之,删其繁惑,除去《齊論》《問王》、《知道》二篇,從《魯論》二十一篇爲定,號《張侯論》……漢末,鄭玄以《張侯論》爲本,參考《齊論》、《古論》而爲之注。……吏部尚書何晏又爲集解,是後諸儒皆爲之注。《齊論》遂亡。”[⑥]這裏《隋志》雖然認爲是西漢末安昌侯張禹删去了《問王》、《知道》二篇,但東漢末鄭玄時《齊論》尚存,至魏晋之時包括《問王》、《知道》篇在内的《齊論》纔最終亡佚。劉恭冕《論語正義補》“問王、知道”條引汪宗沂語:“《問王》爲《問玉》,見《戴記·聘義》篇,至《知道》佚文,全無可考。竊謂《戴記·鄉

① 〔漢〕班固撰:《漢書》卷三〇《藝文志》,北京:中華書局,1962,1716-1717頁。
② 〔清〕阮元校刻:《十三經注疏》,北京:中華書局,1980,2455頁。
③ 〔唐〕魏徵等撰:《隋書》卷三二《經籍志》,北京:中華書局,1973,939頁。
④ 《十三經注疏》,2454頁。
⑤ 陳東:《歷代學者關於〈齊論語〉的探討》,《齊魯學刊》2003年第2期,31-36頁。
⑥ 《隋書》卷三二《經籍志》,939頁。

飲酒義》云:孔子曰:吾觀於鄉,而知王道之易易也。此即《知道》。漢人傳《論語》者以二篇皆見《戴記》,故直删去其説。"[①]嚴靈峰認爲,《荀子·子道篇》記魯哀公及子貢問孔子孝行事,文似《論語》,推測"知道"或者是"子道"之誤。[②] 日本學者佐藤一郎認爲今本《論語·里仁》中的"子曰:朝聞道,夕死可矣"之"聞道"爲"知道",此句後半部分即《齊論》的《知道》篇。[③] 陳東結合定州竹簡《論語》中《堯曰》篇"孔子曰不知命"章爲雙行小排附於最後的現象,認爲《問王》是《問正》之誤,來自"子張問"首句"子張問於孔子曰何如斯可以從正(政)矣"。《問王》篇可能就是"子張問"章。所謂《知道》則是"子曰不知命"章中"知命"、"知禮"、"知言"、"知人"的概括,或者是"知之道"的簡略。《知道》篇可能就是"子曰不知命"章。[④] 上舉四家分别認爲《鄉飲酒義》之"知王道"即"知道",《論語·里仁》篇"聞道"即"知道","知命"、"知禮"、"知言"、"知人"爲"知道"的概括,這些説法雖有一定合理性,但他們所據的材料均不符合《論語》的命篇原則。關於《論語》的命篇原則本文後面有述。總之,關於《知道》的真相仍是個謎。在這裏,本文想結合肩水金關漢簡的記載,對《齊論·知道》篇提出個人看法。爲方便討論,兹先列簡文并試標點如下。

·孔子知道之昜也。昜=云者,三日。子曰:此道之美也。(73EJT22:6)[⑤]

按,此簡出土於漢肩水金關遺址第22探方,簡下端已殘泐。此簡中部"三"字處有斷裂,但可綴合。簡影顯示綴合處稍有錯位。簡下端從"也"字處殘闕,從簡的殘存長度推測所闕部分應該還有文句。簡文二"昜"字可讀作"易",容易之義。[⑥] "昜="通"易=",即易易,易於施行之義。=,爲重文號。者,原釋文作"省",按,據簡影釋"者"爲是。[⑦] 該簡所書内容,我們從其文句用詞等特徵上可以斷定爲典籍佚文。該簡文不見先秦兩漢文獻記載。本文認爲,此簡文或即《齊論·知道》佚文。本文擬從四個方面提出個人觀點。不妥之處,尚祈方家指正。

一,簡文《知道》書寫時代與《齊論》流傳時間相當。漢興以來有關《齊論》的傳布情况,《藝文志》有所記載:

漢興,有齊、魯之説。傳齊論者,昌邑中尉王吉、少府宋畸、御史大夫貢禹、尚書

① 〔清〕劉恭冕:《論語正義補》,臺北:藝文印書館,1966,20頁。

② 嚴靈峰:《論語成書年代及其傳授考》,《無求備齋論語集成》,臺灣:藝文印書館,1967,8頁。

③ [日]佐藤一郎:《齊論語二十二篇考:論語原典批判二》,《北海道大文學部紀要》1961年第9期,13頁。

④ 陳東:《歷代學者關於〈齊論語〉的探討》,《齊魯學刊》2003年第2期,34頁。

⑤ 甘肅簡牘保護研究中心等編《肩水金關漢簡(貳)》下册,上海:中西書局,2012,46頁。

⑥ "易"字在肩水金關漢簡裏多寫作"昜"形,如肩水金關漢簡T23:161、1058等記載的"趙國昜陽"即《漢書·地理志》所載趙國的"易陽"。

⑦ 者、省二字形可分參金關漢簡EJT22:21A和EJT23:200①(《肩水金關漢簡(貳)》上册,96、137頁)。

令五鹿充宗、膠東庸生,唯王陽名家。傳魯論語者,常山都尉龔奮、長信少府夏侯勝、丞相韋賢、魯扶卿、前將軍蕭望之、安昌侯張禹,皆名家。張氏最後而行於世。①

從這個記載可知,自西漢以來,傳《齊論》和《魯論》二説在西漢時期各據半壁江山,但以傳《魯論》者名家最多,最後以安昌侯張禹所傳《魯論》説後出而勝行於世。張禹其人,《漢書》有傳。據《張禹傳》載,張禹爲河内軹人。青年時從施讎學《易》,從琅邪王陽(即昌邑中尉王吉)、膠東庸生習《齊論》。元帝初元年間,經博士鄭寬中推薦爲太子師,講授《論語》。後出任東平内史。成帝即位後,河平四年,張禹爲丞相,封安昌侯。鴻嘉元年張禹引退,元帝對張禹尊敬有加,親候起居。至哀帝建平二年,張禹去世。對於張禹傳授《論語》的具體情況。《漢書·張禹傳》載:

初,禹爲師,以上難數對己問經,爲論語章句獻之。始魯扶卿及夏侯勝、王陽、蕭望之、韋玄成皆説論語,篇第或异。禹先事王陽,後從庸生,采獲所安,最後出而尊貴。諸儒爲之語曰:“欲爲論,念張文。”由是學者多從張氏,餘家寖微。②

據上記載可知,張禹爲太子師時曾著《論語章句》獻於元帝。綜班《志》和《張禹傳》來看,張禹最先所習爲《齊論》,但却是以《魯論》爲説,曾作有《魯安昌侯説》二十一篇。③ 張禹晚年可能將《齊論》和《魯論》進行了綜合取捨,删《問王》和《知道》二篇以成《論語》二十篇,最後流行於世。④ 從肩水金關遺址出土的紀年簡來看,大部分漢簡屬於西漢中後期即宣元時期,金關漢簡 T22 出土的 157 枚漢簡中紀年最早爲昭帝始元六年(前 81),最晚爲成帝鴻嘉元年(前 20),此“孔子知道之易也”簡亦當書寫於此時代範圍内。而在這一時期内,張禹爲太子師時曾著《論語章句》獻於元帝,晚年時對《齊論》和《魯論》進行了綜合取捨,後出爲尊。但在張禹《論語》説爲世人所尊的同時,包括《齊論》在内的《論語》諸説仍然傳授不絶。《藝文志》載:“傳齊論者,昌邑中尉王吉、少府宋畸、御史大夫貢禹、尚書令五鹿充宗、膠東庸生,唯王陽名家。”此五人傳授《齊論》的時代集中在宣元之際。庸生、王吉與貢禹皆爲齊地人。通過這些齊地學者的教授,《齊論》得以在齊地及周圍廣爲流傳。劉向《别録》説“齊人所學,謂之《齊論》。”⑤這種認識確有一定道理。

① 《漢書》卷三〇《藝文志》,1717 頁。

② 《漢書》卷八一《張禹傳》,3352 頁。

③ 《藝文志》“魯安昌侯説二十一篇”條,師古曰:“張禹也。”即是認爲安昌侯指張禹。姚振中認爲“鄭氏作注,何氏作集解,即據其本。”同時又説“止於二十篇,此多出一篇。”

④ 《藝文志》載《齊論》二十二篇,班固自注:“多《問王》、《知道》。”對於《問王》佚篇篇題及内容,後代學者有各種推測。宋王應麟首先推測《問王》實即《問玉》之誤。後世學者認爲許慎《説文解字》玉部中所載“逸論語曰”論玉之語即爲《齊論》之《問王》(即《問玉》)篇。馬國翰《玉函山房輯佚書》以《禮記·聘義》中一段論玉之語作爲《問玉》篇。而《齊論》中的《知道》篇則於文獻無徵,學者認同《知道》失考。

⑤ 皇侃:《論語集解義疏》,北京:中華書局,1985,4 頁。

二,簡文《知道》與儒家學説有密切關係。簡文"孔子知道之易也"與儒家倡導的王者教化之道有密切關系。《禮記·鄉飲酒義》載孔子曰:"吾觀於鄉,而知王道之易易也。"①是説孔子觀看鄉飲酒之禮有尊賢尚齒之法,從而知道王者教化之道很容易施行。《韓詩外傳》:"故聖王之教其民也,必因其情而節之以禮,必從其欲,而制之以義,義簡而備,禮易而法,去情不遠,故民之從命也速。孔子知道之易行也。詩云:'誘民孔易',非虛辭也。'" ②這裏引詩以證聖王之教其民,"誘民孔易"是指教化民衆是很容易實行的事情。簡文"孔子知道之易也"義同"知王道之易易也"和"孔子知道之易行也",指孔子知曉王者教化之道易於施行。據"易=云者"之語,我們懷疑簡文"孔子知道之易也"本作"孔子知道之易=也",簡文漏書了"="重文號。"易易"即易行之義,義同前引《禮記·鄉飲酒義》和《韓詩外傳》之文,指王道易於施行。但根據簡文"易(易)=云者三日"來看,可能簡文對"孔子知道之易=也"尚有不同的解説。"易易云者三日"句應是對前文"易易"的闡釋。簡文"'易易'云者"的用法同"云'易易'者" ③。簡文"三日"即是對"易易"的具體闡釋。本文懷疑"三日"後尚有文句漏寫。簡文"子曰:此道之美也"句指孔子以王者教化之道爲美善。按,儒家推崇王道教化,强調教學的重要性。如《禮記·學記》曰:"君子如欲化民成俗,其必由學乎。玉不琢,不成器;人不學,不知道。是故古之王者,建國君民,教學爲先。"④這裏以琢玉为喻以言立学之美。上所舉數例皆可見簡文内容與儒學所倡導的王道教化思想有密切關係。

三,簡文《知道》符合《論語》的命篇原則和分章提示。今傳《論語》二十篇皆取首章首句之詞爲其篇名。如《鄉黨》第十共計二十七章,其篇題即取自首章"孔子於鄉黨,恂恂如也,似不能言者"之"鄉黨"二字。孔壁所出《古論》,班固《艺文志》曰"兩《子張》"如淳曰:"分《堯曰》篇後子張問'何如可以從政'已下爲篇,名曰《從政》。"⑤按,今本《堯曰》第二章首句爲"子張問於孔子曰:'何如斯可以從政矣?'"班固按首章首句原則稱《古論》别出此篇爲《子張》,因《論語》第十九章已有《子張》篇名,故如淳則稱之爲《從政》以相區别。據《論語》命篇通例,則《齊論》之《問王》和《知道》二篇之名亦應取自首章首句之詞。簡文"孔子知道之易也"句之"知道"二字用作《知道》篇題符合古人擬取篇名的習慣。又簡文上端有"·",此墨點是篇章標識符號。如懸泉漢簡《子張》殘簡,簡書爲今本《子張》篇第16、17和18章。第

---

① 《十三經注疏》,1683頁。

② 〔漢〕韓嬰撰,許維遹校釋:《韓詩外傳集釋》,北京:中華書局,1980,184頁。

③ 按,《禮記·鄉飲酒義》載孔子曰:"吾觀於鄉,而知王道之易易也。"關於"易易",《正義》曰:"'吾觀於鄉'者,鄉,謂鄉飲酒。言我觀看鄉飲酒之禮,有尊賢尚齒之法,則知王者教化之道,其事甚易,以尊賢、尚齒爲教化之本故也。不直云'易',而云'易易'者,取其簡易之義,故重言'易易',猶若《尚書》'王道蕩蕩''王道平平',皆重言,取其語順故也。"簡文中的"易易云者"和《正义》"而云'易易'者"的表述是相同的。

④ 《十三經注疏》,1521頁。

⑤ 《漢書》卷三〇《藝文志》,1716-1717頁。

16 章章首文句已殘泐,在 17 和 18 章"曾子曰"前皆有"·"表示此分爲二章。[①] 金關漢簡簡首與懸泉漢簡《子張》簡首的墨點符號其作用是一樣的。

四,簡文《知道》爲戍邊吏卒習字簡。據《藝文志》載,西漢時期就有《論語》十二家。自西漢以降,《論語》和《孝經》等爲兒童蒙學讀物。崔寔《四民月令》載十一月,"硯冰凍,命幼童讀《孝經》、《論語》、篇章、小學。"[②]此"篇章"指六十甲子、九九乘法表,"小學"則指《蒼頡》和《急就》等字書。正因如此,抄寫有《孝經》[③]、《論語》、六十甲子、《蒼頡》和《急就》等内容的習字簡在西北邊塞均有不少發現。這些簡文應該是那些從全國各郡縣來到西北邊塞戍邊的吏卒平時習誦抄寫這些蒙學讀物的殘存。從出土的居延漢簡簡文記載可知,西北邊塞有數量不少的來自齊地的戍邊吏卒。這些接受過蒙學的齊地吏卒中,正好就有學習《齊論》者。他們在閑暇之時便在簡牘上書寫自小誦習的童蒙教材,或多或少地將齊地的經學典籍傳布到了西北邊塞。當然,習誦《齊論》的學習者應不止於齊地之人,除了齊地外,傳習《齊論》區域亦廣爲分布,如武帝時琅邪王卿先任濟南太守後遷御史大夫;貢禹本琅邪人,元帝即位徵爲諫太夫;王吉本齊地人,宣帝時任山陽郡昌邑都尉。宣帝時的五鹿充宗爲代郡人。有不少以《齊論》名家的學者或任職京師或調遷郡縣,廣爲授徒,也促進了《齊論》的流傳。正因如此,西漢時期齊地及周邊之人自小接受《齊論》學習也是常理。《齊論》出現在西北邊塞也就不足爲奇了。

① 胡平生、張德芳:《敦煌懸泉漢簡釋粹》,上海古籍出版社,2001,175 頁。

② 〔東漢〕崔寔著,繆啓愉輯釋:《四民月令輯釋》,北京:農業出版社,1981,104 頁。

③ 郝樹聲:《從西北漢簡和朝鮮半島出土〈論語〉簡看漢代儒家文化的流布》,《敦煌研究》2012 第 3 期,66 頁。

《肩水金關漢簡(貳)》紀年簡校考*

華東師範大學中國文字研究與應用中心　黄艷萍

内容提要　《肩水金關漢簡(貳)》全卷共收録肩水金關遺址出土的漢簡2334枚,其中有明確紀年的紀年簡169枚、曆譜簡19枚、日期簡約346枚。文章校釋了20枚月朔矛盾的紀年簡,考證了18枚的曆譜簡、日期簡。

關鍵詞　肩水金關　漢簡　紀年　校考

由甘肅簡牘保護中心、甘肅省文物考古研究所等五家單位共同整理的《肩水金關漢簡(貳)》於2012年12月在上海中西書局出版,此批漢簡在20世紀70年代發掘于肩水金關遺址,絶大多數爲木簡。因其數量多,共分五卷出版,第一卷已於2011年8月在中西書局出版。本卷《肩水金關漢簡(貳)》全書精裝八開,分上中下三册,上册爲彩色圖版,中册爲紅外綫圖版,下册爲釋文。收録T11:1—31、T14:1—42、T15:1—29、T21:1—501、T22:1—157、T23:1—1074、T24:1—500七個探方的簡牘,共計2334枚漢簡。根據這批簡中已有的紀年記録,紀年最早的爲延和(征和)三年(見簡73EJT24:208),最晚爲始建國五年(見簡73EJT23:2),跨約103年,此批簡的紀年以西漢中後爲主,新莽時期簡輔之。各紀年簡的分布爲:元始年間的紀年簡最多,27枚;其次是居攝23枚、地節13枚、本始12枚、元康10枚、始建國9枚,再次是鴻嘉7枚、永始6枚、五鳳6枚、元鳳6枚、建昭5枚、永光5枚、初元5枚、元延5

* 本文受教育部人文社科重點研究基地"秦漢簡語料庫建設"(項目批准號:13JJD770029)及華東師範大學博士生"學術新人"(編號:xrzz2013011)基金支持。

枚、始元5枚、陽朔5枚。4枚以下的紀年有神爵、河平、建始、建平、元平、元壽、黃龍、征和、甘露。經統計《肩水金關漢簡(貳)》中有明確紀年的簡牘169枚,曆譜簡19枚、日期簡約346枚,合計約534枚與紀年相關的簡,約占總簡數的22.9%,但明確紀年的簡衹占總簡數的7.2%。

關於西北漢簡曆日的研究成果十分豐富,與本文密切相關的研究如,紀年方面:羅見今、關守義利用中國曆法的五個周期性分別在《敦煌馬圈灣漢簡年代考釋》和《〈額濟納漢簡年代考釋〉》兩文中對相應的日期簡和曆譜簡進行了年代考釋。[①] 羅見今《〈居延新簡——甲渠候官〉中的月朔簡年代考釋》和《敦煌漢簡中月朔簡年代考釋》兩文考釋了這兩批漢簡中的部分月朔簡的年代。[②] 張俊民《居延漢簡紀年考》以朔日考證紀年的方法對居延漢簡中的145枚簡牘進行了校釋。[③] 此外還有羅見今、關守義《〈肩水金關漢簡(壹)〉紀年簡考釋》和洪春榮《額濟納漢簡紀年初考》分別考證了相應的問題紀年簡。[④] 曆譜方面:陳久金《敦煌、居延漢簡中的曆譜》從漢簡曆譜與所記干支、月朔、節氣和曆注、閏法四個方面討論了敦煌、居延漢簡中的曆譜。[⑤] 羅見今、關守義《〈居延新簡——甲渠候官〉六年曆譜散簡年代考釋》考釋了六年曆譜散簡的年代。[⑥] 羅見今《敦煌漢簡中曆譜年代之再研究》補證了前人對敦煌漢簡曆譜的研究,并考釋出262號簡應爲五鳳二年。[⑦] 羅見今、關守義《〈肩水金關漢簡(壹)〉八枚曆譜簡年代考釋》考釋了73EJT5:56、73EJT5:58、73EJT6:70、73EJT9:115、73EJT9:282、73EJT10:272、73EJT10:272、73EJT10:274八枚曆譜簡的年代。[⑧] 程少軒《〈肩水金關漢簡(壹)〉曆譜簡初探》亦討論了上述八枚曆譜并復原了相應年份的曆譜表。[⑨] 曾磊《額濟納漢簡所見曆譜年代考釋》考證了額濟納漢簡中元始元年和建始二年曆譜。[⑩] 其他相關曆日方面的研究如:肖從禮《金關漢簡所見新舊年號并用現象舉隅》分析了金關漢簡中新舊年號并用的現象,認爲此現象系改元詔書未能及時到達當地所致。[⑪] 孫東波《〈額濟納漢

---

① 羅見今:《敦煌馬圈灣漢簡年代考釋》,《敦煌研究》2008年第1期;羅見今、關守義:《〈額濟納漢簡〉年代考釋》,《敦煌研究》2012年第2期。

② 羅見今:《〈居延新簡——甲渠候官〉中的月朔簡年代考釋》,《中國科技史料》1997年第3期;羅見今、關守義:《敦煌漢簡中月朔簡年代考釋》,《敦煌研究》1998年第1期。

③ 張俊民:《居延漢簡紀年考》,《簡牘學研究》第3輯,蘭州:甘肅人民出版社,2002。

④ 羅見今、關守義:《〈肩水金關漢簡(壹)〉紀年簡考釋》,《敦煌研究》2013年第5期;洪春榮:《額濟納漢簡紀年初考》,孫家洲主編《額濟納漢簡釋文校本》,北京:文物出版社,2007。

⑤ 陳久金:《敦煌、居延漢簡中的曆譜》,《中國古代天文文物論集》,北京:文物出版社,1989。

⑥ 羅見今、關守義:《〈居延新簡——甲渠候官〉六年曆譜散簡年代考釋》,《文史》第46辑,北京:中华书局,1998。

⑦ 羅見今:《敦煌漢簡中曆譜年代之再研究》,《敦煌研究》1999年第3期。

⑧ 羅見今、關守義:《〈肩水金關漢簡(壹)〉八枚曆譜簡年代考釋》,《敦煌研究》2012年第5期。

⑨ 程少軒:《〈肩水金關漢簡(壹)〉曆譜簡初探》,復旦大學出土文獻與古文獻研究中心網站,2011年9月1日。

⑩ 曾磊:《額濟納漢簡所見曆譜年代考釋》,孫家洲主編《額濟納漢簡釋文校本》。

⑪ 肖從禮:《金關漢簡所見新舊年號并用現象舉隅》,《魯東大學學報(哲社版)》2012年第5期。

簡〉所見曆日研究》從釋文整理誤釋、書手問題,以及與《二十史朔閏表》《中國史曆日與中公曆日對照表》兩書推斷矛盾之間進行探討,討論了相關的曆日問題。[①]

綜上,我們在借鑒前輩學者的研究方法及研究成果的基礎之上,以"朔日考證紀年"的方法爲主,以及用每個探方紀年簡分布的相對集中性對部分日期簡進行考釋,以確定該日期的紀年。同時參考陳垣的《二十史朔閏表》、[②]徐錫祺的《西周(共和)至西漢曆譜》、[③]饒尚寬的《春秋戰國秦漢朔閏表》等相關的曆譜表,[④]對《肩水金關漢簡(貳)》中的紀年簡、曆譜簡、日期簡進行校考,以求教于方家。

文中"□"代表一個字殘缺不清楚,"☒"代表簡牘殘缺且字數不能確定者。"A"代表簡牘正面,"B"代表簡牘背面。"73EJT"爲《肩水金關漢簡》簡編號,[⑤]"E"爲額濟納河流域、"J"爲肩水金關、"T"爲探方。"EPT"爲《居延新簡》簡編號,[⑥]其中的"E"和"T"同前,"P"爲破城子。

1.牒書獄所遝一牒

本始二年七月甲申朔甲午觻得守獄丞郤胡以私印行事敢言之肩水都尉府移庚候官告尉謂游

檄安息等書到雜假捕此牒人毋令漏泄先聞知得定名縣爵里年姓官秩它坐或 73EJT21:47

本始二年七月庚子朔丁酉庫嗇夫毋患行尉事

偕謹案奉宗 ᒪ熹毋官獄徵事當爲傳謁移過所☒

七月丁酉粱守丞左尉世移過所如律令 73EJT21:64

按:兩簡本始二年七月朔日干支互异,據陳饒徐曆表本始二年七月爲"甲寅"朔。73EJT21:235簡"本始二年五月乙酉朔庚",[⑦]與陳饒徐曆表中的本始二年五月乙酉朔相合。"居延漢簡" 14.25簡"本始二年七月癸酉除,見。"[⑧]陳饒徐曆表該年七月甲寅朔,癸酉爲七月二十日。據此陳饒徐曆表所載該年曆譜無誤,"五月乙酉朔"與"七月甲寅朔"之間必存閏

---

① 孫東波:《〈額濟納漢簡〉所見曆日研究》,《河北經貿大學學報(綜合版)》2009年第2期。

② 陳垣:《二十史朔閏表》,北京:中華書局,1962。

③ 徐錫祺:《西周(共和)至西漢曆譜》,北京科學技術出版社,1997。

④ 饒尚寬:《春秋戰國秦漢朔閏表》,北京:商務印書館,2006。

⑤ 甘肅省簡牘保護中心、甘肅省文物考古研究所、甘肅省博物館、中國文化遺産研究院古文獻研究室、中國社會科學院簡帛研究中心編:《肩水金關漢簡(貳)》,上海:中西書局,2012。

⑥ 甘肅省文物考古研究所、甘肅省博物館、文化部古文獻研究室、中國社會科學院歷史研究所編:《居延新簡——甲渠候官與第四燧》, 北京:文物出版社,1990。

⑦ 本文所引他簡爲證時皆衹引相關的紀年部分,餘下全文亦同。

⑧ "居延漢簡"指居延舊簡,本文所引"居延漢簡"内容皆引自中國簡牘集成編輯委員會主編的《中國簡牘集成(居延漢簡卷)》第5-8册,蘭州:敦煌文藝出版社,2001。

月。《太初曆特殊置閏問題》指出本始二年五月屬特殊置閏。[①] 依五月乙酉朔類推,閏五月乙卯朔、六月甲申朔、七月甲寅朔。故本始二年七月甲寅朔,可信,則本始二年七月"甲申朔"和"庚子朔"均誤。但本始二年七月甲寅朔,甲午爲第四十一日,丁酉爲第四十四日,該月無"甲午"和"丁酉"日。疑兩簡的書寫者未計算該年五月的特殊置閏,若爲"甲申"朔,該月有"甲午"、"丁酉"日。

2.定昌衣用迺九月中渡肩水河車反亡所取觻得丞傳今以令爲取傳謁移過所縣道關毋苛留敢言之/十一月乙丑朔癸未居延守丞右尉☑ 73EJT21:56

按:陳饒徐曆表中與十一月乙丑朔相合的紀年衹有天漢元年和地節元年。《肩水金關漢簡(貳)》已有紀年簡中最早的紀年爲武帝征和三年,排除天漢元年。73EJT24:252 簡"地節元年十二月丙辰",陳饒徐曆表地節元年十二月甲午朔,丙辰爲二十三日,故漢簡曆日與陳饒徐曆表紀年相合。又 T21 探方中紀年簡集中分布在始元二年到元始元年,地節元年正在其中,故本簡紀年可定爲地節元年。

3. 河平元年十月丁酉斗食輸給執適隧長業章九月奉 73EJT21:96

按:陳饒徐曆表河平元年十月爲"丁卯"朔, EPT51.189A 簡"河平元年八月戊辰朔戊子",EPT59.1 簡"河平元年九月戊戌朔丙辰",與陳饒徐曆表中河平元年八月、九月朔日相合。依此類推,河平元年十月丁卯朔、十一月丁酉朔。故河平元年十月丁卯朔,無疑,則"丁酉"日爲第三十一日,該月三十天,無"丁酉"日。疑原簡脱"一"字,河平元年十一月丁酉,即十一月初一。

4. 陽朔元年三月戊申朔己卯肩水候丹移昭武書☑ 73EJT21:98

按:陽朔元年三月"戊申"朔,與陳饒徐三表中陽朔元年三月"戊申"朔相合,"己卯"爲三十二日,該年三月共二十九天,故無己卯日。疑"己卯"乃"乙卯"之訛。"己"、"乙"在簡文書寫中易混。"己"常寫作"","乙"常寫作"",本簡""作"己",或爲"乙"之訛寫。若爲陽朔元年三月戊申朔乙卯,即陽朔元年三月初八。

5. □□候長居延西道里叔□年卅□ 始元二年五月辛未除見 73EJT21:111

按:據陳饒徐曆表始元二年五月爲"庚子"朔,"居延漢簡"88.20 簡"始元二年十月戊辰朔"、88.26 簡"始元二年七月庚子朔"與陳饒徐表始元二年十月、七月朔日相合,依此二月朔

① 斯琴畢力格、關守義、羅見今:《太初曆特殊置閏問題》,《内蒙古師範大學學報(自然科學漢文版)》2007 年第 6 期。

日類推始元二年五月庚子朔當確,則"辛未"爲三十二日,該月無"辛未"日。原簡殘蝕嚴重,"辛"後面的字模糊,據該字殘留筆劃疑爲"亥"字。若爲辛亥日,即始元二年五月十二日。疑"辛未"爲"辛亥"誤釋。

6. 本始四年六月癸亥朔丁丑肩水候史廣成 73EJT21:123

按:本始四年六月"癸亥"朔有誤。據陳饒徐曆表本始四年六月爲"癸酉"朔。同探方73EJT21:137簡"本始四年二月甲辰",本始四年二月乙亥朔,甲辰爲第三十日。依次推出本始四年六月癸酉朔。《漢簡曆譜》引證"居延漢簡"111.6簡"二日,丁未 丙子 丙午 乙亥 乙巳 甲戌 反支 甲辰 癸酉 建反支 癸卯 壬申 壬寅 辛未"爲本始四年簡,[①]且爲學術界定論,據此本始四年六月亦爲癸酉朔,丁丑爲第五日。疑本簡"癸亥"爲"癸酉"之誤。

7. □□□ □□□

枚 始元七年閏月己未長世臨 73EJT21:307

按:陳饒徐曆表始元七年(元鳳元年)皆閏三月壬申朔,該月則無"己未"日。據"居延漢簡"65.7、65.8、65.9三簡"始元七年閏月甲辰",陳夢家和陳久金認皆爲是年應"閏二月癸卯朔,三月壬申朔則與《漢書·諸侯王表》"元鳳元年三月丙子"相合。"[②]二陳之説甚確。故陳饒徐三家曆表始元七年閏三月有誤,是年當閏二月癸卯朔,"己未"爲十七日。

8. 後騂北亭長劍一斧一

出斧六枚 五鳳二年四月癸朔己丑平樂隧長遂付士吏井卿 73EJT22:34

按:據陳饒徐曆表五鳳二年四月爲"癸未"朔。73EJT24:35A簡"五鳳二年二月甲申朔戊子,"與陳饒徐曆表的五鳳二年二月甲申朔相合,依二月甲申朔類推,四月當爲"癸未"朔。故原簡所脱的字爲"未",五鳳二年四月癸未朔乙丑,即五鳳二年四月初七。

9. 鴻嘉三年六月壬寅朔壬申河東絳邑西鄉☐ 73EJT23:307

按:據陳饒徐曆表鴻嘉三年六月壬寅朔與簡文合,73EJT23:664簡"鴻嘉三年六月壬寅朔甲辰"同證該年三月爲"壬寅"朔。鴻嘉三年六月二十九天,而"壬申"日爲第三十一日,故鴻嘉三年六月無"壬申"日,疑"壬申"爲原簡之誤。

---

① 闕名:《漢簡曆譜》,薄樹人主編《中國科學技術典籍通彙·天文卷》第一分册,鄭州:河南教育出版社,1993,234頁。

② 分别見於陳夢家《漢簡綴述》,北京:中华书局,1980,232頁;陳久金《敦煌、居延漢簡中的曆譜》,《中國古代天文文物論集》,129頁。

10. 丁　丁　丙　丙　乙　乙
八日　　　春分
酉　卯　申　寅　未　丑　　73EJT23:315

按:羅振玉稱此種曆譜爲"横讀式",《肩水金關漢簡(貳)》以此種曆譜爲主。日本學者森鹿三《論敦煌和居延出土的漢曆》對此種漢曆有詳盡分析。[①] 此簡意爲正月、一月、二月、三月、四月、五月、六月連續六個月第八日的干支,則這六個月的朔日干支分别爲:正月庚寅朔、二月庚申朔、三月己丑朔、四月己未朔、五月戊子朔、六月戊午朔。查陳饒徐三表,與上面這六個月朔日相符的紀年合祇有居攝元年。查張培瑜《三千五百年曆日天象》"居攝元年二月八日丁卯爲春分",[②]正與此簡曆譜記載相合。故此簡可定爲居攝元年。

11.　己　己　戊　戊　丁　丁　丙　丙　乙　乙　甲　甲
十日　　　　　　建
亥　巳　戌　辰　酉　卯　申　寅　未　丑　午　子　　73EJT23:318

按:此簡爲某年十二個月第十日的干支,據此每月的朔日干支分别爲:庚寅、庚申、己丑、己未、戊子、戊午、丁亥、丁巳、丙戌、丙辰、乙酉、乙卯。據陳饒徐曆表,與這十二個月的朔日干支完全相合的紀年祇有居攝元年。"建"爲占卜吉凶的一種方法,以"建"爲周期叫十二直。從正月建寅排算,居攝元年七月十日正值建申。故本簡紀年爲居攝元年。

12.　癸　壬　□　壬　辛　辛　庚　庚　己　己　戊　戊　丁
五日　　　　　　中伏
未　子　午　子　巳　亥　辰　戌　卯　酉　寅　申　丑　　73EJT23:332

按:此簡有十三個月的的干支,該年有閏月。由已知的 12 個月第五日的干支可推出這十二月的朔日干支分别爲:己卯、戊申、□□、戊申、丁丑、丁未、丙子、丙午、乙亥、乙巳、甲戌、甲辰、癸酉。據陳饒徐曆表,與這 12 個月朔日干支完全相合的紀年祇有居攝三年。是年閏正月,故二月五日的干支殘缺,該年二月戊寅朔,故第五日的干支爲"壬午"。"中伏"爲"三伏"之一,羅見今指出"夏至常在五月,因此中伏祇可能在六月或七月",[③]居攝三年閏正月,"五月三日己酉夏至",[④]"庚辰"爲是年夏至后第四庚爲"中伏",與《陰陽書》和敦煌永始四年

① 森鹿三著,姜鎮慶譯:《論敦煌和居延出土的漢曆》,《簡牘研究譯叢》第 1 輯,北京:中國社會科學出版社,1983。
② 張培瑜:《三千五百年曆日天象》,鄭州:大象出版社,1997,96 頁。
③ 羅見今:《〈居延新簡——甲渠候官〉中月朔簡年代考釋》,82 頁。
④ 張培瑜:《三千五百年曆日天象》,97 頁。

曆譜的“中伏”相合,該年六月五日爲中伏。綜上,此簡爲居攝三年曆譜。

13. 居攝二年六月癸未☑

□□□□□致　　73EJT23:347

按:因簡殘損,“癸未”或爲朔日干支或日期干支。據陳饒徐曆表居攝二年六月爲“壬子”朔。73EJT8:51A 簡“居攝二年三月甲申朔癸卯”與 73EJT23:319 簡“居攝二年九月辛巳朔庚寅”,此二簡的朔日皆與陳饒徐曆表中居攝二年三月、九月朔日相合。依這兩月朔日干支類推,居攝二年六月確爲壬子朔。因此,“癸未”不是該月的朔日干支,若爲日期干支,“癸未”則爲第三十二日,該月衹有三十天,無“癸未”日。據原簡殘存的筆劃,疑“六月”乃“五月”之誤釋。居攝二年五月正爲癸未朔。

14. 　　☑□□□□□□□□□錢七千五百□錢七十□□□直錢

受降隧卒□□　　☑□□□□初元二年六月庚辛酒肉□□□□□□□□

☑□□□□□□錢六十　　73EJT23:369

按:“庚辛”皆爲天干無此種表達,疑系整理者誤釋。原簡字形模糊,但尚存輪廓,原簡爲“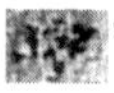”、“”,疑爲“甲午”而非“庚辛”。同書中“甲”寫作“”、“午”寫作“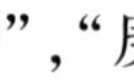”,“庚”寫作“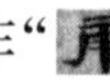”、“辛”寫作“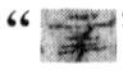”,經對比,原簡中的字似爲“甲午”。EPT51.236 簡“初元二年六月己丑朔癸巳”,與陳饒徐曆表中的初元二年六月己丑朔相合,且可與 73EJT23:369 簡互證。又 73EJT21:175A 簡“初元二年四月庚寅朔辛卯”也與陳饒徐曆表中的初元二年四月庚寅朔相合。依此朔日干支順序類推,六月己丑朔,甚確。故初元二年六月甲午,即初元二年六月初六。“庚辛”或爲“甲午”之訛。

15. 元始五年□□□辛卯☑　　73EJT23:416

按:此處殘缺的“□□□”缺三字,且表示月份,滿足條件的衹有“十一月”和“十二月”。若爲十二月,73EJT23:335 簡“元始五年十二月辛酉朔庚辰”,與陳饒徐曆表中的元始五年十二月辛酉朔相合,則該月無“辛卯”日。故衹能爲“十一月”,依元始五年十二月辛酉朔推算,十一月爲“辛卯”朔,與本簡所記干支正合。再據原簡殘存筆劃,此處釋文補“十一月”三字,甚確。

16. 三年八月戊午朔丙戌

□戎俱謹案長　　73EJT23:432

按:此簡紀年爲始建國三年。新莽時期以十二月爲歲首,始建國三年八月實爲該年漢曆七月,陳饒徐曆表爲漢曆表,始建國三年八月戊午朔,即爲陳饒徐表中的始建國七月戊午朔相合。73EJT24:36簡“始建國三年桼月己丑朔乙未”,即與陳饒徐曆表中該年六月己丑朔相合。故三家漢曆表所載該年曆譜無誤。因此本簡紀年可定爲始建國三年。

17. ☐始二年二月丙辰朔☐　　73EJT23:579

按:此簡爲削衣,文字殘損,“始二年”紀年不完整,可能爲太始二年、本始二年、建始二年、永始二年、元始二年。據陳饒徐曆表衹有永始二年二月爲丙辰朔。73EJT24:23A“永始二年九月壬子朔辛酉”與三家曆表該年九月壬子朔相合,故三家曆表該年曆譜無誤。且T23探方中有永始二年的記載。故本簡紀年可定爲永始二年。

18. 　　壬　壬　辛

廿三日

子　午　亥　　73EJT23:691

按:此簡下部殘斷,横讀式曆譜,表示正月、二月、三月第二十三日的干支,由此推算是年正月、二月、三月的朔日干支分别爲庚寅、庚申、己丑。據陳饒徐曆表與這三個月朔日相合的紀年有河平三年、居攝元年,因探方紀年簡分布具有相對集中性,居攝元年在T23探方中更爲常見,且在本探方中居攝元年的曆譜比較多,而河平年間的紀年簡在此探方中尚未發現。因此本簡紀年亦定爲居攝元年曆譜。

19. 元始五年六月甲子朔　　73EJT23:701

按:此簡“元始五年六月甲子朔”有誤。據陳饒徐曆表元始五年六月爲“癸亥”朔。73EJT23:786簡“元始五年四月己酉”,陳饒徐曆表中元始五年四月爲“乙未”朔,己酉爲第十五日,合。又73EJT23:991簡“元始五年五月乙酉”,陳饒徐曆表中元始五年五月爲“甲子”朔,乙酉爲第二十二日,亦合。故三家曆表所載該年曆譜無誤,六月爲癸亥朔,非甲子朔。此簡圖版“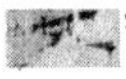”,字形缺“丶”畫,不似“六”字,更似“五”字。元始五年五月正爲甲子朔,此簡“六月”疑爲“五月”之誤釋。

20. 鳳四年四月辛丑朔甲寅南鄉嗇夫□敢言之□石里女子蘇夫自言夫延壽爲肩水倉丞願以令取

居延□□□與子男□葆延壽里段延年□□所占用馬一匹軺車一乘·謹案户籍在鄉□

夫□延年皆毋官獄徵事當以令取傳敢言之

☐移過所如律令/佐定　　73EJT23:772A

按：據饒徐曆表唯五鳳四年四月"辛丑"朔與此簡合。73EJT9：104 簡"五鳳四年八月己亥朔己亥"，與陳饒徐曆表中五鳳四年八月己亥朔相合。又 73EJT9：104 簡"五鳳四年五月庚辰"，查陳饒徐曆表中五鳳四年五月辛未朔，庚辰爲第十日。故陳饒徐曆表所載該年曆譜無誤。因此，"鳳"字前殘缺字爲"五"。"五鳳"爲漢宣帝年號。五鳳四年四月辛丑朔甲寅，即五鳳四年四月十四日。

21.　　　　甲　甲　癸　癸　壬　壬

廿五日　　　　　立夏　　　　☑

　　　　　寅　申　丑　未　子　午　　　　73EJT23：801

按：此簡表示該年前六個月第二十五日的干支，因此從正月到六月對應的朔日干支分别爲：庚寅、庚申、己丑、己未、戊子、戊午。據陳饒徐曆表與這六個月朔日相合的紀年有河平三年和居攝元年。此簡記録三月二十五日立夏，據張培瑜《三千五百年曆日天象》居攝元年正是三月二十五日癸丑立夏，而河平三年四月十二日庚午立夏，與此簡不合。故本簡紀年可定爲居攝元年。

22. 四年三月甲辰朔北部守候長　　　　73EJT23：865A

按：據陳饒徐曆表與"四年三月甲辰朔"相合的紀年衹有永始四年。由漢簡曆譜實録編纂的《漢簡曆譜》指出"永始四年三月甲辰朔"與陳饒徐三表相合。EPT50.5"永始四年五月甲辰"，五月癸卯朔，甲辰爲第二日，故三家曆表該年曆譜無誤。且永始年間的簡在本探方中分布較多，如永始二年、永始三年、永始四年、永始五年在本探方均有出現，故此簡紀年可定爲永始四年，當確。

23. 元壽二年七月丁卯朔辛卯廣昌鄉嗇夫假佐宏敢言之陽里男子任良自言欲取傳爲家私使之武威

張掖郡中謹案良五十八更賦皆給毋官獄徵事非亡人命者當得取傳謁移過所河津關毋苛留如律令

七月辛卯雍令　丞鳳移過所如律令

馬車一兩用馬一匹齒十二歲牛車一兩用牛二頭　/掾竝守令史普　　　　73EJT23：897

按：據陳饒徐曆表元壽二年七月爲"壬戌"朔。EPT5.55A 簡"元壽二年五月癸亥"、EPT59.548A 簡"元壽二年十二月庚寅朔戊申"，與陳饒徐曆表中該年五月癸亥朔、十二月庚寅朔相合，故三表所載該年曆譜無誤，元壽二年七月壬戌朔，辛卯爲七月三十日。本簡"七月丁卯朔"有誤。

24.	丙	丙	乙	乙	甲	甲	癸	癸	壬	壬	辛	辛	
七日					建								
	申	寅	未	丑	午	子	巳	亥	辰	戌	卯	酉	73EJT23:901
	庚	庚	己	己	戊	戊	丁	丁	丙	丙	乙	乙	
十一日				建	夏至							建	
	子	午	亥	巳	戌	辰	酉	卯	申	寅	未	丑	73EJT23:902
	甲	甲	癸	癸	壬	壬	辛	辛	庚	庚	己	己	
十五日													
	辰	戌	卯	酉	寅	申	丑	未	子	午	亥	巳	73EJT23:903
	丙	丙	乙	乙	甲	甲	癸	癸	壬	壬	辛	辛	
十七日		冬至											
	午	子	巳	亥	辰	戌	卯	酉	寅	申	丑	未	73EJT23:904

按:這四枚曆譜簡分别表示某年中十二個月的第七日、第十一日、第十五日、第十七日的干支。從這已知的干支和日期推算,其相應的朔日均爲:庚寅、庚申、己丑、己未、戊子、戊午、丁亥、丁巳、丙戌、丙辰、乙酉、乙卯。故此四簡爲同年每月的第七日、十一日、十五日、十七日。查陳饒徐曆表與這十二個月朔日完全吻合的紀年衹有居攝元年。又據張培瑜《三千五百年曆日天象》居攝元年五月十一日戊戌正爲夏至,十一月十七日辛丑正爲冬至,與簡文所記正合。"建"爲占卜吉凶的十二直,從正月建寅推算,曆譜中四月建巳、五月建午、十二月建丑,與居攝元年曆譜中"建"的分布亦合。故此簡紀年爲居攝元年。

25. 三月丙辰朔丁巳甲渠候□　　73EJT23:1025

按:據陳饒徐曆表與三月丙辰朔相合的紀年衹有元延三年。"居延漢簡"75.9 簡"元延三年四月丙戌朔甲寅"與三家曆表該年四月丙戌朔相合,故三家曆表所載該年曆譜無誤,故三月丙辰朔,即爲元延三年三月丙辰朔。元延三年符合本探方紀年的紀年範圍,故此簡紀年可定爲元延三年。

26. 正月辛丑朔丁未千人令史袁昌敢言之遣　　73EJT23:1026

按:查陳饒徐曆表與正月辛丑朔相合的紀年衹有元壽元年。《漢書・五行志下》"哀帝元壽元年正月辛丑朔",與三家曆表所載朔日相合。且元壽元年正在本探方的紀年分布範圍内,故本簡紀年可定爲元壽元年。

27. 元始三年四月丙午朔□丑□□□□褒敢言之謹移受奉名籍一編敢言之　　73EJT24:31A

按:"□丑",原簡殘留圖版"",據此處殘缺的字應該爲"乙"。陳饒徐曆表中元始三年四月丙午朔,與簡文"元始三年四月丙午朔"相合。元始三年四月丙午朔乙丑,即元始三年四月二十日。故"丑"字前補"乙"字,當確。

28. 初元五年癸酉朔甲午□□鄉佐□敢告尉史龐自言爲家私使居延謹案毋官獄徵事當爲傳謁移函谷關入來復傳

□過所津關毋苛留敢告尉史　　73EJT24:78

按:"初元五年癸酉朔甲午",原簡脱"五月"二字。EPT51.461 簡"初元五年十月庚子朔庚☐",與陳饒徐曆表中的初元五年十月庚子朔相合。從十月庚子朔類推,初元五年五月朔爲"癸酉",正合此簡朔日。故原簡脱"五月"二字,初元五年五月癸酉朔甲午,即初元五年五月二十二日。

29. ☐□　建平五年五月甲申宜禾里李邑付直徐武　　73EJT24:217

按:建平五年即元壽元年。"敦煌和居延漢簡中使用建平五年年號的達三十八處之多,同時也存在大量使用元壽元年的簡"[1],這種新舊年號并存的現象在漢簡中較爲普遍。陳夢家《漢簡年曆表叙》指出"漢簡有建平五年十二月,改元元壽當在十二月或閏十二月。"[2],陳垣認爲該年閏十一月丙寅朔,任步雲[3]、張曉鋒[4]等分析"建平五年十二月丙寅朔乙亥"皆認爲該月閏十二月乙未朔,今從此説。從十二月丙寅朔類推,五月己亥朔與陳饒徐曆表相合,則五月甲申爲第四十六日,故五月無"甲申"日。疑原簡有誤。

30. 張掖肩水廣地候賓□□長昌昧死再拜□□　本始元年四月己酉日蚤食時

騎置馳行上　入□□□長壽隧□□□隧長妻報報子□□□□

行在所公車司馬以聞

□□五年四月戊申日餔時受□□□　　73EJT24:244

按:陳饒徐曆表本始元年四月辛酉朔,73EJT22:31 簡"本始元年四月乙酉",乙酉爲二十五日,三家曆表所載該月朔日無誤。本始元年四月辛酉朔,"己酉"日爲第四十九日,故該年

① 李蕾:《漢代改元問題芻議》,孫家洲主編《額濟納漢簡釋文校本》,323 頁。

② 陳夢家:《汉简年曆表叙》,其著《漢簡綴述》,234 頁。

③ 詳見任步雲《甲渠候官漢簡年號朔閏表》,甘肅省文物工作隊、甘肅省博物館編《漢簡研究文集》,蘭州:甘肅人民出版社,1984,444 頁。

④ 詳見張曉鋒《漢簡與〈二十史朔閏表〉所記互异日月對校》,《簡牘學研究》第 3 輯,2002,166 頁。

四月無“己酉”日。疑“己酉”爲“乙酉”之誤。

31. 丙 乙 乙 乙 甲 甲 癸

十八日 重節 八鬼節

申 丑 未 丑 □ 子 巳 73EJT24:305

按:按曆日排列規律推算,“□”殘缺爲“午”,即“甲午”。此簡爲正月到七月這七個月第十八日的干支,故這七個月的朔日干支分别爲:己卯、戊申、戊寅、戊申、丁丑、丁未、丙子。查陳饒徐曆表與這七個月朔日相符合的紀年衹有居攝三年,是年閏正月。此簡曆注不明。

32. 本始四年九月壬戌朔丁未西鄉有秩賢敢告尉史宜歲里上造董貴年卅五歲正令自言爲家私市 ▨ 73EJT24:262

按:若本始四年九月朔爲“壬戌”,則“丁未”爲第四十六日,“壬戌”朔“丁未”相互矛盾。陳饒徐曆表本始四年九月爲壬寅朔。陳久金《敦煌、居延漢簡中的曆譜》分析居延漢簡111.6簡“二日,丁未 丙子 丙午 乙亥 乙巳 甲戌 反支 甲辰 癸酉 建反支 癸卯 壬申 壬寅 辛未”,考訂其爲本始四年簡,[①]且已爲學術界定論,則本始四年九月確爲壬寅朔,由此“丁未”爲本始四年九月六日。此處疑“壬戌”爲“壬寅”之訛。

33. 初元年四月辛巳朔庚午肩水史譚敢言 73EJT24:284

按:“四月辛巳朔”與“庚午”矛盾。何雙全[②]和張曉鋒[③]分析EPT51.193簡“初元年三月乙卯”認定此簡即爲“初元元年簡”。“初元元年”在居延地區漢簡中常省作“初元年”。陳饒徐曆表初元年三月爲丁酉朔,乙卯爲第十九日,故三家曆表初元元年曆譜無誤。據三月丁酉朔推算,四月當爲丁卯朔,庚午爲第四日。故“初元年四月辛巳朔”當爲“初元元年四月丁卯朔”。

34. 壽二年五月辛巳除 73EJT24:300

按:陳饒徐曆表元壽二年五月“癸亥”朔,辛巳爲五月十九日,正合。EPT5.55A簡“元壽二年五月癸亥”,與陳饒徐曆表中元壽二年五月癸亥朔相合。由EPT5.55A可證73EJT24:300簡“壽”字前的殘字確爲“元”,元壽爲漢哀帝時年號。

---

① 陳久金:《敦煌、居延漢簡中的曆譜》,112頁。

② 詳見何雙全《居延漢簡研究》,《國際簡牘學會會刊》第二號,104頁。

③ 詳見張曉鋒《漢簡與〈二十史朔閏表〉所記互异日月對校》,167頁。

結　語

綜上,考校的紀年簡中紀年訛誤主要表現在以下四個方面:一、原簡脱字。書寫者在書寫過程中的疏忽造成的脱字現象,如73EJT21:96簡脱"一"字、73EJT24:78簡脱"五月"二字等。二、原簡殘字。外部環境經年累月的侵蝕導致簡牘上文字的筆劃漶漫不清或者文字脱落,73EJT24:300簡"壽"字前缺"元"、73EJT24:31A簡"乙丑"的"乙"字形模糊不清等。三、形近字混淆。字形相近的字在書寫和釋讀的過程中都會造成訛誤,典型的如"已"和"乙"經常被書寫或釋讀錯誤。四、月朔矛盾。紀年簡中月朔干支和日期干支常常相互矛盾,如73EJT21:123簡、73EJT24:262簡、73EJT24:284簡等。究其原因,如前人所述,主要有兩個方面:其一,書寫者書寫錯誤。有些紀年簡、日期簡的月朔矛盾,或爲書寫訛誤,亦或干支推算之訛。其二,釋讀的錯誤,因原簡筆劃殘損或字形相近導致的誤釋。

《肩水金關漢簡(貳)》中有明確紀年的紀年簡并不是很多,可考的日期簡、曆譜簡也衹是少數,還有很多日期簡尚無法考證其紀年,期待有更多的新材料及證據來輔證,以助於這批簡的紀年研究及其他方面的科學研究。

《蒼頡篇》首章的發現與研究*

武漢大學留學生教育學院　梁　靜

内容提要　本文回顧了出土《蒼頡篇》首章的發現經過，并結合傳世本，對首章的内容進行了考證和研究。

關鍵詞　蒼頡篇　首章　版本　出土

《蒼頡篇》又稱《蒼頡》、《倉頡》、《倉頡篇》，是我國現存最早的一部識字教材，成書於兩千多年前秦統一之初，相傳爲李斯所作。在流傳過程中，此書屢次被續寫、改編，因而産生了"李斯本"、"閭里書師本"、"揚雄訓纂本"、"三蒼本"等多個版本。① 最初的李斯本衹有七章，如何分章、每章字數不詳。漢初，閭里書師在合趙高《爰歷》、胡毋敬《博學》的基礎上，將其"斷六十字以爲一章，凡五十五章"（《漢書・藝文志》）。其後所續寫的版本大都沿襲這一分章方式。故而根據是否"斷六十字以爲一章"，這些版本可以分爲兩大系統，即"閭里書師本"和"非閭里書師本"。

此書記載了秦漢時期規範的語言文字，對於我們認識秦漢時期的語言文字、字書源流有

* 本文得到湖北省教育廳人文社科研究項目"上博楚簡與早期儒家研究"（2011jyte123）、2012年國家社科基金青年項目"上博楚簡儒籍研究"（12CZS007）、2011年教育部人文社科青年基金項目"《倉頡》研究"（11YJC770027）、第五十批博士後科學基金面上資助二等"《蒼頡篇》研究"（2011M501222）資助。

① 根據《漢書・藝文志》和《説文解字・序》的記載，《蒼頡篇》各個版本的基本情況是：1.李斯本，共七章，分章、字數不詳；2.閭里書師本，漢初産生，在李斯本的基礎上合并了《爰歷》、《博學》兩部字書，斷六十字爲一章，共五十五章，3300字；3.揚雄訓纂本，每章六十字，八十九章，5340字；4.三蒼本，一百二十三章，7380字，内容包括李斯本《蒼頡篇》、《爰歷》、《博學》、揚雄《訓纂篇》、賈魴《滂熹篇》。

非常重要的作用。但其亡佚已久，古書引文保存的信息又非常有限，對此書的認識很大程度上依賴於出土本的發現。幸運的是，自上個世紀初以來，在陸續出土的幾批簡牘中，都有《蒼頡篇》殘本的發現。根據發現的先後順序，依次爲：斯坦因所獲敦煌漢簡、居延舊簡、居延新簡、阜陽雙古堆漢簡、敦煌玉門花海與馬圈灣漢簡、尼雅漢簡、水泉子漢簡、北大漢簡等。其中，斯坦因所獲敦煌漢簡包括兩個部分，一部分見於《流沙墜簡》，另一部分則爲英國國家圖書館收藏的大量削柿。①

在這些出土本中，《蒼頡篇》第一章的内容——包括"閭里書師本"和非"閭里書師本"，出現的頻率是最高的。除阜陽漢簡以及尚未露出廬山真面目的北大漢簡以外，已知的出土本中都有此章。究其原因，恐怕與此文作爲識字之書不無關係——人們在習字時往往習慣於從頭開始，這大概就是西北所出之習字簡中，大量出現此篇首章内容的原因了吧。

這部分簡文，最早的發現可以追溯到上個世紀初。王國維在《流沙墜簡》的"簿書類"中發現了"混迹"於漢人隨意塗寫之文的"蒼頡作"三個字，并大膽地推測出此當爲《蒼頡篇》首句，全句應爲"蒼頡作書"，是引用《世本》之語，這也正是《蒼頡篇》命名的由來。② 這個假設，由於符合命名體例，後來爲學界廣爲接受，而其關於首句爲"蒼頡作書"的看法，不久就被三十年代發現的居延舊簡證實。

居延舊簡中屬於首章的内容有如下幾條：③

① 這些出土本的内容依次可參考羅振玉、王國維編著《流沙墜簡》，北京：中華書局，1993。林梅村、李均明編《疏勒河流域出土漢簡》，北京：文物出版社，1984。汪濤、胡平生、吴芳思主編《英國國家圖書館藏斯坦因所獲未刊漢文簡牘》，上海辭書出版社，2007。勞榦《居延漢簡考釋・釋文之部》，上海：商務印書館，1949。勞榦《居延漢簡考釋之部・居延漢簡考證》，臺北：中研院歷史語言研究所，1960。中國社會科學院考古研究所編《居延漢簡甲乙編》，北京：中華書局，1980。謝桂華、李均明、朱國炤《居延漢簡釋文合校》，北京：文物出版社，1987。甘肅省文物考古研究所、甘肅省博物館、中國文物研究所、中國社會科學院歷史研究所《居延新簡——甲渠候官》，北京：中華書局，1994。甘肅省文物考古研究所、甘肅省博物館、文化部古文獻研究室、中國社會科學院歷史研究所編《居延新簡——甲渠候官與第四燧》，北京：文物出版社，1990。阜陽漢簡整理組《阜陽漢簡〈蒼頡篇〉》，《文物》1983 年第 2 期。甘肅省文物考古所編，吴礽驤等釋校《敦煌漢簡釋文》，蘭州：甘肅人民出版社，1991。甘肅省文物考古研究所《敦煌漢簡》，北京：中華書局，1991。嘉峪關市文物保管所《玉門花海漢代烽燧遺址出土的簡牘》，《漢簡研究文集》，蘭州：甘肅人民出版社，1984。林永建等編《夢幻尼雅》，北京：民族出版社，1995。王樾《略説尼雅發現的"蒼頡篇"漢簡》，《西域研究》1998 年第 4 期。張存良、吴葒《水泉子漢簡初識》，《文物》2009 年 10 期。張存良《水泉子漢簡七言本〈蒼頡篇〉蠡測》，《出土文獻研究》第 9 輯，北京：中華書局，2010。北京大學出土文獻研究所《北京大學藏西漢竹書概説》，《文物》2011 年 6 期。朱鳳瀚《北大漢簡〈蒼頡篇〉概述》，《文物》2011 年 6 期。

② 王國維：《〈蒼頡篇〉殘簡跋》，《觀堂集林》卷五，收入《王國維遺書》，上海古籍書店，1983，20 頁。

③ 出土本都采用原釋文編號，但爲了區别，在原編號基礎上作了一些細微地改變。英藏本前加"Y"表示；建國後所獲敦煌漢簡在原編號前加"敦"字和一個大寫英文字母表示出土地點，"Y"表示出土于玉門花海，"M"表示出土于馬圈灣；阜陽本的編號在原來的基礎上刪掉了數字前面的"0"。由于水泉子本分先後兩次公布了圖版和釋文，編號情況比較複雜，具體參看梁靜《〈蒼頡篇〉研究》，武漢大學博士後研究工作報告，2012。簡文書寫不止一面的，用大寫英文字母 A、B、C 來表示，書寫不止一行的，則用小寫英文字母 a、b 來表示。釋文在原釋文的基礎上，綜合各出土本有所訂正。詳情請參見梁静《〈蒼頡篇〉研究》，武漢大學博士後研究工作報告，2012。通假字外加"( )"；根據其他出土本補充的缺文外加"[ ]"；簡文的衍文、錯字外加"〈 〉"；殘缺無法釋讀的文字用"□"表示，原釋文表示殘斷的符號"☒"統一删去。

1 蒼[頡]63.19

2 蒼頡97.8

3 蒼頡作書以□□□85.21

4 蒼頡作書,以教後□185.20

5 嗣,幼子承詔,謹慎敬戒167.4

6 □□苟務260.18Aa

7 [异],初雖勞260.18Ab

8 計〈後〉嗣,幼子260.18B

9 [嗣,幼子]176.33A

10 承(詔,謹)233.47

11 子承詔,謹慎125.38Aa

12 置,苟務成史125.38Ab

13 幼子承詔125.38Ba

14 勿,盡〈晝〉夜勿125.38Bb

15 □[謹]□63.26

當然,這些殘簡是在我們已經熟知此篇首章内容之後才得以將其歸類的。由於殘斷,居延舊簡本身除了"蒼頡作書,以教後……""嗣,幼子承詔,謹慎敬戒……"這兩個較長的句子,以及證明"蒼頡作書"這句"《世本》之語"確實屬於《蒼頡篇》之外,并没有給人們帶來更多的信息。

對於此章研究的突破來自於建國後居延新簡的發現。相關内容如下:

1 蒼頡作書,以教後嗣,幼子承昭〈詔〉,謹慎敬戒,勉力風〈諷〉誦,晝夜勿置,苟務成史,計會辨〈辯〉治,超等軼群,出尤别异EPT50.1A

2 初雖勞苦,卒必有意,慤愿忠信,微密倓言言〈褰〉賞〈賞〉EPT50.1B

3 蒼頡作書,以教後子□□史□□EPT56.40

4 以教後嗣,幼子承詔,謹慎敬戒,勉EPT56.27A 力諷誦〈勉雖子 幼子承〉EPT56.27B

5 勉力EPF19.7

6 謹慎EPF22.741

7 □甲渠河北塞舉二烽燔蒼頡作書①EPT50.134A

不難看出,最重要的發現就是編號爲 EPT50.1 的簡。此簡保存基本完整,前後兩面共書

① 此簡背面内容與《蒼頡篇》無關,僅記於此:"其匈奴人　　攻"。

寫了十四個完整的四言句。正面十句,背面四句。"閭里書師本"每章十五句,也就是説,此簡書寫的很有可能是基本完整的"閭里書師本"的第一章,衹是少了最後一句話。

關於此簡正反兩面的簡文是否可以連讀,整理者采取了審慎的態度,没有作出明確的判斷。胡平生在《漢簡〈蒼頡篇〉新資料的研究》一文中則認爲兩者是可以連讀的①。由於此簡書寫比較潦草,簡文大小不一,應爲漢人習字之作,不一定能反映出版本原貌,再加上《蒼頡篇》的文本多爲同義近義詞語的羅列堆砌,句子之間大多缺乏邏輯性的關係,因而我們認爲,即使同一面所書的句子是連續的,此簡正、反面所寫内容的連讀,仍需要更明確的證據來證實。

關於這一點,稍後發現的敦煌漢簡也没有帶來更多的綫索。此本首章内容如下:

1 蒼頡作書,以教後嗣,幼子承調(詔),謹慎敬戒,勉力調〈諷〉敦Y1459A,晝夜勿置,務成史,計會辨治,超等敦Y1459B

2 蒼頡作書,以教後嗣,幼子承調(詔),謹慎敬戒,勉力調〈諷〉誦敦Y1460A,晝夜勿置,苟〈苟〉務成史,計會辨治,超等敦Y1460B

3 蒼頡作書,以教後嗣,幼子承調(詔),謹慎敬戒,勉力調〈諷〉誦,晝夜敦Y1461A勿置,苟〈苟〉務成史,計會辨治,超等敦Y1461B

4 蒼頡作書,以教後嗣,幼子承詔,謹慎敦M844

5 出尤别敦M249B

敦Y1459A、B,敦Y1460A、B以及敦Y1461A、B亦爲習字之作,字體潦草,且屢有錯字,應爲一人所書。三簡内容可與居延新簡EPT50.1A對讀,可知敦煌三簡的正反兩面可以連讀,而居延新簡正面所書除了最後一句"出尤别異"外,應可連讀。

張存良在整理水泉子七言本《蒼頡篇》時,直接把居延新簡EPT50.1正反兩面的簡文連讀,即把"出尤别異"直接與"初雖勞苦"連讀,并以此爲據連綴水泉子暫31、暫39、暫43、暫8、6、暫2、暫32號簡:

[蒼頡作]書智不愿,以教後嗣世□暫31[□,幼]子承詔唯毋暫39[□,謹]慎敬戒身即完,勉力諷誦槫暫43出官,晝夜勿置功暫8[□□,苟務成]史臨大官,計會辯治推耐前,超等軼群6[□□□,出尤别異]白黑分,初雖暫2勞苦後必安,卒必有暫32……

他認爲七言本《蒼頡篇》在内容的編排上,是以四言本爲綱,每句多出來的三個字是對前四字文意的順勢延伸,有簡單地訓釋的意思,使前四字的意思更加完整或明確。水泉子暫2

① 胡平生:《漢簡〈蒼頡篇〉新資料的研究》,《簡帛研究》第2輯,北京:法律出版社,1996,332—349頁。

簡的“白黑分”就是對“出尤别異”的更爲通俗化的解釋[①]。就我們看來,此論其實尚缺乏確實的證據,“白黑分”也可能是對“超等秩群”的解説。

復旦大學出土文獻與古文字中心讀書會指出,水泉子本首章除了張文連讀的七枚殘簡外,還包括一枚殘簡。[②] 此簡圖版見《文物》封二之 7,我們編號爲 2。在假設居延新簡 EPT50.1A、B 兩面十四句簡文應該連讀的基礎上,水泉子本首章可據以補出所缺殘文如下:

> [蒼頡作]書智不愿,以教後嗣世□$_{暂31}$[□,幼]子承詔唯毋$_{暂39}$[□,謹]慎敬戒身即完,勉力諷誦槫$_{暂43}$出官,晝夜勿置功$_{暂8}$[□□,苟務成]史臨大官,計會辯治推耐前,超等軼群$_{6}$[□□□,出尤别異]白黑分,初雖$_{暂2}$勞苦後必安,卒必有$_{暂32}$[喜□□□,愨愿忠信]□事君,微密痰〈痰〉塞天生(性)然,侃(姦)佞$_{2}$……

乍一看來正好十五句,是以“閭里書師本”爲綱的水泉子本的一個完整章節。但若細細想來還是存在問題。正如上文提到的,如果把“白黑分”看作是對“超等秩群”的解説,似乎也没有什麼不可以。如果這種情況成立的話,可以想像,簡 2 的“侃(姦)佞……”就不是此章的末句,而是倒數第二句了。這種情況當然也是有可能的。

那麼居延新簡 EPT50.1A 面的末句“出尤别异”與 B 面的首句“初雖勞苦”到底能不能連讀呢?英藏本的削柿爲我們認清這個問題,提供了較爲確實的證據。

在編號爲 Y3650 的這片削柿上有三個殘文,整理者根據殘文字形補釋爲“(異初雖)”三字。[③] 首字雖然殘缺得比較厲害,衹剩右下部分,圖版作 ,但與 Y3704 的“異”(圖版作 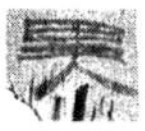)比較起來不難發現,此字確實是“異”字無疑。那麼這片削柿所記的正是“出尤别異,初雖勞苦”兩句話。這就成爲了 EPT50.1 正反兩面連讀的確實證據。

至此,可以説,“閭里書師本”《蒼頡篇》第一章的十五句已經全部出現,衹剩“奸佞”之後的兩個字還不清楚。四言本首章的内容,應該就是:

蒼頡作書,以教後嗣,幼子承詔,謹慎敬戒,勉力諷誦,晝夜勿置。苟務成史,計會辨治,超等軼群,出尤别異,初雖勞苦,卒必有喜,愨愿忠信,微密痰塞,姦佞□□。

關於此章文意,胡平生曾有過探討,此引如下:

> “謹”,《説文》:“慎也。”“慎”,《説文》:“謹也。”
>
> “敬”,通“警”,《説文》:“戒也。”“戒”,《説文》:“警也。”《詩·常武》:“既敬(警)既戒”鄭箋:“敬之言警也。”

---

① 張存良:《水泉子漢簡七言本〈蒼頡篇〉蠡測》,《出土文獻研究》第 9 輯。

② 復旦大學出土文獻與古文字研究中心讀書會:《讀水泉子簡〈蒼頡篇〉札記》。

③ 汪濤、胡平生、吴芳思主編:《英國國家圖書館藏斯坦因所獲未刊漢文簡牘》,48 頁。

"諷",《説文》:"誦也。""誦",《説文》:"諷也。"《周禮·大司樂》"興道諷誦言語"鄭注:"背文曰諷,以聲節之曰誦。"

"計",《説文》:"會也,算也。""會",《孟子·萬章》:"會計當而已矣"注:"計算也。"

"辯",《説文》:"治也"。

"超""軼"皆訓"過也"。"軼",《文選》李注引《三蒼》:"從後出前也。""等"、"羣",皆訓"輩也,類也"。

"尤",《説文》:"異也。"朱駿聲《通訓定聲》謂"尤"假借爲"異",《廣雅·釋言》:"尤,異也。"

"愨",《説文》:"謹也。""愿",《説文》:"謹也。"《禮記·緇衣》"而民作愿"孔疏:"愿,愨也。"

"微""密"皆訓"隱"、"秘"、"小"。

"談",《説文》:"語也。""言",《禮記·哀公問》:"然後言其喪算",鄭注:"言,語也。"《説文》:"直言曰言,論難曰語。"

"卒必有意"的"意"可能是"喜"之訛;還有一種可能是"懿"的假借字。《漢書·高帝紀》:"其有意稱明德者",朱駿聲《通訓定聲》云:"謂美名也,《文選》引作懿,意、懿雙聲。"①

對此,我們還可以做一點補充。"苟"這裏是副詞,表示期望,相當於"尚"、"且"。王引之《經傳釋詞》卷五:"苟,猶尚也。"《詩經·王風·君子於役》:"君子於役,苟無饑渴。"《國語·晋語一》:"武公伐冀,殺哀侯,止欒共子曰:'苟無死!'"韋昭注:"使無死也。"

"務"指專力從事。《爾雅·釋詁上》:"務,强也。"郝懿行義疏:"主强力而言。"《論語·雍也》:"子曰:'務民之義,敬鬼神而遠之,可謂知矣。'""臨",《説文》:"監臨也。"

胡平生曾經根據居延新簡指出,此章末尾三句一韻,可能是沿襲了秦代的格式。② 所論於《蒼頡篇》用韻的體例雖有啓發,但現在看來,首章的情況并不如是。末尾三句的用韻很可能是用在第十四句,亦即本章倒數第二句上的,仍然屬於"兩句一韻"的格式。

---

① 胡平生:《漢簡〈蒼頡篇〉新資料的研究》,《簡帛研究》第2輯,332—349頁。

② 胡平生:《漢簡〈蒼頡篇〉新資料的研究》,332—349頁。

試論居延新簡中的“縣絮”*

中國石油大學(華東)文學院　伊　强

内容提要　在居延新簡裹,有“縣絮”一詞,尚未見有專門的討論。從出土簡帛資料及傳世碑刻中“縣”、“緜”二字的字形出發,通过文字學、訓詁學及詞彙學方法的考察,可知“縣絮”實即古書中的“緜絮”。

關鍵詞　居延新簡　縣絮　緜絮

居延新簡裹有個舊釋爲“縣絮”的詞,見於以下簡文:

(1)遠候長焦弘,九月禄縣[絮]☑(《居延新簡——甲渠候官》EPT4・26)①

(2)十八隊長田惲,九月禄縣絮二斤十二兩☑(同上 EPT6・81)

(3)第五隧卒馬赦,貰賣□□袍縣絮裝,直千二百五十,第六隧長王常利所。今比平予赦錢六百。(同上 EPT56・17)②

---

* 本文爲教育部人文社會科學研究青年基金項目“出土秦漢簡帛用字及書寫習慣研究”(項目編號:13YJCZH229)的階段成果之一。對審稿先生提出的寶貴修改意見,特此致謝! 文中錯誤及不當之處皆爲作者之責。

① 甘肅省文物考古研究所、甘肅省博物館、中國文物研究所、中國社會科學院歷史研究所編:《居延新簡——甲渠候官》,北京:中華書局,1994。本文所引居延新簡的釋文,皆出自該書,不再出注。另外釋文還參考了甘肅省文物考古研究所、甘肅省博物館、文化部古文獻研究室、中國社會科學院歷史研究所編《居延新簡——甲渠候官與第四燧》,北京:文物出版社,1990。有些簡文不宜連寫的,按原格式録出,衹是將豎寫改作横排。

② “賣”下兩字,《居延新簡——甲渠候官》釋作“□緰”,案前一字原字形作“”,當是“莞”字,居延新簡 EPT51・125 有“莞皂綺”的説法,辭例一致;第二字字形不清,釋“緰”可疑。

(4)戍卒魏郡貝丘某里王甲,貰賣□皂復袍縣絮緒一領,直若干千,居延某里王乙〼居延某里王丙舍在某辟。　它衣財〼(同上 EPT56・113)

(5)〼貰賣雒皂復袍縣絮壯(裝)一領,直若干千,觻得〼

〼東西南北入。任者某縣某里王丙舍在某里〼(同上 EPT56・208)

(1)"絮"字是我們根據(2)擬補的。關於"縣絮"的含義,尚未見到專門論述。我們認爲"縣絮"實即古書裏的"緜絮"。先從字形方面來看。(1)—(5)中原釋"縣"的字,字形較清楚的是(2)、(3)、(4),我們先把這三個字形列在下面:

表一

(2)EPT6・81	(3)EPT56・17	(4)EPT56・113

再来看漢代隸書中"緜"和"縣"一些有代表性的字形,如下表:

表二

緜	(《馬王堆簡帛文字編》①第 518 頁,《老子》甲 103:"緜緜呵若存。") (同上,《老子》乙 222:"緜緜呵其若存") (《隶辨》②第 46 頁,《漢緜竹令王君神道》:"~竹") (《漢晋西垂木簡》③,五五・五) (《隸篇》④第 212 頁,《婁壽碑》:"~之日月。") (《隶辨》第 46 頁,《帝尧碑》:"功~日月。")

① 陳松長編著,鄭曙斌、喻燕姣協編:《馬王堆簡帛文字編》,北京:文物出版社,2001。
② [清]顧靄吉:《隸辨》,北京:中華書局,1986。
③ 張鳳:《漢晉西垂木簡》,見勞榦等著《漢簡研究文獻四種》,北京圖書館出版社,2007。
④ [清]翟雲升:《隸篇》,北京:中華書局,2003。

續表

縣	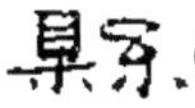(《漢簡文字類編》[①]81 頁,居圖四六 47.6A)
	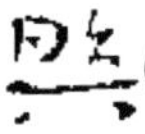(同上,居圖一〇九 173.3A)
	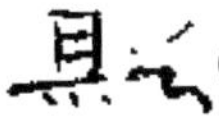(同上,居圖四七 562.15)
	(《居延新簡——甲渠候官》,EPT26·16)
	(《漢晋西垂木簡》,三)
	(《馬王堆簡帛文字編》373 頁,《方》129:“縣之陰燥所”)
	(《隸篇》155 頁,《石門頌》:“上則~峻”)
	(同上,《史晨碑》:“~吏劉耽等”)
	(《銀雀山漢簡文字編》[②]302 頁)
	(同上)

從表二可以看出,“縣”字的寫法比較統一,其右部多是上目下木之形,“木”形又進一步寫成“不”、“巾”之形(可與“糸”字作比,隸書“糸”下部或寫成“小”、“小”形,亦可寫成三點之行)。上舉居延新簡“縣”字左下部的“ㄒㄒ”形,當是由“巾”省寫所致。“緜”字的前三個字形跟“縣”字形非常接近,不同處衹是左上部作“日”形。[③] 因此,就字形看,表一(4)的釋作“緜”似乎更合適。出土文獻中有二者相混的例子,如張家山漢簡《二年律令·秩律》簡 465:“陰平道、蜀〈甸〉氏道、縣〈緜〉遞道、湔氏道長,秩各五百石,丞、尉三百石。”[④]“縣”原字形作“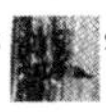”,即“緜”字之訛。表二引《婁壽碑》、《帝堯碑》中的“緜”字,我們懷疑乃是“縣”字之訛。因爲在古文獻裏,常見“縣(懸)日月”及“縣(懸)×日月”之類的説法,如下面的例子:

《管子·白心》:“縣乎日月,無已也。”

① 王夢鷗編:《漢簡文字類編》,臺北:藝文印書館,1974。

② 駢宇騫編:《銀雀山漢簡文字編》,北京:文物出版社,2001。

③ 趙平安先生也曾指出,“拿簡帛文字的緜和縣對照就會發現它們僅一横之差,寫法驚人的相似。緜和縣都是元部字,我們認爲緜原本是縣的借字,在很長一段時期内(漢印裏緜尚作),緜是通過减少一横畫來與縣區别的。”見趙平安《秦至漢初簡帛文字與假借改造字字源考證》,其著《新出簡帛與古文字古文獻研究》,北京:商務印書館,2009,166 頁。

④ 張家山二四七號漢墓竹簡整理小組編著:《張家山漢墓竹簡〔二四七號墓〕》,北京:文物出版社,2001,圖版 45 頁,釋文 202 頁。

《漢書·夏侯勝傳》:"天地設位,懸日月,布星辰,分陰陽,定四時,列五行,以視聖人,名之曰道。"

《後漢書·皇后紀上》:"宜令史官著長樂宫注、聖德頌,以敷宣景燿,勒勳金石,縣之日月,攄之罔極,以崇陛下烝烝之孝。"

《後漢書·馮衍傳》:"既俶儻而高引兮,願觀其從容。"李賢注:"衍雖擯斥當年,身窮志沮,而令問期於不朽,聲芳縣諸日月,故曰願觀其從容。"

《後漢書·胡廣傳》:"竊惟王命之重,載在篇典,當令縣於日月,固於金石,遺則百王,施之萬世。"

《晋書·文苑傳》:"獨彼陳王,思風遒舉,備乎典奧,懸諸日月。"

東魏《□軍將軍静境太都督散騎常侍方城子祖子碩妻元氏墓銘》:"配天光宅之功,本枝百世之緒,固已圖録丹青,懸諸日月矣。"①

東魏《魏故假黄鉞太傅大司馬廣陽文獻王妃墓誌銘》:"父立德成名,懸諸日月。"

《齊故庫狄氏武始郡君斛律夫人墓誌銘》:"賜姓命氏,與日月而俱懸;冠冕蟬聯,共滄波而并注。"

所以,上引《婁壽碑》、《帝堯碑》中的"緜"當是"縣"字之訛。推想造成這種訛誤的原因,大概除字形相近外,還可能"緜"、"縣"很容易通過辭例和上下文義來區别,即使字形訛混了也不妨礙詞義的表達。类似的例子,如秦封泥"尚寇府印",②睡虎地秦簡《日書》乙種簡 189 壹"甲乙夢被黑裘衣寇",③"寇"皆是"冠"字之訛;張家山漢簡《二年律令·秩律》"衛將軍、衛尉"(簡 441)、"衛將軍候、衛尉候"(簡 446),"衛"即是"衛"字之訛。

另外,王念孫還曾根據漢隸字形,指出古書中一些縣、緜訛混的例子,《讀書雜誌·淮南内篇第一·原道》:

> "旋縣而不可究,纖微而不可勤",高注:"縣,猶小也。勤,猶盡也。"念孫案:諸書無訓縣爲小者。縣當爲緜字之誤也。(隸書縣字或作縣。緜字或作緜,二形相似。故緜誤爲縣。《漢緜竹令王君神道》緜字作縣。是其證也。《荀子·强國篇》:"令(伊按,令當作今)巨楚緜吾前。"《史記·孝文紀》"曆日緜長",今本緜并誤作縣。)《逸周書·和寤篇》曰:"緜緜不絶,蔓蔓若何。"《説文》:"緜,聯微也。"《廣雅》:"緜,小也。"故高注亦訓爲小。旋,亦小也。《方言》:"旋,短也。"郭璞曰:"便旋,庳小貌。"旋與旋同。此言至道微眇,宜若易窮,而實則廣大不可究也。此言旋緜,下言纖微,其義一也。又《主術篇》:

① 趙超:《漢魏南北朝墓誌彙編》,天津古籍出版社,2008。本文所引墓誌銘文皆出自該書。

② 傅嘉儀:《秦封泥彙考》,上海書店出版社,2007,656 頁。

③ 睡虎地秦墓竹簡整理小組編:《睡虎地秦墓竹簡》,北京:文物出版社,1990,圖版 134 頁,釋文 247 頁。

“鞅鞈鐵鎧、瞋目扼掔（古腕字），其於以禦兵刃，縣矣。券契束帛，刑罰斧鉞，其於以解難，薄矣。”高注曰：“縣，遠也。比於德不及之遠。”案縣亦當爲緜。緜，緜薄也。此言緜，下言薄，其義一也。《漢書・嚴助傳》“越人緜力薄材”，孟康曰：“緜，薄也。”言德之所禦，折衝千里，若鞅鞈鐵鎧、瞋目扼掔，其於以禦兵刃則薄矣。高訓縣爲遠，而曰比於德不及之遠。殆失之迂。[①]

以上是出土文獻、碑刻及傳世文獻中“緜”、“縣”相混的例子。再者，在古書裏也有“綿（緜）絮”這一説法：

《漢書・貢禹傳》：“又蒙賞賜四時雜繒、綿絮、衣服、酒肉諸果物。”

《後漢書・徐稚傳》李賢注引謝承《後漢書》：“稺諸公所辟雖不就，有死喪負笈赴弔。常於家豫炙雞一隻，以一兩緜絮漬酒中，暴乾以裹雞，徑到所起冢隧外，以水漬緜使有酒氣，斗米飯，白茅爲藉，以雞置前，醊酒畢，留謁則去，不見喪主。”[②]

因此，似可認爲居延新簡裏原釋作“縣”的字，當是“緜”字，衹不過有些字形訛成了“縣”。古漢語裏，“緜”、“絮”詞義析言有别。《説文・糸部》：“絮，敝緜。”段注：“敝綿，熟緜也，是之謂絮。凡絮必絲爲之，古無今之木緜也。”《急就篇》第二章：“緯緹絓紬絲絮緜”颜師古注：“漬繭擘之，清者爲緜，麤者爲絮。今則爲新者爲綿，故者爲絮。”《玉篇・糸部》：“緜，新絮也。”陳槃先生指出：“蓋其實，絮者，大名也。絮之新者，精細者則曰綿，曰纊；而其敝（熟）者，粗者仍其爲絮（清葛其仁《小爾雅・廣服篇》疏證云：‘緜之精者爲絮。’不審何據），則絮固可兼有綿稱也。《漢書・文帝紀》：‘又賜帛，人二疋，絮三斤。’師古注云：‘絮，綿也。’按‘擊綿’、‘擊絮’書傳固既不分（見後），師古謂絮爲綿，自無不可。蓋對稱則有别，散文則亦不妨相通矣。”[③]上古漢語辭彙裏單音節詞占多數，而漢語詞彙的發展趨勢却是由單音節變爲複音節。同義詞或近義詞的複用，則是實現這一變化的重要方式。[④] 後來綿（緜）、絮凝固爲複音詞。上引謝承《後漢書》文前用“緜絮”後用“綿”；（1）、（2）裏作爲俸禄的“縣絮”，在漢簡也有直稱爲“絮”的，如：

（6）李廣利　六月盡七月奉絮七斤八兩十八銖
八月盡九月奉絮六斤十五兩七銖　凡十四斤八兩一銖

① 王念孫：《讀書雜誌》，北京：中國書店，1985。王念孫認爲“旋縣”之“縣”爲“緜”之訛的説法，于省吾先生則非之，他説：“按注及王説并誤。考上下文均兩句相對，而義各有别。如旋綿有小訓，下不應再言纖微矣。且旋綿不詞。旋縣仍應讀如字。縣懸古今字，《周禮・考工記・鳧氏》‘鍾縣謂之旋’注：‘旋屬鍾柄，所以縣之也。’旋縣義相屬，凡物之旋轉者，必縣諸空，而無所窒礙。上文鈞旋轂轉之鈞旋，即《墨子・非命上》所稱‘運鈞’，亦即旋縣之類。旋縣無端可尋，故曰旋縣而不可究極也。”見《雙劍誃群經新證　雙劍誃諸子新證》，上海書店出版社，1999，398 頁。

② 《漢書》，北京：中華書局，2003，1748 頁。

③ 陳槃：《舊學舊史説叢》上，上海古籍出版社，2010，157 頁。

④ 參見趙克勤《古代漢語詞彙學》，3.6“複音詞的形成與發展”，北京：商務印書館，2005。

(《敦煌漢簡》1408)[①]

(3)—(5)的“縣(緜)絮”,可与張家山漢簡中的有关記述作比:

(7)諸冗作縣官及徒隸,大男,冬稟布袍表裏七丈、絡絮四斤,絝(袴)二丈、絮二斤;大女及使小男,冬袍五丈六尺、絮三斤,絝(袴)丈八尺、絮二斤;未使小男及使小女,冬袍二丈八尺、絮一斤半斤;未使小女,冬袍二丈、絮一斤。(《二年律令·金布律》[②])

(8)官衣一,用縵六丈四尺,帛裏,毋絮。(同上《賜律》)

上面兩條律文提到做袍用的“絮”,同上引(3)—(5)中的“縣絮”用途一致。[③] 此皆可作陳槃先生説之佐證。另外在秦漢簡裏,還有“某絮”説法,除上引(7)的“絡絮”外,還有下面的例子:

(9)訊乙、丙,皆言曰:“乙以迺二月爲此衣、五十尺、帛裏,絲絮五斤褮(裝),繆繒五尺緣及殿(純)。”(《睡虎地秦墓竹簡·封診式》)[④]

(10)☐□□□五,練襲一領,表裏用帛一匹,絲絮☐(《居延漢簡釋文合校》203·45)[⑤]

(11)絲絮二十斤,絲二斤,一笥。繒緣。(《散見簡牘合輯》1458)

(12)絡絮二斤,直百卌☐(《居延新簡》EPT59·21)

(13)入 布一匹直四百,凡直八百。
緒絮二斤八兩直四百。給始元四年三月四月奉。 始元四☐

(《居延漢簡釋文合校》308·7)

(14)緒絮一斤三兩,未入。(《居延新簡》EPT59·342)

(15)堵絮二斤,斤百五十,直三百。(同上 EPT59·76)

---

① 甘肅省文物考古研究所:《敦煌漢簡》,北京:中華書局,1991,圖版 128,釋文 272 頁。

② 張家山二四七號漢墓竹簡整理小組編著:《張家山漢墓竹簡〔二四七號墓〕(釋文修訂本)》,北京:文物出版社,2006,65 頁。“冗作”之“冗”原釋作“内”,今據彭浩、陳偉、工藤元男主編《二年律令與奏讞書》改,上海古籍出版社,2007。

③ 居延新簡 EPT51·125:“第八隧卒魏郡内黄右部里王廣,貰賣莞皂綺橐絮裝一兩,直二百七十,已得二百,少七十,遮虜辟衣功所。”這條簡文與我們討論的(3)—(5)性質、文例一致,衹是其中的“橐”字在簡文中的意義尚無明確的解釋,所以這裏的“絮”是否與(3)—(5)“縣絮”有對應關係就難以作比。關於這個“橐”字,徐菁蓮云:“橐所裝之另一類紡織品爲‘絮類’。邊塞地區冬季寒冷,於衣服之夾層及被褥中,通常夾有綿絮以增其保暖功能,這類綿絮以麻、絲爲材料,而非後世之木棉。新居延漢簡 E.P.T51:125 云:‘第八隊卒魏郡内黄右部里王廣 貰賣莞皂綺橐絮裝一兩 直二百七十已得二百少七十遮虜辟衣功所’……”(徐菁蓮《漢簡所見裝具考(一)——橐》,簡牘學會編輯部編印《簡牘學報》第 17 期,簡牘學會出版發行,1999,263 頁)按,徐氏的解釋語焉不詳,似乎是説,“橐絮裝”(或“橐絮”)的意思是“橐裏面裝的是絮”或“橐是用來裝絮的”,但這樣的解釋放在簡文裏難以講通。因此 EPT51·125 簡文中的“橐”該作何解,暫且存疑。

④ 睡虎地秦墓竹簡整理小組編:《睡虎地秦墓竹簡》,釋文 160 頁。

⑤ 謝桂華、李均明、朱國炤:《居延漢簡釋文合校》下册,北京:文物出版社,1987,55 頁。

“絲絮”古書常見,(10)、(11)中的“絲絮”與(7)、(8)中的“絮”辭例相同,并且上引《説文》“絮”字段注已指出“凡絮必絲爲之”,因此説“絮”也可稱作“絲絮”。(13)的“緒”原字形作“”,[①]勞榦先生釋作“絓”。[②] 于豪亮先生則認爲當釋作“褚”,并解釋説:

《漢書·兩粤傳》:“上褚五十衣,中褚三十衣,下褚二十衣。”注:“師古曰:以綿裝衣曰褚。上中下者,綿之多少薄厚之差也。”玄應《一切經音義》十六引《通俗文》:“裝衣曰䙜”(伊按,䙜當作䘰,下同)。知褚字亦可以寫作䙜。本條的“褚絮”就是裝棉衣所用的絲棉。居延一帶,冬天氣候很冷,就是鐵鞮瞀和鐵鎧也要裝絲棉,《甲編》十二:“鐵鞮瞀二中毋絮今已裝,鐵鎧二中無絮今已裝。”是其證。本條以“褚絮”與布并言,當然是作棉衣了。[③]

按從字形及(14)、(15)的詞例看,當以釋“緒”爲是。“緒絮”之“緒”,也即古書中的“紵”或“著”,《漢書·楚元王傳》:“以北山石爲槨,用紵絮斮陳漆其間。”顔師古注:“紵絮者,可以紵衣之絮也。”《儀禮·士喪禮》“幎目用緇,方尺二寸,䞓裏,著組繫”,鄭玄注:“著,充之以絮也。”

(7)的“絡絮”,張家山二四七號漢墓竹簡整理小組注釋説:“絡,《説文》:‘絮也’,與簡文合。段玉裁注改‘絮’爲‘絜’,未必正確。”[④]我們認爲這裏的“絡絮”大概也與“絮”意思相當。趙克勤先生曾指出:“并列複音詞,最初一般是兩個單音節詞的臨時組合,還没有形成一個整體,一個詞。”“最初某些單音詞的組合没有固定的形式,幾個單音詞可以自由搭配,甚至可以顛倒。……例如,‘疆’可以與‘封’組成‘封疆’(《左傳·成公八年》),又可以與‘邊’組成‘邊疆’(《左傳·成公十三年》),與‘埸’組成‘疆埸’(《左傳·成公十三年》),而‘埸’還可以與‘竟(境)’搭配成‘竟埸’(《谷梁傳·隱公元年》)。‘封疆’‘邊疆’‘疆埸’‘竟埸’的意思是相同的……”[⑤]照此推論,“絮”可和“絡”“絲”“緜”等組合,且都與“絮”意思相當。上引(7)的“絡絮”,其下文相同的語法位置都作“絮”,也可説明“絡絮”與“絮”的意思相當。當然不排除另一種可能,就是秦漢簡中的“絲絮”“絡絮”“緜絮”,在當時可能有質地等次的差别,衹是僅就簡文看,已很難講清。

---

① 勞榦編:《居延漢簡·圖版之部》,中央研究院歷史語言研究所,1957,391頁。
② 勞榦:《居延漢簡·釋文之部》,中央研究院歷史語言研究所,1960,129頁。
③ 于豪亮:《于豪亮學術文存》,北京:中華書局,1985,189頁。
④ 張家山二四七號漢墓竹簡整理小組編著:《張家山漢墓竹簡〔二四七號墓〕(釋文修訂本)》,66頁。
⑤ 趙克勤:《古代漢語詞彙學》,35頁。

居延漢簡272.29號簡校讀

吉林大學古籍研究所
牡丹江師範學院文學院　蕭慶峰

内容提要　由於原簡殘損及圖版字迹模糊，居延漢簡272.29號簡的諸家釋文歷來存在分歧；通過對比"歷史語言研究所藏漢代簡牘資料庫"所收該簡的反體照片和彩色照片，并根據居延漢簡的行文規範和文書楬的書寫體例，對該簡釋文進行了重新校訂；同時，分析了造成該簡釋讀分歧的原因，其中"人爲塗描處理"造成了對關鍵的"辤責書"的誤釋。

關鍵詞　居延漢簡　272.29號簡　釋文　校讀　辤責書

居延漢簡272.29號簡的圖版最早著録於1957年出版的《居延漢簡—圖版之部》[①]，1980年出版的《居延漢簡甲乙編》[②]也收録了這支簡，二者所收圖版完全相同。該簡爲一枚文書楬，簡身已殘損，簡首有網文，正反面均有字迹，部分字迹較模糊，如下圖[③]：

---

① 勞榦編：《居延漢簡—圖版之部》，中研院歷史語言研究所專刊之二十一，1957。以下簡稱《圖版之部》。
② 中國科學院考古研究所編：《居延漢簡甲乙編》，北京：中華書局，1980。以下簡稱《甲乙編》。
③ 此處圖版取自《圖版之部》第152、153頁，圖版中272.28A有誤，應作272.29A。

272.28 A

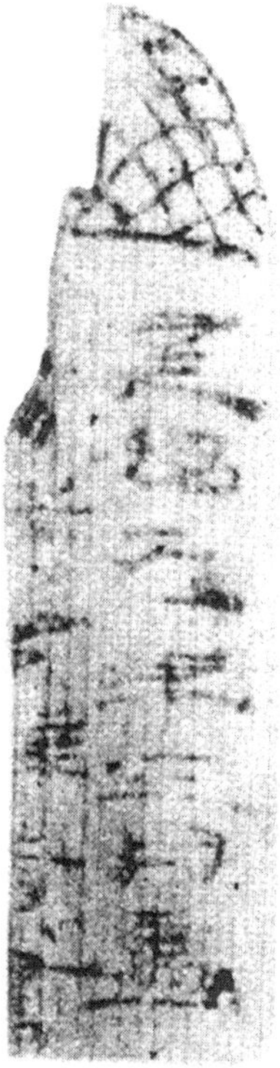
272.29 B

一、272.29 號簡已有釋文及其問題

諸家關於 272.29 號簡的釋文如下：

《漢簡釋文初稿》①釋文作

A ⊠(右　　缺)
　 諸官餘責書

B ⊠建昭元年三月盡
　 (左缺)

《居延漢簡考釋—釋文之部》②(1943 年)釋文作

A ⊠□□□□□□
　 諸官辭責書

B ⊠建始三年正月盡
　 □□名□責書

① 賀昌群：《漢簡釋文初稿》，北京圖書館出版社，2005，821 頁。原稿釋文 A、B 面順序的處理與通常相反，此處按通常順序處理。以下簡稱《釋文初稿》。

② 勞榦：《居延漢簡考釋——釋文之部》卷三，四川南溪石印本，1943，64 頁（又北京圖書館出版社影印《漢簡研究文獻四種》之一，2007，476 頁）。以下簡稱《釋文之部》(1943)。

《居延漢簡考釋—釋文之部》[①](1949年)釋文同《釋文之部》(1943年)

《居延漢簡—考釋之部》[②]釋文作 A ▨□□□□□□ 詣官□責書

B ▨建始三年正月盡 □□名籍貲書

《居延漢簡新編》[③]釋文同《考釋之部》;

《居延漢簡甲乙編》釋文作 A ▨建昭元年□□□ 諸官餘責書

B ▨建昭元年三月盡 □諸官□責書

《居延漢簡釋文合校》[④]釋文作 A ▨建昭元年□□□ 諸官□責書

B ▨建昭元年三月盡 □諸官□責書

《中國簡牘集成》[⑤]釋文同《合校》。

由上引釋文可見,各家所釋差异較大,問題主要在於:A面"責書"前一個字形較怪异,《釋文之部》(1943年)、(1949年)釋作"辭",《釋文初稿》、《甲乙編》釋作"餘",其餘均缺釋;另外,對"諸官"與"詣官"、"責書"與"貲書"、"建始"與"建昭"、"三年"與"元年"、"正月"與"三月"等所釋均有歧异。

二、272.29號簡釋文的校訂

以上問題的解決,有待更爲清晰的圖版或照片。承吉林大學古籍研究所周忠兵博士指示,台灣中研院開發的數位典藏資料庫(Digital Archives Database)—"歷史語言研究所藏漢代簡牘資料庫"收有該簡的反體照片和彩色照片[⑥]:

① 勞榦:《居延漢簡考釋——釋文之部》,上海:商務印書館,1949,490頁。以下簡稱《釋文之部》(1949)。

② 勞榦:《居延漢簡——考釋之部》,中研院歷史語言研究所專刊之四十,1960、1986,第63、64頁。該書272.29A誤作:272.28A。以下簡稱《考釋之部》。

③ 馬先醒:《居延漢簡新編》,簡牘學會叢書之五,1981。以下簡稱《新編》。

④ 謝桂華、李均明、朱國炤:《居延漢簡釋文合校》,北京:文物出版社,1987。以下簡稱《合校》。

⑤ 中国简牍集成编辑委员会編:《中国简牍集成》,蘭州:敦煌文藝出版社,2001。以下簡稱《集成》。

⑥ http://ndweb.iis.sinica.edu.tw/woodslip_public/System/Search/View_Frame.jsp? regNo=H08382。

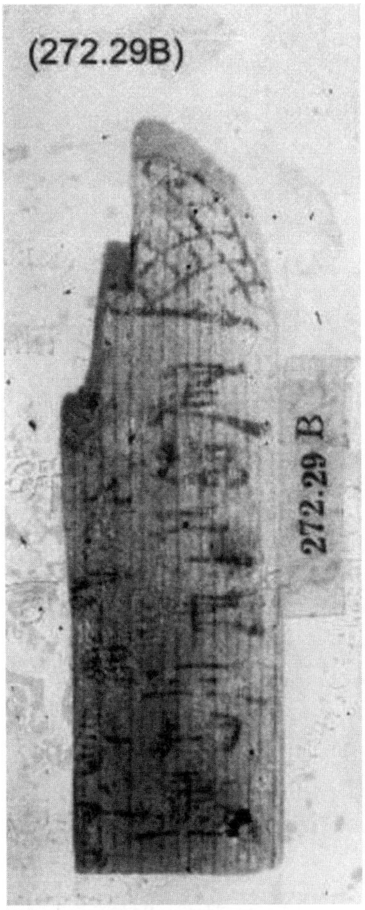

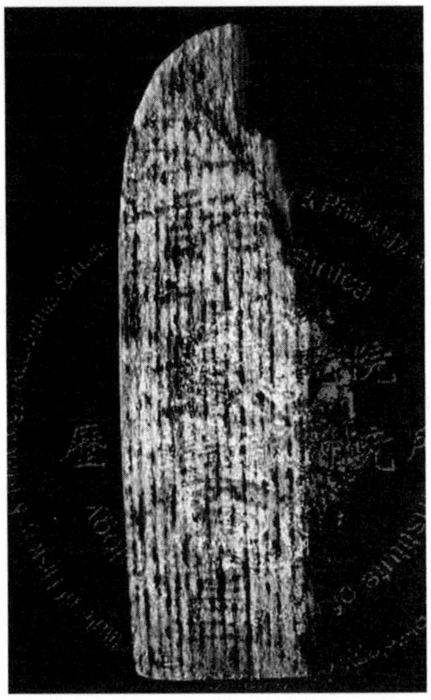

從該“資料庫”所提供的照片特別是反體照片來看,272.29 號簡的釋文可以作如下校訂:
第一,從反體照片上可以比較清晰地看到:

（一）A 面原圖版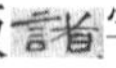字所從“者”字上部的短横失落，反體照片可以看到“者”上部短横，因此該字當釋“諸”而非“詣”；

（二）A 面“責書”前的怪异字形（關於該字形的分析見下文），反體照片爲，細審應釋作“辤（辭）”無疑[1]，唯勞榦先生在 1943 年和 1949 年的《釋文之部》中所釋無誤，《釋文初稿》、《甲乙編》均釋作“餘”，不確；

（三）B 面“建”後的字形較模糊，左旁似“女”，右旁似“召”，經過與居延漢簡中帶有“建始”年號的簡和漢碑中的隸書“始”相比較，“台”所從的“厶”多作封口的三角形，如果字形殘缺模糊，便很像“召”字上部所從“刀”形，而且該字左旁明顯作“女”形，因此該字應爲“始”；

（四）B 面“年”前的字形二横劃下部漫漶不清，但從原圖版及反體照片均可看出其爲“人”形筆劃，因此該字應爲“元”而非“三”；

（五）B 面“月”前字形上下兩横筆均拖長，從圖版和照片來看，也應釋“三”而非“正”。

第二，272.29B 釋文，《釋文之部》作“⊠建始三年正月盡
□□名□責書”、《考釋之部》、《新編》作“⊠建始三年正月盡
□□名籍貲書”，與《甲乙編》、《合校》、《集成》釋文均有不同。根據圖版，該簡 B 面右部“建始三年正月盡”應爲“建始元年三月盡”。B 面左部雖有殘損模糊，大致能分辨出“諸官辭責書”等字，《考釋之部》作“□□名籍貲書”，實誤。由於文書楬“大多用作已歸卷入檔之案卷標題”[2]，似乎没有把兩種文書歸入同一案卷之理；另外，從文書楬的書寫體例來看，文書楬多爲正反面同文（也有一面爲另一面簡稱者），個别有正反面連讀成文者，没有發現正反面書不同文書標題者。因此該文書楬應爲正反同文。雖然該簡 A 面右部殘損模糊，根據正反同文的推定，似應作“建始元年三月盡□□”。

第三，根據居延漢簡的行文規範，“建始元年三月盡”後應有訖止年月作“×年×月盡×年×月”或“×年×月盡×月”，根據該簡長度和字形比例，應爲後一種格式。

根據上述分析，該簡釋文可以校訂爲：A ⊠建始元年三月盡□□
諸　官　辤　責　書

B ⊠建始元年三月盡
□□諸官辤責書

[1] 承周忠兵先生告知筆者，經台灣學者蔡哲茂先生調閲該簡，原簡已無法辨識，但從史語所所攝紅外照片上可以辨認該字形作“辤”。

[2] 李均明：《秦漢簡牘文書分類輯解》，北京：文物出版社，2009，464 頁。

三、造成 272.29 號簡釋讀分歧的原因

通過以上論述，272.29 號簡的釋讀出現較大分歧，主要有以下幾項原因：一是由於原簡殘缺和字形模糊而對簡文的釋讀産生分歧；二是由於對文書楬的文例和行文方式理解不同産生的差异；三是原簡照片被人爲塗描處理所致。該簡中字形的産生，即應爲原簡照片曾被塗描所致。邢義田先生在《中研院史語所藏居延漢簡整理近况簡報（1998—2000）》[①]中説：

> 現在我們以原簡與反體照片比對，發現有不少反體照片曾遭到塗描。我們曾將部分送請我所照相室專門人員鑒定，確認照片字迹的確經過塗描。有些塗描較輕微，或僅修描一簡上若干字或若干筆劃較不清晰之處，基本上尚不致影響字之原形及辨識；也有少數則幾乎整簡重描，或字形改變，對辨識造成一定的影響。……比較可能的情况是 1957 年在台北出版圖版時，以反體照片製版，爲求較佳效果，而在照片上作了修整。有些修整的痕迹，在燈光下斜視即可一覽無遺。

對比 272.29 號簡的幾種圖版，該處的塗描痕迹十分明顯，與邢先生所説的情况相符[②]。勞榦先生在 1943 年和 1949 年的《釋文之部》對該字釋讀不误，可見勞榦先生當時所見的反體照片尚未被塗描。從該簡釋文的釋讀也可見原始材料及其著録的可靠性對於文字釋讀的準確性具有至關重要的作用。

四、與 272.29 號簡釋文有關的訂正

“歷史語言研究所藏漢代簡牘資料庫”關於該簡的著録情况如下[③]：

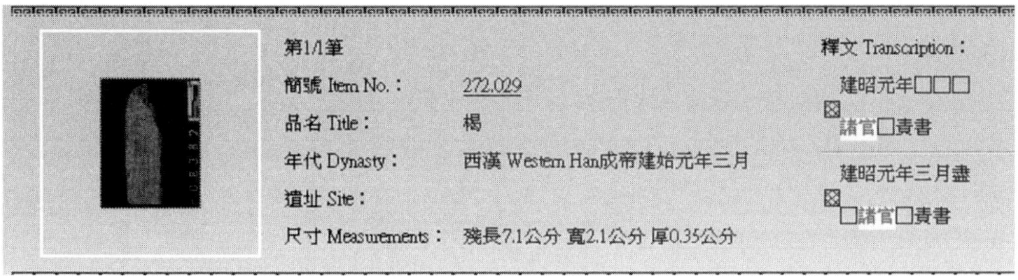

① 邢義田：《地不愛寶：漢代的簡牘》，北京：中華書局，2011，504、505 頁。

② 邢義田先生在該段文字後面列出的有塗描痕迹的簡號中，并不見有 272.29 號簡，在該文“五、釋文討論”中也没有討論到該簡釋文。

③ http://ndweb.iis.sinica.edu.tw/woodslip_public/System/Search/Basic_Detail.jsp。

該網頁提供的釋文采用的是《合校》的釋文,而年代標注"建始"采用的是《考釋之部》的釋文,"元年三月"采用的是《甲乙編》和《合校》的釋文,不知原因爲何。

薛英群先生在《居延漢簡通論》"第十三節 官文書"中立"餘責書"一項,引該簡作"建昭元年三月盡□□□諸官餘責書",應是受《釋文初稿》、《甲乙編》釋"餘"的影響,并認爲"簡文所記載的是建昭元年三月諸官的餘債文書,指未清還的帳單和借契"①,此説恐難成立。沈剛先生《居延漢簡語詞彙釋》據薛説收入詞條"餘責書"②,亦可更正。

附記:吴振武先生撥冗審閲了原稿,周忠兵先生多次給予幫助,張麗娜女士所作居延漢簡釋文彙校工作給本文提供了極大方便。并此致謝!

① 薛英群:《居延漢簡通論》,蘭州:甘肅教育出版社,1991,201—202頁。

② 沈剛:《居延漢簡語詞彙釋》,北京:科學出版社,2008,118頁。

東牌樓漢簡“府卿”試釋*

首都師範大學歷史學院
首都文化建設協同創新中心 劉樂賢

内容提要 東牌樓第24號簡牘“府卿侍閤周奴衣笥印封完”的“府”是指郡府,周奴的身份是郡府侍閤。其“府卿”可能是指長沙郡太守,但也不排除是指長沙郡府丞。

關鍵詞 東牌樓 漢簡 府卿

長沙東牌樓古井出土簡牘第24號是一件衣笥封檢(圖1),整理者稱之爲“封緘”,并將其歸入“私信”類①。封檢正面的上部書有文字兩行十一字,整理者已經正確地釋讀爲“府卿侍閤周奴衣笥印封完”②。

對於“府卿”一詞的含義,整理者在注釋中已經作了解釋:“‘府卿’,指九卿。《後漢書》卷四三《朱暉傳》云:‘是時陰就爲府卿,貴驕,吏慠不奉法。’據同書《明帝紀》永平元年條云:‘少府陰就子豐殺其妻酈邑公主,就坐自殺。’知此處‘府卿’指‘少府’。”其下“侍閤”一詞的含義,整理者在注釋中也已經作了解釋:“‘侍閤’,亦作‘侍閣’,公卿百官所役小吏,郡、縣亦置。《後漢書》卷七七《酷吏·周紆傳》‘鈴下’條注引《漢官儀》云:‘鈴下、侍閤、辟車,此皆以名自定者也。’同書卷五八《虞詡傳》注引《續漢志》云:‘伍伯,公八人,中二千石六人,千

* 本文獲教育部新世紀優秀人才支持計劃(2009)資助。

① 長沙市文物考古研究所、中國文物研究所:《長沙東牌樓東漢簡牘》,發掘報告51頁,圖版21頁、釋文83頁,北京:文物出版社,2006。按:整理者所謂“私信”,大概是指不屬於公文的私文書。

② 長沙市文物考古研究所、中國文物研究所編:《長沙東牌樓東漢簡牘》,釋文83頁。

石、六百石皆四人,自四百石以下至二百石皆二人。黄綬。武官伍伯,文官辟車。鈴下、侍閤、門蘭、部署、街里走卒,皆有程品,多少隨所典領,率皆赤幘縫褠。'"[①]

整理者認爲"府卿"指九卿,"侍閤"是公卿百官役使的小吏[②],則該衣笥封檢的"周奴"[③]乃是在九卿官署中服務的一個差役。據學者考察,東牌樓古井出土簡牘主要屬於長沙郡和臨湘縣的郵亭文書[④]。在這批以郡、縣郵亭文書爲主的簡牘中,爲什麽會出現周奴這個九卿官府差役的衣笥封檢呢?這是一個讓人多少有些疑惑不解的問題。

從整理者引述的材料看,"侍閤"這種差役既設置於九卿官署,也設置於郡、縣官署。由此可見,其前面的"府卿"是否一定指九卿,還可再作研究。

"府卿"一詞在漢代文獻中甚爲少見,其含義不易確定。整理者根據上引《後漢書》的兩條材料推測《朱暉傳》的"府卿"是指少府,很有道理。但少府可以稱爲"府卿",是否意味著其他九卿也可以稱爲"府卿"呢?就現有材料而言,這一點暫時還無法得到證實。值得注意的是,《太平御覽》卷八百〇六引《後漢書・朱暉傳》作"是時陰就爲少府卿,貴驕,吏傲不奉法。"另外,《後漢書》卷六十七《黨錮列傳》也有"王璋字伯儀,東萊曲城人,少府卿"的記載。看來,上述《朱暉傳》的"府卿"也有可能衹是"少府卿"的省稱,其所謂"府"可能是指少府。如此説可信,則單憑上引《後漢書》的材料推斷"少府"以外其它九卿也可以稱爲"府卿",就有些可疑了。總之,《朱暉傳》"府卿"的"府"是泛指九卿的治所還是專指少府,尚待進一步考察。

大家知道,古代高級官員的治所都可以叫做"府"[⑤]。單從字詞訓釋而論,這件衣笥封檢中"府卿"的"府"既有可能是指九卿的治所,也有可能是指别的官員的治所。要確定衣笥封檢中"府卿"的"府"的準確含義,應當考察"府"字在漢代用作官署名稱時的具體情況。從漢代文獻特别是出土行政文書看,當時的"府"幾乎已經成了郡署的專稱。《漢書》卷九十《酷吏傳・咸宣》:"其後小吏畏誅,雖有盗弗敢發,恐不能得,坐課累府,府亦使不言。"颜師古注:"府,郡府也。"《漢書》卷九十《酷吏傳・嚴延年》:"冬月,傳屬縣囚,會論府上,流血數里,河

① 長沙市文物考古研究所、中國文物研究所:《長沙東牌樓東漢簡牘》,釋文83頁。按:整理者所引《後漢書》注文中的《漢官儀》、《續漢志》之"侍閤",在中華書局標點本中皆作"侍閤"。在標點本《後漢書》的《續漢志・輿服志》中,也作"侍閤",不作"侍閣"。又,標點本《續漢志・輿服志》與《虞詡傳》注所引《續漢志》文字略有不同,如"率皆赤幘縫褠"作"卒皆赤幘絳韝"。

② 按:"侍閤"的名稱和圖像見於望都一號漢墓壁畫,可參看姚鑒《河北望都縣漢墓的墓室結構和壁畫》,《文物參考資料》1954年第12期;北京歷史博物館、河北省文物管理委員會《望都漢墓壁畫》,圖版二九,北京:中國古典藝術出版社,1955。此條材料蒙馬怡研究員提示,謹此致謝。

③ 漢印中有不少以"奴"爲名的人,參看羅福頤《漢印文字徵》卷十二・十二"奴"字條,北京:文物出版社,1978。居延漢簡中也有不少以"奴"爲名的人,參看大庭脩《居延漢簡索引》,100、184頁,吹田:關西大學出版部,1995。

④ 長沙市文物考古研究所、中國文物研究所:《長沙東牌樓東漢簡牘》,發掘報告69—77頁。

⑤ 《周禮・天官・大宰》:"以八法治官府。"鄭玄注:"百官所居曰府。"

南號曰'屠伯'。"颜師古注:"總集郡府而論殺。"《漢書》卷六十六《陳萬年傳附子陳咸傳》:"所居以殺伐立威,豪猾吏及大姓犯法,輒論輸府,以律程作司空,爲地臼木杵,舂不中程,或私解脱鉗釱,衣服不如法,輒加罪笞。"颜師古注:"府謂郡之府。"《後漢書》卷二十七《張湛傳》:"主簿進曰:明府位尊德重,不宜自輕。"李賢注:"郡守所居曰府。明府者,尊高之稱。《前書》韓延壽爲東郡太守,門卒謂之明府,亦其義也。"西北邊塞漢簡中記載的"府",多數也是指太守府或都尉府。例如,懸泉漢簡載有:"神爵四年正月丙寅朔壬辰,敦煌太守快、庫丞何兼行丞事,告領縣(懸)泉置史光,寫移書到,驗問審如倚相言,爲逐責(債),遣吏將禹詣府,毋留。如律令。"(Ⅱ0215③:3)[①]簡中"詣府"的"府",顯然是指太守府。懸泉漢簡又有:"出東書八封,板檄四,楊檄三。四封太守章:一封詣左馮翊,一封詣右扶風,一封詣河東太守府,一封詣酒泉府。一封敦煌長印,詣魚澤候……"(Ⅴ1611③:308)[②]其"酒泉府",無疑是指酒泉太守府。懸泉漢簡中還有:"出西書三封,置記二。二封詣府,一封冥安長印,一封酒泉太守章,一封毋(無)印章,詣敦煌。十二月癸酉,大農付樂望卒卬。卩。"(87-89C:2)學者在注釋中已經指出:"府:指敦煌太守府。"[③]居延漢簡中涉及"府"的簡文較多,這裏衹舉兩例,其釋文分别是"甲渠鄣候以郵行　回　府告甲渠鄣候:隧長淳于爲自言十一月當乘隧……"(EPF22·709)和"甲渠鄣候　回　即日壬申餔後遣　五月壬寅,府告甲渠鄣候:遣乘隧騎士王晏、王陽、王敞、趙康、王望等五人乘隧長徐業等自乘隧。日時在檢中,到課言"(EPF22·473)[④]。已有學者指出,此兩簡"所見'府'乃指都尉府"[⑤]。居延漢簡中有所謂府記,如EPF22·459載有"府告居延、甲渠、卅井、殄北鄣候"、"建武三年六月戊辰起府"等句,183·15載有"六月辛未府告金關嗇夫久"和"記到,久逐辟詣會壬申旦府對狀,毋得以它爲解"等句。已有學者指出:"上引二例之'府'乃指都尉府,例(1)所見指居延都尉府,例(2)所見指肩水都尉府。"[⑥]與此相應,漢代文獻還常常以"明府"和"府君"稱呼太守或都尉,并帶有尊敬之意[⑦]。

在東牌樓漢簡中,"府"同樣也可以用來表示太守府。整理者已經列舉了東牌樓漢簡中涉及"府"的簡文[⑧],可以參看。其中文字較爲完整者,如第7號"隨府五官劉掾簷(擔)文

---

① 胡平生、張德芳:《敦煌懸泉漢簡釋粹》上海古籍出版社,2001,68頁。

② 胡平生、張德芳:《敦煌懸泉漢簡釋粹》,91頁。

③ 胡平生、張德芳:《敦煌懸泉漢簡釋粹》,94頁。

④ 本文引述居延漢簡時衹注簡號,釋文主要參考《居延漢簡釋文合校》(北京:文物出版社,1987)和《居延新簡》(北京:中華書局,1994)。

⑤ 李均明、劉軍:《簡牘文書學》,北京:文物出版社,1999,151頁。

⑥ 李均明、劉軍:《簡牘文書學》,265—266頁。

⑦ 最近討論這一問題的論文,可參看王子今《居延漢簡所見"明府"稱謂》,《簡帛研究二〇〇七》,桂林:廣西師範大學出版社,2010,89—98頁。

⑧ 長沙市文物考古研究所、中國文物研究所:《長沙東牌樓東漢簡牘》,發掘報告69—77頁。

書”,第8號“明府下車”,第25號“府朱掾家書”,其“府”明顯是指太守府或太守。照常理推測,上論衣笥封檢“府卿”的“府”當然也有可能是指太守府。可是,在大家的印象中,表示太守府的“府”很少有與“卿”連用的情況。我們都知道漢代的太守可以稱爲“府君”,但對其是否可以稱爲“府卿”,却難以斷定。這可能是整理者没有將“府卿”的“府”解釋爲太守府的主要原因。有鑒於此,下面擬對“卿”的用法也做一些考察。

從上引整理者的注釋看,他們似乎是將“府卿”的“卿”理解成九卿的“卿”。按:“卿”在古代是一個常用詞,因使用場合不同而具有不同含義。這件衣笥封檢中“府卿”的“卿”如果是指九卿,難以解釋上文提出過的疑問,即在這批以郡、縣郵亭文書爲主的簡牘中爲什麽會出現周奴這個九卿官府差役的衣笥封檢?看來,對衣笥封檢中“府卿”的“卿”或許還有必要提出另外的解釋。

大家知道,“卿”在戰國秦漢時期文獻中還有一種表示敬稱的用法,與上文所述“府君”的“君”有些相似。最爲人知的一個例子,是荀子又叫“荀卿”,其“卿”字一般認爲是對男子表示尊敬的美稱①。《史記》卷七十四《孟子荀卿列傳》:“荀卿,趙人。”司馬貞《索隱》:“名況。卿者,時人相尊而號爲‘卿’也。”類似用法的“卿”在戰國秦漢文獻中多見,《史記》卷八十六《刺客列傳》:“荆軻者,衛人也。其先乃齊人,徙於衛,衛人謂之慶卿。”司馬貞《索隱》:“荆、慶聲相近,故隨在國而异其號耳。卿者,時人尊重之號,猶如相尊美亦稱‘子’然也。”《漢書》卷八十八《儒林傳·孟喜》:“父號孟卿,善爲《禮》、《春秋》,授后蒼、疏廣。”顔師古注:“時人以卿呼之,若言‘公’矣。”這種稱謂方式的特點,是在姓氏後面綴一“卿”字,用以表示尊重之意。古代注釋家已經指出,“卿”的作用類似於在姓氏後面綴加的“子”或“公”。在漢代出土文獻中也能見到許多類似用法的“卿”,可以與此印證②。最有代表性的一個,是尹灣6號漢墓的墓主東海郡功曹史師饒,在有的名謁中被人稱爲“師卿”③,這個“卿”無疑與荀卿的“卿”用法一致。

仔細考察漢代出土獻,這種用法的“卿”雖然以綴於姓氏之後最爲常見,但也偶有綴於官名或官署之後的情況。例如,武梁祠前石室第三幅車騎畫像有“此丞卿車”題記,學者以爲“也可能是對武榮執金吾丞的泛稱”④。前石室第二幅畫像有“尉卿車”題記,學者認爲“尉卿

① 近年還有學者討論這一問題,參看閆平凡《荀子之字非“卿”考》,《邯鄲學院學報》2007年第4期。

② 陳槃曾討論過漢晋簡牘中以“卿”爲美稱的材料,并指出“漢人之卿稱,不必限於尊貴”。陳槃:《漢晋遺簡識小七種》,臺北:中研院歷史語言研究所,1975,26—27頁。

③ 見6號墓第14號、15號、16號、17號、18號、19號、21號木牘,連雲港市博物館等《尹灣漢墓簡牘》,北京:中華書局,1997。

④ 蔣英炬、吴文祺:《漢代武氏墓群石刻研究》,濟南:山東美術出版社,1995,108頁。

是對尉官的尊稱,也和對丞稱爲丞卿一樣"[①]。天長紀莊漢簡《賁且與孟書》中的"長史卿"[②],也屬於類似情況。

王子今先生在討論漢代的"明府"稱謂時,注意到上述稱做"少府卿"或"府卿"的陰就在馮衍的筆下又被稱爲"侯"、"君侯"、"明府",他還從《隸釋》卷一五《蜀郡屬國辛通達李仲曾造橋碑》條找到了"府卿明府"四字殘文,因而推測"府卿"與"明府"稱謂具有特殊關係[③]。據史籍記載,陰就是光武帝妻舅,嗣封宣恩侯,後改封新陽侯(或作信陽侯),顯宗時官至少府(參看《後漢書》卷三十二《陰識列傳附弟陰就列傳》)。關於陰就"府卿"和"明府"稱謂的由來,目前恐怕不易取得共同認識。《隸釋》卷一五《蜀郡屬國辛通達李仲曾造橋碑》的"府卿明府"四字因上下文殘缺,其確切含義也不易推定。因此,要確定"府卿"是否可以與"明府"一樣指稱太守,還需尋找更爲確鑿的證據。我們最近從漢代出土文獻中找到了幾條新的綫索,對解決這一問題或有用處,現抄出來供大家參考。

大家熟悉的居延漢簡"駒病死册書"中有這樣一段文字:"謹驗問放、憲、恭,辭皆曰:今年四月九日,憲令燧長焦永行府卿蔡君起居檄,至庶虜,還到居延收降亭,天雨,永止,須臾去。"(EPF22·192-193,圖 2)研究漢代法制史的學者對其中"府卿蔡君起居檄"作了如下考證:"因爲檄是一種下行文書,所以不應送往府,此處衹有解釋爲'來自府卿蔡君的起居之檄'。'起居之檄'雖不是耳熟能詳之語,但發端於對匈奴入侵保持高度警戒之際,可能就是要求'起居'即行動没有差錯的告誡布告。在居延地區出土的額濟納漢簡,可見'吏卒謹候望,即見匈奴人,起居如烽火品約'(2000ES9SF3:1)。這可能就是'起居'的用例。若然,則指示'起居'的'府卿',當然就成爲以邊境防備爲職責的都尉府之長。"[④]結合居延漢簡中"府"多指都尉府或太守府,以及當時可稱都尉或太守爲"府君"等考慮,學者將簡文的"府卿蔡君"解釋爲都尉顯然是正確的。"駒病死册書"記有建武三年十二月的時間,説明至少東漢初期可以將都尉稱爲"府卿"。

居延漢簡中有一殘簡(154·4+210·24),現存文字中有"□記府卿及居延丞壽☑"等内容。排在居延丞之前的"府卿",很可能是指太守或都尉。

居延漢簡中還有另一殘簡(EPT44·59),現存文字中有"☑君爲酒泉府卿大善□☑"等内容。"酒泉府卿"似可與上文提到過的"酒泉府"聯繫起來理解,可能是指酒泉太守。

曲阜孔廟藏有上谷府卿墳壇和祝其卿墳壇刻石,所刻文字分别是"上谷府卿墳壇,居攝

① 蔣英炬、吴文祺:《漢代武氏墓群石刻研究》,105 頁。按:居延漢簡中也有一些可能是類似用法的"尉卿",但因不易判定其中"卿"字是人名還是美稱,這裏暫不引述。

② 天長市文物管理所、天長市博物館:《安徽天長西漢墓發掘簡報》,《文物》2006 年第 11 期。

③ 王子今:《居延漢簡所見"明府"稱謂》,《簡帛研究二〇〇七》,89—98 頁。

④ 籾山明著、李力譯:《中國古代訴訟制度研究》,上海古籍出版社,2009,117—118 頁。

二年二月造"、"祝其卿墳壇,居攝二年二月造"①。上谷是郡名,祝其是縣名,"上谷府卿"可能是指上谷太守,"祝其卿"可能是指祝其縣令②。

從上面列舉的這幾條材料看,漢代確實可以將都尉或太守稱爲"府卿"。也就是説,"府卿"的含義應與"府君"、"明府"大體一致。王子今先生推測"府卿"與"明府"稱謂具有特殊關係,是十分合理的意見。長沙東牌樓東漢衣笥封檢中的"府卿",也可能是同樣的意思。據史書記載,建武六年"初罷郡國都尉官",衹有邊郡因爲防衛需要而保留了都尉,此後内郡遇有巨盜時也往往設置都尉,待事訖則罷③。可見,長沙郡在東牌樓漢簡所處的東漢靈帝時期大概不會設置都尉府。因此,出土於長沙東牌樓古井中的衣笥封檢裏的"府卿"應當是指長沙太守。上文已經引述整理者的意見,指出漢代郡、縣官署中也設有"侍閤"之類差役。顯然,該衣笥封檢的周奴應當是長沙太守府的一名差役。其衣笥封檢出現於以郡、縣郵亭文書爲主的簡牘中,情形與同井所出第 25 號簡牘"府朱掾家書"封檢相似,合乎情理。這説明,將衣笥封檢中"府卿"解釋爲太守,比將其解釋爲九卿要合理一些。

應當指出的是,漢代的"府卿"除指郡太守以外,似乎還可以指郡府丞。東漢武榮碑中有一段話,從宋代以來就釋作"君即吴郡府卿之中子,敦煌長史之次弟也"(《隸釋》卷十二"執金吾丞武榮碑")。據《金石録》卷十四"漢吴郡丞武開明碑"所載,武榮之父衹官至"吴郡府丞"。如此看來,武榮碑的"府卿"似乎是指郡府丞。可惜武開明碑早已佚失,今所見武榮碑及拓片於"吴郡府卿"處缺損嚴重,這條材料的可靠性不免受到一些影響。但考慮到古書的"明府"偶亦可指郡功曹和縣令等(參看上引王子今文),則武榮碑以"府卿"指代郡府丞的可能性也不能排除。東牌樓漢簡衣笥封檢中的"府卿"如果是指郡府丞,則"府卿侍閤周奴"仍然是一個郡府差役,與上文所論没有多大差异。

總之,東牌樓漢簡衣笥封檢"府卿侍閤周奴"的"府卿"很可能是指長沙郡太守,但也不能排除是指長沙郡府丞。無論如何,其中的"府"是指郡府,周奴的身份是郡府侍閤。由於資料有限,我們對漢代"府卿"一詞的用法仍然知之甚少,本文衹是根據現有綫索提出新的猜測,希望能起到拋磚引玉之效。

---

① 毛遠明:《漢魏六朝碑刻校注》,北京:綫裝書局,2008,11—14 頁。

② 清代學者或將"上谷府卿"解釋爲上谷府丞,將"祝其卿"解釋爲祝其縣丞。陳槃先生認爲"漢人之卿稱,不必限於尊貴",因而反問"此則衹云'府卿',何以知其必爲府丞?衹云縣卿,則何以知其必爲縣丞?"陳槃:《漢晋遺簡識小七種》,26—27 頁。按:陳槃先生説"漢人之卿稱,不必限於尊貴",合乎事實。但他所注意到的例子如"候長張卿"、"上計卒史郝卿"、"倉曹孫卿"、"官醫張卿"之類,"卿"前既有姓氏又有官銜,與此兩刻石的稱謂明顯不同。我們暫取"上谷府卿"、"祝其卿"指上谷太守和祝其縣令之説,但也不排除"上谷府卿"、"祝其卿"是指上谷府丞和祝其縣丞的可能。關於"府卿"也有可能是指府丞,下文還會涉及,請參看。

③ 參看嚴耕望《中國地方行政制度史——秦漢地方行政制度》,上海古籍出版社,2007,153—154 頁。

圖 1

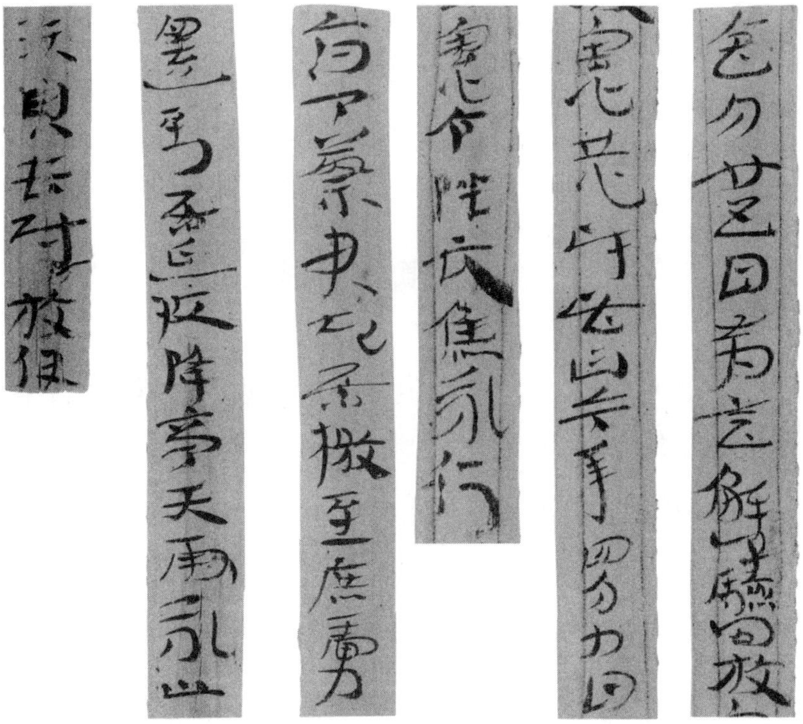

圖 2

試論吴簡中“胄畢”及相關問題*

江蘇第二師範學院社會發展學院　鄧瑋光

内容提要　本文通過對“僦米”的分析,認爲孫吴的倉儲轉運分爲兩種,一種是倉儲系統内部的轉運,即倉與倉之間的轉運,這時會要求繳納“僦米”,另一種是倉儲系統與外界的轉運,這時不需繳納“僦米”。

關鍵詞　走馬樓吴簡　胄畢　僦米

一、問題的提出

走馬樓竹簡的入米簡中,在同文符“𠯆”前,有時會出現“胄畢”、“胄米畢”、“僦畢”、“僦米畢”、“就畢”、“就米畢”等詞語,如:

1.入中鄉租米三斛胄畢𠯆嘉禾二年九月廿八日東平丘縣吏伍訓關邸閣董基付倉吏谷漢受(壹·3061)

2.入桑鄉嘉禾二年租米十三斛胄米畢𠯆嘉禾二年十月五日東平丘郡吏吴盧關邸閣董基付倉吏谷漢受(壹·3500)

3.入小武陵鄉三年税米三斛僦畢𠯆嘉禾元年十一月四日□丘張斐付三州倉吏谷漢受　中(叁·3685)

4.入西鄉租米三斛僦米畢𠯆□☑(貳·7801)

* 本文寫作得到江蘇省教育科學研究院、江蘇第二師範學院(原江蘇教育學院)“科學研究‘十二五’規劃課題”資助。

5.入□鄉嘉禾二年租米八斛就畢〓嘉禾二年九月廿八日東丘縣吏潘孔關邸閣董基付倉吏鄭黑受(壹·2869)

6.入樂鄉三年税米二斛就米畢〓嘉禾元年十一月十日領山丘□碩付倉吏谷漢受中(叁·2878)

有時則無,如:

7.入平鄉元年限米三斛五斗〓嘉禾元年十二月十日杷丘烝監付三州倉吏谷漢受中(叁·3698)

"冑畢"等詞語是孫吴倉儲轉運制度中的一個慣用語,對其意義的明晰有助於我們把握其背後的孫吴倉儲轉運制度。最早對"冑(米)畢"、"僦/就(米)畢"等詞語的含義提出解釋的是胡平生先生,他指出"所謂'僦畢',即指糧食已經從租米或税米的繳納者及關邸閣官吏的手中運到了三州倉吏處。……'僦'字或寫作'冑'……按,'冑'通'僦'。上古音,'冑'是定母幽部字,'僦'是精母幽部字,音近可通。可以看到,這類例簡中的'冑',都與'僦'同義,都是從關邸閣轉運到運往三州倉的"。①

在其基礎上,孫東波、姜望來兩位先生又對吴簡中入租税限米簡與入雜米簡(鹽米、粢租米、漬米、池賈米、醬賈米、折咸米等)的基本格式進行了對比,發現入租税限米簡普遍注明"冑(米)畢"、"僦/就(米)畢",入雜米簡則無,而"租税限米多入付三州倉,雜米多入付州中倉",從而判斷"'冑畢'與'僦畢'相通,乃指自三州倉賃船輸米至州中倉的費用而言;入租税限米多先入付三州倉再運詣州中倉,需繳納賃船轉輸費用,故簡上一般注明'冑畢'或'僦畢',但也有少數直接入付州中倉而簡不書'冑畢'、'僦畢'者;入雜米多直接入付州中倉,無需繳納賃船費用,故簡不書'冑畢'或'僦畢',但也有個别先入付三州倉再運詣州中倉,需繳納賃船轉輸費用,而在簡上書'冑畢'或'僦畢'"。②

簡言之,孫、姜兩位先生認爲,入米簡中"冑畢"等詞語的有無與入付何倉有關,如果米需經三州倉轉運後再入付州中倉,則在三州倉入米簡中會書寫"冑畢",如果直接入付州中倉則無需書寫。但筆者對涉及平鄉的三州倉入米簡進行考察後,發現其中也有不書寫"冑畢"的情況。因此,這一問題似乎還有進一步討論的空間。

① 胡平生:《〈長沙走馬樓三國吴簡〉第二卷釋文校證》,《出土文獻研究》第7輯,上海古籍出版社,2005,112—133頁。

② 孫東波、姜望來:《走馬樓吴簡所見"冑畢"及相關用語試釋》,《船山學刊》2008年第2期。

二、平鄉入米簡中"肓畢"的出現情況

筆者以平鄉爲研究對象，就其入米簡中"肓畢"的出現情況進行了考察。結果發現，并非祇有州中倉入米簡可以不寫"肓畢"，三州倉入米簡中也存在不寫"肓畢"的情況，如：

8.入平鄉嘉禾元年子弟限米五斛〼嘉禾[元]年正月十五日□□丘石萇(?)關邸閣董基付三州倉吏谷漢[受](貳·4596)

9.入平鄉三年税米三斛〼嘉禾元年正月十四日男子于林付三州倉吏谷漢受　中(叁·2682)

既然三州倉入米簡中有不寫"肓畢"的例外，那麽州中倉入米簡中是否存在寫"肓畢"的例外呢？循着這一思路，筆者找到了如下這枚簡：

10.〼[私]學限米卅[七]斛五斗□畢〼嘉禾二年五月十五日[大]男傅刀關邸〼[1](壹·65)

根據與其對應的兩簡：

11.出民還黄龍元年私學限米卅七斛三斗被縣嘉禾二年四月廿七日壬子書付大男[傅][刀]運(叁·1356)

12.詣州中倉刀以其年五月十五日關邸閣李嵩付掾黄諱史潘慮(叁·2209)

可知，這批私學限米的運送目的地爲州中倉，所以，簡10應爲州中倉入米簡。簡10中出現了"□畢"的字樣。根據簡文慣例，這裏的"□"不是"肓"就是"僦(就)"。

除了以上這枚簡外，還有三枚可能屬於州中倉的入米簡中也出現了"肓畢"的字樣：[2]

13.入西鄉嘉禾元年步侯還民限米二斛肓畢〼嘉禾三年正[月]〼(叁·6175)

14.入桑鄉嘉禾二年税米二斛肓畢〼嘉禾三年正月八日彈[溲]〼(叁·8307)

---

① 下簡11圖版清晰，釋文應無誤。簡10圖版不清，筆者懷疑這裏的"五斗"應爲"三斗"之誤。

② 這三枚簡運輸目的地部分都缺失，但在竹簡[壹]、[貳]、[叁]中，西鄉除此簡外可明確知道運送地點的嘉禾三年入米簡的運輸地都是州中倉，樂鄉僅有的另一支嘉禾三年入米簡表示的運輸地也是州中倉，桑鄉因爲該年僅發現該簡所以不敢妄下定論。不過除了這三枚簡外，竹簡[壹]、[貳]、[叁]中所有明確知道運送地點的嘉禾三年入米簡，運輸目的地都是州中倉，包括那些曾經在嘉禾元年、二年向三州倉交米的鄉也改爲向州中倉繳納。因此，筆者懷疑，由於某種原因，可能長沙郡臨湘侯國的所有鄉在嘉禾三年都被要求直接向州中倉交米。如果事實確實如此，則以上三簡很可能也是州中倉的入米簡。

15.入樂鄉嘉禾二年租米四斛冑又畢〓嘉禾三年十月廿九日柚丘鄭〼(壹·3435)

根據《試釋》,“‘冑畢’與‘僦畢’相通,乃指自三州倉賃船輸米至州中倉的費用”,如果直接運往州中倉,則無需收取,也不用寫“冑畢”或“僦畢”。這一結論與以上的簡例間産生了矛盾。爲了解决這一矛盾,筆者認爲有必要重新審視“冑畢”等詞語的含義。

三、“僦米”與“冑畢”等詞語之間的關係

根據胡平生、孫東波、姜望來諸位先生的考證,“冑畢”即爲“僦畢”,“僦”是指雇傭車輛轉運糧食的費用。對此,筆者表示贊同。不過筆者認爲“僦畢”仍不是最原本的寫法,而是略稱。“冑畢”“冑米畢”“僦畢”“僦米畢”“就畢”“就米畢”最原本的寫法應是“僦米畢”,意味着“僦米”已經繳納完畢,而“僦米”是一種與轉運有關的米。

關於僦米的收取對象及方法,我們可以參考以下一組簡:

16.其一千三百七十九斛六斗郡吏雷濟黄龍三年□□□(叁·4555)

17.入郡吏雷濟黄龍三年鹽賈米四百一十六斛五斗□□不收僦(叁·4782)

18.其一千七百九十斛一斗郡吏雷濟黄龍三年鹽賈米(叁·4396)

19.出郡吏雷濟黄龍三年盐賈米四百一十九斛二斗准稟斛米四百……(叁·4618)

20.其一千三百七十斛九斗郡吏雷濟黄龍三年鹽賈米(叁·4645)

這是一組前後關聯的倉米簡,屬於三州倉“月旦簿”。[①] 其中,簡17中有兩字不清,但我們可以找出與其類似的簡:

21.其三千五十四斛一斗四升九合給稟傳載不雇就擿米[②](叁·1404)

對照圖版,(左爲簡17,右爲簡21),簡17不清楚的部分上字有“口”,下字有“禾”,與簡21中“給稟”字型相近。從格式來看,“給稟”出現的位置也與簡21中的基本相同。此外,仔細查看圖版,在“僦”下還有空白,隱約有字迹,所以筆者推測簡17補全後應爲“入郡吏雷濟黄龍三年鹽賈米四百一十六斛五斗給稟不收僦擿米”。

餘下兩簡中,簡20的格式與一般的三州倉“月旦簿”入米簡相同;而簡19的格式則較爲

---

① 具體論證可參見拙文《對三州倉“月旦簿”的復原嘗試——兼論“縱向比較復原法”的可行性》,未刊稿。

② 原釋文爲“其三千五十四斛一斗四升九合給稟傳載不廬就擿米”,參照圖版及簡[壹]1144中相似字,改“廬”爲“雇”。

特别。雖然圖版不清,對簡19無法完整釋讀,但從格式以及内容上仍可找到與其類似的簡,如簡22:

22.出郡吏雷濟黄龍三年鹽賈吴平斛米五百八十四斛二斗四升爲稟斛米六百九斛被督[軍](叁·1625)

如將簡19補全,應與簡22基本相同。簡22這種格式還見於簡23:

23.出倉吏黄諱潘慮所領黄龍三年税吴平斛米一百五斛一斗二升爲稟斛米一百九斛(貳·7528)

經過比對,筆者認爲以下兩簡可與簡23組成一個基本完整的記録:

24.[五]斗被督軍糧都尉嘉禾元年八月九日壬寅所書給武猛都尉□□□(壹·2255)

25.領吏士五十五人嘉禾元年八月直其卌九人人二斛五人皷史人一斛五斗一人□四斛(壹·2251)

簡23~25這組簡與"給稟"有關。在文書行政中,格式往往與内容息息相關,因此,筆者推斷格式與簡23類似的簡19、22也應與"給稟"有關。

當然,簡23與簡19、22也有不同之處。簡23中明確指出所出米原爲"倉吏黄諱潘慮所領",因爲黄諱潘慮是州中倉的倉吏,所以可以肯定簡23應爲州中倉出米簡。雖然簡19、22中并無出米地的信息,不過這并不影響我們對其出米目的與"給稟"有關的判斷。①

下面還有一枚簡可能與簡16~20這組簡有關:

26.右三月□□吴平斛米三千八百八十四斛六斗七升三合一勺其四百一十九斛二斗給稟不□□運(?)(叁·4743)

簡中"四百一十九斛二斗"這個數字與簡19相同,且涉及"給稟",所以筆者推測簡19與簡26中的"四百一十九斛二斗"應是關於同一項支出的記録。雖然該簡圖版不清,但筆者懷疑"給稟不□"的表述可能也與給稟不收僦米有關,但具體是指這批出米在入倉時并無收取僦米,還是指出倉時不需收取僦米,限於材料,不敢妄下定論。

以上諸例中,簡17、21、26不繳納僦米都與"給稟"有關,所以筆者推測,"給稟"對僦米的繳納存在某種影響。

---

① 因爲簡19與確定屬於三州倉"月旦簿"的簡16-18間關係密切,所以筆者推測其即爲三州倉出米簡。不過由於走馬樓吴簡中確有將"郡吏雷濟"名目的米運往州中倉的記録。如簡[叁]2546"出郡吏雷濟黄龍三年雜税米二百斛被縣嘉禾二年十一月十三日丁巳書付大男□□☑",這種格式的簡一般都是從三州倉向州中倉運輸的記録,所以州中倉中也有"郡吏雷濟"名目的米,故不能完全肯定簡19即爲三州倉的出米簡。

除了"給稟"外,是否尚有其他不收僦米的情况呢?經過搜檢,筆者找到了如下一枚簡:

27.其一千六百八十□斛七斗九升官鹽賈及笔□鹽米不收就擿米(叁·1315)

由該簡可知,"官鹽賈及笔□鹽米"也不用收取"就擿米"。其中"鹽賈"與"郡吏雷濟黄龍三年鹽賈米"可能相關,"鹽米"則與《試釋》一文中提及的不用繳納"僦米"的鹽米相吻合。但"官鹽賈及笔□鹽米"究竟爲何不用收取僦米,是否與米的名目有關,從該簡中無法得到證實。

在直接尋求答案無果的情况下,筆者思考從另一方面來解答這個問題。因爲在平鄉的入米簡中,存在同名目米既有繳納,也有不繳納"僦米"的情况,如前引簡9與下簡:

28.入平鄉三年税米六斗就畢〓嘉禾元年九月廿八日於上丘番鹵付倉吏谷漢⧄(叁·2845)

故筆者推測米的名目與"僦米"的繳納之間可能并無直接關聯。

在進一步討論問題前,我們有必要再次檢討孫、姜兩位先生的論文。《試釋》一文,很好地解釋了大部分情况下,州中倉不用繳納"僦米",而三州倉要繳納的原因,但難以解釋部分情况下,三州倉不用繳納"僦米",而州中倉需要繳納的原因。這説明《試釋》一文應該抓住了解決問題的某些關鍵部分,但在理解上可能還有些許偏差。除了《試釋》一文已經給出的解釋外,通過上文的分析,我們又發現"給稟"與"僦米"的繳納有關,如果能找出"給稟"與《試釋》之間的共通性,或許就能解決這個問題。

經過反復比對,筆者發現《試釋》中的觀點與"給稟"的聯繫在於它們都涉及米的移動,而區别在於前者是倉儲系統内部的移動,而後者是倉儲系統與外界間的移動;前者需要繳納"僦米",而後者不用。這提示我們應將"僦米"與米的轉運聯繫在一起進行考慮,同時也暗示我們,繳納"僦米"與否,可能與米的移動方式有關。

兩種米移動方式的區别在於,前者的轉移局限於倉儲系統内部,所有的轉運過程都需要倉的參與;而後者的轉移,對於倉來説是消耗性的,倉祇負責出米,而無需關心此後的搬運工作,此後的搬運由類似簡17中所提到的"傅載"①來承擔。質言之,"僦米"的繳納與是否發生米的轉運活動以及這種轉運是否由倉負責有關。如果這一推論不誤,則《試釋》一文中無法解釋的現象也就迎刃而解了。

不過以上説法如果成立,似乎意味着孫吴政權存在某種預算制度,因爲祇有在收取物資前,就已預先安排好其去向與用途(哪些要被轉運,哪些會直接被作爲"給稟"消耗掉)才有可能知道是否應收取"僦米"。關於這種預算制度,竹簡中并非無迹可尋,一個明顯的例子就

① 這裏的"傅載",史籍無聞,但"傅""傳"字形相近,所以筆者推測其本意應爲"傳載",也就是由郵傳來運輸。

是同鄉不同年間直接繳納地點的變化。在嘉禾三年可識别運輸地的簡中,原本在嘉禾二年直接交付三州倉,再通過三州倉轉交州中倉的鄉都不約而同地開始直接向州中倉繳納;而到了嘉禾四年又有了變化,變成有的向三州倉繳納,有的向州中倉繳納。這背後顯示出一種官方控制的痕迹。

將三州倉、州中倉與"僦米"的相關問題重新梳理一下的話,可以得到如下流程。首先由政府確定所納米的去向與用途,如果米被要求交往三州倉,然後由三州倉負責最後的消耗,如"給稟",則繳納者直接繳納給三州倉後便完成了任務,不用繳納"僦米",在入米簡中也不會出現"僦米畢"或"胄畢"等字樣。當然,也可能存在經過其他倉向三州倉轉交的情况,不過目前已公布的入米簡中未見其例。

如果米被要求交往州中倉,由州中倉負責最後的消耗,這時政府又會確定以何種方式交付。目前所見有兩種情况,一種是直接交付,這種情况下,繳納者不用繳納"僦米",在入米簡中不會出現"僦米畢"或"胄畢"等字樣;第二種是先交付三州倉,再由三州倉轉交,如下簡所示:

29. 其廿九斛民先入付三州倉吏谷漢出付船師車刀趙益運詣中倉關邸閣李嵩(壹·3021)

這時在向三州倉繳米時必須同時繳納轉運的費用"僦米",在繳納完畢後,三州倉入米簡中會寫明"僦米畢"或"胄畢"等字樣。不過當這批米最終被運往州中倉時,就不必再繳納"僦米",州中倉入米簡中也不必出現"僦米畢"或"胄畢"等字樣。

如果米被要求交往其他倉,州中倉衹是作爲其中的轉運倉,則此時的州中倉也要收取"僦米",在入米簡中記録"僦米畢"或"胄畢"等。

四、對"僦米"的分析

最後,再來討論一下"僦米"的收取標準與具體用途。在竹簡中有如下一組簡:

30. 其二萬九千五百七十八斛二斗五升收就米斛一斗擿米斛一升(叁·1337)

31. 入嘉禾元年就米二千九百五十七斛八斗二升五合(叁·1382)

32. 入嘉禾元年雜擿米二百九十五斛七斗八升五合(叁·1385)

這組簡説明僦米的收取量應爲米量的十分之一。關於雇傭運者的價格,也有一簡給出了提示:

33. 出雜□吴平斛米五十六斛四斗八合雇運者直一斛六斗九合(叁·4756)

這裏的“雇運者直”顯然不是運輸量的十分之一。因此，僦米恐怕不是單純的雇用運輸者的費用。雖然已公布的竹簡中没有關於“僦米”具體使用方法的確切證據，但其作爲轉運中的費用而存在應是無疑的。在轉運中除了要付給運輸者運費外，運輸者本身也要消耗口糧，所以，筆者懷疑“僦米”之所以比運費高，是因爲其中還包含了運輸者在運輸過程中要消耗的口糧。

僦米在繳納後一般不會立即使用，而會以獨立的名目存儲起來，在賬目中表現爲：

31. 入嘉禾元年就米二千九百五十七斛八斗二升五合(叁·1382)

34. 右新入就擿米三千二百五十三斛六斗一升(叁·1364)

35. 其六十一斛三斗八升二合雜就米(叁·1395)

綜上，竹簡中的“冑畢”等詞語最完整的寫法應是“僦米畢”，表示了“僦米”繳納完畢的意思。“僦米”是用於倉儲系統内部轉運米而由倉預先收取的費用，其收取比例爲正式繳納量的十分之一。當米被倉外人支取，如“給稟”時，因爲倉不再參與此後的搬運過程，所以就無需再收取“僦米”。“僦米”被收取後，先以獨立的名目儲存在倉中，當倉間的轉運發生時，倉吏就支取“僦米”付給運輸者，其中既有運費，也可能包含了運輸者的口糧。

附記：本文在寫作過程中得到了張學鋒師的悉心指導，在此表示深深的謝意。

張家山漢簡《二年律令》所見爵制

——以對"庶人"的理解爲中心

[日]大正大學文學部　椎名一雄　著
中國人民大學國學院　孫聞博　譯

序言

1983年,從江陵張家山二四七號漢墓出土題爲《二年律令》的竹簡中,包含下面的記載①:

> 宅之大方卅步。徹侯受百五宅,關内侯九十五宅,大庶長九十宅,駟車庶長八十八宅,大上造八十六宅,少上造八十四宅,右更八十二宅,中更八十宅,左更七十八宅,右庶長七十六宅,左庶長七十四宅,五大夫廿五宅,公乘廿宅,公大夫九宅,官大夫七宅,大夫五宅,不更四宅,簪褭三宅,上造二宅,公士一宅半宅,公卒、士五(伍)、庶人一宅,司寇、隱官半宅。欲爲户者,許之。(《户律》　簡314—316)

這與《漢書》卷一九上《百官公卿表》所載二十等爵的名稱、等級順序是符合的。此前探明秦漢爵制的基本結構時,②提出衹允許徹侯(也稱通侯、列侯)、關内侯的世襲制,以及官、民在爵

① 以下引用《二年律令》簡號等如無特别説明,所使用的釋文均據整理小組《張家山漢墓竹簡》,北京:文物出版社,2001。

② 參見鐮田重雄《西漢爵制》,《史潮》8-1,1938,收入其著《漢代史研究》,川田書房,1949;栗原朋信:《關於兩漢時代的官民爵》上、下,《史観》22-23、26-27,1940、1941。

級取得上存在差异等。[①] 此外,以商鞅爵制與周五等爵的連續、非連續性爲焦點,將爵制與秦代土地制度改革關聯起來進行研究時,[②]非連續説被認爲是正確的,[③]商鞅變法的田宅授予規定被認爲“正如字面意思,是授予新的耕地與宅地”。[④] 但是,得出賜爵與田宅授予的關係,不過是不同系統的褒賞的結論,[⑤]漢代向民衆無償賜爵(下文也稱“民爵賜與”)本身就具有褒賞的作用,所謂民爵,[⑥]不具有因軍功等得到爵位所附帶的相關待遇,這一看法一直持續到現在。[⑦]

本文不對以往研究内容逐一詳述,但這些前輩學者(也包括後文中所舉出的論文)對秦漢爵制的研究有着非常重要的必讀價值。衹是他們依據的主要是文獻史料,即便是出土史料也是殘簡,因而很難把握其全貌。但是,在開頭提到的《二年律令》[⑧]中包含有迫使我們對之前的研究進行再討論的内容。如果將《二年律令》所见的爵制與前輩所提的内容相比較的話,就會産生以下三個疑問。

(1)以往認爲世襲僅存在於徹侯(通侯、列侯)、關内侯,但實際上大庶長以下的有爵者是否不存在世襲制?

(2)是否能將賜爵與褒賞(具體而言就是田宅給予)割裂開來加以考慮?

進而,作爲與(2)相關聯的問題,

(3)靠民爵賜與而産生的有爵者的待遇,是否和靠軍功及其他原因産生的有爵者完全不

---

① 在前引栗原氏論文(上)初次出現“官爵”、“民爵”,成爲之後爵制研究使用此兩語的開端。在今天的研究者之間認爲,“官爵”、“民爵”兩語表示了爵位附帶的規定與特權存在官民差别。我認爲,僅對於爵位的規定與特權(世襲、減刑等),在没有特别的條件限制時,没有官民差别。詳見本文中的論述。還有,關於“官爵”、“民爵”的方便性稱呼,在西嶋定生《中國古代帝國的形成與結構——二十等爵制研究》(東京大學出版會,1961)第一章第三節也有涉及。

② 參見平中苓次《秦代土地制度的考察——關於“名田宅”》(《立命館文學》79,1951,收入所著《中國古代的田制與税法》,東洋史研究會,1967)、守屋美都雄《被視爲漢代爵制源流的商鞅爵制的研究》(《東方學報》(京都)27,1957,收入所著《中國古代的家族與國家》,東洋史研究會,1968)。

③ 被否定的是前揭注②的平中説,由《荀子》議兵篇與《漢書·刑法志》所記“五甲首而隸五家”的文中,可以解釋爲得到五個首級的人被給予五級爵位,所獲食邑的總支配權爲無爵者五家的所有田宅,考慮了周五等爵制的“爵與封邑”的關係與連續性。此外,“商鞅的變革法令,實行了按照軍功的大小——爵位的尊卑——家世的高低——田宅、臣妾、衣服的歸屬等一系列的方式所顯示的,徹底的軍功身份下的財物臣妾歸屬制,除此之外,重大的意義在于不對應舊有的如卿、大夫、士一些特定的身份階層,而是被適用于廣泛的一般庶民”,這樣,確立了商鞅變法的意義。

④ 參見前揭守屋氏論文。

⑤ 參見前揭守屋氏論文。

⑥ 參見前揭注①。

⑦ 參見籾山明《爵制論的再檢討》(《新歷史學研究》178,1985),同作者《皇帝統治的原像》(收入松原正毅編《王權的形象》,弘文堂,1991),藤田高夫《漢代的軍功與爵制》(《東洋史研究》53-2,1994)。

⑧ 目前,有許多研究者致力于對《二年律令》的譯注。代表性的有專修大學《二年律令》研究會《張家山漢簡〈二年律令〉譯注(一)——賊律》、同(二)《盜律》、同(三)《具律》、同(四)《告律、捕律、亡律》、同(五)《收律、襍律、錢律、置吏律、均輸律、傳食律》(《專修史學》35,2003;36,2004;37,2004;38,2005;39,2005),“三國時代出土文字資料研究”班《江陵張家山漢墓出土〈二年律令〉譯注稿　其(一)》、同《其(二)》(《東方學報》京都 76,2004;77,2005),本文對上述研究也多有參見。

同?

迄今爲止,由于内容的難解以及慎重研究的必要,基本不曾使用《二年律令》直接對爵制進行過討論。[①] 因此,本文爲考察上述三點,利用《二年律令》,嘗試接近秦漢爵制的本質。

一、世襲與特權

漢代的爵制研究中,自從有人提出僅有徹侯、關内侯存在世襲制之後,[②]由於不存在反映第十八級大庶長以下爵級世襲的史料,因此否認十八級以下爵級存在世襲的説法延續到了現在。具體而言,即認爲天子的賜爵有很高的價值,因而衹承認有爵者本人這一代的有效性。

不過,《二年律令》中有如下史料:

> 疾死置後者,徹侯後子爲徹侯,其毋適(嫡)子,以孺子□□□子。關内侯後子爲關内侯,卿[侯]〈後〉[子]爲公乘,【五大夫】後子爲公大夫,公乘後子爲官大夫,公大夫後子爲大夫,官大夫後子爲不更,大夫後子爲簪裹,不更後子爲上造,簪裹後子爲公士,其毋適(嫡)子,以下妻子、偏妻子。
>
> (《置後律》 簡 367—368)

這兩簡損毀較爲嚴重(整理小組認爲有三個缺字的地方是斷簡,也有可能是二個字),若不補上就不完整,但大體可以認爲如上面所記。開頭有“疾死”,《説文解字》卷七第二七四“疒部”也把“疾”字解爲“病”,理解爲因病致死是妥當的。由於較難想出特别的死因,因此大致理解爲當時的自然死亡(在現代醫學上,内因死的範疇分爲病死與自然死亡,但這裏指非特殊原因的死亡),簡 367—368 的内容可以理解爲一般的情況。對史料的解讀[③]印證了以往的説法,徹侯、關内侯可以按原級被後子繼承。接下來顯示了卿(第十級左庶長至第十八級大

① 使用《二年律令》直接對爵制進行考察的有,石岡浩:《張家山漢簡〈二年律令〉所見二十等爵制——以第五級“大夫”爲中心》(《中國史研究》26,韓國中國史學會,2003),該文未及得見。但是,根據讀到的同作者《張家山漢簡〈奏讞書〉所見二十等爵制——特權的賜予與剝奪》(《早稻田大學本部高等學院研究紀要〈教育與研究〉》22,2004)中對前揭論文的引用,其雖然論述了與本文第二節以後所研究的問題相關聯的内容,但其論述似乎與本文有所不同。

② 參見牧野巽《西漢的封建繼承法》,《東方學報》,東京,3,1932,收入《牧野巽著作集》卷一,御茶水書房,1979。

③ 可以以前揭栗原氏論文(下)“爵僅限於一代即消失,賜予被作爲天子特别的皇恩而變得有很高的價值,具有作爲民衆統治權宜性方法的效力”這段話作爲代表。

庶長）以下的繼承形式。[①] 詳細來看，卿一律降級爲第八級公乘繼承，從第三級簪裹到第九級五大夫分别被降兩級繼承。因爲没有關於第一級公士和第二級上造的記載，推想可能是變爲無爵。如果這樣解釋的話，之前衹允許徹侯與關内侯世襲爵位，第十八級以下的爵"僅限於一代即消失"的説法就需要重新考慮。當然，雖然與嚴格意義上的世襲有所不同，但這份珍貴的史料説明了爵位是能够被繼承的這一事實。[②]

進而，促使我們對以往的説法進行再討論的另一個重要内容，就是爵位附帶的特權。以前，西嶋定生先生認爲爵的特權有①授予封邑，②復除，③刑罰減免，而①②是民爵不具有的。[③] 而關於③刑罰減免也有否定説法。[④] 但是，爵所附帶的特權究竟是什麽？關於這一點，《二年律令》也有明確的回答。即"序言"所引《户律》簡 314—316。此外，簡的排列雖然有錯亂，但有如下内容：[⑤]

> 關内侯九十五頃，[大][庶][長][九][十][頃]，[駟]車庶長八十八頃，大上造八十六頃，少上造八十四頃，右更八十二頃，中更八十頃，左更七十八頃，右庶長七十六頃，左庶長七十四頃，五大夫廿五頃，公乘廿頃，公大夫九頃，官大夫七頃，大夫五頃，不更四頃，簪裹三頃，上造二頃，公士一頃半頃，公卒、士五（伍）、庶人各一頃，司寇、隱官各五十畝。不幸死者，令其後先擇田，乃行其餘。它子男欲爲户，以爲其□田予之。其已前爲户而毋田宅，田宅不盈，得以盈。宅不比，不得。 （《户律》 簡 310—313）

可以推測《户律》簡 310—316（下文中，曾經標記過律名的，基本上衹標明簡號）是爵級對應

① 《史記》卷二〇《建元以來侯者年表》安平侯條有如下内容："楊敞，家在華陰。故給事大將軍幕府，稍遷至大司農，爲御史大夫。元鳳六年，代王訢爲丞相，封二千户。立二年，病死。子賁代立，十三年病死。子翁君代立，爲典屬國。三歲，以季父惲故出惡言，繫獄當死，得免，爲庶人，國除"。可以理解爲，由於侯因病而死，因此侯爵世襲没有受到阻礙。當時，病死被認爲是一般的死因。無需多言，這樣的例子在《史記》、《漢書》中不勝枚舉。

② 關於《二年律令》所見"卿"或者"卿侯"，高敏《從〈二年律令〉看西漢前期的賜爵制度》（《文物》2002 年第 9 期）中，將"（上略）卿侯子爲公乘，五大夫後子爲公大夫（下略）"（簡 367）的劃綫部分解釋爲"五大夫"，與五大夫可以繼承同級爵相對，作爲比五大夫爵位更高的卿（第十級左庶長到第十八級大庶長），却要繼承比五大夫更低的爵位，這一點令人費解，因此要將卿作爲全新的爵稱來加以理解。但是，于振波《張家山漢簡中的"卿"》（《文物》2004 年第 8 期），指出高氏史料解釋的錯誤，認爲現行的"公大夫"是正確的。于氏在這一理解的基礎上，斷定卿爲第十級左庶長至第十八級大庶長。我也持同一見解。本文所引史料中"五大夫"以整理小組的理解作爲基礎。

③ 參見前揭西嶋氏所著書。

④ 參見冨谷至《秦漢刑罰制度研究》，同朋社，1998，第Ⅳ編。

⑤ 簡 313 的問題更爲突出，雖然整理小組的釋文有"擇田，乃行其餘。它子男欲爲户，以爲其□田予之。其已前爲户而毋田宅，田宅不盈，得以盈。宅不比，不得"，對照□部分的圖版，考慮可能有兩個以上的字。我的意見是，以《置後律》簡 386 爲基礎，或許可以推測是"以□□與殺田予之"。

的田宅授予。[1] 衆所周知,商鞅第一次變法最早將爵級(非周五等爵)與田宅數加以體系化。[2]此外,由於《漢書》卷一下高祖五年詔中有"民前或相聚保山澤,不書名數,今天下已定,令各歸其縣,復故爵田宅,吏以文法教訓辨告,勿笞辱"的語句,因此能够理解爲從商鞅爵制施行開始,至少到西漢初,爵制與田宅之間都有着密切的關聯。此外,在《二年律令》中有如下内容:

寡爲户後,予田宅,比子爲後者爵。其不當爲户後,而欲爲户以受殺田宅,許以庶人予田宅。(下略)　　(《置後律》　簡 386)

劃綫的部分,是關於因家裏没有子男繼爲户主(夫),而由寡(死去的夫的妻)成爲户主時的田宅給與的規定。關於本來"爲(户)後者",有如下内容:

死毋子男代户,令父若母,毋父母令寡,毋寡令女,毋女令孫,毋孫令耳孫,毋耳孫令大父母,毋大父母令同産子代户。同産子代户,必同居數。弃妻子不得與後妻子争後。

(《置後律》　簡 379—380)

子男應爲第一順序繼承人,没有子男時的順序是按户主的父母、寡、女兒之序。這樣一來,可以認爲簡 386 劃綫部分反映的是寡代替子男爲户後的情况下,顯示以子(子男)應當繼承的爵級爲基礎給與田宅。而且,結合簡 386 劃綫部分後面的内容進行考察的話,就可以得知,如果爲户,國家就會根據爵級(或者身份)來給與田宅。

如果這樣解釋的話,就可以認爲簡 310—316 是按照爵級(或者身份)給與田宅的規定。此外,如果再考慮到《置後律》簡 367—368 的爵級繼承形式(徹侯、關内侯以外的降級繼承)、以及《户律》310—313"不幸死者,令其後先擇田,乃行其餘"等語句的話,就可以解釋爲,當户主死亡後由下一代降爵繼承時,其後子可依爵級選擇田宅爲己有。進而言之,與降級繼承爵級同樣,田宅也可以被認爲是減田減宅繼承。可是,在《置後律》中有如下内容:

死毋後而有奴婢者,免奴婢以爲庶人,以□人律□之□主田宅及餘財。奴婢多,代户者毋過一人,先用勞久、有□子若主所言吏者。　　(《置後律》　簡 382—383)

---

① 楊振紅在《秦漢"名田宅制"説——從張家山漢簡看戰國秦漢的土地制度》(《中國史研究》2003 年第 3 期)中,雖然論述了爵與田宅給與是相關聯的,但其認爲"公卒、士伍、庶人屬於平民",而在爵级的表现形式上,却没有涉及由於民爵賜予而産生的有爵者,因此與本文所論述的内容有所不同。

② 正如《商君書》境内篇"能得甲首一者,賞爵一級,益田一頃,益宅九畝"的語句所示,這段内容顯示了隨着每一級級别的上升,田宅也相應增加,可以認爲,這一法令在商鞅第一次變法以後通行於整個秦代。

這些簡特別是關於簡382,據整理小組存在缺字,筆者這次參照圖版[①]補充了缺字。[②] 如加以解釋,其内容是,當主人死亡而不存在其他合法繼户者的情況下,可以依據《庶人律》(被認爲是《户律》中對庶人的規定)允許主人的奴婢作爲庶人繼承主人的田宅及財産。據此表明,國家通過户的形成,給與田宅。而且這也顯示了,即使主人所擁有的田宅數很多,按對"庶人"的規定,也會被減田減宅繼承。

將以上内容加以整理,就可以得出問題(2)的答案。那就是,需要對將賜爵與褒賞相割裂的思考方法進行重新探討。[③] 總之,我們可以明確得知,不應將作爲褒賞的田宅給付與賜爵相割裂來進行考慮,依爵級按比例給付相應大小的耕地與宅地是秦漢爵制(至少到漢初)的具體内容之一。此外,我們也可以推測,降級的繼承爵級以及與其相伴的減田減宅,具有抑制田宅不足的現實作用。當然,在現實中是否能施行像《户律》所示,與爵級相對應的田宅數依然存在疑問,根據出土史料來看,[④]這不過是目標數值。但是,可以推測出其本意是對有爵者或者今後可能成爲有爵者的人,標示與爵級相對應的具體田宅給付數值,并約定、保證賜給之。而且,作爲其施行的對象,如果將通過汉代的民爵賜予而産生的有爵者也包含在内的話,能够想象,正是通過爵制具有給付田宅的本義,企圖搆築起將皇帝與民衆直接地、個別地聯繫起來的統治形態。

如果這樣考慮的話,可以説《二年律令》所載的二十等爵制,提示出了將之前增淵龍夫先生所主張的以具體的恩德爲媒介的、通過人的結合而産生的主體性秩序,[⑤]與西嶋先生所主張的通過爵制建立的他律性秩序[⑥]加以融合的國家結構。

不過,如果要做出上述判斷,需要重新考察的問題也浮現出來。那就是,在前引《户律》中記載的對"庶人"的田宅給付規定。問題在於,此前通常認爲庶人等同於民這一點。如果以這種通常説法爲出發點進行思考,那麽《户律》對"庶人"的田宅給付規定就是對民的規定,而用爵級記述的部分就是對民以外的有爵者的規定。進而言之,通過民爵賜予而産生的

---

① 張家山二四七號漢墓竹簡整理小組《張家山漢墓竹簡》[二四七號墓](文物出版社,2001年)開頭所載《二年律令》的圖版。

② 在張家山二四七號漢墓竹簡小組整理的釋文中有:"死毋後而有奴婢者,免奴婢以爲庶人,以□人律□之□主田宅及餘財。奴婢多,代户者毋過一人,先用勞久、有□子若主所言吏者。"對照圖版,筆者自行補充整理小組缺字的幾個地方。特別是"律□之"處非常之薄,十分難以辨識,因爲它的輪廓在其他簡中酷似"予",斷定相應的地方是"予"。在朱紅林《張家山漢簡〈二年律令〉集釋》(社會科學文獻出版社,2005年)中,除了"予",朱氏與筆者的補字完全相同。

③ 參見前揭守屋氏論文和前揭籾山、藤田兩氏論文。

④ 根據于振波《張家山漢簡中的名田制及其在漢代的實施情况》(《中國史研究》2004年第1期)一文,作者以從湖北江陵鳳凰山10號漢墓出土漢牘記載户主田數的史料爲基礎,據此可以確認一位户主最高54畝、最低8畝的數據。

⑤ 參見增淵龍夫《中國古代的社會與國家》,弘文堂,1960。

⑥ 參見前揭西嶋氏所著書。

有爵者一律被視作“庶人”,那麽《二年律令》所見的對應爵級的規定就將民排除在外了。[①]

究竟能否認爲,對民而言,被賜爵後爵位加身,既是榮譽也是實際利益呢?[②] 在下一節,將討論《二年律令》所見爵級所顯示的群體是否包括民,即“通過民爵賜予而産生的有爵者”。

二、《二年律令》所見爵制的適用範圍

首先,在認識漢代二十等爵時最爲重要的一點是,其淵源於以軍功褒賞爲基本的商鞅爵。這在對漢代二十等爵進行説明的《漢書・百官公卿表》中有很明確的記載“皆秦制,以賞功勞”。而且,秦代没有施行漢代那樣的民爵賜予,參加戰鬥獲取敵人首級幾乎是成爲有爵者的唯一方法。[③]

那麽,怎樣才能獲得參加戰鬬的資格呢? 這與戰國秦代的兵制有很深的關係。衆所周知,商鞅第一次變法以後,如“耕戰之士”(《韓非子・和氏篇》)所表述的一樣,除以往的作戰人員(所謂氏族制下的統治階層)之外,對一般民衆也開始實行徵兵制。因此,對統治者而言,徵兵對象的名册變得十分必要。這種名册即濱口重國所指出登入兵籍的“傅籍”。[④] 進而,重近啓樹氏使用睡虎地秦簡《秦律雜抄・傅律》對秦代傅籍進行了考察,他指出傅的意義可以解釋爲“登入徭役籍、兵役籍”,其對象除去身體有殘疾者外,“達到傅的標準的成年男子原則上都要傅籍”,包括民在内的所有成年男子。[⑤]

《二年律令》中也有關於作成傅籍的前提——傅的規定,其内容如下:

(a)不爲後而傅者,關内侯子二人爲不更,它子爲簪裹;卿子二人爲不更,它子爲上造;五大夫子二人爲簪裹,它子爲上造;公乘、公大夫子二人爲上造,它子爲公士;官大夫及大夫子爲公士;不更至上造子爲公卒。

(b)當士(仕)爲上造以上者,以適(嫡)子;毋適(嫡)子,以扁(偏)妻子、孽子,皆先以長者。若次其父所,所以以未傅,須其傅,各以其傅時父定爵士(仕)之。父前死者,以死時爵。當爲父爵後而傅者,士(仕)之如不爲後者。

(c)當傅,高不盈六尺二寸以下,及天烏者,以爲罷瘩(癃)。

① 在前揭“三國時代出土文字資料研究”班譯註(二)《户律》簡三一〇至三一三【解説】部分認爲,“給與民衆田一頃(百畝)的制度,能够看作叙述井田制理想的記事”,不過是將對庶民的規定完全作爲對民的規定。

② 前揭所舉鐮田、栗原、平中、守屋、籾山、藤田等,此前的研究者幾乎都認爲,民爵并不伴隨着實際利益。

③ 秦代軍功之外,也有臨時繳納大量粟米得爵等方法,前揭守屋氏論文中已指出。

④ 參見濱口重國《秦漢隋唐史研究》上(東京大學出版會,1996)第二部。

⑤ 參見重近啓樹《秦漢税役體系研究》(汲古書院,1999)第六章兵制的研究。

(d)不更以下子年廿歲,大夫以上至五大夫子及小爵不更以下至上造年廿二歲,卿以上子及小爵大夫以上年廿四歲,皆傅之。

(e)公士、公卒及士五(伍)、司寇、隱官子,皆爲士五(伍)。

(f)疇官各從其父疇,有學師者學之。 (《傅律》 簡 359—365)

這些重要的史料顯示,漢初的傅(傅籍)與爵級有着極深的關係,依爵級不同,傅(傅籍)的年齡并不固定。問題在於將(a)與(e)的從關内侯到隱官之子登入傅籍時的規定。這兩處與前述簡 367—368 所示的後子爵級繼承有關聯,是針對後子以外的子的爵級繼承形式。重要的是將(e)與《户律》簡 310—313 所顯示的從關内侯到隱官的爵級及身份稱呼相比較,可以發現唯獨没有出現"庶人"。如果按照庶人即民的説法來考慮,記述中没有的庶人即民應該是排除在傅籍之外。

然而,如前所述,作爲徭役籍、兵役籍編入規定的秦律《傅律》,原則上應以包括民在内的所有成年男子爲對象。此外,《漢書》卷五《景帝紀》二年條記載:

令天下男子年二十始傅。

漢代在傅籍上也繼承了秦制,適用於包括民在内的所有男子,這樣解釋是比較妥當的。[①] 另外,整個漢代除特殊情况外,民擔負徭役義務是理所當然的,而且由於很難想像在漢初軍事持續緊張狀態下,對民廢止了兵役義務,[②]認爲《二年律令·傅律》繼承了有徭役籍、兵役籍編入規定的秦律《傅律》,將民也包含在内也許更爲合理。而且有如下内容:

(g)民産子五人以上,男傅,女十二歲,以父爲免〼者;其父大夫也,以爲免老。

(《傅律》 簡 358)

由下劃綫部分也能够推知,《二年律令·傅律》(下文中的《傅律》如無特别説明均出自《二年律令》)中包括了對民的規定。并且,"其父大夫也"的記述充分表明,《傅律》所載的爵級是包括民的。此外还有如下内容:

吏民亡,盈卒歲,耐;不盈卒歲,𣪠(繫)城旦舂;公士、公士妻以上作官府,皆償亡日。其自出殹(也),笞五十。(下略) (《亡律》 簡 157)

① 參見前揭重近氏所著書。

② 根據飯田祥子《前漢後半期郡縣民支配的變化——從内郡、邊郡的分化説起》(《東洋學報》86-3,2004),她指出,兵制有平時與戰時的差别,武帝以後,軍事的威脅减少,要求郡縣民重視生産,并且與軍事相分離。她也談到,由於漢初諸侯王軍事威脅的原因,考慮軍事的重要性,"所有郡縣民是'耕戰之士',并不存在地域間的分工體制"。同時,由於认为成爲傅籍者也要擔負起徭役負担,那麽認爲傅的施行對象也包括民在内,這一點也没有問題。

可以確認民與《二年律令》所載爵級的關聯性。[①]

如果這樣考慮的話,可以認爲《户律》所載的爵級中也包括"民的有爵者"。而且,漢帝國建立後到《二年律令》發布時,可以確認至少實行了四次民爵賜予,[②]因此認爲"通過民爵賜予而産生的有爵者"也包含在爵級表示的對象中應是合理的。那麽就可以解釋爲,前節敍述的對應《户律》爵級的田宅給付,也是以民即"通過民爵賜予而産生的有爵者"爲對象。

不過,依然不能明確《户律》所載"庶人"指什麽身份階層,不能斷定《户律》中用爵級表示的群體中是否包括民即"通過民爵賜予而産生的有爵者",從而留有疑問。所以,接下來再次對《傅律》進行考察,以闡明《二年律令》中"庶人"的語義。

三、《二年律令》所見"庶人"

由於在前引《傅律》(g)中,確認了民需要傅籍,因此可以推想,在《傅律》(d)記載的從不更到卿以上之子爲對象的傅籍年齡規定中,包括了民在内的所有"傅"的對象。因此認爲《傅律》(a)、(e)所顯示爵級以及身份稱呼涵蓋了包括民在内的所有"傅"的對象,是很自然的。如果這樣考慮的話,就可以推斷没有記載的身份稱呼者就是不能傅籍的人。如前所述,《户律》中列舉了從關内侯到隱官爲止的田宅給付對象,在同樣列舉了爵級及身份稱呼的《傅律》中却没有見到"庶人"的記載。根據這一點,筆者斷定,"庶人"是被排除在傅籍外的身份階層,下面展開論述。

如前所述,關於傅,包括重近先生在内的以往研究,有詳細的論證。重近先生的結論是,①傅以所有成年男子爲對象,②傅籍者被課以徭役、兵役及賦(户賦)的負擔,③傅籍者中的一部分人被選拔從事"兵士"之役。另外,④由於以所有成年男子作爲傅籍對象,因此没有被選拔爲兵士者也負擔潛在的兵役義務。[③]

由此可以認爲,没有被記入《傅律》中的"庶人"就是没有被傅者,即"被排除在徭役、兵役義務之外者"。此外,由於《傅律》(f)含有仕官的規定,因此可以推斷,庶人也含有"排除

---

① 前揭石岡先生 2004 年論文也指出民與《二年律令》所見爵級的關聯性。但是,關於與庶人的關聯没有論及。還有,尚不清楚在前揭同作者 2003 年的論文中是否有所論及。

② 參見前揭西嶋先生所著書第二章第一節。

③ 參見前揭重近先生所著書。

在仕官之外者"這種意思。[①] 特别是商鞅變法以後,在幾乎衹能通過軍功才能成爲有爵者的戰國、秦統一時代,被排除在傅籍外就意味着被排除在爵制外。在繼承秦制的漢初,被排除在傅籍外也代表同樣的意思,這樣解釋應是妥當的。

下面列舉的史料,爲戰國魏安釐王二十五(前252)年下達的王命,被原封不動編入律中的條文,[②]雖説被收入睡虎地秦簡《爲吏之道》,但不能直接與秦漢的制度相連結。不過在考察被排除在兵役之外的對象時是非常有效的,因此列舉如下:[③]

> 【A】廿五年閏再十二月丙午朔辛亥,告相邦:民或弃邑居野,入人孤寡,徼人婦女,非邦之故也。自今以來,假門逆旅,贅壻後父,勿令爲户,勿予田宇。三世之后,欲士(仕)士(仕)之,仍署其籍曰:故某慮贅壻某叟之仍孫。　魏户律
>
> (《爲吏之道》 165—215)
>
> 【B】廿五年閏再十二月丙午朔辛亥,告將軍:假門逆旅,贅壻後父,或率民不作,不治室屋,寡人弗欲。且殺之,不忍其宗族昆弟。今遣從軍,將軍勿恤視。享牛食士,賜之參飯而勿予殽。攻城用其不足,將軍以堙壕。　魏奔命律
>
> (《爲吏之道》 225—285)

首先,【A】針對假門、逆旅、贅壻、後父等,①禁止其立户,②禁止給予田宇,③三世以後才能够允許"士"。反之,對於一般民,允許其①立户,②擁有田宇,③如果有意願的話,第一代就可以成爲"士"。而在【B】中則顯示,假門等從軍的時候,雖然在攻城戰中被委以最危險的任務,[④]却得不到"士"的待遇。

此外,也許是因爲《爲吏之道》這個題名的原因,整理小組將【A】的"士"解釋爲"仕"。[⑤] 確實,認爲【A】與對漢代七科謫身份(詳見後文)的仕官規定有聯繫,將"士"理解爲"仕"是

---

① 以往,在渡辺信一郎《吕氏春秋上農篇蠡測——秦漢時代的社會編成》(《京都府立大學學術報告》(人文)33,1981)中,將《吕氏春秋》上農篇的"屬諸三官,農攻粟,工攻器,賈攻貨"的下劃綫部分理解爲"傅諸三官"。而且在對《漢書》卷一《高帝紀上》二年五月條如淳注"律,年二十三傅之疇官,各從其父疇學之,高不滿六尺二寸以下爲罷癃"的理解上,將"疇官"理解爲把農工商在管理的政府機關進行登記編造。假如直接套用渡辺氏的見解的話,那麼包含"疇官"語的《二年律令·傅律》(f),就意味着農工商在有關諸政府機構進行登記,我據"有學師者"等語將《傅律》(f)理解爲仕宦規定。

② 參見堀敏一《中國古代的身分制——良與賤》,汲古書院,1987,第四章第四節。

③ 而且,寫下的内容基本以睡虎地秦墓竹簡整理小組《睡虎地秦墓竹簡》(文物出版社,1990年)的釋文作爲底本。

④ 很容易想見,攻城戰時最危險的任務就是"堙壕",相關旁證有《商君書》境内篇"其攻城圍邑也,(中略)穴通則積薪,積薪則燔柱,陷隧之士,面十八,陷隧之士,知疾鬥,不得斬首,隊五人,則陷隧之士,人賜爵一級,(中略)其陷隧也,盡其幾者,幾者不足,乃以欲級益之",在攻城戰時接受攻破城牆這一任務的人,雖然有着"不得斬首"的限制,但即使如此,由"人賜爵一級","幾者不足,乃以欲級益之"等内容來考慮,可以推想任務伴隨着極端的危險。

⑤ 睡虎地秦墓竹簡整理小組《睡虎地秦墓竹簡》漢語譯文,前揭堀氏所著第四章第四節,又山田勝芳《秦漢財政收入研究》(汲古書院,1993)第四章第二節都將"士"理解爲"仕"。

可能的。[①] 不過,如果將③解釋爲"仕官"的話,普通民衹要有意願就允許成爲吏。進一步來説,在戰國時代,民除了生産活動以外,相較爲吏,可能更會被要求成爲兵士,如《商君書・境内篇》所示,在戰場上取得敵方首級是仕官的第一步。根據《史記》卷五《秦本紀》與卷四四《魏世家》可知,安釐王二十五年前後是魏國與秦國及其他各國對抗狀態激化的時期。從這種情況來推斷,可以認爲,民相較爲吏,更會被要求作爲兵士來參加戰鬭。進而,鑒於它是與兵役規定【B】連續在一起記録的事實,將這裏的"士"解釋爲正規的"兵士"應是妥當的。

從【B】中可以提取的信息是,"'假門、逆旅、贅壻、後父'不能得到'士'的待遇"。關於【B】奔命律的奔命,《漢書》卷七《昭帝紀》始元元年條應劭注有如下内容:

> 應劭曰:舊時郡國皆有材官騎士以赴急難,今夷反,常兵不足以討之,故權取精勇,聞命奔走,故謂之奔命。

由於針對常備兵不足以臨時選取者爲兵士,因此【B】的假門等也不是正規的兵士,而是臨時徵發的人員。將它結合【A】來考慮的話,可以認爲假門、逆旅、贅壻、後父在三代之間是被排除在通常兵役之外的。

以上涉及的雖是戰國末年魏國的狀況,其實對假門、逆旅、贅壻、後父的兵役限制規定也被秦漢時代所延續。[②] 在《漢書》卷四九《晁錯傳》中,晁錯將邊境防備與農業獎勵作爲當世兩大急務,曾這樣提到:

> 秦之戍卒,不能其水土,戍者死於邊,輸者僨於道。秦民見行,如往弃市。因以讁發之,名曰讁戍。先發吏有讁、及贅壻、賈人,後以嘗有市籍者,又後以大父母、父母嘗有市籍者,後入閭,取其左。

這裏講述的是秦代的狀況,由於從事邊境防備與輸送任務的正規兵連續不斷地亡故,徵發吏中有罪者、贅壻、賈人、嘗有市籍者、大父母父母嘗有市籍者來代替。與前引魏律相比較,存在身份稱呼上的差别,但可以推測,相對正規兵來説,臨時徵發者是被排除在通常兵役任務之外的群體。另外,從魏律【A】所記載"三世之後"與《漢書・晁錯傳》所載"大父母、父母嘗有市籍者"這些語句來看,兩者都具有將數代之後從規制中排除的共通性,所以也可以認爲魏律【A】【B】與秦漢存在連續性。

這些被排除在正規兵役之外的身份,隨着時代而變化,《漢書》卷六《武帝紀》天漢四年條被認爲是臨時徵兵的記載:"春正月,朝諸侯王于甘泉宫。發天下七科讁及勇敢士(下略)",關於其中的七科讁,張晏注:

---

① 參見前揭堀先生所著。
② 參見前揭堀先生所著。

吏有罪一、亡命二、贅壻三、賈人四、故有市籍五、父母有市籍六、大父母有市籍七,凡七科也。

因加入了"亡命"等,可以發現若干差别。

這裏所列舉身份除兵役外,也明確顯示被排除在仕官外。《漢書》卷七二《貢禹傳》批判當世狀况云:

孝文皇帝時,貴廉絜,賤貪汙,賈人、贅壻及吏坐臧者皆禁錮不得爲吏。

這顯示,文帝時期禁錮賈人、贅壻及吏收受賄賂者(包含不正當貯存財物者),不能成爲吏。

由此可見,因時代、目的不同,身份稱呼也不是固定不變的。筆者認爲,此處所列舉的身份階層正是《二年律令》所載"庶人"的一部分。筆者在之前推定,由於《傅律》(e)中没有"庶人"的記載,所以庶人是没有傅籍的人,即①"被排除在徭役、兵役之外者";進而,由於在《傅律》(f)中也含有仕官規定,因此也是②"被排除在仕官之外者"。由此,①②的内容與所謂七科讁所代表的身份階層的待遇(被排除兵役、不能仕官)便具有了一致性。

其實,關於七科讁身份之一的"吏有罪"者,我們已經得到了答案。比如《史記》卷一〇一《袁盎傳》講述袁盎擔任吴國的國相時:

盎素不好鼂錯,鼂錯所居坐,盎去。盎坐,錯亦去。兩人未嘗同堂語。及孝文帝崩,孝景帝即位,鼂錯爲御史大夫,使吏案袁盎受吴王財物,抵罪,詔赦以爲庶人。

《史記》卷一〇三《萬石君傳》有如下内容:

慶文深審謹,然無他大略,爲百姓言。后三歲餘,太初二年中,丞相慶卒,謚爲恬侯。慶中子德,慶愛用之,上以德爲嗣,代侯。後爲太常,坐法當死,贖免爲庶人。

吏犯罪"(免)爲庶人"或"贖爲庶人"的例子,在《史記》《漢書》中不勝枚舉。[①]

又,關於賈人,在《二年律令·徭律》中有如下内容:

(上略)免老、小未傅者、女子及諸有除者,縣道勿敢繇(徭)使。節(即)載粟,乃發公大夫以下子、未傅年十五以上者,補繕邑□,除道橋,穿波(陂)池,治溝渠,塹奴苑;自公大夫以下(衍字"上"?),勿以爲繇(徭)。市垣道橋,命市人不敬者爲之。(下略)

(《徭律》 簡412—414)

這是通常被用來證明"傅是徭役的基準"的史料。通過這份史料可以得知,市人不傅,而以"不敬"爲基準點。"不敬"的意思雖不清楚,[②]但賈人(商人)應是被排除在傅之外,也就是

① 至於事例,參見鶴間和幸《漢律中對墳丘的有關規定》(《東洋文化》60,1980)對"庶人"説明的部分。

② 前揭張家山漢墓竹簡整理小組記載有《晋書·刑法志》所引張斐律,注解爲"虧禮廢節,謂之不敬"。

《二年律令》中的“庶人”。

不過,關於商人,《春秋左氏傳》襄公十四(前559)年條有如下内容:

> 自王以下,各有父兄子弟,以補察其政。史爲書,瞽爲詩,工誦箴諫,大夫規誨,士傳言,庶人謗,商旅于市,百工獻芸。

《國語》卷一《周語上》有如下内容:

> 庶人、工、商,各守業以共其上。

而《周禮·春官·大宗伯》條則有如下内容:

> 孤執皮帛,卿執羔,大夫執鴈,士執雉,庶人執鶩,工商執雞。

在反映漢以前情况的史料中,商人是與庶人分開表述的。另外,《漢書》卷五一《賈山傳》賈山説治亂之道的文字中有如下内容:

> 商人、庶人誹謗己而改之,從善無不聽也。

因此漢代也存在區别庶人與商人的説法。[①] 不過,賈山文是依據《春秋左氏傳》襄公十四年條的文字,很難説其純粹代表的是漢代的觀念,[②]另外,賈山文的前面部分從“古者聖王之制”開始,列舉了“公卿、士、庶人、商旅”,也可以認爲在庶人一語的使用上與《國語》、《周禮》是同樣的意思(後文會論及)。

至此可以確認,筆者在“吏有罪”者和商人的問題上主張的《二年律令》中的“庶人”等同於①“被排除在徭役、兵役義務之外者”,②“被排除在仕官之外者”的解釋是没有矛盾的。

在此,重新思考一下歷來將庶人等同於民的説法的立足點。片倉穰先生曾論述庶人有兩重含義,“第一層是包括一般被統治者階級的概念,商人與刑徒當然包含在内,是所謂廣義的意義。然而在秦漢帝國建立的過程中,出現了排除商人、刑徒、兵士、流民、無名數者在外的狹義的庶人用語。這個狹義的庶人指的是登記在户籍中通過郡縣機構而成爲統治對象的人,换言之指賦役的對象”。[③] 他所言狹義意義上的庶人,如果我的解讀没有弄錯的話,指的應該是農民。另外,管見所知,迄今的研究者在使用庶人一語時,首先想到的一定是農民,這種意識非常强烈。[④] 這是因爲,如果站在良賤研究中與奴婢的對比産生的“官—庶—奴”或

---

① 參見鐮田重雄《漢代的禁錮》,收入《秦漢政治制度研究》,日本學術振興會,1962。

② 參見前揭堀氏所著第四章第四節。

③ 參見片倉穰《漢代的士伍》,《東方學》36,1968。

④ 例如,在好并隆司《漢代下層庶人的存在形態》(一)(《史學雜誌》82、1,1973)中,指出對應奴婢被免爲平民的情况,“應該認爲他們是貧困的小農(=庶人)不規範的存在形態”,農民是庶人的大前提。

“庶—奴”這些視角上來看的話,[1]周到春秋中期以前庶人的語義會被原封不動地拿到秦漢時代來使用。然而,筆者認爲,以往的説法對[2]周至春秋中期以前的“庶人”語義在視角上的把握是有誤的,從而造成了與秦漢直接相連結的結果。

確實,在前揭《春秋左氏傳》、《國語》、《周禮》中散見的“公卿、大夫、士、庶人、工商”,乍一看表示的是庶人是農民的意思。例如,《春秋左氏傳》襄公九年(前564)這樣來記述晋國的情況:

其卿讓於善,其大夫不失守,其士競於教,其庶人力於農穡,商工、皁隸不知遷業。

據此可知,與卿、大夫、士、商工一并記録的庶人以農耕爲業,一般想來自然會認爲庶人就是農民。而且,在農民屬於民爵賜予對象的漢代,[3]原樣照搬周至春秋中期以前的思考方式的話,仍會得出“庶人”即“民(農民、民爵賜予的對象)”的以往説法。

然而,稍微變化角度來看的話,散見於《周禮》等的“庶人”,也可以認爲是原則上不能獲得士以上身份的人,以及不屬於工商一類群體的範疇化用語。特别是,“不能成爲士以上的人”,又可以解釋成“不得擁有士以上特權的人”。如果把“庶人”看成範疇化用語的話,可以解釋爲周至春秋中期以前的農民雖然包括在“庶人”的範疇内,但并不是等同的關係。

衆所周知,商鞅爵及漢代二十等爵的稱呼保留有“公卿、大夫、士”的分類,規定了爵級的階層。《二年律令》中也散見將第十級左庶長到第十八級大庶長寫作“卿”的記録。其中有這樣一條:

賜棺享(椁)而欲受齋者,卿以上予棺錢級千、享(椁)級六百;五大夫以下棺錢級六百、享(椁)級三百;毋爵者棺錢三百。 (《賜律》 簡289)

據此,由於表示卿以上與之後第九級五大夫以下連續記述,可以推知卿以上指第十級左庶長以上,可見保留了周代遺制。[4]

但是,以春秋中期爲界,歷來的統治階級“公卿、大夫、士”與被統治階級“庶人”的關係發生了重大變化。即由於所謂的氏族制崩潰,本來衹允許統治階級參加戰鬬的規定,改爲開始允許被統治階級參與。之後日漸擴大、滲透,戰國時期各國的民參加戰鬬變成了一種常

① 關於良賤制,西嶋定生《中國古代奴婢制的再考察——階級特徵與身份特徵》(收入《古代史講座》7,學生社,1963),尾形勇《中國古代的“家”與國家》(岩波書店,1979),前揭堀氏所著等都有較爲詳細的研究。

② 例如,鶴間氏在前揭論文中,論述到“一般庶民的廣泛賜爵在漢代得到實現,庶人也被包括在了以爵爲基礎的禮的秩序之中”,將“庶人”等於“靠民爵賜與而産生的有爵者”,這繼承了前揭西嶋氏論文(《中國古代奴婢制的再考察——階級特徵與身份特徵》)中的内容。

③ 參見前揭西嶋所著書。

④ 關於“卿”字,代表第10級左庶長至第18級大庶長這一點,參見前揭高敏《從〈二年律令〉看西漢前期的賜爵制度》、于振波《張家山漢簡中的“卿”》。

態,這已是周知的事情。我在前面指出,根據前引魏律【A】的記載,民如果願意,在第一代就可以成爲兵士。由此也可以推知,在氏族制下衹有統治階級纔能參加戰鬬的這種風氣發生變化,在戰國時期就已打破了一直被視爲“庶人”的農民原則上無法逾越的障礙,出現可以參加戰鬥的身份(士以上)的新規定。總之,春秋中期以後的農民開始從“不得擁有士以上特權”的“庶人”範疇中脱離出來。

實現對受支配下的所有民(農民)實行徵兵制,民(農民)從“庶人”的範疇中完全脱離出來,是在施行傅制以後的秦代。大概在戰國時期其他各國也能發現前引魏律【A】那樣“如願意就可以成爲兵士”的規定,也就是説民有可能成爲兵士,但没有像秦那樣强制執行。與此相對,秦規定所有的民都有義務傅籍。睡虎地秦簡《秦律雜抄》的《傅律》,有如下内容:[1]

匿敖童,及占瘩(癃)不審,典、老贖耐,●百姓不當老,至老時不用請,敢爲酢(詐)僞者,貲二甲;典、老弗告,貲各一甲;伍人,户一盾,皆䙴(遷)之。●傅律　(簡32—33)

據此可以推測,除“當老者”之外的所有符合標準者,按原則都要傅籍。另外,在睡虎地秦簡《編年紀》中有關於墓主喜在秦王政元年(前246)傅籍的記載“今元年,喜傅”,[2]所以傅至少在秦王政以前就施行了。我在之前論述,傅含有産生兵役義務的意思。也就是説,在戰國秦時期,“公卿、大夫、士、庶人”等身份階層,與周至春秋中期以前的根本差别在於,隨着之前被包括在“庶人”範疇中的農民被全部傅籍,對周至春秋中期以前原則上禁止參與戰鬥的身分(士以上)的新規定開始向所有農民開放。這意味着,農民(“傅”的對象)完全脱離了表示“不能擁有士以上特權”的“庶人”範疇。進而,漢代繼承秦制,所有的民(農民)必須傅籍,有時會無償授予爵位,成爲表示周代身份階層的“士”(可參加戰鬬的人)以上的身份變得常態化。

結合以上來看,將“庶人”理解爲表示“不能擁有士以上特權”的範疇用語,①在《二年律令》中被確認傅籍的民(農民)與《傅律》没有記載的“庶人”的關係,②所謂七科謫身份是被排除在傅之外的群體,這兩點就可以很好地得以理解。總之我認爲,以徵兵制爲目的戰國秦施行傅制,農民因此從庶人的範疇中完全分離出來,雖然周代以來的本質没有變化,但秦漢時代的“庶人”指的是表示“不能參加戰鬥的人”=不能傅籍的人=“被排除在徭役、兵役、仕官之外的人”的新出現的法律、身份用語。進而立足於這一想法,可以斷定,在民(農民)被視爲“通過民爵賜予而産生的有爵者”的漢代(也包含《二年律令》發布時),“庶人”的範疇中不包括所謂民爵拥有者。

① 簡號等用睡虎地秦墓竹简整理小組使用的釋文。
② 參見睡虎地秦墓竹简整理小組使用的釋文。

結　語

最後,在第三節結論基礎上,對第一節論述的與爵級對應的田宅給付數及其意義進行一下總結。

首先,在第一節對《二年律令・户律》所載爵級對應的田宅數進行考察的結果顯示,它是國家根據相應爵級給付的規定數值。然後,論證了爵制的本義在於,對有爵者或有望成爲有爵者的人,顯示根據爵級給付田宅的具體數值,并約定、保證給付的施行,通過施行爵制來保證他律的秩序與主體秩序的并存,提出融合以往西嶋先生與增淵先生爲代表的秦漢國家形成論的觀點。

此處再次重申筆者的觀點,即劉邦集團采取的以具體恩德爲媒介、通過人的結合形成的主體秩序,是通過皇帝與民之間以田宅給付(具體的恩德)爲媒介確立,里内的秩序也以對應爵級的田宅數(他律的秩序)形成貧富的差别。

然而,由於《户律》所載爵級及身份稱呼中有"庶人"一語,并且以往存在庶人即民的説法,産生了爵級所顯示的群體中是否包括民的疑問。换言之,漢代的民即"通過民爵賜予而産生的有爵者"是否一律按庶人對待,是否按爵級給付田宅的疑問?於是在第三節就"庶人"是什麽樣的身份這個問題,通過與《户律》一樣列舉了爵級和身份稱呼的《傅律》中没有"庶人"的記載這個綫索,進行了考察。其結果表明,在秦漢時代,庶人即民的概念不能成立。

總而言之,《二年律令・户律》所載"庶人"與民是完全不同的身份階層,可以明確,民包含在以爵級表示的群體中。這可以證明當時規定民即"通過民爵賜予而産生的有爵者"可以獲得與爵級相應的田宅給付。這樣一來,就可以得出"序言"列舉的疑問(3)的答案。亦即,漢初(至少到《二年律令》實施時)通過民爵賜予産生的有爵者的待遇,與通過軍功或其他原因而産生的有爵者相同,不存在差别。

通過上述考察,本文的結論是,《二年律令》所見秦漢二十等爵制的本質是以田宅給付爲基礎,發揮了將皇帝與民直接的、個别的聯繫在一起的紐帶作用,同時它是支撑秦漢帝國國家構造的基礎之統治形態的一部分。

此外,關於《二年律令》以後爵制的發展,想指出的是整個漢代采用了對應爵級的田宅給付原則。《史記》卷三〇《平準書》所載"天子乃思卜式之言,召拜式爲郎中,爵左庶長,賜田十頃,布告天下,使明知之",相較於《二年律令・户律》所載對應爵級的土地的大小,有大幅縮小,但顯示出賜爵與土地的關連性。由此可以推測,整個漢代施行的是以田宅給付爲基礎的爵制。[1]

此後,伴隨着爵、田宅買賣的常態化,富裕階層憑藉擁有的高級爵位來購買田宅,結果使得賜爵時的給付田宅數減少,推測律文所記載的國家規定的田宅給付漸漸無法兑現。并且它引發了將皇帝與民直接的、個别的結合的漢代二十等爵制的衰落和崩潰,從而在下一個時代開始摸索新的國家構造形態。

以上,結合田宅給付對秦漢爵制進行了考察,由於史料的限制,很多地方僅限於推測。懇請大家批評指正。

附記:文章譯後,承河北大學陳斯、國際關係學院葛奇蹊先生無私惠助,深致謝忱。唯文中一切錯誤,仍由我個人負責。

2013 年 8 月 28 日

2013 年 10 月 27 日

① 但是,在文帝以後,爵制與其他制度(包括田宅授予)是否還有着深切關聯并不確定。例如,在二年律令《傅律》中,可以確認傅籍年齡與爵級有着密切的關係,但《史記》卷一一《孝景本紀》二年春條有"男子二十而得傅"的記述,明確記録爵級與之無關,一律以二十歲得傅籍。

漢、魏晉律的篇章變化*

——以賊律爲中心

[韓]淑明女子大學歷史文化學科　任仲爀　著
中國社會科學院歷史研究所　戴衛紅　譯

内容提要　本文主要分析在漢唐律的演進過程中漢《賊律》的變化。《二年律令》的律一共 296 章,其字數約 15,318 字,漢初完整的律大概 30,000 字。《二年律令》抄寫了漢初完整律的二分之一。武帝時期的律篇數爲 50—60 篇左右,而魏新律的編纂者認爲漢律“篇少”而“多其篇條”,其原因在於當時人的觀念是以刑律爲正律。魏對漢代律令没有大的增加,而是對决事比和漢律章句有所增加。晋《泰始律》減省了後漢陳寵時期律 41.3%的篇幅。但是在唐律中仍留存着漢《賊律》的條文,這證明漢正律的條文没有減少。《古人堤賊律》目録的 65.8%(41 個當中的 27 個)與《二年律令》的《賊律》一致。《古人堤賊律》中另外一部分是《二年律令》没有的律條,是在《二年律令》以後增加的。《古人堤賊律》目録是後漢時期比較完整的賊律目録。改定魏新律的時候,《賊律》發生了劃時代的變化。《魏律序略》記述的從《賊律》到《詐律》的律條只是大略的事實而實際上很複雜。從《賊律》中分離出來最多的律篇是《詐僞律》,其次有《雜律》和《廄庫律》等。魏新律中《鬥訟律》的條文仍在《賊律》中,之後也從《賊律》中分離。另有其他律篇增補進入《賊律》,這一部分比從《賊律》分離出去的律篇少。

關鍵詞　二年律令　賊律　魏新律　晋律　古人堤盗律賊律目録

* 本研究得到淑明女子大學 2012 年度校内研究費的資助。

一、序論

唐律與秦漢法律比較,最大的差别在於形式,即篇目、編纂體例的變化,而内容的變化相對來説較少,大多數的唐律條文都可以追溯到秦漢的法律制度,漢律粗疏、唐律精詳而已。[①]若看唐律,它以篇目區分律并附着連續番號,從而整理成體系。與之相對照,在漢代《二年律令》中却没有與之相同的體係。《嶽麓秦簡》中令的序號使用"十干"进行整理,《居延漢簡》中漢代詔令使用序號來整理,它們各自都采取了自成體系的整理方法。[②] 但是漢代始終没有嘗試形成劃時代的律令整理。漢律缺乏整理的情形在《晋書・刑法志》中被描述爲"盗律有賊傷之例,賊律有盗章之文, 興律有上獄之法, 廄律有逮捕之事, 若此之比, 錯糅無常。"[③]因此漢律令的篇目具有始終不能突破原有體係的局限。[④] 打破這一局限的是魏新律,在魏律中,考慮到原來漢律律篇的不足,新制定了 13 篇律篇;移除了不符合律名主旨的漢律條項,大幅整理了混亂淆雜的律文。[⑤] 這之後,西晋司馬昭看到陳群等《魏新律》改定未周,從而以《漢律》和《魏新律》爲對象进行"簡素化"。西晋以後雖然不同王朝數次修正律令,但是爲隋唐律令準備基本框架的還是魏晋的律令修正。然而,因爲晋律在很大程度上將《漢律》簡約化,表現出"文簡辭約"[⑥],到底這種"文簡辭約"遮蔽了怎樣的具體的情况呢。本稿試圖通過魏晋律來查找漢律被簡略的形態。

睡虎地秦律和二年律令出土以後,秦漢律相當多的部分已經明晰,同時也使研究的範圍擴大到理順秦漢律經過魏晋律發展到唐律的狀況。然而,漢唐律的比較,還單純地停留在材料的羅列上,這是因爲迄今出土的法律文獻雖然具有劃時代性,但是要追尋秦漢律以後經歷了怎樣的演變過程才發展爲唐律,仍然難以克服材料不足的難關。内田智雄根據《晋書・刑

---

① 閆曉君:《竹簡秦漢律與唐律》,《學術月刊》2005 年第 9 期,94 頁。

② 陳松長《嶽麓書院所藏秦簡綜述》(《文物》2009 年第 3 期,87 頁):"1768・内史旁金布令乙四,1921 内史倉曹令甲卅;1105・縣官田令甲十六,1775・遷吏令甲廿八"。陳松長《嶽麓書院藏秦簡中的郡名考略》(《湖南大學學報》2009 年第期,9 頁):"同罪其繇使而不敬,唯大嗇夫得笞之如律。新地守時修其令,都吏分部鄉邑間,不從令者論之。・十九"謝桂華等《居延漢簡釋文合校》(北京,文物出版社,1987,7 頁):"縣置三老二 行水兼興舩十二 置孝弟力田廿二 徵吏二千石以符卅二 郡國調列侯兵冊二 年八十及孕朱需頌五十二。"

③ 《晋書》卷三〇《刑法志》,923 頁。

④ 徐世虹:《説"正律"與"旁章"》,《出土文獻研究》第 8 輯,2007,79 頁。

⑤ 《晋書》卷三〇《刑法志》:"舊律所難知者,由於六篇篇少故也。篇少則文荒,文荒則事寡,事寡則罪漏。是以後人稍增,更與本體相離。今制新律,宜都總事類,多其篇條。" 924 頁。

⑥ 《南齊書》卷四八《孔稚圭傳》:"先是七年,尚書删定郎王植撰定律章表奏之,曰:'臣尋晋律,文簡辭約,旨通大綱,事之所質,取斷難釋。'"835-836 頁。《晋書》卷三〇《刑法志》:"蠲其苛穢,存其清約 ,事從中典,歸於益時。"927 頁。

法志》認爲漢律被改定爲魏新律時,很難找到那些歸屬不明的各律條的移動狀況。[①]

筆者從晋律"文簡辭約"的觀點出發,繼續關心漢律究竟具有多大的規模、《二年律令》的材料在多大程度上保留了整個漢律等問題。因爲没有材料,對當時整個律令規模的疑問很難找到解答,然而對此問題的關心,通過對表現漢代律令規模的基本單位"篇"、"章"的分析,自然互相聯結起來。例如,蕭何的"律九章",景帝時鼂錯的"更令三十章",武帝時的"律令凡三百五十九章",昭帝時的"百有餘篇"等使用的篇和章是什麼?[②] 這些概念從一開始就没有得到明確整理,包括《晋書・刑法志》在内的文獻中"篇章"混用的情況很多。因此,本文首先對篇章的概念進行分析,由此對《二年律令》、《漢律》、《晋律》的規模進行比較。以上研究的結果使晋律被稱頌爲"文簡辭約"的意義得到確認。筆者希望用具體的數值來闡明從《漢律》到魏新律、晋律的實施過程中,實現了何種程度的簡略化。

而且,爲了推論從漢律、魏晋律到唐律形成的具體變化,與將其對象擴大到所有律篇相比,將其縮小到一個律篇來分析也是方法之一。目前,《賊律》有最多的材料,因此最好的分析對象便是《賊律》這一律篇。1987年湖南省張家界市古人堤漢代建築遺址出土的古人堤簡牘中,包含的盜律和賊律的目録雖然并不完整,但利用古人堤簡牘,可以確認漢初《二年律令・賊律》是怎麼演變的。[③]

賊律在《二年律令》中出現,其條目多種多樣。所謂"賊律",晋明法掾張裴有"無變斬擊謂之賊"的定義[④]。在《漢律摭遺》中,沈家本也是從同樣的概念範疇出發來整理賊律的條目。沈家本所整理的賊律(一)和賊律(二),就是根據《晋書・刑法志》言及的"大逆無道、欺謾、詐僞、踰封、矯制、賊伐樹木、殺傷人畜産、諸亡印、盗章、儲峙不辦"等"賊律"的10個條

---

① 閆曉君:《竹簡秦漢律與唐律》,《學術月刊》2005年第9期,90-96頁;内田智雄:《魏律〈序略〉についての二・三の問題(上)——滋賀秀三氏の〈曹魏新律十八篇の篇目について〉に寄せて》,《同志社法學》11-3,1959,15-36頁;内田智雄:《魏律〈序略〉についての二・三の問題(下)——滋賀秀三氏の〈曹魏新律十八篇の篇目について〉に寄せて》,《同志社法學》,11-5,1960,1-23頁。

② 《漢書》卷二三《刑法志》:"及至孝武卽位,外事四夷之功,内盛耳目之好,徵發煩數,百姓貧耗,窮民犯法,酷吏擊斷,姦軌不勝。於是招進張湯、趙禹之屬,條定法令,作見知故縱、監臨部主之法,緩深故之罪,急縱出之誅。其後姦猾巧法,轉相比況,禁罔寖密。律令凡三百五十九章,大辟四百九條,千八百八十二事,死罪決事比萬三千四百七十二事。文書盈於几閣,典者不能徧睹。是以郡國承用者駮,或罪同而論异。姦吏因緣爲市,所欲活則傅生議,所欲陷則予死比,議者咸冤傷之。"1101頁。

③ 湖南省文物考古研究所、中國文物研究所:《湖南張家界古人堤遺址与出土簡牘概述》,《中國歷史文物》2003年第2期,66-71頁;湖南省文物考古研究所、中國文物研究所:《湖南張家界古人堤簡牘釋文與簡注》,《中國歷史文物》2003年第2期,82-84頁。

④ 《晋書》卷三〇《刑法志》:"無變斬擊謂之賊。"928頁。

目;賊律(三)的部分收録了符合“賊害人”定義的條目。[①]《二年律令》的釋文發表後,使人對《賊律》各條目匯總爲一個概念究竟是什麽產生了懷疑,其條目多樣以至無法用一個概念去概括的程度。賊律的内容很複雜,有的学者将其區分爲國家安全危害罪、瀆職罪、經濟秩序破壞罪、人身安全危害罪、倫常關係侵犯罪等 5 類[②]。而只看以上的《賊律》也可知,漢律的内容很複雜,且整理没有原則,所以這樣的問題在魏新律階段應該得到解决。

然而,通過對《二年律令》和《唐律》的比較,筆者確認與《晋書・刑法志》賊律相關的敘述僅是言及大綱而已。筆者將對照《二年律令》、古人堤目録、《晋書・刑法志》和《唐律》賊律材料,推測《晋書・刑法志》没有具體言及的賊律條目的移動過程。漢賊律的各條目究竟在唐律階段中是否殘留,分散於哪個律呢?而且,本稿也將分析從其他律篇竄入賊律的律條。以上的分析還同时驗證《晋書・刑法志》記載的魏新律和晋律的改定事宜正確與否。

二、漢代的章句

(一)關於篇和章的各種學説

《漢書・刑法志》等言及律令的規模時,可以看到“幾篇幾章”這樣的記載。然而,《二年律令》的“律”的部分由幾“章”構成呢?2001 年《二年律令》的釋文發表後,學術界僅有對幾枚竹簡的書寫進行研究,并没有對《二年律令》有幾章進行分析。《二年律令》占漢初全部律文中的比率是多少,要解開這個疑問,首先有必要檢討一下漢代“章句”的概念。在理解漢律的編纂單位時,《晋書・刑法志》以下的記載十分重要:

> (律令)世有增損,率皆集類爲篇,結事爲章。一章之中或事過數十,事類雖同,輕重乖异。而通條連句,上下相蒙,雖大體异篇,實相采入。[③]

以上所述的編制項目有類、篇、事、章、條、句等 6 個。對此論者有不同的見解,首先我們簡略介紹學術界的不同學説,之後再説明筆者自己對此問題的見解。

冨谷至主張,“篇”是“盗律”、“賊律”等個别法規(律条)的單位(編目),“章”是敘述個

---

① 沈家本《歷代刑法考》(北京:中華書局,1985,1413 頁,下面的下劃綫便是 10 個條目):賊律(一):大逆無道(14)謀反,大逆,誹謗妖言,祝詛,謗毁宗室,造作圖讖,惡逆,不道,非所宜言,大不敬,廢格沮誹,左道,媚道,降敵,賊律(二):欺謾(2) 詆欺,謾詐僞,踰封,矯制,賊伐樹木,殺傷人畜産,諸亡印,儲峙不辦,盗章,賊律(三):無尊上非聖人不孝道者斬首,毆父母,殺季父殺兄殺弟,殺父之繼母,搏姑,毆兄姊,殺妻,撾妻,殺子,殺使者,亨姬不道,殺奴婢當告官,敢蠱人及教令者弃市,謀殺人 /殺人,賊殺人,殺太傅中傅中尉謁者家丞,殺下獄侍中,殺一家二人,殺十六人,使人謀殺人,使人殺人,賊鬥殺人,鬥以刃傷人,疻痏,駡坐,駡主,殺奴婢,奴婢射傷人,保辜,狂易殺人,輕侮,仇怨相報,誤,過失殺人不坐死,立子奸母見乃得殺之,無故入人室宅廬舍、上人車船牽引、人欲犯法者其時格殺之無罪,都城人衆走馬殺人。

② 連宏:《〈二年律令・賊律〉中的罪名及其法律問題研究》,《社會科學戰綫》2010 年第 11 期,256-258 頁。

③ 《晋書》卷三〇《刑法志》,922 頁。

别法規的條文。他又重新認爲,“篇”是“盜律”、“賊律”等律的編目,而“章”是法規條文。[①] 張建國對冨谷至把章看成是法規條文的這一點進行了更爲詳細的分析。張建國將漢律區分爲“篇—章(類)—事(條)”三個層次。《晋書·刑法志》所説的事就是指一條,數件相似的事(條)合爲一類就是一章,數章相近的内容合在一起構成篇。[②]

邢義田分析了漢初的律以章來區分的事例很多,雖然一般情況下看到“篇”下有“章”,但另一方面,篇和章混同的情況比較多。[③] 一方面,章指代條文,這樣的例子有《奏讞書》案例20“致之不孝、敖悍二章”。在這裏,“不孝”、“敖悍”章便顯示“律”以“章”來區分。所謂“不孝”即《賊律》中指出的“教人不孝,次不孝之律。不孝者弃市。弃市之次,黥爲城旦舂。”這裏的“不孝”、“敖悍”章不是相關章的全文,而是與《奏讞書》的案件有關的必要部分。[④]

徐世虹分析了《效律》後得出了與以上三人相同的結論。據她的觀點,在觀察由60支簡構成的《效律》的圖版時,這些律條文的區分清晰,上一個律的條文和下一個律的條文不是緊接着書寫,而是换行在另一支簡上書寫,這樣構成了30條律文。律文中間有的僅用1支簡書寫,有的在不同簡上書寫,字數的多少没有關係,前後條文和獨立的律條的單位爲“章”。依據效律和葬律的書寫格式,若干字構成一章,若干章構成一篇,章和篇之間形成了隸屬關係。[⑤]

另一方面,張忠煒看到章在指代律條和律的篇名這兩種用途而使用。對前者,一般情況律令由“篇—章(條)—句”構成,這里的“條”實際上與“章”爲同一含義。[⑥] 與此相對的後者,

---

① 冨谷至:《晋泰始律令への道 — 第一部 秦漢の律と令》,《東方學報》72册,2000,85頁。

② 張建國:《帝制時代的中國法》,北京:法律出版社,1999,106頁。

③ 邢義田:《秦或漢初私奸案中所見的親屬倫理關係》,其著《天下一家——皇帝、官僚與社會》注19:漢代法律以章爲區分。“法三章”和“律九篇”都是繼承漢代“律以章分”的傳統而成的。叔孫通作《傍章》,晁錯“所更令三十章”,武帝時期“律令凡三百五十九章”這些證據都是“律”以“章”區分的習慣而成的。另一方面,章以下有篇,如《傍章》有十八章。然而,在漢代一般也存在篇下有章的情況。如《漢書·藝文志》載漢興閭里書師將“蒼頡”、“爰歷”、“博學”三篇,以60字爲斷,凡55章,并爲倉頡篇。而且章和篇混雜存在。後來文獻如《晋書·刑法志》説蕭何作律爲“九篇(合爲九篇)”,而非九章;晋泰始律中改定律令,“就漢九章增十一篇”,此處又以九章同於“九篇”,在九章以外增加了十一篇,這樣的篇章關係非常混淆。北京:中華書局,2011,497頁。

④ 邢義田:《秦或漢初私奸案中所見的親屬倫理關係》,498頁。張家山二四七號漢墓竹簡整理小組,《張家山漢墓竹簡[二四七號墓]》(後略稱爲《張家山漢墓竹簡》,北京:文物出版社,2001,139頁):“子牧殺父母,毆詈泰父母、父母、叚大母、主母、後母,及父母告子不孝,皆弃市。其子有罪當城旦舂、鬼薪白粲以上,及爲人奴婢者,父母告不孝,勿聽。年七十以上告子不孝,必三環之。三環之各不同日而尚告,乃聽之。教人不孝,黥爲城旦舂。”

⑤ 徐世虹:《秦漢法律的編纂》,《中國古中世史研究》24,2010,214-215頁。雲夢睡虎地M77號漢墓出土的漢初《葬律》作爲律文也爲1條。依據圖版,該律共由5枚簡組成,一枚簡上寫着律名,上方有四角形墨塊標識;餘下四枚簡連續書寫。

⑥ 張忠煒:《秦漢律令法係研究初編》,北京:社會科學文獻出版社,2012,120頁。

即章指代“篇”的事例可以列舉出《奏讞書》156 簡“未有以捕章捕論”[①]。整理小組的注釋中將“捕章”解釋爲“捕律”[②],張忠煒也主張將“捕章”解釋爲“捕律”,章不是僅指律條,也可以用來指代律篇,九章律的“章”大概就是指代律篇的。[③] 張忠煒主張“章”可以在小“律條”上使用,也可以在大“律章”上使用,即“章”可指小的意義單位時即爲“律條”;也可指大的意義單位即是“律篇”。作爲大的意義單位的“章”,有時與“篇”同等,《急就章》又稱《急就篇》可爲例證。[④]

以上我們回顧了五位先生的見解,大體上可以分爲“篇—章(類)—條(事)—句”和“篇—章(條)—句”兩類。主張前者的有張建國,主張後者的有徐世虹、邢義田、張忠煒等人。

與《九章律》同樣透露出篇和章混雜的,還有《九章算術》的名稱。後漢一世紀後半期出現的《九章算術》共收有 246 個數學問題,由“方田、粟米、衰分、少廣、商功、均輸、盈不足、方程、勾股”九個章構成。[⑤]《九章算術》的章雖然由 9 個章構成,但是和《九章律》一樣,“章”具有“篇”的意義。例如,《九章算術》中《方田》章,事實上看起來相當於“篇”,但是漢代人仍然把它理解爲“章”。

即使那樣,律令以外的經書中,“篇”爲大的範疇,而“章”作爲子概念有明顯的係列化(前後有順序)傾向。《漢書·藝文志》“六藝略·孝經”中“孝經古孔氏一篇,二十二章。孝經一篇,十八章。長孫氏、江氏、後氏、翼氏四家”,其中“孝經古孔氏一篇”由二十二章構成,“孝經一篇”由十八章构成[⑥]。而且,“漢興,閭里書師合蒼頡、爰歷、博學三篇,斷六十字以爲一章,凡五十五章,并爲蒼頡篇”和“揚雄取其有用者以作訓纂篇,順續蒼頡,又易蒼頡中重複

---

① 《張家山漢墓竹簡》:“·鞫之:義等將吏卒新黔首毄(擊)反盜,反盜殺義等,吏、新黔首皆弗救援,去北。當逻(逮)跕,傳詣脩(攸),須來以別黔首當捕者。當捕者多別離相去遠,其事難,未有以捕章捕論,庫上書言獨財(裁)新黔首罪,欲縱勿論,得,審。”224 頁。但是在這裹解釋爲《捕律》的條文無妨。

② 徐世虹也認爲,“捕章”是官吏在鞫獄時敘述的話,而在立法時使用的正式律名爲“捕律”。徐世虹:《秦漢法律的編纂》,214 頁。

③ 張忠煒:《秦漢律令法係研究初編》,119-120 頁。

④ 然而張忠煒上述這種《急就篇》以《急就章》來稱謂是因爲“篇”和“章”一致的主張是有問題的。《急就章》的“章”不是“篇章”的意思,而是有“草書體”含義的“章草體”的意思。即漢代將發展中的“章書體”稱爲“章草”,因爲以“章草體”來抄寫《急就篇》,因此被稱爲《急就章》。然而《急就章》的“章”與“篇章”的意義完全沒有關係。而且出現的《急就章》是在東晉時代加入進來的。《漢書》卷三〇《藝文志》:“急就一篇,(成)[元]帝時黃門令史游作。”1720 頁。《晉書》卷六二《祖逖列傳》:“史游作急就章,猶皆行於世,便成沒而不朽。”1698 頁。《隋書》卷三二《經籍志》:“急就章一卷,漢黃門令史游撰;急就章二卷,崔浩撰。急就章三,豆盧氏撰。”942 頁。可參考李永忠《漢代草書與章草的關係》,《首都師範大學學報》2007 年第 1 期,63 頁。

⑤ 《後漢書》卷二四《馬援列傳(兄子嚴)》:“劉徽九章算術曰方田第一,粟米第二,差分第三,少廣第四,商功第五,均輸第六,盈不足第七,方程第八,句股第九。”862 頁。

⑥ 《漢書》卷三〇《藝文志》,1718 頁。

之字，凡八十九章”[①]中清楚地反映了篇和章之間的隸屬關係。尤其是在作《倉頡篇》時，截斷60字爲一章共由55章構成，反映出“篇—章”的隸屬關係。

儘管如此，唯獨律令中篇和章的體制混雜的原因是什麽呢？筆者認爲它起源于漢初的三章和九章律。[②] 最初章和篇的概念没有得到整理，稱呼這些法律爲“章”；以後這些法律以“三章”或“九章”爲名，“章”便被以“篇”的意義來理解了。《漢書·刑法志》中“作律九章”和武帝時的“律令凡三百五十九章”的“章”便是指“篇”，這樣確切的事實是篇和章概念混雜情況一直持續的證據。

但是，律令以“篇—章”體系化也是大勢所趨。秦律和《二年律令》所見的“章”，作爲指代律令條文的材料，有《奏讞書》案例21“致之不孝、敖悍二章”[③]這樣的例子。“二章”指代的是章的数量和单位。这让人聯想到漢初劉邦與關中父老約定的“與父老約，法三章耳：殺人者死，傷人及盗抵罪”中的3個條文。[④] 這則材料證明了雖然處在章與篇互相混雜使用時期，但是在漢律中章是律令條文之意。

漢律中以“章”指代律條的傳統在後代法律如唐律中也得到確認。唐律《名例律》的“議章”、“請章”、“減章”、“贖章”等以“章”爲條文的名稱繼續保留了漢代的傳統。[⑤] 這樣的唐律内容是《漢書·刑法志》中所見“八議”的法制化。例如，“9.官爵五品以上（請章）”相當於《漢書·刑法志》中的“六曰議貴”[⑥]。唐律中“章”名稱的語源可以爲漢律中以條文意義使用的“章”提供重要的綫索。後漢王充《論衡》第八一《正説篇》中也有與此相同的、整理好的“篇—章”體制傾向，内容如下：

夫經之有篇也，猶有章句；有章句也，猶有文字也。文字有意以立句，句有數以連

---

① 《漢書》卷三〇《藝文志》，1721頁。

② 《漢書》卷二三《刑法志》：“取其宜於時者，作律九章。”1096頁。而且《論衡·謝短》等第一次出現了“九章律”，筆者認爲直到後漢時期，“九章”的名稱才開始出現。

③ 邢義田：《秦或漢初私奸案中所見的親屬倫理關係》，497-498頁。邢義田引用了案例21中的6個律章，整理如下：1）律曰：諸有縣官事，而父母若妻死者，歸寧卅日；大父母、同産十五日。2）敖悍，完爲城旦舂，鐵顬其足，輸巴縣鹽。3）教人不孝，次不孝之律。不孝者弃市。弃市之次，黥爲城旦舂。4）當黥公士、公士妻以上，完之。5）奸者，耐爲隸臣妾。6）捕奸者必案之校上。

④ 《史記》卷八《高祖本紀》，362頁。

⑤ 徐世虹：《秦漢法律的編纂》，216頁；張忠煒：《秦漢律令法系研究初編》，119頁。《唐律疏議》（以下使用錢大群撰《唐律疏議新注》，南京：南京師範大學出版社，2007）：“卷2·名例，8條：八議者（議章）諸八議者，犯死罪，皆條所坐及應議之狀，先奏請議，議定奏裁；議者，原情議罪，稱定刑之律而不正決之。流罪以下，減一等。其犯十惡者，不用此律。9.官爵五品以上（請章）諸皇太子妃大功以上親、應議者期以上親及孫、若官爵五品以上，犯死罪者，（上請；請，謂條其所犯及應請之狀，正其刑名，别奏請。）流罪以下，減一等。其犯十惡，反逆緣坐，殺人，監守内奸、盗、略人、受財枉法者，不用此律。10.七品以上之官（減章）諸七品以上之官及官爵得請者之祖父母、父母、兄弟、姊妹、妻、子孫，犯流罪已下，各從減一等之例。11.應議請減（贖章）諸應議、請、減及九品以上之官，若官品得減者之祖父母、父母、妻、子孫，犯流罪以下，聽贖。”48-57頁。

⑥ 《漢書》卷二三《刑法志》：“八議：一曰議親，二曰議故，三曰議賢，四曰議能，五曰議功，六曰議貴，七曰議勤，八曰議賓。”1105-1106頁。

章,章有體以成篇,篇則章句之大者也。謂篇有所法,是謂章句復有所法也。①

根據《論衡》的記載,"篇"的下面有若干"章","章"的下面有若干的"句"。由此可知在《論衡》的視角中,幾個句連續便形成了章。

但是在這裏我們必須要討論的是,邢義田、張忠煒等論述《晋書·刑法志》階段中"篇"、"章"混雜的同時列舉的例證,即蕭何定律時爲"九篇(合爲九篇)",而晋泰始年間修改律時爲"就漢九章增十一篇","九章"和"九篇"混用了。②

然而,《晋書·刑法志》中也一貫地確認"篇—章"體制,即篇作爲大的、章作爲小的單位之意使用。問題是"於正律九篇增十一章"中將"九章律"記載爲"九篇",這是照原樣引用了《魏律序略》作者的文字。《魏律序略》的作者以"篇—章"體制來理解其全部編制,在這一部分里没有混雜。因此,"合爲九篇"也把"九章"修改爲"九篇"。另一方面,"就漢九章增十一篇"不是引用《魏律序略》的内容,而是《晋書·刑法志》作者書寫的,作者還没有用"九篇"來統一而繼續使用"九章",這種看起來混雜的記載是爲了强調既存的"九章律"這樣的固有用語。因此《晋書·刑法志》中所見的篇和章的混用,一個原因是出于《魏律序略》引文和《晋書·刑法志》内容混用,另一個原因是使用"九章律"的稱謂來强调漢代法律的固有名詞。

筆者將先前引用的《晋書·刑法志》"率皆集類爲篇,結事爲章。一章之中或事過數十,事類雖同,輕重乖异。而通條連句,上下相蒙,雖大體异篇,實相采入"所包含的内容整理如下:

1)大體上收集"類"作成"篇",匯總"事"作爲"章"。(事〈章,類〈篇)

2)一"章"中有超過數十個的"事",這樣的情況也會出現。(事〈章)

1)的"事〈章,類〈篇"關係中,中間位置的"章"和"類"的關係是同一的(事—章(類)—篇),還是另外的層次(事—章—類—篇)呢?這是問題的關鍵所在。張建國將漢律區分爲"篇—章(類)—事(條)"三個層次,《晋書·刑法志》中所説的"事"指一條,將數件相似的"事(條)"合併在一起就變成了"類",又稱爲"章",有類似内容的不同"章"合併在一起,就成爲了"篇"。然而,這個順序中存在問題。原文中没有"將數件相似的事(條)合併在一起就變成了類"這樣的内容,反而是數件的"事"集合在一起變成了章,相似的"類"集合在一起

① 北京大學歷史系:《論衡注釋·正説篇》,北京:中華書局,1979,1589頁。

② 《漢書》卷二三《刑法志》:"於是相國蕭何攈摭秦法,取其宜於時者,作律九章。"1096頁。《晋書》卷三〇《刑法志》:"漢承秦制,蕭何定律,除參夷連坐之罪,增部主見知之條,益事律興、廐、户三篇,合爲九篇。"922頁。同書:"其序略曰:……舊律所難知者,由於六篇篇少故也。篇少則文荒,文荒則事寡,事寡則罪漏。是以後人稍增,更與本體相離。今制新律,宜都總事類,多其篇條。舊律因秦法經,就增三篇,而具律不移,因在第六。罪條例既不在始,又不在終,非篇章之義。故集罪例以爲刑名,冠於律首……凡所定增十三篇,就故五篇,合十八篇,於正律九篇爲增,於旁章科令爲省矣。"924-925頁。又同書:"就漢九章增十一篇。"927頁。

變成了“篇”的意思。因此,“章”和“類”的關係雖然比較模糊,但并不是相似的“章”集合在一起就變成了“類”。而且稱爲“類”的内容,要说出其实质还是很困难,因为資料所及仅“篇—章—条”而已[①]。

(二)漢代文獻中的“章”

從現在開始,本節立足於出土材料,具體分析“章”在實際的文獻中以怎樣的形態呈現出來,以此來把握和認識《二年律令》“章”的規模。依據陳夢家的學說,原來“章句”爲“分篇分章定句”,即指文章分爲“篇, 章, 句”。最初“章句”與其説是後漢時代作爲加注釋的意思而使用,還不如説是單純地便於句讀來分斷句子。李零也繼承了陳夢家的觀點,主張古書的章句之學最初含義只是指書的編排(排列編輯)與分節,無涉于解詁。但那還只是篇次劃定後爲了便於講讀,在一篇之内(人爲地)根據書的内容層次進一步分章定句。[②]

陳夢家根據甘肅武威縣“儀禮”簡册的符號標識,分析了章句。《經》或者《經傳》的部分中,新的章一定是從另外一支簡開始,在簡首以“・”這樣的墨點來標識。上一支簡在上章内容結束後没有寫足一整行而留有空白。[③] 陳夢家研究的結論,在《圖 1》的摹本中可以確認,30,36,39,47,48,49,52,56,60 簡是保留了“空白的簡”,意味着章的結束;31,37,40,48,49,50,53,57 簡上端點上了墨點,意味着章的開始。

陳夢家的見解提示了區分章的重要原則有三個方面。首先,在簡首“章”的標識爲墨點“・”;第二,前簡留有空白;第三,小於“篇”,而大於“句”或“節”的段落的開始。這可以成爲考察《二年律令》“章”的重要分析工具。

---

① 《晋書》卷三〇《刑法志》:“罪條例既不在始,又不在終,非篇章之義。” 924 頁。又同卷:“刑名所以經略罪法之輕重,正加減之等差,明發衆篇之多義,補其章條之不足,較舉上下綱領。”928 頁。

② 李零:《〈孫子〉十三篇綜合研究》,北京:中華書局,2006,364 頁。

③ 甘肅省博物館、中國科學院考古研究所:《武威漢簡》,北京:文物出版社,1964,36 頁。

摹本三　甲本服傳(二)

圖1　武威《儀禮漢簡》的章和墨點

陳夢家分析的"章"的結論,是根據出土的經書材料而得出的。除此之外,《漢書·禮樂志》中所見的“安世房中歌十七章”、“郊祀歌十九章”在解釋章的意思方面,也是重要的證據。前者是惠帝二年樂府令夏侯寬所作的歌曲,後者是武帝時期李延年作成的:

安世房中歌十七章, 其詩曰:

1.大孝備矣,休德昭清。高張四縣,樂充宫庭。芬樹羽林,雲景杳冥,金支秀華,庶旄翠旌。(32字)

2.七始華始,肅倡和聲。神來宴娭,庶幾是聽。粥粥音送,細齊人情。忽乘青玄,熙事備成。清思眑眑,經緯冥冥。(40字)

3.我定曆數,人告其心。敕身齊戒,施教申申。乃立祖廟,敬明尊親。大矣孝熙,四極爰轃。(32字)

4.王侯秉德,其鄰翼翼,顯明昭式。清明鬯矣,皇帝孝德。竟全大功,撫安四極。(28字)

5.海内有姦,紛亂東北。詔撫成師,武臣承德。行樂交逆,簫、勺群慝。肅爲濟哉,蓋定燕國。(32字)

6.大海蕩蕩水所歸,高賢愉愉民所懷。大山崔,百卉殖。民何貴?貴有德。(26字)

7.安其所, 樂終産。樂終産, 世繼緒。飛龍秋, 游上天。高賢愉, 樂民人。(24字)

8.豐草葽,女羅施。善何如,誰能回!大莫大,成教德;長莫長,被無極。(24字)

9.靁震震,電燿燿。明德鄉,治本約。治本約,澤弘大。加被寵,咸相保。德施大,世曼壽。(30字)

10.都荔遂芳,窅窊桂華。孝奏天儀,若日月光。乘玄四龍,回馳北行。羽旄殷盛,芬哉芒芒。孝道隨世,我署文章。桂華。(42字)

11.馮馮翼翼,承天之則。吾易久遠,燭明四極。慈惠所愛,美若休德。杳杳冥冥,克綽永福。美(芳)〔若〕。(34字)

12.磑磑即即,師象山則。烏呼孝哉,案撫戎國。蠻夷竭歡,象來致福。兼臨是愛,終無兵革。(32字)

13.嘉薦芳矣,告靈饗矣。告靈既饗,德音孔臧。惟德之臧,建侯之常。承保天休,令問不忘。(32字)

14.皇皇鴻明,蕩侯休德。嘉承天和,伊樂厥福。在樂不荒,惟民之則。(24字)

15.浚則師德,下民咸殖。令問在舊,孔容翼翼。(16字)

16.孔容之常,承帝之明。下民之樂,子孫保光。承順温良,受帝之光。嘉薦令芳,壽考不忘。(32字)

17.承帝明德,師象山則。雲施稱民,永受厥福。承容之常,承帝之明。下民安樂,受

福無疆。(32 字)[①](序號和字數是筆者所加)

班固將歌冠以"安世房中歌十七章"的題目,實際上是由 17 個章構成的。前面言及《儀禮》中以墨點"·"爲標識者到底是否爲"章"很難確認,但是"安世房中歌"明確題爲 17 章,可知 17 個段落相當於 17 章。"安世房中歌"的各章由 4-10 個句子構成[②],每句由 3-4 字組成,字數在 16-42 字之間。

"郊祀歌十九章"與"安世房中歌十七章"構成情形相同。在"郊祀歌十九章"中,各章末尾都加有連續編號與題目,一共 19 章,各個段落就是一章。[③] 各章由 32 字到 144 字構成,字數并不固定。大體上章的字數就是這樣。《漢書·藝文志》中"閭里書師合蒼頡、爰歷、博學三篇,斷六十字以爲一章,凡五十五章,并爲蒼頡篇"這樣的記載,説明一章的字數在 60 字左右。[④] 這個例證也體現出漢代人認爲一個"章"一般的字數爲多少的觀念。儘管以上這兩個不是律令,但對於知曉漢代章的大小是非常關鍵的。以上詩歌里的"章"的概念若也能適用于律令的話,"章"就不是"賊律"、"盜律"等律名的意思了。我們通過對漢代詩歌中"章"的分析,得出來的結論與陳夢家所分析的"前簡的最後若留有空白的話,爲一章的結束,新的一章另簡開始"一致。

三、漢律的篇數和魏晋律的簡約化

(一)漢律的篇章

用上文中的"章"的概念來分析《二年律令》的話,能爲認識漢律的規模找到綫索。而且,也能與魏晋以後的律令規模相比較。但是在《二年律令》中没有見到區别章的墨點"·",因此應該運用陳夢家"前簡的最後若留有空白的話,爲一章的結束,新的一章另簡開始"的區分章的原則,來分析《二年律令》。根據陳夢家的分析框架,筆者對《二年律令》的章進行分析,并將結果製成表 1 如下,可知《二年律令》27 篇律中有 296 章。這個章的數目是根據《張家山漢墓竹簡》的釋文機械地算出的,而且,這個數字可以與晋律條文的數字進行比較(詳見後文)。

---

① 《漢書》卷二二《禮樂志》,1046-1051 頁。

② 王先謙:《漢書補注》:"吴仁傑曰安世房中歌十七章。刊誤區分之。一章多或十句八句。少或六句四句。未有奇數者。獨王侯秉德一章七句。仁傑案:既醉詩及下文安其所章。皆用疊句。此章當云。王侯秉德。其鄰翼翼。其鄰翼翼。顯明昭式。書本脱誤。今改定作八句。"北京:中華書局,1983,482 頁上。

③ 例如帶有"練時日一,帝臨二……赤蛟十九"這樣的章的連續編號。《漢書》卷二二《禮樂志》,1052-1070 頁。

④ 《漢書》卷三〇《藝文志》,1721 頁。

表1:《二年律令》的章數

賊律	盗律	具律	告律	捕律	亡律	收律	雜律	錢律	置吏律	均輸律	傳食律	田律	市律
41	18	25	7	8	13	5	14	8	10	2	4	12	2
行書律	復律	賜律	户律	效律	傅律	置後律	爵律	興律	徭律	金布律	秩律	史律	總計
8	1	19	22	5	9	17	3	9	5	11	11	7	296

那麽296章的數字在全部漢律中占多大的比率呢?《漢書》、《晋書》等言及體現律令規模的"篇"。前面在分析篇章混雜時,已經談到《晋書・刑法志》的"就漢九章增十一篇"在一個句子中"章"和"篇"混用,這樣的記述僅在強調"九章律"的固有名稱這個範圍上使用,其他場合中篇和章没有混雜使用。和以上篇章混同不一樣的章篇混用的代表性事例,見於《晋書・刑法志》如下記載:

漢承秦制,蕭何定律,除參夷連坐之罪,增部主見知之條,益事律興、廐、户三篇,合爲九篇。叔孫通益律所不及,傍章十八篇,張湯越宫律二十七篇,趙禹朝律六篇,合六十篇。又漢時決事,集爲令甲以下三百餘篇,及司徒鮑公撰嫁娶辭訟決爲法比都目,凡九百六卷。①

在這里筆者的疑問是這60篇的得出方法。所謂"傍章十八篇,張湯越宫律二十七篇,趙禹朝律六篇,合六十篇"便是《晋書・刑法志》的作者混用"章"和"篇"的代表事例,不能確認如何得出60篇。徐世虹僅提出若干疑問後而没有進行説明。《晋書・刑法志》中對這60篇的記録大體上和《漢書・刑法志》的記載相一致,②即《漢書・刑法志》中"及至武帝即位……律令凡三百五十九章"③的部分。其中的"三百五十九章"便是將晋志中"又漢時決事,集爲令甲以下三百餘篇"所見的令(300余篇)除外所剩下的大略的律篇數。④ 即可解釋爲359章減去300餘篇剩下50餘篇律的篇數,和以上《晋書・刑法志》的60篇大體一致,這是徐世虹的主張。撇開區分50餘篇是漢律的總篇數這一看法正確與否,《晋書・刑法志》上的計算是正確的嗎?爲了詳細的考察所見内容,下面引用徐世虹研究過的《漢書・刑法志》的内容:

---

① 《晋書》卷三〇《刑法志》,922-923頁。

② 張建國對像"越宫律"、"朝律"這樣具有十分具體内容的律不是1篇而居然達到27篇和6篇提出了疑問。參見張建國《叔孫通定〈傍章〉質疑———兼析張家山漢簡所載律篇名》,《北京大學學報》1997年第6期,49頁。徐世虹雖然認爲"這60篇的數字不是没有疑問。確認的《二年律令》的律名有27種,這個數字大大多於'九章',而且,越宫律、朝律的篇數也不符合秦漢律的'一律一篇'的一般形態",但她在計算時仍包含了這個數字而計算爲60篇。

③ 《漢書》卷二三《刑法志》:"其後姦猾巧法,轉相比況,禁罔寖密。律令凡三百五十九章,大辟四百九條,千八百八十二事,死罪決事比萬三千四百七十二事。"1101頁。

④ 徐世虹:《秦漢法律的編纂》,217頁。

及至孝武卽位,外事四夷之功,内盛耳目之好,徵發煩數,百姓貧耗,窮民犯法,酷吏擊斷,姦軌不勝。於是招進張湯、趙禹之屬,條定法令,作見知故縱、監臨部主之法,緩深故之罪,急縱出之誅。其後姦猾巧法,轉相比況,禁罔寖密。律令凡三百五十九章,大辟四百九條,千八百八十二事,死罪決事比萬三千四百七十二事。文書盈於几閣,典者不能徧睹。是以郡國承用者駮,或罪同而論異。姦吏因緣爲市,所欲活則傅生議,所欲陷則予死比,議者咸冤傷之。宣帝自在閭閻而知其若此,及卽尊位,廷史路溫舒上疏,言秦有十失,其一尚存,治獄之吏是也。①

以上《漢書·刑法志》的内容是按時間順序記載的。“律令凡三百五十九章”云云是張湯、趙禹等人制定法律後、而官吏奸猾,法網變得越來越緻密,法律條文書大大增加後的記載,之後宣帝時期的情況有所改變,因此這是武帝時期法律規模的記載。然而,此處記載的是律令 359 章、大辟 409 條,即將“章”和“條”并舉。要是將律令 359 章的“章”看作是條文的話,比這之後出現的大辟 409 條要少很多,所以不能將“章”看作爲“條”,还得將“章”作为“篇”的意思来理解。因为在 359 章中包含全部的律和令,律有多少还不得而知。然而,《鹽鐵論》中記載武帝後不久“方今律令百有餘篇,文章繁”,這 100 余篇與《漢書·刑法志》的 359 章(篇)有很大的差异。② 徐世虹將《晋書·刑法志》中律令 359 章解釋爲 359 篇,但是對這個數字與《鹽鐵論》中“方今律令百有餘篇”所存在的巨大差异没有進行説明。③ 對律令的篇數有 359 章和 100 餘篇存在巨大差异這一點,王利器在《鹽鐵論》的注釋中,認爲“百餘篇”的“百”字前掉了一個“三”字,這可能是説明這一矛盾的合理解釋之一。④

1.九章律的“章”

現在對《晋書·刑法志》中漢武帝時期律的數量“九章律 9 + 傍章 18 + 越宫律 27 + 朝律 6=60 篇”這樣的構成進行分析。首先,對於九章律“九”,一種主張認爲是由實數九個章構成,⑤另一種見解則懷疑“漢律九章”實指漢代律的篇章衹有九章。⑥主張九是虚數的孟彦弘認爲,“九”這個數字因爲有“多”的含義,所以漢律“九章”是泛指漢律篇章之多,而非漢律的法定名稱,更非實指組成漢律衹有“九”個篇章。然而就像王偉指出的一樣,孟彦弘的見解要

① 《漢書》卷二三《刑法志》,1101-1102 頁。

② 王利器:《鹽鐵論校注(定本)下》卷五五《刑德》:“方今律令百有餘篇,文章繁,罪名重,郡國用之疑惑,或淺或深,自吏明習者,不知所處,而況愚民!”北京:中華書局,1992,566 頁。

③ 徐世虹:《秦漢法律的編纂》,215 頁。

④ 王利器:《鹽鐵論校注(定本)下》,570-571 頁, 注 17。

⑤ 張建國:《叔孫通定〈傍章〉質疑———兼析張家山漢簡所載律篇名》,《北京大學學報》1997 年第 6 期,50 頁; 楊振紅:《秦漢律篇二級分類説——論《二年律令》二十七種律均屬九章》,《歷史研究》2005 年第 6 期,87 頁;于振波:《淺談出土律令名目與“九章律”的關係》,《湖南大學學報》2010 年第 4 期, 38 頁。

⑥ 李振宏:《蕭何“作律九章”説質疑》,《歷史研究》2005 年第 3 期,177-181 頁;孟彦弘:《秦漢法典體係的演變》,《歷史研究》2005 年第 3 期,28 頁。

成立的話,得要在史籍中找出足夠多的以“九章”泛指篇章之多的這一虚數的證據。而孟彦弘只是引用了滋賀秀三的一條意見來證明自己的説法。在這一點上,王偉引用《論衡》的材料來説明“九章律”由9個構成反而更有説服力,《論衡》中“禮經”有16章,“九章律”的9章與此相對照,“九章”即爲蕭何制定的9篇具體的數字之意。[①]

2.越宫律和朝律

《晋書·刑法志》中“越宫律”27篇、“朝律”6篇的“篇”的含義也與“章”混同。這是《晋書》的作者唐朝房玄齡等人并没有直接看到漢律而產生的誤解。漢律從北魏初直到南朝的陳爲止,仍能確定其存在,但到隋代時却加入了“久亡”的記載,可知那時已經看不到了。因此,唐朝的史家們因爲不能直接見到漢律,從而造成謬誤的可能性很大。[②] 張建國也指出,越宫律和朝律作爲“律名”這樣的具體的律篇名,只不過是像《二年律令》中的單行律的一條。[③] 越宫律和朝律也和有9篇的九章律的單位層次不同。越宫律和朝律本身爲單行律之一的話,下面所屬的27個、6個條目看作章是正確的。越宫律和朝律各有27章和6章的話,“篇”和“章”各個不同的編制單位混合,合計爲60篇的篇數就是有誤的。

观察越宫律和朝律的體係,可知其内部不能有“篇”的单位。沈家本阐明了唐朝的卫禁律和職制律係統分别就是漢代的越宫律和朝律。[④] 根據《唐律疏議》,晋《衛宫律》和唐《衛禁律》是沿自漢的《越宫律》, 唐《職制律》是沿自漢代的《朝律》。[⑤]

首先,對《越宫律》進行考察的話,秦漢及魏的法律中没有“衛禁律”這樣的律名,晋賈充等人參酌漢魏的法律作成“衛宫律”,隨後隋唐律繼承之爲“衛禁律”。賈充制定的晋律“衛宫律”,從它的名稱來看,係參照漢的“宫衛令”和“越宫律”而製成。從如淳的注釋可以看

① 《論衡注釋·謝短》:“(1)法律之家,亦爲儒生。問曰:“九章,誰所作也?”彼聞臯陶作獄,必將曰:“臯陶也。”詰曰:“臯陶,唐、虞時,唐、虞之刑五刑,案今律無五刑之文。”或曰:“蕭何也。”詰曰:“蕭何,高祖時也。孝文之時,齊太倉令淳于意有罪,徵詣長安。其女緹縈爲父上書,言肉刑壹施,不得改悔。文帝痛其言,乃改肉刑。案今九章象刑,非肉刑也。文帝在蕭何後,知時肉刑也,蕭何所造,反具象刑也?而云九章蕭何所造乎?(2)古禮三百,威儀三千,刑亦正刑三百,科條三千,出于禮,入于刑,禮之所去,刑之所取,故其多少同一數也。今禮經十六,蕭何律有九章,不相應,又何?”724-725頁。

② 北魏前期崔浩的《漢律序》説明到那時止漢律依然存在。而且到陳朝末期仍可以看到漢律,到隋代時已經散佚。見程樹德《九朝律考》,北京:中華書局,1988,1頁;《隋書》卷二五《刑法志》:“漢律久亡,故事駁議,又多零失。今録其見存可觀者,編爲刑法篇。”974頁。《陳書》卷三三《儒林列傳》:“范泉今牒述漢律,云‘死罪及除名,罪證明白,考掠已至,而抵隱不服者,處當列上’。”436頁。

③ 張建國:《叔孫通定〈傍章〉質疑———兼析張家山漢簡所載律篇名》,《北京大學學報》1997年第6期,49頁。

④ 沈家本:《歷代刑法考》,1664-1668、1682頁。

⑤ 《唐律疏議新注》:“卷7衛禁律。【疏】議曰:《衛禁律》者,秦漢及魏未有此篇。晋太宰賈充等,酌漢魏之律,隨事增損,创制此篇,名爲《衛宫律》。自宋洎于後周,此名并無所改。至於北齊,將關禁附之,更名《禁衛律》。隨開皇改爲衛禁律。衛者,言警衛之法;禁者,以關禁爲名。但敬上防非,於事尤重,故次《名例》之下,居諸篇之首。”232頁。相關研究參見楊振紅《漢代法律體系及其研究方法》,《史學月刊》2008年第10期,24頁。按照楊振紅的觀點,後周律增加了《祀享》、《朝會》等篇,隋律取消了《祀享》、《朝會》,將《違制》改爲《職制》。從唐律《職制》中有關於朝儀的内容推測,當是隋取消了《祀享》、《朝會》律篇。

出,漢的“宫衛令”從其名稱來看,由規定各宫殿的警備及公車司馬門的出入等構成。①

朝律是武帝時期的趙禹作成的,但在張家山 336 號漢墓中所見的約 30 種律名中便有“朝律”,由此可知朝律在趙禹之前就已經存在了。② 從《太平御覽》將趙禹的“朝律”記載爲“朝會正見律”可知,在後周律中包含了朝會律。③ 朝律(朝會律)的後身唐律“職制律”由卷 9 職制律 23 條,卷 10 職制律 19 條,卷 11 職制律 7 條共 59 條組成,這和趙禹朝律 6 篇(即 6 章)在數字上存在着很大的差异。以上在數字上出現的巨大差异,是因爲在隋律中廢弃了後周律(北周)25 篇中包含的“祀享律”和“朝會律”,而這些内容被加入到了由後周律“違制律”改造而成的“職制律”中,從而律條增加了。唐律的“職制律”中又加入了隋律廢除的“祀享律”和“朝會律”内容,由此使該律條的數量增加到了 59 條之多(參考表 2)。④ 因此“職制律,祀享律,朝會律”合併成的 59 條中,除“職制律”、“祀享律”外,留下趙禹的朝律 6 篇(即 6 章)也就理所当然了。

---

① 《史記》卷一〇二《張釋之列傳》,《集解》引如淳曰:“宫衛令:‘諸出入殿門公車司馬門,乘軺傳者皆下,不如令,罰金四兩’。”2753 頁。

② 最早胡平生先生根據荊州博物館陳列的照片,對朝律部分簡文進行了釋讀。從曹旅寧所引張家山 336 號漢墓漢律竹簡《朝律》簡文來看,其由朝廷的儀禮構成。《漢書·叔孫通傳》的内容與最近出土的朝律律文相比較的結果可知,九賓,趨,少府中郎進,皇帝出房,賓九賓、及朝者等的内容是一致的。這透露出武帝時期趙禹制定的朝律早在叔孫通時期就已經存在了。336 號漢墓的文書是文帝時期的,《朝律》在《漢書·叔孫通傳》(《晋書·刑法志》)中相當於“叔孙通益律所不及,旁章十八篇”的“旁章”。彭浩:《湖北江陵出土前漢簡牘概説》,大庭脩編:《漢簡研究の現狀と展望》,吹田:關西大學出版部,1993,109 頁;曹旅寧:《張家山 336 號漢墓《朝律》的幾個問題》(《貴州師範大學學報》2008 年第 1 期,14 頁):“(1)王使者進至來=賓=出,(2)趨下就立(位)(鉤)少府中郎進,(3)并走+危(跪)大行左大行進走+危(跪)曰,(4)後五步、北上、謁者一人立東陛者南面、立定、典客言具謁者以聞,皇帝出房、賓九賓、及朝者。”黎虎:《漢代典客、大行、鴻臚遞嬗與朝會司儀》,《東岳論叢》2010 年第 10 期,66 頁。

③ 《太平御覽》卷六三八《刑法部四》:“張斐律序曰 張湯制越(官)【宫】律,趙禹作朝會正見律。”北京:中華書局,1985,2859 頁。

④ 楊振紅:《漢代法律體系及其研究方法》,《史學月刊》2008 年第 10 期,24 頁。《隋書》卷二五《刑法志》:“周文帝之有關中也,霸業初基,典章多闕。大統元年,命有司斟酌今古通變,可以益時者,爲二十四條之制,奏之。七年,又下十二條制。十年,魏帝命書蘇綽,總三十六條,更損益爲五卷,班於天下。其後以河南趙肅爲廷尉卿,撰定法律。肅積思累年,遂感心疾而死。乃命司憲大夫託拔迪掌之。至保定三年三月庚子乃就,謂之大律,凡二十五篇:一曰刑名,二曰法例,三曰祀享,四曰朝會,五曰婚姻,六曰户禁,七曰水火,八曰興繕,九曰衛宫,十曰市廛,十一曰鬭競,十二曰劫盗,十三曰賊叛,十四曰毁亡,十五曰違制,十六曰關津,十七曰諸侯,十八曰廐牧,十九曰雜犯,二十曰詐僞,二十一曰請求,二十二曰告言,二十三曰逃亡,二十四曰繫訊,二十五曰斷獄。大凡定罪一千五百三十七條。”707 頁。《隋書》卷二五《刑法志》:(隋)“一曰名例,二曰衛禁,三曰職制,四曰户婚,五曰廐庫,六曰擅興,七曰賊盗,八曰鬭訟,九曰詐僞,十曰雜律,十一曰捕亡,十二曰斷獄。自是刑網簡要,疎而不失。”712 頁。

表 2:北周和隋的律名比較

北周律	隋律
一曰刑名	
二曰法例	一曰名例
三曰祀享	
四曰朝會	
五曰婚姻	
六曰户禁	四曰户婚
七曰水火	
八曰興繕	六曰擅興
九曰衞宫	二曰衞禁
十曰市廛	
十一曰鬬競	八曰鬬訟
十二曰劫盜	
十三曰賊叛	七曰賊盜
十四曰毁亡	
十五曰違制	三曰職制
十六曰關津	
十七曰諸侯	
十八曰廄牧	五曰廄庫
十九曰雜犯	十曰雜律
二十曰詐僞	九曰詐僞
二十一曰請求	
二十二曰告言	
二十三曰逃亡	十一曰捕亡
二十四曰繫訊	
二十五曰斷獄	十二曰 斷獄

看到此類漢的"越宫律"被唐"衞禁律"、漢的"朝律"被唐"職制律"所繼承,就會對張湯的"越宫律"27 篇、趙禹的"朝律"6 篇中以"篇"作爲單位而產生疑問。現在唐律"衞禁律"整體共由 33 條(章)構成(卷 7 衞禁 18 條,卷 8 衞禁 15 條) 。唐"衞禁律"的 33 條,與張湯的"越宫律"27 篇相比較的話,數字上没有大的差异。既然具有繼承關係的二者在條文數字上

没有大的差异,那麼唐律的"條"(漢律爲"章")、《晋書·刑法志》的"篇"在單位用语上就存在矛盾。筆者認爲《晋書·刑法志》中"漢越宫律27篇"的記載源於《晋書·刑法志》作者的誤會。要是越宫律由27篇構成的話,每篇又有眾多的條文,那麼與唐律"衛禁律"的33條相比,漢的"越宫律"的規模就太龐大了。

越宫律和朝律若都是一個單行律的話,其所包含的27個和6個條目應看作"章"才正確。如此則"9+18+27+6=60"的計算方法不正確,而應該按照"9+18+1+1=29"的方式計算。不過,與出土材料所見的漢律篇數相比,漢律合計爲29篇也不像正確的數目。

首先我們對秦律的篇數進行考察。張忠煒對秦律和漢律進行了保守的計算。除有疑的篇目外,秦律篇目由20篇構成。[①] 而漢律的篇目,《二年律令》有27個[②],張家山336號漢墓中有"朝律",睡虎地77號漢墓有"祠律"、"葬律"、"齎律"3篇,西北漢簡有"囚律",文獻材料有"廄律"等,合計爲33篇。[③] 但是最近可見的律名數目超過了張忠煒的推測數。秦律的篇數,除了睡虎地秦簡中的20餘篇律名外,新發現的嶽麓書院藏秦簡中可見"田律,倉律,金布律,關市律,贼律,徭律,置吏律,行書律,雜律,内史雜律,尉卒律,戍律,獄校律,奔敬律,興律,具律"等16篇律名。[④] 表3中所見的睡虎地秦簡的30餘篇,還可加上嶽麓秦簡中和睡虎地秦律不相重複的7篇共37篇,這是比較接近的數字。

就漢律來説,M247號漢墓中可以確認的有27篇律名,張家山M336號漢墓中15篇律名可以確認。[⑤] 336號漢墓的律名雖然大體上和M247號漢墓中出現的律名相重複,[⑥]但出現了247號墓竹簡上没有的"遷律"和"朝律"。[⑦]張家山247號墓和336號墓中可以確認的律合計有30篇左右。[⑧]

然而,比這更詳細的是2006年湖北雲夢睡虎地M77號漢墓中出土的漢律。M77號漢墓的時代從文帝末年到景帝時期,可以確認有40篇律名。法律類的竹簡共有2卷(V組和W

① 張忠煒:《秦漢律令法系研究初編》,106-107頁。這中間,越宫律不能考證其篇目,對傍章仍有疑問,尉律爲律篇名,酎金律、左官律等也仍有疑問,因此均除外。而且,因爲材料的局限,很難判定是"篇名"還是"章題"的也除外。因此認爲有"田律,廄苑律,倉律,金布律,工律,徭律,司空律,軍爵律,置吏律,效律,傳食律,行書律,内史雜律(13),嶽麓書院秦簡:贼律,雜律,尉卒律,獄校律,奔警律,興律,具律(7)"這20個。而且,以下的也從律名中除外:"關市、工人程、均工、尉雜、屬邦、除吏律、遊士律、除弟子律、中勞律、藏律、公車司馬獵律、牛羊課、敦(屯)表律"。

② 張忠煒:《秦漢律令法系研究初編》,107頁。賊律,盜律,具律,告律,捕律,亡律,收律,雜律,錢律,置吏律,均輸律,傳食律,田律,□市律,行書律,復律,賜律,户律,效律,傳律,置後律,爵律,興律,徭律,金布律,秩律,史律(27)。

③ 張忠煒:《秦漢律令法系研究初編》,107頁。

④ 陳松長:《嶽麓書院所藏秦簡綜述》,《文物》2009年第3期,86頁。

⑤ 表3中能確認的現在已有14篇律名被確認了,但是根据李学勤先生的报告,存在15篇律名。

⑥ 李學勤:《論江陵張家山247號墓漢律竹簡》,《漢簡研究の現状と展望》,174頁。

⑦ 曹旅寧:《嶽麓書院新藏秦簡叢考》,《華東政法大學學報》2009年第6期,100頁。

⑧ 彭浩:《湖北江陵出土西漢簡牘概説》,《漢簡研究の現状と展望》,171頁;曹旅寧:《張家山336號漢墓〈朝律〉的幾個問題》,《貴州師範大學學報》2008年第1期,14頁。

組），V 組有"盜、告、具、捕、亡律"等 16 篇律文，W 組有"金布、户、田、工作課、祠、葬律"等 24 篇，確認共有 40 篇律名。除葬律等幾個第一次出現的律名外，大部分在睡虎地秦簡和二年律令中可以找到。[①] 40 篇律名的具體名稱雖然還没有發表，但這些律名的數量爲 40 個是推定文景帝時期律名數量的重要的綫索。

表 3：漢律的篇數

睡虎地（30）	嶽麓秦簡（16）	張家山 247 號漢墓（27）	張家山 336 號漢墓（15）	睡虎地 77 號漢墓（40）	西北漢簡及文獻材料
	賊律	賊律			
		盜律		盜律	
	具律	具律		具律	
		告律	告律	告律	
捕盜律		捕律		捕律	捕律
		亡律		亡律	
		收律			
	雜律	雜律	雜律		
		錢律	錢律		
置吏律	置吏律	置吏律	置吏律		
		均輸律	均輸律		
傳食律		傳食律	傳食律		
田律	田律	田律		田律	
關市	關市律	□市律	關市律		
行書	行書律	行書律	行書律		
		復律			
		賜律	賜律		
		户律		户律	
效		效律	效律		
傅律		傅律			
		置後律			
軍爵律		爵律			
	興律	興律			

① 湖北省文物考古研究所、雲夢縣博物館：《湖北雲夢睡虎地 M77 發掘簡報》，《江漢考古》2008 年第 4 期，35–36 頁；張忠煒：《秦漢律令法系研究初編》，107 頁。

續表

徭律	徭律	徭律			
金布律	金布律	金布律	金布律	金布律	
		秩律			
		史律	史律		
			朝律		
				祠律	
				葬律	
齋律				齋律	
廐苑律					廐律
倉律	倉律				
工律					
司空					
内史雜	内史雜律				
	尉卒律				
戍律	戍律				
	獄校律				
	奔警律				
工人程				工作課(?)	
均工					
尉雜					
屬邦					
除吏律					
遊士律					
除弟子律					
中勞律					
藏律					
公車司馬獵律					
牛羊課					
敦(屯)表律					
					囚律
			遷律		

根據 M77 號漢墓,可以推定漢文帝時期律篇的數量在 40 篇左右。這 40 篇律名是到現在爲止可確定的律篇數量的最大值。我們在考察文帝時期有 40 篇左右的律令時,可能會認爲二年律令的 27 篇律名不是漢律的全部。若文帝時期律名便有 40 篇左右,就不會像《魏書·刑法志》記載的武帝時期律名增加五十餘篇那樣,數目上突然增加了。[①]

《晋書·刑法志》中提出的魏新律的制定目的之一,便是爲了解決漢律“篇少”從而“多其篇條”[②]。然而實際上直到現在爲止,確認的漢律的篇數爲 40 個,這個數目絕不算少,但在魏新律的制定者看来這個篇數仍是少的。因爲睡虎地秦律和二年律令出土之前,只看《晋書·刑法志》魏新律记载的話,會產生篇目數量極少的誤解。或許這是出自于僅將“盗、賊、囚、捕、雜、具律”這 6 篇看作正律的想法。

結果,之前言及的《漢書·刑法志》中有漢律令“凡三百五十九章”和《晋書》“集爲令甲以下三百餘篇”的關係中,漢律 50 餘篇的合計出現了,考慮到 M77 號漢墓中所見的 40 個律名,存在 50 餘個律名有很大的可能性。然而,《晋書·刑法志》中合計“漢律”篇數爲 60 個的情況,有可能是在已經知道漢律的篇數的狀況下,又把幾個律篇的數字互相混淆了。一方面,50 篇的數字是《二年律令》27 篇的 2 倍左右。以之前所及《二年律令》296 章的 2 倍來計算的話,大概會有 600 餘章。武帝時期律 600 餘章的大略數字究竟是否與實際接近? 後文將與武帝以後的律條相比較。

(二)魏晋律的减省率

以下我們探討魏新律、晋律及以後制定的律令的篇數和條文數,由此把握漢律的正確規模。關於晋律的規模,《晋書·刑法志》載 20 篇 620 條,《文獻通考》載 20 篇 630 條,《通典》載 20 篇 630 條,《唐六典》載 20 篇 1530 條,不同文獻的記載有若干的不同。[③] 除《唐六典》之外的 3 種材料中記録的晋律條文數在 620—630 條左右。從下表可知,北齊有 949 條,北周有 1537 條之多,餘下朝代的律條在 500—760 條左右。《唐六典》記載的晋律 1530 條比其他文獻記載的 2 倍還要多,其原因是將張斐和杜預的注合併了,而刪定的王植的律條文數被看

---

① 《魏書》卷一一一《刑罰志》:記載“漢祖入關,蠲削煩苛,致三章之約。文帝以仁厚,斷獄四百,幾致刑措。孝武世以姦宄滋甚,增律五十餘篇。”2872-2873 頁。武帝時期增加律五十餘篇,我們看到的与其说“篇”,不如说“章”。僅從 50 篇這一數字,和直到武帝之前存在的漢律相比,制定了更多的律的篇名,或许存在這樣增加律的領域余地是有疑問的。有這些增加的律的領域的話,至少在《晋書·刑法志》等中必須被找到。

② 《晋書》卷三〇《刑法志》:“舊律所難知者,由於六篇篇少故也。篇少則文荒,文荒則事寡,事寡則罪漏。是以後人稍增,更與本體相離。今制新律,宜都總事類,多其篇條。”924 頁。

③ 《晋書》卷三〇《刑法志》:“合二十篇,六百二十條,二萬七千六百五十七言。”927 頁。(元)馬端臨《文獻通考》卷一六四《刑考三》:“因事類爲衛宫、違制,撰周官爲諸侯律,合二十篇,六百三十條 二萬七千六百五十七言。”北京:中華書局,1986,1425 頁。《通典》卷一六三《刑法一》:“合二十篇,六百三十條,二萬七千六百五十七言。”北京:中華書局,1988,4205 頁。(唐)李林甫等纂:《唐六典》卷六《尚書刑部》:“晋氏受命……命賈充等十四人,增損漢魏律爲二十篇……凡一千五百三十條。”北京:中華書局,1992,181 頁。

作是晋律的條文數了。①

表 4:漢唐間律令的數量

律名		篇	條文	字	出處
漢	二年律	27 篇	296 章	約 15,318 字	二年律令
	律	40 篇			M77 號漢墓
	律令	359 章（篇）：律 50 餘；令 300 餘	1882 事		《漢書・刑法志》
	律令		4,989 條		《後漢書・陳寵傳》
晋	律令	60 卷	2,926 條	126,300 字	《晋書・刑法志》
	律	20 篇	620 條	27,657 言	《晋書・刑法志》
	律	20 篇	1,530 條		《唐六典》②
	律	20 篇	630 條，	27,657 言	《通典・刑法一》③
	律	20 篇	630 條		《文獻通考》④
梁律		20 篇	定罪 2,529 條		《隋書・刑法志》⑤

① 韓國磐:《中国古代法制史研究》,北京:人民出版社,1993,255-257 頁;李俊芳:《關于晋律編纂的兩個問題》,《河北法學》2011 年第 3 期,167 頁。根據南朝梁陳的記載,并不是晋律,而是晋律張杜注,即所謂的"張杜律"。《隋書・刑法志》闡明了梁律以張杜律爲基礎而加以增損。即《唐六典》記載的晋律數是因爲王植删定的張杜律的條數(1530 條)被直接看做是晋律的條數。即對晋律張斐的注有 731 條,杜預的注有 791 條。而且張杜二家有兩種不同注釋的 107 條,注釋相同的 103 條合併爲一書,從而合計有 1532 條、20 卷。從以上南朝的梁律、陳律增加的理由觀察時,晋律爲 620 條或 630 條。《南齊書》卷四八《孔稚圭傳》:"先是七年,尚書删定郎王植撰定律章表奏之,曰:'臣尋晋律,文簡辭約,旨通大綱,事之所質,取斷難釋。張斐杜預同注一章……取張注七百三十一條,杜注七百九十一條。或二家兩釋,於義乃備者,又取一百七條。其注相同者,取一百三條。集爲一書。凡一千五百三十二條,爲二十卷。請付外詳校,擿其違謬。'"835-836 頁。

② 《唐六典》卷六《尚書刑部》:"晋氏受命……命賈充等十四人,增損漢魏律爲二十篇……凡一千五百三十條。"北京:中華書局,1992,181 頁。

③ 《通典》卷一六三《刑法一》:"合二十篇,六百三十條,二萬七千六百五十七言。"北京:中華書局,1988,4205 頁。

④ 《文獻通考》卷一六四《刑考三》:"因事類爲衛宫、違制,撰周官爲諸侯律,合二十篇,六百三十條 二萬七千六百五十七言。"北京:中華書局,1986,1425 頁。

⑤ 《隋書》卷二五《刑法志》:"(梁)定爲二十篇:一曰刑名,二曰法例,三曰盗劫,四曰賊叛,五曰詐僞,六曰受賕,七曰告劾,八曰討捕,九曰繫訊,十曰斷獄,十一曰雜,十二曰户,十三曰擅興,十四曰毁亡,十五曰衛宫,十六曰水火,十七曰倉庫,十八曰廐,十九曰關市,二十曰違制……大凡定罪二千五百二十九條。"698-700 頁。

續表

律名	篇	條文	字	出處
北魏律		761 條或 832 條		《魏書·刑罚志》①
		765 條		《唐六典》②
		740 條		《通典·刑法五》③
北齊律	12 篇	定罪 949 條		《隋書·刑法志》④
後周律	25 篇	定罪 1,537 條		《隋書·刑法志》⑤
開皇律	12 篇	500 條		《隋書·刑法志》⑥
武德律	12 篇	500 條		《唐律疏議》⑦

晋律爲620條或者630條,而漢律到後漢末、曹魏時期,與此相比還要多很多。由於對晋律和漢律進行一一比較有困難,而比較律令總數更好一些。因此在考察漢律和晋律的條文數量時,要注意一點即漢律中間的一部分條文在晋律的階段分離爲令了。⑧

依據《晋書·刑法志》,晋泰始律有 20 篇 620 條,律令合計 60 卷 2,926 條 126,300 字,

① 《魏書》卷一一一《刑罰志》:"於是遊雅與中書侍郎胡方回等改定律制,盗律復舊,加故縱、通情、止舍之法及他罪,凡三百九十一條。門誅四,大辟一百四十五,刑二百二十一條。有司雖增損條章,猶未能闡明刑典。"(391+4+145+221=761) 2875 頁。《魏書》卷一一一《刑罰志》:"高祖馭宇,留心刑法……先是以律令不具,奸吏用法,致有輕重,詔中書令高閭集中秘官等修改舊文,隨例增減。又敕群官參議厥衷,經御刊定,五年冬訖,凡八百三十二章,門房之誅十有六,大辟之罪二百三十五,刑三百七十七,除群行剽劫首謀門誅,律重者止梟首。"2876-2877 頁。

② 《唐六典》:"(太武帝時)大辟有轘、腰斬、殊死、弃市四等,凡三百九十條,門房誅四條,大辟一百四十條,五刑二百三十一條。"(390+4+ 140+231=765) 北京:中華書局,1992,182 頁。

③ 《通典》卷一六四《刑法五》,北魏律:"正平初(北魏太武帝拓跋燾)又令胡方回遊雅更定律制,凡三百七十條,門房誅四,大辟百四十五,刑二百二十一。"(370+4+145+221=740) 4226 頁。

④ 《隋書》卷二五《刑法志》:"(齊)其定罪九百四十九條。又上新令四十卷,大抵采魏、晋故事。"705 頁。

⑤ 《隋書》卷二五《刑法志》:"(周)凡二十五篇:一曰刑名,二曰法例,三曰祀享,四曰朝會,五曰婚姻,六曰户禁,七曰水火,八曰興繕,九曰衛宫,十曰市廛,十一曰鬬競,十二曰劫盗,十三曰賊叛,十四曰毁亡,十五曰違制,十六曰關津,十七曰諸侯,十八曰廐牧,十九曰雜犯,二十曰詐僞,二十一曰請求,二十二曰告言,二十三曰逃亡,二十四曰繋訊,二十五曰斷獄。大凡定罪一千五百三十七條。"707 頁。

⑥ 《隋書》卷二五《刑法志》(隋)"帝又每季親録囚徒。常以秋分之前,省閱諸州申奏罪狀。三年,因覽刑部奏,斷獄數猶至萬條。以爲律尚嚴密,故人多陷罪。又勑蘇威、牛弘等,更定新律。除死罪八十一條,流罪一百五十四條,徒杖等千餘條,定留唯五百條。凡十二卷。"712 頁。

⑦ 《唐律疏議新注》,1 頁。

⑧ 《晋書》卷三〇《刑法志》:"其餘未宜除者,若軍事、田農、酤酒,未得皆從人心,權設其法,太平當除,故不入律,悉以爲令。"927 頁。

那麼就出現了泰始令爲40篇2,306條這樣的合計。[①] 這個數值和後漢時代陳寵的統計相比較,可知晋泰始律制定時對漢律有多大程度上的省略。依據陳寵所言,後漢和帝永元六年(公元94年)時漢律的死刑610條,耐罪1698條,贖罪以下2681條,這與甫刑3,000條相比,多出來1,989條(大辟410條,耐罪1,500條,贖罪79條),由此可知律令合計共4,989條。[②] 晋律令的2,926條,比漢律4,989條足足減省了2,063條,減省將近一半,比率達到41.3%。[③] 由此晋律令得到了"文簡辭約"這樣的評價。[④]

表5:漢律和晋律的條文數量

		篇	條	字
漢	律令	359章(篇)	4,989條	A:215,529字(推定)
	律	50餘		B:46,985字(推定)
	令	300餘		
晋	律令	60卷	2,926條	126,300字
	律	20篇	620條	27,657字(21.8%)
	令	40篇	2,306條	98,643字(78.1%)

漢代的律令合計359篇,由律50餘篇,令300餘篇,共4,989條構成,這是一個重要的座標。然而,359篇是西漢武帝時期的數值,陳寵所説的4,989條却是後漢和帝時期的數值,難道可以同時使用兩個年代不一樣的數值嗎?不過由此可以看到從武帝到和帝期間律令并没有發生爆炸性的增加。陳寵認爲"漢興以來,三百二年,憲令稍增,科條無限","憲令"即律令,與漢初相比有所增加,但没有劇增。而且,《魏書·刑罰志》中"後漢二百年間,律章無大

① 《晋書》卷三〇《刑法志》:"就漢九章增十一篇,仍其族類,正其體號,改舊律爲刑名、法例,辨囚律爲告劾、繫訊、斷獄,分盜律爲請賕、詐僞、水火、毁亡,因事類爲衛宫、違制,撰周官爲諸侯律,合二十篇,六百二十條 二萬七千六百五十七言……凡律令合二千九百二十六條,十二萬六千三百言,六十卷,故事三十卷。泰始三年,事畢,表上。"927頁。李玉生:《魏晋律令分野的幾個問題》,《法學研究》2003年第5期,150頁。篇和卷作爲同一概念而使用(晋律20篇、晋令40篇)。

② 《後漢書》卷四六《陳寵列傳》:"寵又鉤校律令條法,溢於甫刑者除之。曰:'臣聞禮經三百,威儀三千,故甫刑大辟二百,五刑之屬三千。禮之所去,刑之所取,失禮則入刑,相爲表裏者也。今律令死刑六百一十,耐罪千六百九十八,贖罪以下二千六百八十一,溢於甫刑者千九百八十九,其四百一十大辟,千五百耐罪,七十九贖罪。春秋保乾圖曰:王者三百年一蠲法。漢興以來,三百二年,憲令稍增,科條無限。又律有三家,其説各异。宜令三公、廷尉平定律令,應經合義者,可使大辟二百,而耐罪、贖罪二千八百,并爲三千,悉删除其餘令,與禮相應,以易萬人視聽,以致刑措之美,傳之無窮。'未及施行,會坐詔獄吏與囚交通抵罪。"1547頁。劉篤才《論魏晋時期的立法改革》,《遼寧大學學報》2001年第6期,9頁。

③ 律和令的比率約1:4。晋律的條文數占晋律令條文中的21%,晋律的字數也占晋律令字數的21%。

④ 《南齊書》卷四八《孔稚圭傳》:"臣尋晋律,文簡辭約,旨通大綱,事之所質,取斷難釋。"835-836頁。

增減”,可知律部分没有巨大的增加。[①] 以上證據告訴我們武帝時期和陳寵時期律的部分没有巨大的數量變化,因此也可以使用以上的材料。我们也可把上述材料當成説明武帝時期和陳寵時期“律”的部分没有巨大的數字上變化的證據。

若能使用以上數值的話,雖然稱不上是正確的方法,但從晋律 41.3%的減省比率可以推測出漢律令的字數。即根據“漢律令 4,989 條:晋律令 2926 條=A:126,300 字”這樣的計算方法,可以推定出 A=215,529 字。晋律令 126,300 字中也包含了令,要得出正確的“律”的字數的方法不能確定。如果代入晋律和令的字數 27,657 字(21.8%):98,643 字(78.1%)比率的話,可以推測出漢律的字數爲 B=46,985 字。筆者計算的《二年律令》的字數爲 15,318 字是 27 篇律(津關令除外)的字數,武帝時期的律換算約 60 篇,由此推算大概在 30,000 字左右。這 30,000 字的律和武帝時期的律 46,985 字產生了約 17,000 字左右的差异。這 17,000 的一半左右是《二年律令》抄録時漏掉的份量。

讓我們感覺到武帝時期法律大增的記載,見《漢書·刑法志》“其後奸猾巧法,轉相比況,禁罔寖密。律令凡三百五十九章,大辟四百九條,千八百八十二事,死罪决事比萬三千四百七十二事。文書盈于幾閣,典者不能遍睹。”而且,爲了指出漢律的繁苛,研究者們引用了《晋書·刑法志》中的字句:“後人生意,各爲章句。叔孫宣、郭令卿、馬融、鄭玄諸儒章句十有餘家,家數十萬言。凡斷罪所當由用者,合二萬六千二百七十二條,七百七十三萬二千二百餘言,言數益繁,覽者益難。”[②]漢律章句 26,272 條是漢律 4,989 條的 5.2 倍。因此法吏們需要看的材料越來越多,與其説是漢律的增加,不如説是决事比和漢律章句等的增加。這可以從陳寵談及的科條(科牒,决事科條,决事都目)部分雖然有大的增加,[③]但是律令(憲令)部分增加較少而得知。[④] 筆者關於六律部分没有增加的上述主張,可從賊律部分增加不大得到説明,這一點將在下文中進行詳細論證。

四、通過《賊律》看魏晋律令改革

(一)《二年律令》和張家界古人堤的《賊律》目録

到現在爲止,分析了在晋泰始律中完成的減省部分,這個減省比率比想像的要大。與後

---

① 《後漢書》卷四六《陳寵列傳》,1547 頁;《魏書》卷一一一《刑罰志》:“于定國爲廷尉,集諸法律,凡九百六十卷,大辟四百九十條,千八百八十二事,死罪決比,凡三千四百七十二條,諸斷罪當用者,合二萬六千二百七十二條。後漢二百年間,律章無大增減。”2872-2873 頁。

② 《晋書》卷三〇《刑法志》,923 頁。

③ 劉篤才:《漢科考略》,《法學研究》2003 年第 4 期,149-160 頁。

④ 楊振紅:《出土簡牘與秦漢社會》,桂林:廣西師範大學出版社,2009,71 頁。楊振紅也認爲武帝以後律篇没有增加。

漢和帝永元六年的4,989條律令相比,2,926條晉泰始律約殘存58.6%,其他41.4%被減省了(約6:4的比率)。然而有趣的是,雖然削除了這麽多,但是從下文將要分析的賊律條文依然殘存與唐律中這一事實,可知漢律中的正律(原來秦律的六律)部分没有大的減省。

現在運用睡虎地秦簡、二年律令、《晉書・刑法志》、唐律中的材料,以賊律作爲推定從秦律到唐律的變化過程的綫索。其理由是筆者認爲睡虎地秦簡中《法律答問》中存在屬於賊律的材料、《二年律令》中有"賊律",古人堤木牘中有"賊律"目録,《晉書・刑法志》中的《魏律序略》有賊律的減省變化,由此可以追蹤漢唐間賊律的變化過程。

首先按照時代的順序,探討《睡虎地秦簡》和《二年律令》中的"賊律"部分。在《睡虎地秦簡》中没有以"賊律"爲律名的律條,筆者將推定的賊律摘出,放在下表中和《二年律令》相比較。《二年律令》的賊律區分爲41章。

表6:《睡虎地秦簡》和《 二年律令》賊律比較

睡虎地秦簡	二年律令
	1)謀反
	2)來誘及爲間者
𢓊火燔其舍 𢓊火延燔里門	3)燔城官民屋廬積聚
	4)船人流殺傷人
盗封嗇夫可(何)論?廷行事以僞寫印。	5)僞寫璽印
	6)僞寫徹侯印,弃市;小官印,完爲城旦舂
僑(矯)丞令可(何)殹(也)?爲有秩僞寫其印爲大嗇夫。	7)矯制
	8)欺謾
發僞書,弗知,貲二甲。	9)僞書
	10)詐僞
	11)毁封
	12)誤脱
	13)挾毒矢、堇毒、爲毒矢
	14)脯肉毒殺傷人
	15)賊殺、傷人
甲謀遣乙盗殺人,受分十錢,問乙高未盈六尺,甲可(何)論?當磔。	16)謀賊殺、傷人

續表

①擅殺子,黥爲城旦舂。②士五甲無子,其弟子以爲後,與同居,而擅殺之,当弃市。③擅殺、刑、髡其後子,讞之。④人奴擅殺子,城旦黥之,畀主。	
	17)賊殺人及與謀者
	18)鬥傷死保辜
	19)自賊傷
	20)謀賊殺、傷人
①拔人髮,②鈹、戟、矛有室者,拔以鬥,③鬥以箴(針)、鉥、錐,若箴(针)、鉥、錐傷人,④或鬥,嚙人頯若顔,⑤鬥,爲人毆毆,無疻痏,毆者顧折齒⑥以梃賊傷人,⑦律曰:"鬥夬(决)人耳,耐。"⑧或與人鬥,縛而盡拔其須麋(眉),⑨或與人鬥,决人唇,⑩或鬥,嚙斷人鼻若耳若指若唇,⑪士五(伍)甲鬥,拔劍伐,斬人髮結。	21)鬥而以刃及金鐵鋭、錘、椎(錐)傷人
	22)鬼薪白粲毆庶人以上
	23)奴婢毆庶人以上
	24)鬥毆變人,懷子與人争鬥
妻悍,夫毆治之,夬(决)其耳,若折支(肢)指、胅體。	25)妻悍而夫毆笞之
	26)妻毆夫
	27)殺傷父母主人
	28)謀殺父母
免老告人以爲不孝,謁殺,當三環之不?不當環,亟執勿失。	29)賊謀殺毆詈父母,告子不孝
	30)父母毆笞子及奴婢
	31)婦傷毆詈尊屬
毆大父母,黥爲城旦舂。	32)毆兄姊,親父母之同産
	33)毆父偏妻等
	34)奴婢賊傷主,親屬,詢詈主,親屬
	35)毆詈吏
	36)笞刑徒死

續表

小畜生入人室，室人以投(殳)梃伐殺之	37) 殺傷人畜産
	38) 犬殺傷人畜産
	39) 亡印
亡久書、符券、公璽、衡贏(纍)	40) 亡書符券
甲捕乙,告盗書丞印以亡,問亡二日,它如甲,已論耐乙,問甲當購不當? 不當。	41)盗書、弃書官印
有賊殺傷人术,偕旁人不援,百步中比野,当貲二甲。	

上表中,睡虎地秦律的條目與二年律令的41 個條目相比較,除“擅殺子”和“旁人不援”這2 個外,其餘均一致,而且二年律令的材料占壓倒性多數。因此《二年律令》賊律條目忠實反映了睡虎地秦律的賊律條目。睡虎地秦律中秦統治關中地區時制定的法律占大部分,秦始皇統一以後律令没有升級的版本,[①]其作爲統一帝國後的律令來看,内容貧乏。但是筆者所見的《嶽麓秦簡》與《二年律令》相比,包含了更爲詳細的律令。例如,《二年律令》中的1)“謀反”和2)“來誘及爲間者”的内容,在嶽麓秦簡中至少由3-4 條細密的條文構成,而在《二年律令》中被簡化整理只留下核心部分 。

由於睡虎地秦律的賊律部分,只是間接地證明《二年律令》的忠實性,因此將秦律的賊律置於討論範圍之外,現在考察《二年律令》和《古人堤賊律目録》。

張家界古人堤漢律目録,根據其紀年簡,時間大致在後漢和帝永元年間(89-104)到安帝永初年間(107-113)[②]。這個時期與之前考察的陳寵認爲漢律令數字爲4,989 條時的和帝永元六年(94)一致,與前漢吕后二年(前186)抄寫二年律令的時間相距大約300 年左右,而經過這麽長時間若存在變化的話,這個目録中應該能反映出來。

古人堤漢律目録也有可能没有完整抄録《二年律令》的原本,雖然有的學者指出日後有改定賊律的理由,也不能找到完全對應的律條,[③]考察《二年律令》到魏晋律的變化過程,古人堤漢律目録提供了重要的綫索。尤其這個目録是可以驗證二年律令賊律内容是否完整的材料。即,《二年律令》的賊律41 章是賊律的一部分還是全部,這是難以確認的,但是古人堤漢律目録出土後,在某種程度上似乎可以解决這個疑問。

張家界古人堤漢律目録材料有兩種,一種是律文(14 正面),另外不同的一種是賊律目

① 全惠蘭:《對戰國秦、漢初的郡的考察》,淑明女子大學校碩士畢業論文,2013,15-19 頁。

② 湖南省文物考古研究所、中國文物研究所:《湖南張家界古人堤簡牘釋文與簡注》,82-83 頁。

③ 張忠煒:《秦漢律令法系研究初編》,101 頁。

録(29 正面)。可能 29 正面相當於 14 正面的目録部分。以下所示爲簡牘 14 正面抄録的律文。①

14 正面記録的是賊律條文内容的一部分。《二年律令》采用的是一支竹簡從上到下寫滿後,轉到在第二枚簡上書寫剩餘内容的方式,與此相比,14 正面的簡牘書寫方式不同,其分爲 4 欄,1 欄從右側往左側全部寫滿後,再轉到 2、3、4 欄書寫剩餘的内容。

表 7:14 正面:賊律條文

				重以封及用僞印皆	之及私假人者若盗充	小官印完爲城旦舂敢盗	三列侯及通官印弃市	寫漢使節皇大子諸侯	皇帝行璽要(腰)斬以□僞	賊律曰僞寫皇帝信璽	第 1 欄
						充	賊律僞	璽法……	太后璽印寫行	各以僞寫論僞皇	第 2 欄
										賊律曰詐僞券書	第 3 欄
									……充木小史何子回符	……	第 4 欄

相反,29 正面選擇了 14 正面書寫條文的最開始 3-4 字作成目録,由於毁損嚴重很多部分已經看不到了。② 一種見解將第 1、2、3 欄看做是盗律目録,4、5、6 欄理解爲賊律目録,但是第 1、2 欄爲盗律目録,第 3、4、5、6 欄爲賊律目録這一點很明顯。③

在這裏,重要的是以上古人堤目録中賊律目録是否爲賊律的全部。29 正面中古人堤盗律目録寫在兩欄中共 21 條,賊律目録寫在 4 欄中共 41 個題名,盗律限於 21 條這一事實,或者有可能在不同的木牘上記録了之前的内容,但是實際上 29 正面所載可能就是全部的内容,這是因爲二年律令中盗律有 18 條,與古人堤的 21 條没有大的差别。而且,29 背面書寫了賊律目録和與之無關的像“壬子十五”、“癸丑十六”這樣的干支、日期。由此看來,可以推測 29 背面没有賊律目録,那麼 29 正面書寫的 41 個條目便是賊律目録的全部。

---

① 湖南省文物考古研究所、中國文物研究所:《湖南張家界古人堤簡牘釋文與簡注》,76 頁。

② 張忠煒:《秦漢律令法系研究初編》,100 頁。

③ 湖南省文物考古研究所、中國文物研究所:《湖南張家界古人堤遺址與出土簡牘概述》69 頁中選取了前者的見解,而在湖南省文物考古研究所、中國文物研究所《湖南張家界古人堤簡牘釋文與簡注》第 80 頁選取了後者的意見。筆者認爲這中間,1、2 欄是盗律,3-6 欄爲賊律的後一種見解是正確的。

表 8:29 正面

殺人□□	盜□□	詐發□	驕□□	□□□	□□□	□□□	□□□	□□□	□□□□	□□□□	第 1 欄
	□□□□	□亡□□	諸詐始入	□有□	盜出故(?)物	□□故	□□□	□□□	□□□	□□	第 2 欄
	⑩詐□喪(?)	⑨□□□皇	⑧□□漢	⑦□□皇	⑥不□□	⑤對(?)……	④□□□	③諸□□	②大□□□	①□□□	第 3 欄
	⑳□蠱人	⑲懷子而……	⑱謀殺人已殺	⑰人殺戲	⑯鬥殺以刀	⑮賊殺人	⑭諸食□肉	⑬爲□□	⑫毀封	⑪揄封	第 4 欄
	㉚諸入食官	㉙父母毆笞子	㉘奴婢悍	㉗毆父母	㉖□□倫	㉕奴婢賊殺	㉔父母告子	㉓□子(?)賊殺	㉒□子賊殺	㉑□□□	第 5 欄
㊶諸坐傷(?)人	㊵奴婢射人	㊴諸□弓弩	㊳船人□人	㊲犬殺傷人	㊱賊殺傷人	㉟賊伐燔□	㉞失火	㉝賊燔燒宮	㉜毆決□□	㉛□奴□□	第 6 欄

有意思的是,二年律令、古人堤、唐律賊盜律的賊律部分的條數。張家界古人堤簡牘所見的賊律條目 41 個[①],陳夢家區分章的原則適用於二年律令的賊律的話,章的数值也是 41 個。從兩者數字相同來看,有可能目前二年律令中的賊律是當時全部律令的完整抄寫。[②] 不僅如此,二年律令的賊律目録和古人堤的賊律章數,與唐律賊律没有大的差别。唐律賊盗律中相當於漢律賊律的卷 17 有 13 條,卷 18 有 9 條,合計有 22 條,實際上它由 40 個更細的條目構成。[③]

從表 9 中簡 14 正面和 29 正面的内容對照來看,兩者有一致的地方,也有不一致的地方。關於Ⓕ,雖和⑩的内容有可能一致,但⑩的第三個字是否爲“喪”字還不是很清楚,因此很難斷言。第三個字爲“皇”的⑦和 14 正面内容中Ⓐ相一致,第三個字爲“漢”的⑧和Ⓑ一致。

① 湖南省文物考古研究所、中國文物研究所:《湖南張家界古人堤簡牘釋文與簡注》,79 頁。

② 看《二年律令》的圖版的話,筆者認爲賊律 19 簡直到最後部分都寫滿了字,與 20 簡爲同一章,内容有大的差异,古人堤 29 簡不同的“⑭諸食□肉”出現,作爲不同的章來認識。

③ 不過,與唐盗賊律的賊律部分的數字單純的比較没有大的意義,因爲漢賊律在魏新律改定後,一般左右的内容移動到像詐律這樣的其他律條中了。

表 9:簡 14 正面和 29 正面的比較

14 正面	29 正面
Ⓐ僞寫皇帝信璽皇帝行璽要(腰)斬以□	⑦ □□皇
Ⓑ僞寫漢使節皇大子諸侯三列侯及通官印弃市 小官印完爲城旦舂	⑧ □□漢
Ⓒ敢盜之及私假人者若盜充重以封及用僞印皆各以僞寫論	
Ⓓ僞皇太後璽印寫行璽法……	
Ⓔ賊律僞……	
Ⓕ賊律曰詐僞券書	⑩詐□喪??[①]

對 29 正面的“古人堤賊律目録”,《湖南張家界古人堤簡牘釋文與簡注》及水間大輔氏都進行過探討,在這裏我們省略詳細的比較,而對他們没有進行探討的部分追加討論[②]。依據水間大輔氏的見解,賊律目録和二年律令,14 簡中的 2 個、29 簡中的 19 個是一致的。[③]綜合水間大輔氏的見解和筆者的分析,整理如下表[④]。

表 10:《二年律令》和《古人堤・賊律》目録

《二年律令・賊律》章 序號/(_)爲 原簡 序號		古人堤賊律目録
1)	謀反/(諸侯人來攻盜)(1,2)	③諸□□(???)
	不堅守(1,2)	⑥不□□
2)	來誘及爲間者(3)	
3)	燔城官民屋廬積聚(4, 5)	□賊燔燒宫(水間)
	燔城官民屋廬積聚(4, 5)	□失火(水間)
4)	船人流殺傷人(6, 7, 8)	□船人□人(水間)
5)	僞寫皇帝信璽(9)	⑦ □□皇 Ⓐ僞寫皇帝(水間)

---

① 14 簡中有Ⓕ“賊律曰詐僞券書”,29 簡中有“詐□喪”,照片圖版没有公開説明雖不能完全確認,但是類似的可以例舉二年律令中的“諸詐增減券書”。

② 水間大輔:《湖南張家界古人堤遺址出土漢簡に見える漢律の賊律・盜律について》,《秦漢刑法研究》,東京:知泉書館,2007,445-477 頁。

③ 水間大輔:《秦漢刑法研究》,473 頁。表中相關項目用(水間)表示。

④ 這中間包含了水間大輔氏没有言及的“③諸□□、⑥不□□、⑦□□皇、⑧□□漢、⑬爲□□、⑯鬥殺以刀、⑳□蠱人”等項。

續表

6)	僞寫徹侯印，弃市；小官印，完爲城旦舂□(10)	⑧□□漢 Ⓑ僞寫漢使節皇大子諸侯三列侯及通官印弃市/小官印完爲城旦舂(水間)
7)	矯制(11)	
8)	欺謾上書(12)	
9)	僞書(爲僞書)(13)	⑬爲□□(?)
10)	詐僞券書(14，15)	Ⓕ賊律曰詐僞券書
11)	毁封(16)	⑫毁封(水間)
12)	誤脫(17)	
13)	挾毒矢、堇毒(18) 爲毒(19)	⑳□蠱人
14)	脯肉毒殺傷人(20)	⑭諸食□肉(水間)
15)	賊殺，傷人(21)	⑮賊殺人(水間)
16)	謀賊殺、傷人(未遂	
17)	賊殺，傷人(21)	⑰人殺戲(戲殺人)(水間)
	謀賊殺、傷人(未遂)(22)	
	賊殺人及與謀者(23)	⑱謀殺人已殺(水間)
18)	鬥傷死保辜(24)	
19)	自賊傷(25)	
20)	謀賊殺、傷人，與賊同法(26)	⑱謀殺人已殺(水間)
21)	鬥而以釖(刃)及金鐵鋭、錘、椎(錐)傷人(27，28)	⑯鬥殺以刀
	鬥而以釖(刃)及金鐵鋭、錘、椎(錐)傷人(27，28)	㉜毆决□□(水間)
22)	鬼薪白粲毆庶人以上(29)	
23)	奴婢毆庶人以上(30)	
24)	鬥毆變人，懷子鬥(31)	⑲懷子而…(水間)
25)	妻悍而夫毆笞之(32)	
26)	妻毆夫(33)	
27)	殺傷父母主人(34)	㉒□子賊殺(水間)
	奴婢賊殺傷主(34)	㉕奴婢賊殺(水間)

續表

28)	謀殺父母，父母告不孝(35，36，37)	㉓□子(?)賊殺(水間)
29)	父母告不孝(35) 賊謀殺毆詈父母，告子不孝(38)	㉔父母告子(水間)
28)	毆詈泰父母、父母(35)	㉗毆父母(水間)
30)	父母毆笞子及奴婢(39)	㉙父母毆笞子(水間)
31)	婦傷毆詈尊屬(40)	
32)	毆兄姊，親父母之同産(41)	
33)	毆父偏妻等(42，43)	
34)	奴婢賊傷主，親屬，訽詈主，親屬(44，45)	㉘奴婢悍(水間)
35)	毆詈吏(46，47)	
36)	笞刑徒死(48)	
37)	殺傷人畜産(49)	㊱賊殺傷人(水間)
38	犬殺傷人畜産(50)	㊲犬殺傷人(水間)
39)	亡印(51)	
40)	亡書符券塞門城門之鑰(52)	
41)	盜書、弃書官印(53)	
	田律：春夏毋敢伐材	㉟賊伐燔□

表 11：和《二年律令》不一致的《古人堤・賊律》目録

①□□□	㉑□□□
②大□□□	㉖□□偷
④□□□	㉚諸入食官
⑤對(?)…	㉛□奴□□
⑨□□□皇	㊴諸□弓弩
⑩詐□喪(?)	㊵奴婢射人
⑪揄封	㊶諸坐傷(?)人

以下對水間氏没有分析的Ⓕ“賊律曰詐僞券書”、③“諸□□”、⑥“不□□”、⑦“□□皇”、⑧“□□漢”、⑪“揄封”、⑬“爲□□”、⑯“鬥殺以刀”、⑳“□蠱人”、㉟“賊伐燔□”、㊴“諸□弓弩”、㊵“奴婢射人”12 個章題進行分析。

Ⓕ“賊律曰詐僞券書”與二年律令 14 簡的“□諸言作(詐)增減券書,及爲書故言作(詐)弗副,其以避負償,若受賞賜財物,皆坐臧(贓)爲盜”一致。

③“諸□□”、⑥“不□□”可能是 1)謀反的項目。古人堤目録的特徵是從條文開頭 3-4 個字抄寫的,賊律中間使用了“諸”和“不”的條目有 1、2 簡的“諸侯人來攻盜,不堅守而弃去之若降之,及謀反者,皆要斬。”賊律第一個的條文是對“反”、“降諸侯”、“弃守”、“謀反”等罪行及刑罰的規定,敘述簡單。與二年律令相比,嶽麓秦簡的釋文非常詳細地用 3-4 個條文進行了規定。筆者認爲二年律令可以看作是秦律核心内容的精簡形態的整理。《晋書・刑法志》“一章之中或事過數十”的記載也顯示出章可由 3-4 個更詳細的條目構成。因此,筆者認爲二年律令及古人堤目録儘管在條目上有所精簡,但是在章的目録上并没有省略。

⑦“□□皇”三個字中有“皇”字,在古人堤 14 簡正面可見Ⓐ“僞寫皇帝”,而在二年律令 9 簡中可見“僞寫皇帝信璽、皇帝行璽,要斬以匀”。

⑧“□□漢”三個字中“漢”字可以確認,這和古人堤 14 正面的“僞寫漢使節皇大子諸侯三列侯及通官印弃市/小官印完爲城旦舂”一致,與二年律令 10 簡的“僞寫徹侯印,弃市;小官印,完爲城旦舂”一致。

⑪“揄封”,筆者認爲是《晋書・刑法志》的“踰封”。“踰封”原來係漢賊律中的條目,在魏新律裏已經移至“詐律”中。對“踰封”的解釋,一般認爲是指諸侯獲得超過規定的封地。[①]然而,考慮到賊律中與“踰封”并舉的其他内容,如“毁封”的“封”是與封印相關的事項,而且,因爲“亡印”、“弃書官印”、“亡書”等與“印章”、“文書”相關的條目占賊律的多數,筆者認爲“揄封”的“封”與“封印”有關。即因爲與“封印”相關有“詐僞”的行爲被移入到“詐律”。那麼與其硬要把它與和賊律没有關聯性的“諸侯”聯繫起來,不如將其理解爲與文書的封印相關更妥當。然而,因爲章題是取自法律條文中的 3-4 字,在二年律令、14 正面中未能找到與之一致的條文。

⑬爲□□中的第一個字“爲”,可能與二年律令 13 簡的“爲僞書者,黥爲城旦舂”一致。“⑯鬥殺以刀”和二年律令 21 簡的“鬥而以刃及金鐵鋭、錘、椎(錐)傷人”可能一致。

⑳“□蠱人(敢蠱人)”可能是《周禮》鄭玄注中賊律“敢蠱人者及教令者弃市”的條文。[②]漢代的“蠱”有兩種含義。一種是自然屬性的“邪惡厲氣”,即被看做爲“鬼氣”的東西,另一

---

① 沈家本:《歷代刑法考》,1444-1445 頁;内田智雄:《譯注中國歷代刑法志》,東京:創文社,1964,101 頁;高潮等:《中國歷代刑法志注譯》,長春:人民出版社,1994,82 頁。這些見解全是解析爲諸侯加封領地範圍和封户的定數超過限額之外部分視爲不正當取得。

② 《十三經注疏・周禮注疏・秋官・庶氏》“庶氏掌除毒蠱,以攻説禬之,嘉艸攻之。鄭玄注:毒蠱,蠱物而病害人者。賊律曰,敢蠱人者及教令者弃市。”北京:中華書局,1979,250 頁中。

種是畜養的毒蟲。[①] 當然漢代巫蠱盛行,雖然對前者有更多的認識,[②]鄭玄將"毒蠱"解釋爲"蠱物而病害人者"的"毒物",從而引用了賊律。二年律令 18 簡的"挾毒矢、堇毒"即"有挾毒矢若謹(堇)毒、糇,及和爲謹(堇)毒者,皆弃市",與鄭玄引用的賊律有相同的内容規定。堇毒是一種有毒植物的名稱,糇和奚毒是"附子"之類的毒性強大的藥草。[③]這條律文是關於不管攜帶毒箭或者毒,還是合成劇毒物,製作者都將處以弃市之刑的内容。漢賊律關於蠱毒的規定,在唐律中被原樣繼承,即賊盗律 262"造畜蠱毒"規定的"諸造畜蠱毒(謂造合成蠱,堪以害人者)及教令者,絞。"

㉟"賊伐燔□"即"賊伐樹木"。"賊伐樹木"的條目,是指《睡虎地秦簡》和《二年律令》"田律"中原有的"禁諸民吏徒隸,春夏毋敢伐材木山林"。[④]《二年律令》之後在什麽時間點將"賊伐樹木"條目從田律移至賊律中去了呢?這之後在制定魏新律時,又移至"毁亡律"中。我們可以看到"賊伐樹木"的條目在古人堤目録中也有,和帝永元元年(89)以前的"田律"中也有賊律的篇章條目。

㊵的"奴婢射人"即是建武十一年(35)光武帝廢弃的"奴婢射傷人弃市律"。[⑤]光武帝廢弃此律説明在建武十一年此律仍然存在。這個法律什麽時候作成無法得知,但光武帝在建武十一年在二月、六月、十月連續三次發佈了與之相關的詔書。建武十一年二月關於"殺害奴婢不得減罪"的詔書,廢除了《二年律令》中主人的奴婢因受毆打在 20 日内死亡、主人可以贖死減刑[⑥]這樣的規定。因此,如果考慮到《二年律令》中奴婢比起一般人來受到更重處罰的内容的話,光武帝詔書中涉及的奴婢射箭使一般人受傷將會處以弃市、奴婢比起一般人受到的處罰更苛酷的法律,[⑦]有可能從二年律令時期以來一直存在。儘管建武十一年光武帝命令廢弃此律,但和帝時期賊律目録中却繼續殘存,其可能性有兩種,或者是中央的律令改定内容在古人堤目録中没有被反映出來,或者是光武帝以後再次恢復。

另一方面,從㊴"諸□弓弩"與㊵鄰接這一點來看,其是否與弓箭攜帶問題相關呢?漢武帝時期丞相公孫弘因爲盗賊攜帶弓弩在鎮壓時發生了問題因此提出了要求禁止百姓攜帶弓

① 劉保貞:《〈周易〉蠱卦與中國古代蠱信仰風俗》,《孔子研究》2007 年第 4 期,83 頁。

② 藤田忠:《巫蠱の事件について》,《國士館大學文學部人文學會紀要》36,2003,27-40 頁。

③ 《張家山漢墓竹簡》,136 頁,參照其注釋。

④ 睡虎地秦墓竹簡整理小組:《睡虎地秦墓竹簡》:"秦律十八種 春二月,毋敢伐材木山林及雍隄水。不夏月,毋敢夜草爲灰,取生荔、麛卵鷇,毋□□□□□□毒魚鱉,置穽罔(網),到七月而縱之。唯不幸死而伐綰(棺)享(椁)者,是不用時。田律。"北京:文物出版社,1978,26 頁。《張家山漢墓竹簡》:"禁諸民吏徒隸,春夏毋敢伐材木山林,及進〈壅〉隄水泉,燔草爲灰,取産麛卵鷇;毋殺其繩重者,毋毒魚。249"167 頁。

⑤ 《後漢書》卷一下《光武帝本紀》:"十一年春二月己卯,詔曰:'天地之性人爲貴。其殺奴婢,不得減罪。'""(六月)癸亥,詔曰:'敢炙灼奴婢,論如律,免所炙灼者爲庶(民)[人]。'""冬十月壬午,詔除奴婢射傷人弃市律。"57-58 頁。

⑥ 《張家山漢墓竹簡》:"父母毆笞子及奴婢,子及奴婢以毆笞辜死,令贖死。(39)"139 頁。

⑦ 林劍鳴:《新編秦漢史(下)》,臺北:五南出版社,1992,1072-1073 頁。

弩的上奏,因爲吾丘壽王的反對而告吹。此後在成帝鴻嘉年間,敬武公主的兒子、當時權極一時的張放行爲放蕩,家奴裝配有兵弩,而使來追捕的官吏受傷,曲陽侯王根也以弓弩來武裝私奴。不知是否爲出於以上原因,王莽始建國二年下令禁止百姓攜帶弓弩,將其法制化。[①] 然而,以上禁止擁有弓弩等武器的措施在前漢始終没有法制化,㊴“諸□弓弩”是規定禁止擁有弓弩,也是到王莽時期將其法制化而留下的記録。

以上探討了古人堤賊律目録。水間大輔氏認爲29正面41個條目中看起來約有一半左右相一致的東西,筆者對此進行進一步分析的結果是,古人堤的賊律目録有27/41=65.8%一致。另外古人堤賊律目録中有14個不能確認,因爲其中一半即7個文字不清難以比較。

而且,追加了《二年律令》中原來没有的賊律條目被追加這也是造成不一致的原因。《二年律令》中原來没有的賊律條目、筆者推測爲後來增加的有㉟賊伐燔□(從田律中析出),㊴諸□弓弩(王莽時期)和《晉書·刑法志》的“賊伐樹木,踰封,儲峙不辦”。[②] 二年律令的書寫年份在吕后二年(前186),而古人堤賊律的下限爲後漢安帝永初(107－113)時期,考慮兩者相距長達299年的話,像這樣的律條追加也就理所是當然的。

(二)魏、晋以後漢《賊律》的移動

以上通過探討古人堤賊律目録,考察了二年律令以後改編的部分,除此之外需要追加的其他不同的條目就没有了嗎?查找“古人堤賊律目録”以外賊律的變化的理由,是爲了通過查明賊律條目的增加與否,來確認“典章不能偏睹”的原因是否始於賊律律條的大幅度增加。如果賊律没有大的變化,“典章不能偏睹”的原因如前引陳寵傳和《魏書·刑法志》所載,就需要從律以外的不同科條、章句等的增加上來尋找。

---

① 《漢書》卷六四上《吾丘壽王傳》:“丞相公孫弘奏言‘民不得挾弓弩。十賊彍弩,百吏不敢前,盗賊不輒伏辜,免脱者衆,害寡而利多,此盗賊所以蕃也。禁民不得挾弓弩,則盗賊執短兵,短兵接則衆者勝。以衆吏捕寡賊,其勢必得。盗賊有害無利,則莫犯法,刑錯之道也。臣愚以爲禁民毋得挾弓弩便。’”2795－2797頁。《漢書》卷五九《張湯傳》:“是時上諸舅皆害其寵,白太後。太後以上春秋富,動作不節,甚以過放。時數有災异,議者歸咎放等。於是丞相宣、御史大夫方進奏:放驕蹇縱恣,奢淫不制。前侍御史修等四人奉使至放家逐名捕賊,時放見在,奴從者閉門設兵弩射吏,距使者不肯内。知男子李游君欲獻女,使樂府音監景武強求不得,使奴康等之其家,賊傷三人。又以縣官事怨樂府游徼莽,而使大奴駿等四十餘人群黨盛兵弩,白晝入樂府攻射官寺,縛束長吏子弟,斫破器物,宮中皆奔走伏匿。莽自髡鉗,衣赭衣,及守令史調等皆徒跣叩頭謝放,放乃止。”2655頁。《漢書》卷九八《元后傳》:“後月餘,司隸校尉解光奏:‘曲陽根宗重身尊,三世據權,五將秉政,天下輻湊自效。根行貪邪,臧累鉅萬,縱横恣意,大治第宅,第中起土山,立兩市,殿上赤墀,户青瑣;遊觀射獵,使奴從者被甲持弓弩,陳爲步兵。’”4028頁。《漢書》卷九九中《王莽傳中》:“禁民不得挾弩鎧,徙西海。”4118頁。

② 《晋書·刑法志》中言及的“盗章,欺謾,詐僞,踰封,矯制,賊伐樹木,殺傷人畜産,諸亡印,謀反大逆,謀殺人”的條目中,古人堤和二年律令都有,“賊伐樹木”和“踰封”,而只没有言及“儲峙不辦”。“儲峙不辦”是談及軍糧等物資不能確保,魏新律中認爲這個内容不合適“賊律”從而移動到“乏留律”中。“儲峙不辦”的條目什麼時候包含在“賊律”中確定起來很困難。《説文解字》:“儲,偫也,从人諸聲。王注:偫,具也,謂蓄積以待用也。”北京:社會科學文獻出版社,2006,429頁。《漢書》卷七七《何并傳》:“儲兵馬以待之。師古注:儲,豫備也。”3266頁。《漢書》卷一二《平帝紀》:“天下吏(舍)[民],亡得置什器儲偫。師古注:儲,積也。”350頁。《漢書》八七下《揚雄傳下》:“已爲儲胥。師古注:儲,峙也。”3558頁。《後漢書》一〇上《鄧皇后紀》:“儲峙米糒薪炭。注:儲峙,猶蓄積也。”422頁。

《晋書·刑法志》提到“又改賊律”條目的内容。下面引用的是魏新律中修正的賊律的條目,從“又改賊律”以下列舉的11個條目便是原來賊律中所有者,如同“改定律文”的情況一樣。然而,内田智雄氏考證認爲11個條目并非全部屬於賊律,而有屬於賊律以外的律(詳見後文)。

又改賊律,1)但以言語及犯宗廟園陵,謂之大逆無道,要斬,家屬從坐,不及祖父母、孫。2)至於謀反大逆,臨時捕之,或汙瀦,或梟菹,夷其三族,不在律令,所以嚴絕惡跡也。3)賊鬭殺人,以劾而亡,許依古義,聽子弟得追殺之。會赦及過誤相殺,不得報讐,所以止殺害也。4)正殺繼母,與親母同,防繼假之隙也。5)除异子之科,使父子無异財也。6)毆兄姊加至五歲刑,以明教化也。7)囚徒誣告人反,罪及親屬,异於善人,所以累之使省刑息誣也。8)改投書弃市之科,所以輕刑也。9)正篡囚弃市之罪,斷凶強爲義之蹤也。10)二歲刑以上,除以家人乞鞫之制,省所煩獄也。11)改諸郡不得自擇伏日,所以齊風俗也。斯皆魏世所改,其大略如是。①

首先,1)是關於將誹謗君主和誹謗宗廟園陵編入大逆無道罪、父母妻子同産無少長者全部處以弃市的刑罰的内容。②因爲與謀反相同的“大逆不道”在《二年律令·賊律》的1、2簡中有記載,故此條屬於賊律很清楚。③ 誹謗宗廟園陵而處以弃市的令的制定,是爲了堵塞對高後追尊自己的父親臨泗侯吕公爲吕宣王的輿論非難而製作的,以“令”的形式被反復置廢。④

2)是規定對謀反大逆者進行逮捕及汙池室宅以製成汙瀦,或者梟首,夷其三族的處罰。規定謀反大逆的2)條文因爲與1)有其連續性,也是相當於賊律的内容。可以看到王莽篡奪

---

① 《晋書》卷三〇《刑法志》,925–926頁。

② 《漢書》卷八一《孔光傳》:“光議以爲《大逆無道,父母妻子同産無少長皆弃市,欲懲後犯法者也。夫婦之道,有義則合,無義則離。長未自知當坐大逆之法,而弃去廼始等,或更嫁,義已絕,而欲以爲長妻論殺之,名不正,不當坐。”3355頁。《漢書》卷四九《鼂錯傳》:“亡臣子禮,大逆無道。錯當要斬,父母妻子同産無少長皆弃市。臣請論如法。”2302頁。《後漢書》卷四二《光武十王列傳》:“肅宗下詔曰:‘王前犯大逆,罪惡尤深,有同周之管、蔡,漢之淮南。經有正義,律有明刑。’”注:公羊傳曰:‘君親無將,將而必誅。’前書曰:‘大逆無道,父母、妻子、同産無少長皆弃市。’”1445頁。

③ 《張家山漢墓竹簡》:“以城邑亭障反,降諸侯,及守乘城亭障,諸侯人來攻盜,不堅守而弃去之若降之,及謀反者,皆要斬。其父母、妻子、同産,無少長皆弃市。其坐謀反者,能偏捕,若先告吏,皆除坐者罪。”133頁。

④ 《漢書》卷七三《韋玄成傳》:“初,高後時患臣下妄非議先帝宗廟寢園官,故定著令,敢有擅議者弃市。至元帝改制,蠲除此令。成帝時以無繼嗣,河平元年復復太上皇寢廟園,世世奉祠。昭靈后、武哀王、昭哀后并食於太上寢廟如故,又復擅議宗廟之命。”3125頁。《漢書》卷六八《霍光傳》:“如淳曰:‘高後時定令,敢有擅議宗廟者,弃市。’”2956頁。《史記》卷一九《惠景閒侯者年表》:“吕后兄康侯少子,侯,奉吕宣王寢園。”983頁。《漢書》卷一八《外戚恩澤侯表》:“臨泗侯吕公元年封,四年薨,高后元年追尊曰吕宣王。”679頁。

時對挑起謀反的劉崇、翟義開始采取汙瀦,其最初的成文法律規定見於魏新律之中。[①] 然而,“汙瀦”以外的“梟菹,夷其三族”内容從漢初就已經存在了。[②]《二年律令·賊律》1、2簡中規定的“謀反者皆腰斬,父母妻子同產無少長皆弃市”的内容在《漢書·刑法志》中亦可確認。只是《漢書·刑法志》中三族罪的處罰并非存在于“律”中而是存在于“夷三族之令”這樣的令中。

3)魏新律中有容許“復讐”的規定,因爲是與賊殺和鬬殺有關的内容,屬於賊律是正確的。將《禮記·曲禮上》中的“父之讐,弗與共戴天,兄弟之仇,不反兵”和《周禮·秋官·朝士》的“凡報仇讎者,書於士,殺之無罪”中這樣的内容法律化了。[③] 從光武帝時期桓譚的上疏中説復仇會受到處罰來看,當時依然不容許復仇。[④] 其後章帝時制定了“輕辱法”,第一次容許復仇。和帝時廢除“輕辱法”,曹操時期繼續禁止復仇。後來魏明帝時的魏新律中又容許復仇。[⑤] 若從以上來看,因爲輕辱法的制定在後漢章帝時期(76-84年),二年律令時期不存在,古人堤目録出現的和帝時期(89-105年)已經廢止,因此古人堤目録中也有不存在“輕辱法”的可能。

4)中的“正殺繼母,與親母同,防繼假之隙也”是與殺人有關的條文,因此歸在賊律中也是正確的,《二年律令·賊律》中也能明確有類似的條文。[⑥] 5)是廢弃了商鞅以來一直存續的分异法,二年律令的户律340簡中,可以確認有容許分异法的條文。[⑦] 此條文中“諸後欲分父母、子、同産、主母、叚(假)母,及主母、叚(假)母欲分孽子、叚(假)子田以爲户者,皆許之”,筆者認爲是分异時子息要求父母財産的規定。這一條文是與容許户内分异的問題相關的,

---

① 林富士:《試釋睡虎地秦簡中的“癘”與“定殺”》,《史原》15,1986,頁;《漢書》卷九九上《王莽傳》:“莽又封南陽吏民有功者百餘人,汙池劉崇室宅。後謀反者,皆汙池云。”4086頁。《漢書》卷八四《翟方進傳》:“莽盡壞義第宅,汙池之。”3439頁。

② 《漢書》卷二三《刑法志》:“漢興之初,雖有約法三章,網漏吞舟之魚,然其大辟,尚有夷三族之令。令曰:‘當三族者,皆先黥,劓,斬左右止,笞殺之,梟其首,菹其骨肉於市。其誹謗詈詛者,又先斷舌。’故謂之具五刑。彭越、韓信之屬皆受此誅。至高后元年,乃除三族罪、袄言令。孝文二年,又詔丞相、太尉、御史:‘法者,治之正,所以禁暴而衛善人也。今犯法者已論,而使無罪之父母妻子同産坐之及收,朕甚弗取。其議。’左右丞相周勃、陳平奏言:‘父母妻子同産相坐及收,所以累其心,使重犯法也。收之之道,所由來久矣。’”1104頁。

③ 李學勤主編:《十三經注疏·禮記正義·曲禮上》,北京:北京大學出版社,1999,84頁;李學勤主編:《十三經注疏·周禮注疏·秋官·士》,942頁。

④ 《後漢書》卷二八《桓譚列傳》:“今人相殺傷,雖已伏法,而私結怨讎,子孫相報,後忿深前,至於滅户殄業,而俗稱豪健,故雖有怯弱,猶勉而行之,此爲聽人自理而無復法禁者也。今宜申明舊令,若已伏官誅而私相傷殺者,雖一身逃亡,皆徙家屬於邊,其相傷者,加常二等,不得雇山贖罪。”958頁。

⑤ 苗鳴宇:《中國古代復仇制度初探》,《中國青年政治學院學報》2002年第6期,100-101頁。

⑥ 《張家山漢墓竹簡》:“子牧殺父母,毆詈泰父母、父母、叚大母、主母、後母,及父母告子不孝,皆弃市。其子有罪當城旦舂、鬼薪白粲以上,及爲人奴婢者,父母告不孝,勿聽。年七十以上告子不孝,必三環之。三環之各不同日而尚告,乃聽之。教人不孝,黥爲城旦舂。”139頁。《張家山漢墓竹簡》:“婦賊傷、毆詈夫之泰父母、父母、主母、後母,皆弃市。”140頁。

⑦ 《張家山漢墓竹簡》:“諸後欲分父母、子、同産、主母、叚(假)母,及主母、叚(假)母欲分孽子、叚(假)子田以爲户者,皆許之。”179頁。任仲爀:《漢初的田宅制度及其实施》《中國古中世史研究》27,2012,199-203頁。

因此不屬於賊律而屬於户律。

6)是規定兄弟毆打年長的兄姐加重處罰至五年刑,二年律令的賊律也有毆打兄姐處以“耐爲隸臣妾”的規定。“耐爲隸臣妾”是文帝十三年廢止刑期以前的處罰内容,導入刑期後相當於三年刑。魏新律中對毆打年長兄弟的處罰變成五年刑,這强化了嚴罰的意圖。這一條目的原始形態能夠得到確認,其屬於賊律很明顯。[①]

7)是强化對罪囚誣告行爲的處罰以及擴大到對親屬處罰的内容,與之相似的罪囚告發的條目和誣告規定看起來應該在告律中,筆者認爲其屬於告律。[②]

8)是修改犯“投書”罪處以“弃市”之刑的科條,在《睡虎地秦墓竹簡》的《法律答問》和《二年律令》的具律和盜律中存在類似的規定。[③] 具律規定不要把投書的内容作爲拘禁審訊的證據,如果不遵從此律,論之以鞫獄故意不公正罪。盜律是關於投書、求取財産的罪處以“磔刑”的規定。在這裏,《法律答問》的内容雖然與具律相類似,但是不包含處罰的内容。而且,以“磔”作爲處罰規定的盜律與《晋書·刑法志》的内容相近,晋志中改定“投書弃市之科”雖然直接修改了以往一直存在的規定,但與賊律無關。

9)是强化對搶奪罪囚逃亡而處以弃市之罪的條文,内容上雖然不完全一致,但《二年律令·具律》中規定不是搶奪“罪囚”,而是搶奪“奴婢”後使之逃亡。[④] 秦漢律中有“徒隸”的用語,罪囚和奴婢受到同等對待,因此這個規定也可能使用。10)是關於二歲刑以上的罪囚的家族不能請求再審的規定,這是爲了堵塞容許再審請求而判獄繁多的漢律的漏洞。雖然《二年律令·具律》容許所有對判决不服的罪囚請求再審,但再審請求的内容與事實不一致的話,有加重一級處罰的規定,由此可知這屬於具律的内容。[⑤] 11)是漢代的漢中、巴、蜀、廣漢等地方由於氣候與中原不同,各個郡自己選擇伏日,但魏新律爲了統一風俗而不允許這樣的做法,因爲《風俗通》引用的户律中有“自擇伏日”的記載,因此其當屬於户律。[⑥]

至此筆者分析了“又改賊律”的内容,其與内田智雄的論證的比較,參見下表12,由此也

---

① 《張家山漢墓竹簡》:“毆兄姊及親父母之同産,耐爲隸臣妾。其奊詢詈之,贖黥。”140頁。

② 《張家山漢墓竹簡》:“誣告人以死罪,黥爲城旦舂,它各反其罪。”151頁。《張家山漢墓竹簡》:“年未盈十歲及繫者、城旦舂、鬼薪白粲告人,皆勿聽。”152頁。

③ 《睡虎地秦墓竹簡》:“(法律答問)‘有投書,勿發,輒燔之;能捕者購臣妾二人,毄(繫)投書者鞫審 之。’所謂者,見書而投者不得,燔書,勿發;投者【得】,書不燔,鞫審 之之謂殹(也)。”174頁。《張家山漢墓竹簡》:“(具律) 毋敢以投書者言毄(繫)治人。不從律者,以鞫獄故不直論。”150頁。《張家山漢墓竹簡》:“(盜律)群盜及亡從群盜,毆折人枳(肢)、肤體及令彼(跛)蹇(蹇),若縛守將人而强盜之,及投書、縣人書恐猲人以求錢財,盜殺傷人,盜發冢(塚),略賣人若已略未賣,橋(矯)相以爲吏、自以爲吏以盜,皆磔。” 143頁。

④ 《張家山漢墓竹簡》:“(具律) 及守將奴婢而亡之,篡遂縱之,及諸律令中曰與同法、同罪。”148頁。

⑤ 《張家山漢墓竹簡》:“罪人獄已决,自以罪不當欲氣鞫者,許之。乞鞫不審,駕罪一等;其欲復乞鞫;當刑者,刑乃聽之。死罪不得自乞鞫,其父、母、兄、姊、弟、夫、妻、子欲爲乞鞫,許之。”149頁。

⑥ (漢)應劭著,王利器校注:《風俗通義校注》:“户律: 漢中、巴、蜀、廣漢,自擇伏日。俗説:漢中、巴、蜀、廣漢,土地溫暑,草木早生晚枯,氣异中國,夷、狄畜之。故令自擇伏日也。”北京: 中華書局,1981,604頁。

可以看出差别。[①]

表 12:《晋書·刑法志》中與賊律相關的條目

	1	2	3	4	5	6	7	8	9	10	11
内田	賊	賊	賊	賊	户	賊	囚	囚	囚(沈)	?	户
筆者	賊	賊	賊	賊	户	賊	告	具	具	具	户

以上 11 個條目中的 5 個條目(1、2、3、4、6)爲賊律,將 3)的輕侮法除外,4 個賊律條目自漢初的二年律令即存在,到古人堤賊律目録中没有新的追加。而 3)的輕侮法在與古人堤賊律目録同時代的和帝時期被一起廢止了,實際上也可能不是"改賊律"所增加的内容。而且,古人堤賊律目録到魏新律時期,被原封不動地使用。至此筆者分析了魏新律中被改定的賊律條目,討論了這些内容在漢律中存在與否,其結果就像"改定"這個詞所包含的意思一樣,是針對已有律令的改動,因此没有增加新的條目。

現在爲了推定漢律的賊律發生了怎樣的變化,接下來按順序對原屬漢賊律中而在魏新律中被析分到詐律的部分進行探討。魏人指出的漢律的缺陷涉及到不同方面。第一,一章之中有數十個條文的情況(這以秦效律爲代表);第二,事類雖然相同,但判罪的輕重不同;第三,章和句連接在一起、上下内容互相矛盾,大體上雖然屬於不同的篇,但是實際上互相淆雜而歸結在一起。[②] 魏律修正漢律,着眼於兩個要點,一個是由於漢律的篇數衹有 6 篇而過少,從而增加了篇名和條文,之外,又綜合同類、將特點相似的條文集合爲一篇從而保留其重點。與律令的"簡素化"相比較,這些更是在"内容的分類整理"上保留了其重點。

賊律中也有與律名無關的内容多種地參雜在一起,因此成爲"内容的分類整理"的對象。對此,《魏律序略》中有"賊律有欺謾、詐僞、踰封、矯制,囚律有詐僞生死,令丙有詐自復免,事類衆多,故分爲詐律"這樣的記載。[③] 下表是内田智雄氏從魏新律中整理出來的漢律條目移動中賊律的部分。[④]

---

① 内田智雄:《〈魏律〈序略〉についての二・三の問題(下)——滋賀秀三氏の〈曹魏新律十八篇の篇目について〉に寄せて》,5-10 頁。

② 《晋書》卷三〇《刑法志》:"一章之中或事過數十,事類雖同,輕重乖异。而通條連句,上下相蒙,雖大體异篇,實相采入。"923 頁。

③ 《晋書》卷三〇《刑法志》:"盗律有賊傷之例,賊律有盗章之文,興律有上獄之法,廐律有逮捕之事,若此之比,錯糅無常……盗律有劫略、恐猲、和賣買人,科有持質,皆非盗事,故分以爲劫略律。賊律有欺謾、詐僞、踰封、矯制,囚律有詐僞生死,令丙有詐自復免,事類衆多,故分爲詐律。賊律有賊伐樹木、殺傷人畜産及諸亡印,金布律有毁傷亡失縣官財物,故分爲毁亡律。"922—924 頁。

④ 内田智雄,上引論文,28 頁。

表 13：内田智雄關於魏新律中賊律條目的移動

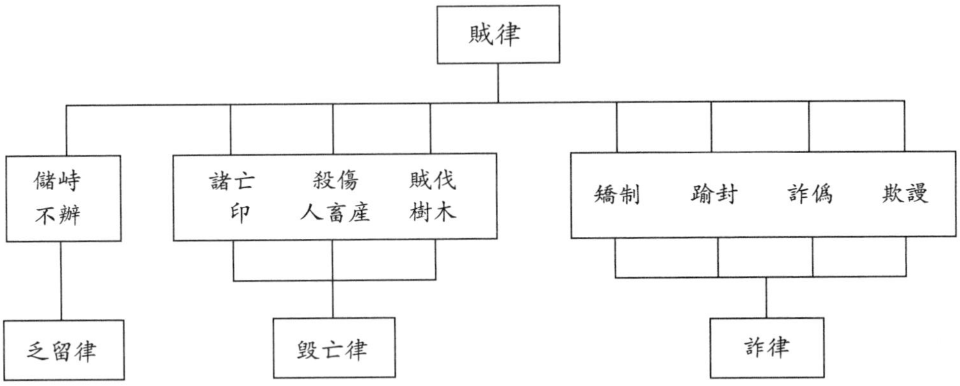

從上表可知,從賊律移至詐律的條目有“欺謾、詐僞、踰封、矯制”。這些條目除了“踰封”之外大部分在二年律令中都能得到確認,“踰封”和“古人堤賊律目録”中的“揄封”相同,雖然是推測但筆者仍然認爲這是與封印有關的不正當行爲。因此,魏新律中的移動情況可從既存的二年律令中得到確認,賊律的内容没有增加。

然而,言及賊律的一部分條文移至詐律的《魏律序略》只是大概涉及此點,若看下面的表14的分析的話,情況更複雜。[①] 表14提示的材料不僅是二年律令和古人堤目録,還包含了《晋書·刑法志》引用的《魏律序略》的漢律賊律條目、出土材料、唐詐僞律材料,分析了賊律的總體移動狀況。[②] 表14追蹤了漢賊律原有的、唐賊盗律中存留的,以及移動至詐僞律中的全部移動關係,并標識其相關的律令條文。

表 14:賊律條目的移動

二年律令罪名（原簡號）	古人提/《晋書·刑法志》	唐律	經過(漢律-唐律)(二指 二年律令)
謀反(諸侯人來攻盗)(1,2)	③諸□□(???)	賊盗律 248. 謀反大逆	賊→賊盗 1
		賊盗律 249. 緣坐非同居 或同居非緣坐資産之分留	賊→賊盗 2
		賊盗律 251. 謀叛及亡命山澤抗拒將吏	賊→賊盗 3
▨來誘及爲間者(3)		擅興律 232. 征討告賊消息：若化外人來爲間諜;或傳書信與化内人,并受及知情容止者：并絞。	賊→擅興 1

① 此表從初世賓《〈二年律令·賊律〉整理自議》(《簡帛研究二〇〇四》,桂林:廣西師範大學出版社,2006,178—181頁)中得到了幫助。

② 《唐律疏議新注》,卷二五《詐僞(27條)》:“【疏】議曰:‘詐僞律’者,魏分《賊律》爲之。歷代相因,迄今不改。既名詐僞,應以詐事在先;以御寶事重,遂以“僞造八寶”爲首。鬥訟之後,須防詐僞,故次‘鬥訟’之下。”784頁。

續表

燔城官民屋廬積聚(4, 5)	㉝賊燔燒宫 ㉞失火	雜律: 432. 燒官府私家舍宅	賊→雜 1
船人流殺傷人(6, 7, 8)	㊳船人□人	**詐僞律 385. 詐陷人至死傷。**(謂知津河深泞,橋船朽敗,诳人令渡之類。)	**賊→詐僞 1**
僞寫徹侯印, 小官印(9, 10)	⑦ □□皇 ⑧□□漢	**詐僞律 362. 僞造御寶**	**賊→詐僞 2**
矯制(11)		**詐僞律 367. 詐爲制書**	**賊→詐僞 3**
欺謾上書(12)		**詐僞律 368. 對制上書不以實**	**賊→詐僞 4**
僞書(13)	⑬爲□□(?)	**詐僞律 363. 僞寫官文書印**	**賊→詐僞 5**
		詐僞律 364. 僞寫符節	**賊→詐僞 6**
		詐僞律 365. 僞寶印符節假人及出賣	**賊→詐僞 7**
詐僞券書(14, 15)		**詐僞律 369. 詐爲官文書**	**賊→詐僞 8**
毀封(16)	⑫ 毁封	**詐僞律 366.盗寶印符節封用**	**賊→詐僞 9**
誤脱(17)		職制律 113.受制忘誤 諸受制忘誤及寫制書誤者,事若未失,笞五十; 職制律 114.制書官文書誤輒改定 諸制書有誤,不即奏聞,輒改定者, 杖八十;	賊→職制 1
挾毒矢、堇毒(18)	⑳□蠱人(敢(?)蠱人。	賊盗律 262.造畜蠱毒 賊盗 264. 造厭魅及造符書呪詛欲以殺人	賊→賊盗 4
爲毒(19)			
脯肉毒殺傷人(20)	⑭諸食□肉	賊盗律 263.以毒藥藥人及脯肉有毒故與人食并出賣	賊→賊盗 5
賊殺, 傷人(21)	⑮賊殺人 ⑰人殺戲(戲殺人)	賊盗律 259. 殺一家非死罪三人及支解人	賊→賊盗 6

續表

謀賊殺、傷人(22)		賊盜律 256.謀殺人	賊→賊盜 7
		賊盜律 252.謀殺制使刺史縣令等及本部五品以上官長	賊→賊盜 8
賊殺人及與謀者(23)	⑱謀殺人已殺		
謀賊殺、傷人，與賊同法(26)	⑱謀殺人已殺		
鬥傷死保辜(24)		鬥訟律 307.保辜	賊→鬥訟 1
自賊傷(25)		**詐僞律 381. 詐疾病及故傷殘**	**賊→詐僞 10**
鬥而以釰(刃)(27，28)	⑯ 鬥殺以刀 ㉜毆决□□	鬥訟律 302.鬥毆傷人 鬥訟律 303.鬥毆折齒毁耳鼻 鬥訟律 304.兵刃斫射人 鬥訟律 305.毆人折跌支體瞎目 鬥訟律 306.鬥故殺人	賊→鬥訟 2
鬼薪白粲毆庶人以上(29)			
奴婢毆庶人以上(30)		鬥訟律 320.部曲奴婢良人相毆	賊→鬥訟 3
鬥毆變人,懷子鬥(31)	⑲懷子而…	鬥訟律 304.兵刃斫射人(墮人胎，徒二年。)	賊→鬥訟 4
妻悍而夫毆笞之(32)		鬥訟律 325：毆傷妻妾	賊→鬥訟 5
妻毆夫(33)		鬥訟律 326：妻毆詈夫	賊→鬥訟 6
殺傷父母主人(34)	㉒□子賊殺 ㉕奴婢賊殺	賊盜律 254.部曲奴婢謀殺主及主之期親等	賊→賊盜 9
謀殺父母，父母告不孝(35，36，37)	㉗毆父母 ㉓□子(?)賊殺	賊盜律 253.謀殺期親緦麻以上尊長及謀殺卑幼 賊盜律 255.妻妾謀殺故夫之父祖及部曲奴婢謀殺舊主	賊→賊盜 10
賊謀殺毆詈父母，告子不孝(38)	㉔父母告子	賊盜律 253. 謀殺期親尊長	賊→賊盜 11
毆笞子奴婢死(39)	㉙父母毆笞子	鬥訟律 321.主殺奴婢	賊→鬥訟 7
婦傷毆詈尊屬(40)		鬥訟律 330. 妻妾毆詈夫父母	賊→鬥訟 8
毆兄姊(41)		鬥訟律 332 毆兄妻夫弟妹	賊→鬥訟 9

續表

毆父偏妻等(42,43)		名例律 6.四曰惡逆。(謂毆及謀殺祖父母、父母,殺伯叔父母、姑、兄姊、外祖父母、夫、夫之祖父母、父母。)	賊→名例 1
奴婢賊傷主(44, 45)	㉘奴婢悍	賊盗律 254.部曲奴婢謀殺主及主之期親等	賊→賊盗 12
毆詈吏(46, 47)		鬥訟律 319. 拒毆州縣以上使	賊→鬥訟 10
笞刑徒死(48)		斷獄律 477. 拷囚不得過三度	賊→斷獄 1
殺傷人畜産(49)	㊱賊殺傷人	廄庫律 203. 故殺官私馬牛	賊(二)→毀亡(魏)→廄庫(唐)1
犬殺傷人畜産(50)	㊲犬殺傷人	廄庫律 206. 犬殺傷畜産	賊→廄庫 2
亡印(51)		雜律 437.弃毁亡失符節印	賊(二)→毀亡(魏)→雜(唐)2
亡書符券塞門城門之鑰(52)		雜律 437.諸弃毁符、節、印及門鑰者,各准盗論	賊→雜 3
盗書、弃書官印(53)	盗章	雜律 438.弃毁亡失制書官文書 賊盗律 273.盗制書官文書	賊→雜 4 賊→賊盗 13 賊→賊盗(盗)14
	⑪揄封/踰封		**賊→詐 11**
	儲峙不辦		賊→乏留
田律:禁諸民吏徒隷,春夏毋敢伐材木山林		**賊盗律 291.**山野物已加功力輒取:諸山野之物,已加功力刈伐積聚,而輒取者,各以盗論。	田(二)→賊(後漢)→毀亡(魏)→賊盗

上表中以粗體字標識出來的内容,可確認唐詐僞律 27 條中有 10 條源自原來的賊律。[①]

① 上表的内容中因爲魏新律制定時一部分條目從賊律移動到詐律,因此可以探討唐詐僞律的條目中或許從賊律而來的。然而除了 387 的“證不言情”可以確認在二年律令的具律中以“證不言情”存在外,因爲不能確認從某種律發源而來的原因,因此不能包含從賊律移至盗賊律的數字。而且詐僞律的另外 17 個條文不能包含在賊律中。詐僞律的另外 17 個條文如下:“387.證不言情及譯詐僞,370.詐假官假與人官,371.非正嫡詐承襲,372.詐稱官捕人,373.詐欺官私財物,374.詐爲官私文書求財,375.妄認良人爲奴婢部曲,376.詐除去死免官户奴婢,377.詐爲瑞應,378.詐教誘人犯法,379.乘驛馬,380.詐自復除,382.醫遠方詐療病,383.父母死詐言餘喪,384.詐病死傷檢驗不實,386.保任不如所任,388.主司承詐。”

補充原來包含在賊律中可確認的唐詐僞律條文 10 條的話,原來的賊律 41 章將增加到 51 章。[①] 然而,不可如此追加,因爲這 10 條曾經就是原來 41 章中的内容。如果賊律爲 41 章是正確的話,那麽從漢律一直到唐律雖然理所當然地存在内容上的變化,但是條文數量没有大的變化。一方面存在從賊律析分至其他律,與之相應也有反方向的移動。[②]

表 15:從其他律移動到賊盜律的項目

漢律	唐律項目	移動經過
具律,及守將奴婢而亡之,篡遂縱之,及諸律令中曰與同法、同罪,	257.劫囚與竊囚若竊囚而亡者,與囚同罪,他人親屬等。竊而未得,减二等,以故殺傷人者,從劫囚法。	具→賊盜
盜律:劫人、謀劫人求錢財,雖未得若未劫,皆磔之。罪其妻子,以爲城旦舂。	258.有所規避執人質:持人爲質及避質不格	盜→賊盜
	260.父祖或夫及主爲人殺私和[③]	賊(魏)→賊盜
	261.以物置人耳鼻孔竅及恐迫人	不明→賊盜
	265.殺人會赦免者移鄉及移鄉[④]	賊(魏)→賊盜
	266.殘害死屍及弃屍水中若傷者[⑤]	盜律→賊盜
	267.穿地得死人不更埋及燻狐狸燒及棺槨[⑥]	盜律→賊盜
	268.造袄書袄言及傳用惑衆[⑦]	不明→賊盜
捕律:禁吏毋夜入人廬舍捕人犯者其室毆傷之以毋故入人室律從事。[⑧]	269.夜無故入人家及知非侵犯或已拘執而殺傷	捕律→賊盜

---

① 《唐律疏議新注》卷二五《詐僞》(27 條):"【疏】議曰:《詐僞律》者,魏分《賊律》爲之。歷代相因,迄今不改。既名詐僞,應以詐事在先;以御寶事重,遂以"僞造八寶"爲首。鬥訟之後,須防詐僞,故次《鬥訟》之下。"784 頁。

② 表 16 便是從其他律中移動到盜賊律(事實上是賊律)的情况。爲避免詳細的分析,在脚註中用有關的律條文代替相關説明來表示。

③ 這是與容許復仇的輕侮法相關的内容,在唐律中没有直接明顯規定可以容許復仇,而是采取了容許的態度。苗鳴宇:《中國古代復仇制度初探》,《中國青年政治學院學報》2002 年第 6 期,100-101 頁。

④ 《宋書》卷五五《傅隆傳》:"舊令云,'殺人父母,徙之二千里外'。"1550 頁。

⑤ 陳廣忠注譯:《淮南子譯注》卷一三《氾論訓》:"天下縣官法曰:'發墓者誅,竊盜者刑。'此執政之所司也。"長春:吉林文史出版社,1990,656 頁。《後漢書》卷四三《朱穆列傳》:"吏畏其嚴明,遂發墓剖棺,陳尸出之,而收其家屬。帝聞大怒,徵穆詣廷尉,輸作左校。"1470 頁。

⑥ 發墓的規定原來是屬於盜律。《張家山漢墓竹簡》:"盜殺傷人,盜發冢(塚),略賣人若已略未賣,橋(矯)相以爲吏、自以爲吏以盜,皆磔。66(C310)。"143 頁。

⑦ 《漢書》卷二三《刑法志》:"至高后元年,乃除三族罪、袄言令。"1104 頁。《後漢書》卷五《孝安帝紀》:"乙亥,詔自建初以來,諸袄言它過坐徙邊者,各歸本郡。"215 頁。《陳書》卷六《後主本紀(叔寶)》:"詔曰:又僧尼道士,挾邪左道,不依經律,民間淫祀袄書諸珍怪事,詳爲條制,竝皆禁絕。"108 頁。

⑧ 謝桂華等:《居延漢簡釋文合校》,北京:文物出版社,1987,551 頁,395.11。

表 16：賊律的移動方向

殘存		從賊律分割到其他律		從不同的律移動到賊律	
賊律→賊盜律	14	詐僞律	11	不明	2
		鬥訟律	10	盜律	3
		雜律	4	賊(魏)→賊盜	2
		廐庫律	2	捕律	1
		斷獄律	1	具律	1
		留律	1		
		擅興律	1		
		職制律	1		
		名例律	1		
		田→賊→毀亡律	1		
	14		33		9

從表 16 賊律的移動方向中可知，雖然漢初的賊律直到後漢古人堤時期爲止没有發生大的變化，但是進入到魏新律階段，發生了大變化，即與漢律律名無關的條文“首次”得以整理。賊律即是像這樣被整理的對象中的一個。從賊律析分至詐僞律的内容最多（11 條），就像《魏律序略》中所指出的一樣。其次是鬥訟律（10 條），魏新律和晋律時期、“鬥訟律”還没出現之前，鬥訟律的 10 條律文在魏晋時期繼續保留在賊律中。之後北魏太和年間從“繫訊律”析分出“鬥律”時，有可能賊律的一部分内容移動到“鬥律”中。[①] 而且，賊律也被析分到雜律（4 條）和廄庫律（2 條）等之中。從上表可見魏新律時期鬥訟律的 10 條律文的移動情況，因爲移向其他律的條文少，所以在《魏律序略》中有言及的可能是析分至詐律的條文。

魏新律階段在賊律中保留的 14 條和移至鬥訟律之前的 10 條合計起來的話，大概保留了 25 條左右。在賊律中保留下來的這 25 條，抽出詐律的 11 條，剩餘的條文就很少，所以在《晋書・刑法志》中僅言及詐律很好地傳達了這樣的事實。此後的唐律階段伴隨着賊律的解體繼續進行，比起原來賊律中保留的 14 條律文，分離移動到别的律中去的 33 條更多了。而且不只是分離出去的，還可見從其他律移動到賊律中去的，即，這些律原來從漢初以來不是在賊律篇中的、到唐律時期移動到盜賊律中去了。雖然有些律條原來所屬的律名很清楚是

① 《唐律疏議新注》：“【疏】議曰：鬥訟律者，首論鬥毆之科，次言告訟之事。從秦漢至晋，未有此篇。至後魏太和年，分繫訊律爲鬥律。至北齊，以訟事附之，名爲鬥訟律。後周爲鬥競律。隋開皇依齊鬥訟名，至今不改。賊盜之後，須防鬥訟，故次於賊盜之下。”658 頁。

盜律、捕律、具律,但是也有不清楚原來到底屬於哪種律的律條。

筆者在試圖進行以上分析之前,先入爲主地認爲漢賊律經過魏新律和晉律被"簡素化",而且很多部分被廢止。然而通過以上的分析可知,漢代的賊律原來的形態和用語原樣保留着直到唐律中還有生命力。以上分析的結果顯示從唐律中復原漢律的某些部分不是不可能的。魏律中的賊律,僅保留和整理了符合晉明法掾張斐所謂"無變斬擊謂之賊"的内容。盜律和賊律的内容,從李悝法經以來被認爲是"王者之政"的核心,因其與一般老百姓的生活中發生的竊盜和殺傷息息相關,而與時代變化無關,必然繼續存在于後代的律令中。[①]

賊律相當數量的條文直到唐律中還保存的事實與在晉律中減省了41.3%的條文的這一事實,要怎樣説明才能不矛盾呢?要使41.3%的減省能成立的話,在整理重複的條文和成爲具文的條文的工作中尋找理由不行嗎?這個解答應該在魏新律所述"改漢舊律不行於魏者皆除之"中來找。[②] 即漢律中到曹魏時期已經不再使用的律大多數仍然存在,通過整理那些成爲具文的律令從而使律篇縮減了。然而,魏新律階段律令簡素化好像不太充分,正式的律令簡素化在晉律中被再推進。如同司馬昭指出的那樣,前代的律令本文和注釋都很繁雜,雖然經過陳群、劉劭等人的改革,但科條原來就很縝密,諸儒章句中只采用了鄭氏章句。[③] 因爲還處於魏王朝的時期,"前代"指代的是漢,改革對象應是漢律和魏律的全部。從司馬昭所指可以看到魏新律雖然經過改革但是仍然很繁雜,律令的斷然減省欠妥。晉律廢弃了漢魏律中苛酷和繁雜的律條,而僅保存了其中清明簡約的篇章,減省達到了41.3%。[④] 而且在與41.3%的減省相關聯的律中,被整理而移至令的部分也有考察的必要,對此筆者將在另文中論述。

五、結論

本文試圖分析漢唐律演進中賊律經過了怎樣的變化過程。秦漢律最大的問題點在於從最初的法典編纂以來僅有持續的積累,而没有律令再編制的嘗試,因此數量大大增加的法律條文處於無序狀態。以上的問題經過魏晉律得到解决,其解决的程度被稱頌爲"文簡辭約"。然而,我們對所謂"文簡辭約"的情形瞭解并不多,原因是我們并不知道漢律原來的形態。

① 《晉書》卷三〇《刑法志》:"是時承用秦漢舊律,其文起自魏文侯師李悝。悝撰次諸國法,着法經。以爲王者之政,莫急於盜賊,故其律始於盜賊。"922頁。

② 《晉書》卷三〇《刑法志》,925頁。

③ 《晉書》卷三〇《刑法志》:"文帝爲晉王,患前代律令本注煩雜,陳群、劉邵雖經改革,而科網本密,又叔孫、郭、馬、杜諸儒章句,但取鄭氏,又爲偏黨,未可承用。"927頁。

④ 《晉書》卷三〇《刑法志》:"蠲其苛穢,存其清約。"927頁。

筆者欲通過二年律令及文獻中所見材料,來確認漢律的規模。爲此有必要確認漢律的篇章概念。學界對此的研究大體上由"篇—章—條—句"或者"篇—章(條)—句"這兩種主從見解構成,但有一個問題便是在以上體系中"篇"和"章"相互混同使用。混同源自漢初的三章和九章律,即在"章"和"篇"的概念没有釐清的狀態下,持續地以"章"來稱呼這些法律,"章"作爲"篇"的意思不斷地被使用。《漢書・刑法志》中"作律九章"和武帝時"律令凡三百五十九章"的"章"確實指稱"篇",這就是混同概念的反映。但是在經書等資料中顯示出篇和章序列化的傾向。"篇—章"體系傾向在後漢王充《論衡》中得到整理,篇以下分成若干章,章以下分成若干條和句。《晋書・刑法志》中也一貫認識到篇—章體系,一般以篇作爲大的、章作爲小的單位之意而使用。

陳夢家提出區分章的三個重要原則:第一,在簡首有"章"的標識墨點"・";第二,前簡留有空白;第三,章小於"篇",而大於"句"或"節"的段落的開始。立足這些原則來分析《二年律令》的話,推定其全部有 296 章。這些成爲能與漢律全部條文相比較的根據。漢律的條文數在後漢和帝永元六年(94)爲 4989 條,泰始律的 630 條(律令全部爲 2926 條)左右,這就是能大體上把握的規模。漢初的篇數僅爲 27 篇,而變成了將近 60 篇的武帝時期的漢律的條文數,用簡單的算術方法計算的話,296 章的 2 倍大約有 600 余章,字數有 46,985 字。

《晋書・刑法志》中記載武帝時期漢律的篇數爲 60 篇。這是將九章律 9 篇、叔孫通《傍章》18 篇、張湯《越宫律》27 篇、趙禹《朝律》6 篇合計而得出來的數字。筆者認爲這就是没能親眼見過漢律的《晋書・刑法志》的作者們將"章"和"篇"混淆的代表性的事例。《晋書・刑法志》中"越宫律"和"朝律"的篇數各爲 27 篇和 6 篇,按照筆者的觀點,表現出來的"篇"的單位是"章"。漢律的篇數大體上在 50-60 篇左右。這個數字與出土律篇的數字大體上相符合。2006 年雲夢睡虎地 M77 號漢墓出土的漢律有 40 種,是迄今能確認的最大數字。M77 號漢墓的年代爲文帝末年到景帝時期,筆者推測如果武帝時期漢律 60 篇的記録正確的話,景帝以後漢律增加了 20 篇左右。

以上的篇數很多,但在魏新律中指出漢律"篇少"的問題,從而促進"多其篇條"這一工作是源於將刑律看作正律的觀念。因爲迄今能確認的漢律的篇數爲 40,雖然數量不少,但在魏新律的制定者看来這個篇數仍是少的。因此造成了在睡虎地秦律和二年律令出土之前認爲篇數極少的誤解。在文獻材料的記録中,有律的部分大幅增加,法律相互矛盾而且司法官吏惡用等記録,按照筆者的想法,律的部分雖然有大幅增加,但是"令"和"決事比"、"漢律章句"等部分的增加更大,這一點通過考察歷代律的篇數維持在一定程度上可知。

根據《晋書・刑法志》,晋的泰始律有 20 篇,620 條;泰始令有 40 篇,2306 條,律令合計爲 60 篇 2926 條,126,300 字。這個統計數值與後漢陳寵的統計相比較,可知晋泰始律制定時對漢律進行了某種程度的省略。後漢和帝永元六年(94)漢律有 4989 條,足足被減省了

2063 條。因爲將近一半的 41.3%的減省,晉律令被評價爲“文簡辭約”。41.3%的減省比想像的要大得多。

官吏們不能遍睹漢律令的情況,主要原因是關於令、決事比和漢律章句等增加很多。因爲漢律的繁苛,研究者們總是列舉的材料是之前言及的漢律章句 26272 條,這并非漢律的數量。因此,與其説是漢律的數量增加,還不如説是因爲決事比和漢律章句等的增加,所以官吏不能遍睹漢律令。筆者這一主張已通過賊律部分的增加不太多這一點得以證明。

筆者爲了追蹤漢律、魏晉律到唐律的連貫脈絡而從分析賊律入手。古人堤漢律目録雖然不完美,但是作爲可以在中間檢測其變化的資料,其時代從後漢和帝永元(89–104)年間到安帝永初(107–113)年間,與以上論及的陳寵所説的漢律令數量的時間(和帝永元六年, 94 年)一致,西漢初期二年律令的内容經過 300 年左右的時間有變化的話,在這個目録中便能反映出來。

古人堤賊律目録中有漫漶不清的字,因此討論起來不是很容易。水間大輔氏雖然指出 41 個條目中約有一半左右與《二年律令・賊律》一致,但筆者的分析結果是古人堤賊律目録的 65.8%(41 個中的 27 個)與《二年律令・賊律》是一致的。古人堤賊律目録中未確認衹有 14 個,這一方面是因爲有 7 個字跡不清楚,比較起來很困難,但是也有一部分原因在於原來《二年律令》中没有的賊律條目被加入進去。而且《晉書・刑法志》中論及的 10 個條目中,僅“賊伐樹木”、“踰封”和“儲峙不辦”不是二年律令賊律中談及的條目。若考慮到二年律令與古人堤賊律的時間相差最大有 299 年這一點,與之相同的律條的增加也就是理所當然的了。

除此之外,我們對原以爲在賊律中會被增加的《晉書・刑法志》的“改賊律”條目進行探討。結果是 11 個項目中的 5 個是賊律,除輕侮法之外,4 個賊律條目從漢初的《二年律令》以來一直存在,并不是古人堤賊律目録時期新增加的。而且輕侮法也有可能在與古人堤賊律目録同時代的和帝時期被廢止、“改賊律”中實際上没有增加。從魏晉時代材料中不能確認賊律的增加這一點看,《二年律令》賊律和古人堤賊律目録可能是後漢時代賊律的全部目録,這樣認爲也不爲過。漢初的賊律直到後漢古人堤時期爲止没有發生大的變化,但是進入到魏新律時期發生了劃時代的變化。

爲了推定漢賊律的變化接下來依次探討原屬漢賊律而在魏新律中析分到詐律中而保留下來的部分。《魏律序略》大略論及從賊律移動到詐律的條目,但實際上更爲複雜。

從賊律中分離出來進入得最多的律是詐僞律(11 條),與《魏律序略》所言相同。其次是鬥訟律(10 條),魏新律和晉律時、“鬥訟律”還没有出現之前,鬥訟律的 10 個條目在魏晉時期一直保留在賊律中。而且,雜律(4 條)和廄庫律(2 條)也有從賊律分離而來的條目。以後直到唐律階段,析分繼續進行,因此,與原賊律殘留的 14 條相比,析分至别的律中的 33 條更多。而且,不衹有分離出去的,還可見從其他律移動到賊律中來的,即,這些律從漢初以來本不是在賊律篇中的到唐律時期移動到盜賊律中去了。這些律條雖然有的原來所屬的律名很清楚是盜律、捕律、具律,但是也有不清楚原來到底屬於哪種律的律條。

本文的分析打破了過去關於漢賊律經過魏新律和晉律被“簡素化”、很多部分被廢弃的成見。《二年律令》和唐律比較的結果是漢律原來的形態和用語原樣保留、在唐律中還繼續存在。從晉泰始律中減省部分很大、賊律的條文等保存在唐律的這一情況,可以推測漢律中的正律部分没有大的毁損。

從目前的分析結果可見,從唐律來復原漢律也是可能的。然而有一個疑問是,賊律相當數量的條文保存在唐律中,怎麽可能從晉律中減省了41.3%呢?其解答便是,雖然經過魏新律的改革仍然很繁雜,律令的斷然減省是欠妥的,這一點從司馬昭所言就能得知。雖然晉律嘗試律令簡素化,但賊律的大部分仍然保留下來,這是因爲賊律中重複部分很多,因此只是省略了重複的部分。

日本走馬樓吴簡研究綜述*

湖南大學嶽麓書院　蘇俊林

1996年長沙走馬樓吴簡出土之後,引起了國内外學者的廣泛關注。日本學者運用古文書學、統計學等方法,對走馬樓吴簡進行了全面、細緻的研究,先後發表論文集7部,單篇論文40餘篇,形成了豐富的研究成果。關於日本走馬樓吴簡的研究成果,中國學者王素先生和日本學者伊藤敏雄先生都曾予以介紹。① 在二位先生成果基礎上,本文對日本走馬樓吴簡的研究成果予以綜述,以方便國内學者。

一、吴簡的性質與釋文校正

1.吴簡的性質。

(1)吴簡檔案文書的級别歸屬。在吴簡檔案文書的級别歸屬問題上,多數日本學者認同吴簡主要是臨湘縣(侯國)檔案文書的觀點。關尾史郎將《田家莂》、《竹簡》[壹]等竹簡分爲三大類十七小類,認爲這些竹簡多與臨湘侯國的田户曹有關,J22主要是臨湘侯國田户曹廢

* 本文受國家社科基金重點項目"走馬樓吴簡與孫吴縣政研究"(13AZS009)資助。

① 王素:《日本〈長沙吴簡研究報告〉第1、2集簡介》,長沙簡牘博物館、北京吴簡研討班《吴簡研究》第2輯,武漢:崇文書局,2006,270—284頁;《中日長沙吴簡研究綜述》,《故宫學刊》总第3輯,北京:紫禁城出版社,2007,528—560頁;伊藤敏雄:《地下からの贈り物——簡牘資料の価値と研究状況(10)——三国呉の地方行政をめぐる膨大な新史料(長沙走馬樓三國吴簡)》,《東方》第284號,2004,18-21頁;《新発見三国呉簡に見る三国時代》,《アジア遊學》第96號,2007,50—55頁。

弃的由其保存的各種文書。①

(2)《田家莂》的性質。關尾史郎認爲"田家莂"不是"納税證明書",可能具有土地擁有者(或耕作者)總賬、課税者總賬甚至納税者總賬等多種賬簿的作用。"田家莂"由鄉製成,由徵税一方的鄉和縣(侯國)分别保管。② 通過對校閲日期、校閲者的官職和姓名的考察,關尾史郎對年份未詳的吏民田家莂進行了分析,認爲簡 0.6 等 13 支簡屬於嘉禾四年吏民田家莂,簡 0.61 等 4 支簡屬於嘉禾五年吏民田家莂,另有簡 0.45 等 7 支簡因爲缺乏校閲者姓名的明確記録而不能依據校閲相關事項推定其年份。③

(3)名刺。關尾史郎將魏晋墓葬出土的名刺簡分爲伴有"再拜"、"問起居"的"通常型"和没有"再拜"、"問起居"的"名籍型"兩類,認爲通常型名刺簡是按照生前使用的實用名刺相同的形制重新作成跟被葬者埋葬,名籍型名刺簡具有或期待具有墓誌的功能。④ 其後關尾氏又指出,實用與隨葬兩種名刺在形狀、形式等方面基本没有差异。走馬樓的名刺簡是被日常使用後丢弃的,不是隨葬名刺,更不是道教明器。名刺簡中的"弟子"是對特定人物表示自我謙讓的稱呼,與道教信仰無關。⑤ 其利用甘肅省高臺縣博物館所藏的《某人名刺簡》,再次確認了自己對名刺簡的看法。⑥

2.釋文校正。

學者對吴簡釋文進行考釋校正的文章很多,此不一一列舉。此處羅列以釋文校正爲主題的文章。日本長沙吴簡研究會所編(伊藤敏雄、阿部幸信主編)的《〈長沙走馬樓三国吴簡　嘉禾吏民田家莂〉釋文補正》和《〈長沙走馬樓三国吴簡　嘉禾吏民田家莂〉釋文補注》,分别對《嘉禾吏民田家莂》中的 311 枚簡和 435 枚簡的釋文進行了補正、補注。⑦ 伊藤敏雄還對《竹簡》[壹]中 152 枚簡的釋文進行了補充、校正。⑧

---

① 關尾史郎:《史料群としての長沙吴簡・試論》,《木簡研究》第 27 號,2005,250—266 頁。

② 關尾史郎:《吏民田家莂の性格と機能に関する一試論》,長沙吴簡研究會《嘉禾吏民田家莂研究——長沙吴簡研究報告》第 1 集,東京,2001,3—15 頁。

③ 關尾史郎:《長沙出土年次未詳吏民田家莂に関する一試論》,《中国世界における地域社會と地域文化に関する研究》第 1 輯,東京,2002,左 1—左 8 頁。

④ 關尾史郎:《魏晋"名刺簡"ノート—長沙吴簡研究のために—》,《新潟史學》第 60 號,2008,31—41 頁。

⑤ 關尾史郎:《"名刺簡"三論》,長沙簡牘博物館、北京大學中國古代史研究中心、北京吴簡研討班《吴簡研究》第 3 輯,北京:中華書局,2011,167—175 頁。

⑥ 關尾史郎:《名刺簡に関する二・三について》,長沙吴簡研究會《長沙吴簡研究報告 2010 年度特刊》,2011,72—76 頁。

⑦ 長沙吴簡研究會編:《〈長沙走馬樓三国吴簡　嘉禾吏民田家莂〉釈文補正》,長沙吴簡研究會《長沙吴簡研究報告》第 2 集,東京,2004,95—106 頁;長沙吴簡研究會編:《〈長沙走馬樓三国吴簡 嘉禾吏民田家莂〉釈文補注》,長沙吴簡研究會《長沙吴簡研究報告》第 3 集,東京,2007,111—124 頁。二文所補正、補注的簡有重疊。

⑧ 伊藤敏雄:《〈長沙走馬樓三國吴簡 竹簡[壹]〉釈文補注(稿)》,《歴史研究》第 43 號,日本,2006,83—101 頁。

二、吴簡名籍的相關研究

1.名籍研究。

安部聡一郎根據格式將名籍分爲户主簡、家族簡、物故師佐家族簡和吏家族叛走人名簡、口數簡四類，對這四類名籍的格式及相互關係進行分析後，其認爲民籍具有掌握民間力役和使役的性質。① 其利用竹簡背面的反文和連記簡爲綫索探討了名籍的册書體式，認爲吴簡中存在以“户主Ⅰ型α)”—“家族α)”(・β))—“口數Ⅰ型α)”的體式製作的名籍；各户名籍以里爲單位彙集整理，末尾有各里的總計簡；名籍末尾有鄉的總計簡，其後附有兼具標題簡功能的上行文書；名籍整體是由前頭的簡朝向後頭編綴的。背面反文是竹簡在編綴前順向堆疊造成的轉印。② 在對名籍簡背面的反文進行分析後，安部氏認爲名籍簡背面的反文可能在製作時已經轉印，竹簡埋没後轉印的可能性很低。③

鷲尾祐子認爲“限佃”名籍與一般的名籍在里、爵、年齡、姓名等基本事項的記録上相同，但其他的記録事項不一樣。“限佃”名籍傾向見在民户，是記載“限佃”這些特殊民户的名籍。吴簡中同時存在限佃人户和限佃客，“佃”是耕作者特别是佃農的名稱，“客”是國家機關和私人役使的人。限佃人户、限佃客爲耕種他人土地的人。④ 其以連記簡(記載兩個以上人名的簡)爲對象，將《竹簡》[貳]附録的“竹簡揭剝位置示意圖”中208枚竹簡按長度不同分爲“比較短的簡”和“比較長的簡”兩類，分别對其格式進行分析，認爲示意圖和在其前後相連的簡號碼的連記簡構成的竹簡群，是嘉禾六年對廣成鄉等多數鄉的成員進行姓名、年齡等基礎性調查而製作的簿。構成同一簡册的形式被編綴而保存下來的名籍簡群，可以分爲兩種格式，格式的差异可能是因爲由不同的里造成。廣成鄉的里的户數全都爲50或50的倍數，有官方爲方便管理而將一定數量的户機械地分配爲一里的可能。《竹簡》[貳]中50歲以上的人不記載筭，是因爲嘉禾六年對這些人做出了免除筭的特殊規定。嘉禾六年的名籍具有不同於吴簡中其他名籍的特色，脱離了秦漢時代的名籍標準。⑤ 其還指出同一人書寫的同一户的簡存在文字差异。根據編綴痕的位置可以確定同册中相鄰的簡。“竹簡貳”示意圖

① 安部聡一郎:《長沙吴簡にみぇる名籍の初步的検討》,《長沙吴簡研究報告》第2集,39—53頁。

② 安部聡一郎:《試論走馬樓吴簡所見名籍之體式》,《吴簡研究》第2輯,14—24頁。

③ 安部聡一郎:《長沙吴簡における記載面裏側の状況—名簿簡・“戸品出錢”簡における—》,長沙吴簡研究會《長沙吴簡研究報告2008年度特刊》,2009,19—25頁。

④ 鷲尾祐子:《長沙走馬樓吴簡にみえる“限佃”名籍について》,《立命館文學》第619號,2010,368—387頁。

⑤ 鷲尾祐子:《長沙走馬樓吴簡連記式名籍簡の検討一家族の记録について一》,《中國古代史論叢》第7集,立命館東洋史學會,2010,53—95頁。該文中譯稿《長沙走馬樓吴簡連記式名籍簡的探討——關於家族的記録》收入《吴簡研究》第3輯,65—87頁。此以中譯稿爲據。

類的簡可能是里、鄉向縣上計的以里爲單位、男女有别的户口統計的簿。"竹簡叁"示意圖2・4有與"竹簡貳"相似的以户爲單位的人口統計，可能是鄉作成的與上計簿相關的簿，"竹簡壹"示意圖1・2周邊同一書式簡群是以户爲單位的總計簡。根據示意圖推測，"竹簡壹"與"竹簡貳""竹簡叁"可能不是同一個機關作成。[①]

關尾史郎認爲"吏民年紀簿"是鄉的責任人以鄉爲單位作成，必須記録姓名和年紀，身體狀況則按需要記載。鄉的明細簡和標題簡没有嚴格的樣式，各鄉判斷的餘地很大。在里的小計簡的基礎上，由鄉合計里的户數和口數作成吏民簿，然後提交給縣。鄉與里的標題簡和明細簡中的"吏民"不是安部聡一郎所説的"吏籍"和"民籍"。"叛走人名簿"記録吏的身份和姓名，即便没有户主簡也具有單獨名籍的功能。吏民簿的家族簡附屬户主簡，叛走簿在"吏籍"的户主簡和家族簡之外另外作成。由鄉編制的户主簡和家族簡的名籍可稱爲"諸吏簿"，縣將其中的"叛走"者抽出作成"叛走簿"。"師佐年紀簿"登載師、佐籍貫所在縣，明細簡按其籍貫縣統計師佐數、家族人數以及兩者的合計人數。從明細簡可知，師佐簿極有可能分别統計現住臨湘縣的師佐及家族和死亡的師佐及家族。現住的師佐及家族的簡和物故的師佐的家族簡合在一起按籍貫縣編制，可能是按現住的師佐特定的職業種類或師和佐分開編制。[②] 關尾又以明細簡爲中心考察了吴簡中的名籍，認爲師佐簿和吏民簿的集計簡帶有明細簡("其"字後面的内容)，叛走簿的集計簡可能没有作成對應的明細簡。師佐簿可能不重視師、佐的等級和職業，而是重視管理主體。參照西魏的記帳文書，其對吏民簿的明細簡的性質和排列進行了推測。[③]

石原遼平對吴簡名籍中的書式和出土狀況進行考察，認爲小計簡和户主簡的書式較爲統一，二者存在某種對應關係。吴簡存在"凡""右"兩種名籍，二者的製作單位、地點、時間、目的、用途等都不相同。在鄉作成的名籍的小計簡用"凡"類，需要記載算、訾；在里作成的各類名籍，大多省略算、訾。二者都要送到縣里，由縣長期保存。[④]

佐川英治將"入米簿"中"右"開始的集計簡分爲"右諸鄉入""右某鄉入""右入"三類，認爲"入米簿"是由長短不一的竹簡構成。集計簡上端空白長短存在差异，"右諸鄉入"上端空白在2cm以内，"右某鄉入"爲3cm强，"右入"在5cm以上。按照這種書式位置的高下可以確認集計簡的順次爲："右入…"→"右某鄉入…"→"右諸鄉入…"→"・集凡…"。混雜的

① 鷲尾祐子：《示意図簡册構成簡の検討と戸人の制度》，《長沙吴簡研究報告 2010年度特刊》，33—46頁。

② 關尾史郎：《長沙吴簡中の名籍について—史料群としての長沙吴簡・試論(2)—》，《唐代史研究》第9號，2006，73—87頁。

③ 關尾史郎：《長沙吴簡中の名籍について・補論—内訳簡の問題を中心として—》，《人文科学研究》第119輯，2006，1—29頁。

④ 石原遼平：《長沙吴簡名籍考—書式と出土狀況を中心に—》，《中國出土資料研究》第14號，2010，59—85頁。

“其…”開始的明細簡可能是“入米簿”之外别的賬簿的集計簡。[①]

阿部幸信認爲波(陂)塘關連簡是先書寫後編聯,寫的時候留了一定的空白。[②] 其後又對5枚“枯兼波簿”形制和編連信息進行了分析。[③]

2.名籍中的爵位問題。

永田拓治引用西嶋定生的“爵位構建國家秩序”的理論,認爲公乘在鄉里社會的身份秩序構建中發揮作用。公乘從3—99歲的年齡分布和户人女子擁有公乘爵位等的情況,是考察三國吴簡中的“公乘”“士伍”是先前“二十等爵制”的延續,還是名稱與二十等爵制相同、但在孫吴時期獨自發揮功能的體係這一問題的關鍵。文章認爲鷹取祐司“關於士伍處於爵制身份秩序第0級的位置”的意見有助於了解吴簡的相關情況。[④]

鷲尾祐子認爲吴簡所見爵位衹有公乘和士伍兩種等級,爵位制度發生了很大變化。没有記載爵位的除了可能屬於士伍外,還可能屬於公卒、庶人。[⑤]

三、土地與賦税制度

1.土地問題。

阿部幸信認爲田家莂所見的常限田、餘力田、火種田三種田不是并存的。火種田是用山地型火田農法耕作的土地,而常限田是每年課税的火種田,餘力田是用火開墾僅數年又兩年課税一次的新火種田,常限田、餘力田爲耕作形態不同的兩種火種田。[⑥] 田家莂中的“町”爲田地單位的量詞,丘中田塊面積廣、狹程度不一,有都偏大或都偏小的傾向。田塊面積大的丘跟里的名字有關聯,是舊有的平坦的地方的土地;田塊較爲狹小的丘爲新開墾的有坡度的土地。[⑦]

2.賦税制度。

關尾史郎認爲賦税納入簡是左右分券作成,由徵税方和交納方分别保管。由實物所見,

---

① 佐川英治:《長沙走馬樓三国吴簡中の租税納入簡に関する基礎的調查(1)—“入米簿”中の“右”で始まる集計簡—》,長沙吴簡研究會《吴簡研究报告 2009 年度特刊》,2010,64—80 頁。

② 阿部幸信:《長沙吴簡を実見して—調関連簡・波塘関連簡を中心に—》,《長沙吴簡研究報告 2008 年度特刊》,41—46 頁。

③ 阿部幸信:《波塘関連簡続探》,《長沙吴簡研究報告 2009 年度特刊》,18—22 頁。

④ 永田拓治:《長沙吴簡にみえる公乘・士伍について》,《長沙吴簡研究報告 2008 年度特刊》,26—33 頁。

⑤ 鷲尾祐子:《長沙走馬樓吴簡連記式名籍簡的探討——關於家族的記録》。

⑥ 阿部幸信:《長沙走馬樓吴簡所見田種初探》,《嘉禾吏民田家莂研究——長沙吴簡研究報告》第1集,16—29 頁。

⑦ 阿部幸信:《嘉禾吏民田家莂“丘”再考》,《東洋史研究》第62卷第4號,2004,32—59 頁。

賦税納入簡記録税額、勘合符號、收税吏員名字、納税人,鄉的吏員將竹簡和税物帶去交予縣的主管單位。庫吏或邸閣計量税物,確認後將竹簡切開爲左右兩半。“出”簡爲交納人的繳納證明,返還給鄉的吏員;“入”簡由庫或邸閣保管,并編制成納税者總賬。①

伊藤敏雄認爲每鄉向三州倉、州中倉交納米有一定的傾向趨勢。在超越丘的範圍内,鄉干涉到征米的可能性較大,當時并不是按丘的單位執行了倉吏責任分擔制。嘉禾四年、五年交米時間傾向集中在10月—12月和10日、20日。嘉禾五年廣成鄉和幾個特定的鄉的米與貨幣的折合率發生了特异的换算失誤。田家莂中存在不少的計算失誤、换算失誤,大部分可能是負責徵收的鄉吏造成的。嘉禾五年失誤減少的原因是采取了免收旱敗田布匹、貨幣的措施。②

阿部幸信認爲調出納簡是縣庫的出納記録,分割後被縣和鄉分别持有。“調”的徵收程式如下:以鄉爲單位分配調額;以單個或幾個丘爲單位繳納,單位内部根據户品分擔調額;歳伍、力田等負責丘内的賦課征收和額度調整,調額分配依照累進課税的原則;徵收不足時可以到市場籌措。吴簡中的調不是臨時的征發、調配,而是一種制度化賦課。③

中村威也將82件獸皮納入簡按寫格式分爲兩類(I式和II式),繳納人的丘名和姓名寫在前節爲I式,寫在後節爲II式。“皮賈錢”是官方售皮所得的代價,與官方向民間出讓獸皮有關。獸皮可以代替布匹或口算錢向官府繳納,此反映了當時長沙地區存在過疏落的森林丘陵、小山和野草繁茂草叢。④

安部聡一郎對“户品出錢”簡的“編綴痕”“斷面的狀况”“文字與編綴痕的關係”等進行分析後認爲,“户品出錢”簡本來單行使用,在縣彙集編綴成簿,廢弃時可能已經編綴。⑤ 對“户品出錢”簡的書式和形式進行調查後,安部氏認爲“户品出錢”簡有單行文書的功能,但最後還是作爲賬簿。其還考察了書式和形式特殊的簡例。⑥ 安部將吴簡中“户品出錢”簡分爲都鄉型和模鄉型兩種,認爲“户品出錢”簡中都鄉型共256枚,模鄉型共70枚。都鄉和模

① 關尾史郎:《賦税納入簡の形式と機能をめぐつて—2009年12月の調查から—》,《長沙吴簡研究報告2009年度特刊》,81—85頁。

② 伊藤敏雄:《嘉禾吏民田家莂における米納入状况と鄉・丘》,《歷史研究》第43號,日本,2006,47—81頁。該文中譯稿《從嘉禾吏民田家莂看米的交納狀況與鄉、丘》收入《吴簡研究》第2輯,90—138頁。此以中譯稿爲據。

③ 阿部幸信:《長沙走馬樓吴簡所見調納入簡初探》,《立正史學》第103號,2008,31—50頁。該文後來依據新出資料修改成《長沙走馬樓吴簡所見的“調”——以出納記録的検討爲中心》,收入《吴簡研究》第3輯,226—251頁。此以修改稿爲據。

④ 中村威也:《獸皮納入簡から見た長沙の環境》,《長沙吴簡研究報告》第2集,54—68頁。该文中译稿《从兽皮納入簡看古代長沙之环境》收入《吴簡研究》第2輯,245—257頁。此以中譯稿爲據。

⑤ 安部聡一郎:《長沙吴簡における記載面裏側の状况—名簿簡・“戸品出錢”簡における—》。

⑥ 安部聡一郎:《実見报告:書式と形態からみた“戸品出錢”簡》,《長沙吴簡研究報告2009年度特刊》,95—105頁。

鄉上品、中品較多,“户品出錢”簡是以上品、中品爲主的簡。背面没有記載文字的簡集中在模鄉型,所以跟都鄉(吏民自己交予縣)不一樣,模鄉型簡在鄉收取編綴以後呈送到縣的田户曹。從都鄉、模鄉的手續順序看,其文書格式和簿籍的作成過程存在較大差异。都鄉是在縣編聯,模鄉在鄉編聯,所以模鄉省略了背面的記載。鄉的事務由其自己裁定,鄉有一定的獨立性。“户品出錢”簡的制度背景是後漢的遺制。[①]

伊藤敏雄認爲施加在具體數值上的朱筆爲校閲後追加部分的記録,朱筆的“中”“已”字爲對賦税繳納情况校閲後確認的印記。也有不少使用墨筆的情况,其作用相同。[②] 其後再次確認了上述觀點,但對“中”字有所細化。[③]

四、地方行政及官吏系統

1.丘、里、鄉系統。

小嶋茂稔認爲當時存在著“鄉”—“丘”的租税徵收系統,“丘”是人爲設置的徵收租税的組織。用“丘”來稱呼新設置的徵税組織可能有東漢末期三國初期井田復活思潮的影響。[④] 森本淳認爲“丘”既可以是居住所在地,又可以是田地所在地。[⑤] 關尾史郎不同意將“田家莂”中的“丘”解釋爲顯示田地所在和所屬的説法,認爲“丘”不僅僅是表示居住空間的名詞,還是長沙郡一帶成爲制度的鄉以下的區劃和單位。“里”爲本籍,“丘”爲實際居住地。[⑥]

阿部幸信認爲丘不是自然聚落或自治組織,而是人爲設置的行政組織,是血緣集團解體後孫吴政權在基層社會發揮控制力的結果,體現了孫吴政權對基層社會的控制程度。丘可能有徵税單位的性質,但不能説其本來就是作爲徵税單位而設置的。[⑦] 丘具有居住空間的性質。同一人物同時在多個丘擁有田地,可能森本淳的“丘是居住地同時又是田地所在地”的説法更可信。由於戰亂、蠻族攻擊、流民侵入、田地防衛、灾害影響、水利設施以及田地管理

---

① 安部聡一郎:《走馬樓吴簡中所見“戸品出錢”簡の基礎的考察》,藤田勝久等編《東アジア出土資料と情报伝達》,東京:汲古書院,2011,77—99頁。

② 伊藤敏雄:《長沙吴簡中の朱痕・朱笔・“中”字について》,《長沙吴簡研究報告 2009 年度特刊》,87—94頁。

③ 伊藤敏雄:《長沙吴簡中の朱痕・朱笔・“中”字について(その2)—2011年3月の調查结果をもとに—》,《長沙吴簡研究報告 2010 年度特刊》,11—17頁。

④ 小嶋茂稔:《“丘”についての一試論》,《嘉禾吏民田家莂研究——長沙吴簡研究報告》第1集,30—41頁。

⑤ 森本淳:《嘉禾吏民田家莂にみぇる同姓同名に関する一考察》,《嘉禾吏民田家莂研究——長沙吴簡研究報告》第1集,68—79頁。該文後收入其著《三国軍制と長沙呉簡》,東京:汲古書院,2012。

⑥ 關尾史郎:《長沙吴簡所見“丘”をめぐる诸問題》,《嘉禾吏民田家莂研究——長沙吴簡研究報告》第1集,42—54頁。

⑦ 阿部幸信:《嘉禾吏民田家莂“丘”再考》。

等,當時民户并不一定在“里”居住,而是住在遠離“里”的場所如“丘”、“邑下”等。居住在同一丘的人的名籍屬於不同的鄉,爲了避免再次徵收或没有徵收賦税,所以用表示居住地的丘來徵收算賦、調布等賦課。嘉禾4年、5年中步數有無的不同可能與記録丘的畝數的鄉吏的個性有關。丘的設置不是國家對社會的迎合,不可以太重視孫吴政權的脆弱性而認爲國家與社會的對立。通過考察旱敗率,其還分析了氣候對孫吴社會的影響。①

高村武幸認爲臨湘侯國的鄉規模似乎并不大。一鄉平均由4—6里、200户、1000人構成。鄉的職掌包括負責徵税、製作和管理户籍,可能還兼管本鄉司法,與漢代鄉的職掌没有多大變化。“鄉勸農掾”是縣的諸曹掾史還是代替鄉嗇夫的鄉的主管者,尚不清楚。②

關尾史郎認爲賦税納入簡中竹簡和木簡分開使用還是混用并不確定,冠以“小”字的鄉可能是因爲人口增長從母鄉分割出的鄉。師佐簿中有他州、他郡向臨湘供給師佐的情況,永新倉爲永新縣的倉,永新縣是臨湘侯國以外長沙郡的縣。③

2.關邸閣、倉、庫系統。

關尾史郎認爲“關邸閣”的“關”是動詞,爲“關白”“通知”之意。④ 安部聡一郎從管理三州倉、州中倉都爲縣吏的情况確認三州倉、州中倉都是臨湘侯國管轄下的倉,屬於縣倉。兩倉能够并存,雖然任務可能不同,但都不是“轉運倉”。當時存在特定的丘向特定的倉納米的體制,此種體制與税目、田種有關,且州中倉的規模較三州倉大。⑤

伊藤敏雄認爲田户曹史、三州倉吏、州中倉吏、庫吏均爲縣吏。三州倉不是轉運倉,三州倉、州中倉都有縣倉的功能。州中倉的規模較三州倉大,在州中倉不足的情况下要從三州倉轉運。“關邸閣”的“關”爲動詞,邸閣爲軍用倉庫,負責軍糧的調度、儲藏等,并作爲州中倉和三州倉的中介而發揮作用。⑥ 米納入簡的書式存在“A形式”(基本的米納入的書式)和“B形式”(特殊的米納入的書式)兩種類型,“C形式”是記録納入米的種類和數量的簡,與“邸閣”關係不明的簡作爲“D形式”(廣義上它也包含在“A形式”中)。“丞”“主記”極可能爲“縣丞”“縣主記”。三州倉爲縣倉,州中倉爲郡倉但也兼有縣倉的功能。三州倉的邸閣爲董基、州中倉對應的邸閣是郭據和李嵩,邸閣和倉存在對應關係。吴簡中的“邸閣”爲職務名

① 阿部幸信:《小型竹簡と旱敗率よりみた“丘”》,《長沙吴簡研究報告》第2集,3—23頁。

② 高村武幸:《長沙走馬樓吴簡にみえる鄉》,《長沙吴簡研究報告》第2集,24—38頁。

③ 關尾史郎:《〈湖南長沙三国吴簡〉の賦税納入木簡について》,《長沙吴簡研究報告2010年度特刊》,64—71頁。

④ 關尾史郎:《吏民田家莂の性格と機能に関する一試論》。

⑤ 安部聡一郎:《嘉禾4年・5年吏民田家莂にみえる倉吏と丘》,《嘉禾吏民田家莂研究—長沙吴簡研究報告》第1集,55—67頁。

⑥ 伊藤敏雄:《關於長沙走馬樓簡牘中的邸閣、州中倉、三州倉》,長沙市文物考古研究所《長沙三國吴簡暨百年來簡帛發現與研究國際學術研討會論文集》,北京:中華書局,2005,113—123頁。

稱,負責監督米的納入和移動。[①] (与三州倉对应的)邸閣按照县書指示从三州倉向州中倉转运,吴簡中存在“州中邸閣”“三州邸閣”的用语,州中倉、三州倉与邸閣存在对应關係,对应的倉明确的时候在手續上可以省略“州中”或“三州”而衹记录“邸閣”。[②] 東鄉、乐鄉向三州倉納米,都鄉、南鄉、中鄉、西鄉向州中倉納米为主,桑鄉、平鄉在嘉禾四年向三州倉納米为主,广成鄉、小武陵鄉向两倉納米。[③] “邸閣”如“邸閣左郎中”“邸閣右郎中”“邸閣郎中”三者为州派遣(或由州任命),米的納入和移动受其监督,州中倉对应的二名“邸閣左郎中”“邸閣右郎中”、三州倉对应的一名“邸閣郎中”,可以略称为“邸閣”。州中倉的邸閣爲郭據和李嵩,郭據主要負責黄龍二年——嘉禾二年三月穀物的納入,李嵩主要負責嘉禾二年四月以後。“D 形式”主要在嘉禾元年至嘉禾二年正月使用;“A 形式”主要在嘉禾二年正月以後使用、“D 形式”和“A 形式”的使用時間有重合。三州倉倉吏基本一名,嘉禾二年九月到十月爲穀漢、鄭黑二人同時存在的時期,可能是二人的交替期。[④]

谷口建速總結了“月旦簿”的基本構成元素,認爲“月旦簿”是按穀物種類對每月納入數的總計記録,是向上級機關的報告。穀倉記録文書分三種:一件一件的納入記録爲納入簡 I 型,在穀物納入之際作成,記録納入穀物的種類和數量、納入時間、交納人和接受吏的姓名等;數日的納入記録爲“賦税總賬木牘”,記録其間納入穀物的總數、種類,并向上級報告;按穀物種類對每月納入數的總計記録爲“月旦簿”,是穀倉向上級機關(倉曹)的報告。通過對移送穀物簿、明細簡、“已入”簡與“未畢”簡、“領”簡等的格式、性質的分析,谷口氏考察了吴簡賬簿的多樣性,認爲穀倉業務複雜,穀倉管理制度嚴密。[⑤] “邸閣”可能是在倉的機構(倉曹——各個倉)外部監督糧穀物流的“州級”官,三州倉具有州中倉的下屬性質。三州倉由於縣和“邸閣”(可能“州級”)的指示轉移穀物到州中倉,州中倉由於“督軍糧都尉”(可能爲“郡級”)或者“節度”(中央官)的指示支出穀物作爲軍糧。“邸閣”的參與是爲了確保軍糧不出差錯。[⑥] “樓船”可能是官職的略稱,吴簡中冠以“樓船”的將領負責臨湘侯國周邊穀物的運輸。邸閣的正式官名爲邸閣郎中,邸閣郎中按照督軍糧都尉和右節度府的指示支出穀

① 伊藤敏雄:《長沙走馬樓吴簡中の“邸閣”再検討—米納入簡の書式と併せて—》,太田幸男、多田狷介編《中国前近代史論集》,東京:汲古書院,2007,301—326 頁。

② 伊藤敏雄:《邸閣・穀物移送関係簡と水利関係簡について》,《長沙吴簡研究報告 2008 年度特刊》,47—52 頁。

③ 伊藤敏雄:《長沙吴簡における米納入状況再考》,《歷史研究》第 47 號,日本,2010,69—97 頁。

④ 伊藤敏雄:《長沙吴簡中の邸閣・倉吏とその関係》,《歷史研究》第 49 號,日本,2012,21—45 頁。

⑤ 谷口建速:《長沙走馬樓吴簡における穀倉関係簿初探》,《民衆史研究》第 72 號,2006,45—61 頁。

⑥ 谷口建速:《長沙走馬樓吴簡所見孫吴政權的地方財政機構》,武漢大學簡帛研究中心編《簡帛》第 5 輯,上海古籍出版社,2010,497—510 頁。

物,吴簡中存在“右節度府——督軍糧都尉——邸閣(—倉吏)”的指示系統。①

谷口建速認爲吴簡中的賦税先納入到“庫”這一具有縣級功能的地方,“庫”的物資支出受郡府的指示。長沙郡所置“西庫”、臨湘縣的“庫”接受和移送錢以及錢納入穀倉之際,都受到“邸閣”的監督。“庫”收藏的錢主要用於以下用途:獸皮、布等物資的購入、支付給軍隊、借貸、向郡府移送等。②

中林隆之認爲“貸米”的對象爲貧民的時候以鄉爲單位還納給三州倉,州中倉的“貸米”交給三州倉(倉吏或屯田司馬)。三州倉分月統計,按所貸米的類别進行收納和管理,再對一年或幾年的“貸米”分類别進行總計,然後向上級報告。③

3.其他。

小嶋茂稔認爲孫吴時期臨湘侯國統轄的鄉及侯國與鄉的關係與漢代是一樣的。孫吴時期長沙郡存在多個督郵監察區,臨湘縣(侯國)當在中部督郵的監察之下。督郵指揮下的縣的郵書掾與臨湘侯國的租税徵收存在聯繫。郡吏督郵統轄下的録事掾、核事吏爲縣吏的事例説明當時具有監督職務的督郵起到了長沙郡和臨湘侯國之間媒介的作用,郡的機構可能包括縣的屬吏。從走馬樓吴簡反映的國家統治機構和方式看,孫吴國家統治的基本組織繼承了漢制,二者并没有太大的差别。孫吴在吏員設置和機制運作等方面與後漢存在繼承關係。吴簡中的“丘”制至遲在後漢靈帝時期已經存在,推測靈帝時期臨湘縣的社會秩序基本爲孫吴政權所繼承。諸現象表明孫吴政權與後漢存在繼承性,但也有自己的獨特性,其在繼承後漢的基礎上在支配的組織等方面進行了適合江南地區的脱胎换骨的改變。④

森本淳認爲“督”本爲“監軍”,吴簡體現了孫吴“都督制”向下層組織浸透的現象,簡3-3936“領”前所缺爲“督軍”,結合“督軍”和“郡太守”并列的史實分析,“督軍”有爲本官的可能性。⑤

谷口建速對穀物支出記録進行考察,認爲吴簡中的“督軍糧都尉”與“督軍糧御史”爲同一系統的官,還是同一官在不同場合的不同稱呼,現在還不明白。爲“督軍糧都尉”配置軍吏

---

① 谷口建速:《穀物搬出記録の個別事例—“塩賈米”を中心として—》,《長沙吴簡研究報告 2010 年度特刊》,18—32 頁。

② 谷口建速:《走馬楼呉簡にみえる庫関係簿と財政系統》,《社會・經濟・觀念史視野中的古代中國 國際青年學術會議暨第二屆清華青年史學論壇論文集下》,清華大學,2010,765—781 頁。

③ 中林隆之:《“貸米”・“貸食米”簡をめぐる予備的考察》,《長沙吴簡研究報告 2008 年度特刊》,61—65 頁。

④ 小嶋茂稔:《後漢孫吴交替期における臨湘県の统治機構と在地社会—走馬樓簡牍と東牌楼簡牍の記述の比較を通して—》,《長沙吴簡研究報告》第 3 集,12—26 頁。

⑤ 森本淳:《長沙吴簡からみる孫吴の下級軍事制度考初編》,《長沙吴簡研究報告 2008 年度特刊》,70—74 頁。該文後收入其著《三国軍制と長沙呉簡》,東京:汲古書院,2012。

的情況暗示其是帶有軍事性質的官。[①]

五、吴簡所反映的社會生活

1.家庭。

町田隆吉用“同居”的概念將“户”界定爲“同居”的多種親族,包括同姓親族、母族、妻族以及异姓親族,認爲“同居”爲當時長沙地區“户”的特徵。户有向口數爲3—5人集中的傾向,當時家族不是以平均5人的家族爲主。名籍中的“户”可以分爲單純家族世代(核家族世代)、擴大家族世代、多核家族世代和非家族世代四類。孫吴政權按“世代”編成的“户”具有相互扶助的功能,以保障同居的貧弱者的生活。[②]

鷲尾祐子認爲限佃户一户的口數非常少,多在2人以下。經濟因素左右構成户的人數的多寡,經濟條件與家族的規模相關連。當時長沙郡臨湘國存在多樣的家族構成,但是從夫妻2人爲户的情況可以得知,夫妻家庭是當時的基層單位,同時也是生産的核心組織。[③] 鷲尾祐子統計了《竹簡[壹]》、《竹簡[貳]》、《竹簡[叁]》中258件名籍的夫妻年齡差,認爲夫妻年齡差0—5歲約占40%,相差10歲以上約占28%。以丈夫年齡段爲基準計算的年齡差則更爲明顯,丈夫爲10—19歲者有妻爲高齡的傾向;20—29歲平均年齡差爲1.76,夫妻間没有明顯的年齡差;50—59歲的年齡差約是30—39歲或40—49歲的2倍;40—49歲與50—59歲之間的平均年齡差變化顯著。隨著丈夫的高齡化,夫妻的年齡差有擴大化的傾向。相對50—59歲以後,50—59歲以前夫妻的平均年齡差不是太明顯。根據丈夫的年齡、年齡差的傾向認爲當時的人多在50—59歲死亡,在妻子死後丈夫又迎娶了年少的後妻。走馬樓吴簡中的多種名籍,可能是在不同時期和場合作成。[④]

2.性别與姓名。

森本淳對嘉禾吏民田家莂近2000個人名中同名同姓情況進行考察,認爲同丘、同身份、同姓同名者爲同一人,同丘、同姓同名、不同身份也極可能是同一人。考慮到臨湘侯國内兩人以上同姓名存在的可能性極低,不同丘但同姓同名的吏也應爲同一人。不同身份或者不

① 谷口建速:《穀物搬出記録とその周辺》,《長沙吴簡研究報告2008年度特刊》,53—60頁。

② 町田隆吉:《長沙吴簡よりみた“戸”について—三国吴の家族構成に関する初步的考察—》,《長沙吴簡研究報告》第3集,27—47頁。

③ 鷲尾祐子:《長沙走馬樓吴簡にみえる“限佃”名籍について》。

④ 鷲尾祐子:《走馬樓吴簡から見える家族の情况について一夫婦間の年齡差などから—》,《長沙吴簡研究報告2009年度特刊》,35—55頁。

同丘,是因爲身份或居住地發生了變化。[①] 滿田剛認爲田家莂中諸如龔、胡、石、張、田、魯、向、文、梅(包括與其通用的“栂”)、秦、陳、李、潭、鄭、雷、趙、潘(包括與其通用的“番”)、黄、桓、孫、區、范、仇、楚等都可能是蠻姓,其中出現次數較多的前 10 姓爲烝、黄、謝、鄧、潘、李、陳、張、唐、吴。[②] 嘉禾四年、五年田家莂中登場的人物有 39.9%可能爲蠻族(嘉禾四年 44.5%,嘉禾五年 37.6%)。長沙地區一定數量的蠻族的存在,對探討漢族的支配程度、蠻族的漢化等都極爲重要。[③]

3.疾病。

豬飼祥夫認爲吴簡中的疾病除了“腹心病”相當於“心腹痛”外,其他疾病都還不能被確認。[④] 福原啓郎認爲户籍簡所記疾病大多爲“殘疾”。手足部位的身體的特徵有“刑”、“雀”、“腫”、“踵”,其中“腫”、“踵”是病名,“雀”可以解釋爲“截”,“刑”有“刑傷”之意。“刑”、“雀”都不是肉刑而是外傷,衹是程度不同而已。[⑤] 其對吴簡所見的疾病進行數量統計後指出,吴簡名籍簡的重要特徵是將身體的狀況作爲是否承擔勞役的判斷標準。[⑥]

4.借貸。

谷口建速認爲穀物納入記録簿與“貸食”米的納入記録簿在簡的形制、書寫格式、簿的性質等相似,但納入穀物的性質不同。穀物貸與對象是一般的民衆。鄉“貸食”總計在數斛—10 斛的程度,當時平均一人(一户)貸與 3—5 斛,鄉的大部分人都貸與了“貸食”米,可能官府對多數吏民小額貸與。貸與以鄉爲單位辦理手續。返還時間集中在九月—十二月,在糧食不足的夏季以後借貸,跟賦稅的穀物一起返還、納入。“貸食”米要繳納利息,但利息率現在還不明確。生産目的的“種糧”貸與是與消費目的的“貸食”并行的貸與業務,它是在郡太守的指示下進行的對貧民的政策。“出禾”簿以鄉爲單位製作,“禾”的貸與、返還有鄉的存在。集計簡是鄉的下級行政單位——“丘”爲單位統計,集計記録衹在“取禾”簿看到。“禾”的貸與對象大部分是一般民衆,少部分是户主爲新吏、縣吏的户,跟“貸食”對象一樣爲吏民。“禾”的貸與額度與“夫”的人數不對應,夫的人數的增減不與貸與額度相對應説明其不是食料爲目的而是生産爲目的。基本貸與額度是一户一斛。從“貸”禾、“取”禾一户一斛的基本

① 森本淳:《嘉禾吏民田家莂にみえる同姓同名に関する一考察》。

② 原文中前 10 姓中“潘”姓出現兩次,現將後一次去掉。

③ 滿田剛:《長沙走馬樓吏民田家莂に見ぇる姓についぃて》,《嘉禾吏民田家莂研究——長沙吴簡研究報告》第 1 集,80—93 頁。

④ 豬飼祥夫:《〈長沙走馬樓三国吴簡・竹簡〉と〈傷寒論〉》,《日本醫學史雜誌》第 51 卷第 2 號,2005,312—313 頁。

⑤ 福原啓郎:《長沙吴簡に見ぇる“刑”に関する初步的考察》,《長沙吴簡研究報告》第 2 集,69—84 頁。

⑥ 福原啓郎:《長沙吴簡に見ぇる疾病の表記に関する若干の検討》,《長沙吴簡研究報告 2008 年度特刊》,34—40 頁。

貸與額與返還額的記録看,極有可能是不收利息的。爲了避免民貸出的“貸米”在返還的時候重複收取,在帳户上有嚴格的區别和管理。①

六、其他

1.吴簡的數值列表及使用。

日本學者很重視數值的統計,常以統計的數值爲論證依據。除了作者论文中製作的相關數值列表外,此处值得介绍的是对吴簡中的數值所做的专门列表,为關尾史郎主编、阿部幸信和伊藤敏雄編著的《嘉禾吏民田家莂數值一览(I)》,②和關尾史郎主編、伊藤敏雄編著的《嘉禾吏民田家莂數值一覽(II)》。③《數值一覽(I)》和《數值一覽(Ⅱ)》的編制,爲研究吴簡提供了極大便利。阿部幸信利用《數值一覽(I)》中的《嘉禾吏民田家莂田土額一覽》,對嘉禾四年、五年町數與畝數的數量關係進行研究。④ 伊藤敏雄分析了吴簡賬簿中的米、布、錢的换算比率,認爲可能存在因爲計算失誤而向農民多徵收的情况。⑤

2.書法藝術。

鶴田一雄通過對5件田家莂、15件竹簡文字的分析,認爲點畫有省略、帶有行意的文字在吴簡中較多,部分字帶有波勢,一部分有草書,楷書也開始萌芽,書體在隸書、行書、草書、楷書上有多種選擇。⑥

在研究方法上,日本學者多使用古文書學、統計學等方法來研究走馬樓吴簡。自森鹿三先生提出“古文書學”方法之後,經過數十年的發展和運用,日本學者運用古文書學方法研究吴簡已經非常嫺熟。除了古文書學方法之外,日本學者也非常重視統計學方法,用統計數據來進行細緻、深入的分析,并得出了許多令人信服的結論。日本學者的研究方法對中國學者也産生了重要影響。一方面,受此影響,中國學者廣泛運用古文書學方法研究吴簡,中日吴簡研究在研究方法上有逐漸趨同的傾向。另一方面,日本學者大量使用統計學方法,而目前

① 谷口建速:《長沙走馬樓吴簡にみえる“貸米”と“種粻”—孫吴政權初期における穀物貸与—》,《史観》第162册,2010,43—60頁。

② 關尾史郎、阿部幸信、伊藤敏雄:《嘉禾吏民田家莂数值一覽(I)》,“長沙走馬樓出土吴簡に関する比較史料学的研究とそのデータベース化”資料叢刊,2005。

③ 關尾史郎主編,伊藤敏雄編著:《嘉禾吏民田家莂数值一覽(Ⅱ)》,“長沙走馬樓出土吴簡に関する比較史料学的研究とそのデータベース化”資料叢刊,2007。

④ 阿部幸信:《嘉禾吏民田家莂数值データの整理と活用》,《長沙吴簡研究報告》第3集,5—11頁。

⑤ 伊藤敏雄:《三国吴の帳簿の計算ミス》,《東アジア研究》第37號,2003,1—2頁。

⑥ 鶴田一雄:《長沙走馬樓吴簡の書風雜感》,《長沙吴簡研究報告2009年度特刊》,107—114頁。

中國學者對統計學方法則不够重視。這又表現出一定的差异性。但是我們也應注意到中國學者在研究方法上的努力。如侯旭東、凌文超等先生對吴簡簿籍的復原和整理,于振波先生運用統計學方法取得的大量研究成果。中國學者的不懈努力,必將在推動吴簡内容研究的同時,促進方法上的進步。

本文對日本關於走馬樓吴簡的研究性文章進行了綜述,介紹性文章暫未納入。囿於篇幅所限,綜述時難免有挂一漏萬之處,詳細内容請參見原文。另外,雖然我們盡力搜集日方研究成果,但還是有數篇論文未能搜集到,[①]未能納入綜述之中,是爲遺憾。

後記:東京大學博士生石原遼平先生爲本文的寫作搜集了大量日文資料,并修訂了不少錯誤。湖南大學嶽麓書院于振波教授和審稿老師提出了不少修改意見,本文多有采納。在此一并表示感謝。

① 未搜集到的文章有:小林洋介:《正倉院籍账と長沙走馬樓三国吴簡》,《史觀》第153册,2005,1—21頁;渡辺明:《走馬樓出土三国吴簡における字形上の特徵とその位置づけ》,《上越教育大学国語研究》第23號,2009,80—88頁;谷口建速:《長沙走馬樓吴簡にみえる"限米"—孫吴政権の財政に関する一考察—》,《三國志研究》第3號,2008,49—65頁;谷口建速:《長沙走馬樓吴簡にみえる穀物財政システム》,工藤元男、李成市編:《東アジア古代出土文字資料の研究》,東京:雄山閣,2009,182—206頁;谷口建速:《長沙走馬樓吴簡に見える"塩米":孫吴政権の財政に関する一考察(その2)》,《早稻田大學大學院文學研究科紀要》第4分册第57號,2011,111—129頁;鷲尾祐子:《走馬樓吴簡吏民簿と鄉の状況:家族研究のための予備的検討》,《立命館東洋史學》第35號,2012,35—74頁;關尾史郎:《長沙吴簡中の賦税納入簡について:作成者の問題を中心に》,《资料学研究》第9號,2012,1—11頁。

附录:《簡帛研究》文稿技術規範

《簡帛研究》文稿技術規範在原有基礎上進行了適當調整,從《簡帛研究二〇一四》輯開始執行,敬請同仁垂注。

一、作者投稿,敬請惠寄打印稿或電子稿(WORD+PDF文檔)。文稿務請達到齊(内容提要、關鍵詞、正文、注釋均完整無缺)、清(整齊清晰)、定(係作者定稿)。

二、文稿全文繁體横排(如果需要保留格式,個别簡文可豎排)。標題下標出作者工作單位、姓名。如果是國外學者,請在工作單位前添加國别,并加“[ ]”,如[韓]。内容提要300字以内,關鍵詞3—5個。

三、文内分層或小節的標題數字順序依次是:一、,二、,三、,四、……;(一),(二),(三),(四)……;1.,2.,3.,4.……;(1),(2),(3),(4)……。文内一級標題漢字數碼后用顿号,後出標題題文,文内二級、四級標題後緊接標題,三級標題阿拉伯數字後加“.”。如:

一、名籍的格式

(一)物價波動狀況與换算失誤

1.臨潼銀鋌與安邑分司

(1)婺源縣的事例

四、爲突出引文的重要而另立段落者,引文第1行起首空4格,從第2行起,每行之首均空2格。引文的首尾不加引號。引文的注釋號標在引文最後標點之後。

五、系統在默認狀態下不能處理録入的文字,請造字或以圖片形式插入正文。

六、關於數字的用法:

(一)數字用法以國家技術監督局1995年12月公布的《出版物上數字用法的規定》爲基本依據,并考慮到本專業的特殊性。

(二)如下情形使用阿拉伯數字:

1.作者的一般性叙述。如:

漢武帝實行鹽鐵官營,在全國40個郡國中設立鐵官49處。

2.公曆世紀、年代、年、月、日。如：

1922 年 12 月初，顧頡剛到商務印書館編譯所任專任編輯。

3.公制的度量衡單位計數與計量，包括正負數、分數、小數、約數和百分比，各種物理量值。如：

中國歷史博物館藏唐武德元年銅權重 464.2 克。

清代農業人口占人口總數 90%以上，構成全國人口的主體。

4.表示順序號、數據及計量單位均用阿拉伯數字。

（三）如下情形使用漢字：

1.古籍文獻中的數字。如：

《晋書》卷一一《天文志上》："古舊渾象以二分爲一度，凡周七尺三寸半分。"

2.古籍文獻中的卷數。如：

《册府元龜》卷三五《帝王部・封禪一》

3.中國朝代的年號及干支紀年使用漢字，其後加括號標出公元年代，但不寫出"公元"、"年"字。如：

乾道六年(1170)，元狩四年(前 119)

4.數字作爲詞素構成定型的詞、詞組或慣用語。如：

相差十萬八千里，十之八九，四分五裂

5.帶有"幾"字的數字。如：

幾千年以來

七、文内標點符號用法

（一）標點符號以國家技術監督局 1995 年發布的《標點符號用法》爲依據。

（二）連接號"—"爲短横(一字綫)，占兩個字符。

如：中國秦嶺—淮河以北地區屬温帶季風氣候。

（三）引文或行文中的省略號，前、後均不加逗號或句號。

如：《左傳》隱公十一年《傳》："與鄭人蘇忿生之田……盟……"

八、表格需注明表題，文中含一個以上的表需注明表序號，表中或表後應注明資料來源。如：

表 1 明天啓元年(1621)北京五城鋪甲户數統計表

五城	鋪數	甲數(名)	户數(户)
中城	53	2544	25440
東城	173	3608	36080
南城	135	4330	43300
西城	101	3764	37640
北城	63	873	8730
合計	525	15119	151190

資料來源:《明熹宗實録》卷九。

九、注釋格式

(一)注文采用頁下注,每頁連續編號。

(二)注號采用阿拉伯圓圈數字,如:①、②、③。

(三)正文中的注號,無論隨文還是提行引用,一律標注在引號、逗號、分號、句號的後面。

(四)徵引古籍

1.徵引古籍標注一般順序:撰寫時代/撰寫者/著作名/卷數/版本/出版地點(出版社社名中已標示其所在地者,可不必再標地名)/出版社/年份/頁碼。影印古籍、未經今人整理的古籍亦出册頁。撰寫者時代以[]標出。如:

[宋]張齊賢:《洛陽縉紳舊聞記》卷五,文淵閣《四庫全書》本,上海人民出版社,1986,第231册,45頁。

2.習見古籍如二十四史、十三經、十通、《太平御覽》等書,徵引時可不出撰寫者時代和撰寫者。如:

《晋書》卷一四《地理志上》,北京:中華書局,1974,406頁。

《資治通鑑》卷一八五《唐紀一》貞觀元年,北京:中華書局,1956,5777頁。

(五)近人專著標注一般順序:責任者與責任方式/著作名/出版地點/出版社/年份/頁碼。

1.多卷本著作標明卷名,多人撰寫的著作應標出具體責任人。如:

林甘泉主編:《中國經濟通史·秦漢經濟卷》上册,第1章《緒論》(林甘泉撰寫),北京:經濟日報出版社,1999,8頁。

2.文集責任者與析出文獻責任者相同,省去文集責任者。如:

徐中舒著:《殷人服象及象之南遷》,《徐中舒歷史論文選集》,北京:中華書局,1998,78頁。

3.文集責任者與文集析出者相同,但字面關係不明,可在文集前加上"收入其著"。如:

齊思和著:《毛詩穀名考》,收入其著《中國史探研》,北京:中華書局,1981,24頁。

4.文集責任者與文集析出者不同,應標出責任人。如:

顧頡剛著:《九州島之戎與戎禹》,中國社會科學院科研局組織選編《顧頡剛集》,北京:中國社會科學出版社,2001,101頁。

5.期刊文章標注順序:責任者與責任方式/著作名/期刊名/年期(或卷期,出版年月)。同名异地刊物應有區别説明。如:

潘明娟著:《從鄭州商城和偃師商城的關係看早商的主都和陪都》,《考古》2008年第2期。

李濟著:《創辦史語所與支持安陽考古工作的貢獻》,《傳記文學》(臺北)第28卷第1期,1976。

6.報紙文章標注順序:責任者與責任方式/著作名/報紙名稱、出版年月日/版次。如:

楊伯達著:《東北夷玉文化板塊的男覡早期巫教辨》,《中國文物報》2008年4月9日第7版。

7.網絡文章標注順序:責任者與責任方式/著作名/網站名稱/年月日。如:

邢義田著:《漢代簡牘的體積、重量和使用——以中研院史語所藏居延漢簡爲例》(修訂稿),簡帛網,2008年4月5日。

(五)外文文獻標注順序。西文專著:責任者與責任方式/著作名/出版地點/出版者/出版時間/頁碼。著作名用斜體,出版地點後用英文冒號,其餘各項間用英文逗點隔開。西文期刊:責任者與責任方式/著作名/期刊名/卷册及出版時間。著作名用英文引號標出,期刊名用斜體。引文跨頁用"pp. X-X"。日文、韓文等專著和期刊標注方式基本相同。日文、韓文等中的漢字請遵照其本來寫法,如發展的"發",日文寫作"発";"變"寫作"变","學"和"國"仍用簡體等。如:

T'ung-tsu Ch'ü, *Han Social Structure.* Seattle and London: University of Washington Press, 1972, p.121.

Brain E. Mcknight, *The Quality of Mercy: Amnesties and traditional Chinese Justic.* Honolulu: University Press of Hawaii, 1981, pp.37-72.

宮崎市定著:《九品官人法の研究——科挙前史》,京都:同朋舍,1971,179頁。

中村圭爾著:《魏晋時代における"望"について》,《中国-社會と文化》2,1987,25頁。

方東仁著:《韓國의國境綫劃定研究》,首爾:一潮閣,1997,100 頁。

金文植著:《조선후기지식인의자아인식과타자인식》,《大東文化研究》39,2001,19 頁。

(六)譯著格式:責任者國别/責任者與責任方式/翻譯者/著作名/出版地點/出版者/出版時間/頁碼。國别以[ ]標注,責任者需以括號標出本名,責任者和翻譯者間用逗點間隔。

譯文格式:責任者國别/責任者/翻譯者/著作名/刊名/出版時間或卷册。國别以[ ]標注,責任者需以括號標出本名,以書代刊出版物標出出版單位和時間。如:

[英]柯林伍德(R.C.Collingwood)著,何兆武、張文杰譯:《歷史的觀念》,北京:中國社會科學出版社,1986,155 頁。

[德]科卡(Juegen Kocka)著,景德祥譯:《全球化時代的社會史研究》,《史學理論研究》2007 年第 1 期。

[日]大庭脩著,徐世虹譯:《〈居延漢簡補編〉的出版》,《簡帛研究二〇〇一》,桂林:廣西師範大學出版社,2002,567 頁。

十、各朝代的簡帛資料,參照所引底本内容、格式、符號、標記、編號照録,或采用通行方法,如《吴簡研究》第 3 輯(北京:中華書局,2011,405 頁)附録的"吴簡徵引格式"。引用簡牘是否斷句、加標點,不做統一要求。

十一、其他

(一)凡徵引文獻以"參見"、"詳見"、"并見"等引導,責任人直接與文獻連接。如:

參見傅衣凌《明清社會經濟變遷論》,北京:人民出版社,1989,152 頁。

(二)同一文獻再次引用時,注釋中只標出責任者、著作名和頁碼。一律不采用"前揭"、"前引"、"同前注"、"同上注"等。

(三)出版物的出版時間均采用公曆。

(四)需要標出基金項目、資助等,在文章標題後加注,注釋符號爲" * "號,在頁下脚注寫出説明性文字。

(五)文稿附加文字如鳴謝等置於全文後,另段標出。

徵稿簡約

一、本刊作爲中國社會科學院簡帛研究中心的專業性學術刊物，歡迎與下述內容相關的論文投稿：

1.出土簡帛的辨識、考證；2.根據出土簡帛考辨史實，研究中國古代的各種制度、思想文化以及社會發展狀況；3.有代表性的國外簡帛研究譯文；4.簡帛研究綜述；5.簡帛研究論著評論；6.簡帛研究論著索引。

二、本刊提倡嚴謹的學風，堅持“百花齊放、百家爭鳴”的方針，堅持相互尊重的自由討論。本刊發表的文章均不代表本刊意見，由作者文責自負。

三、本刊只接受首發投稿。已在正式出版物和網絡上刊發者，均不視爲首發。

四、來稿請提交一份文本稿，一份電子文稿（電子郵件或磁盤）。

五、本刊實行雙向匿名專家審稿制度。稿件中請勿出現作者個人信息。有關作者姓名、單位、聯繫方式等，請另紙提供。

六、本刊對刊登的稿件擁有爲期兩年的專有版權。作者如有異議和特殊要求，請於投稿時聲明。請勿一稿兩投。

七、本刊處理來稿期限爲60個法定工作日。逾期未接到通知，作者有權對自己的稿件另行安排。因本刊經費緊張，來稿一律不退，請作者自留底稿。

八、來稿請寫明作者真實姓名(發表時筆名聽便)、工作單位、職稱或職務、通訊地址、郵政編碼、電話號碼和電子郵箱，以便聯繫。

來函請寄：

北京建國門内大街五號 中國社會科學院歷史研究所秦漢魏晋南北朝史研究室

戴衛紅 凌文超 收

郵編：100732

電子郵件請寄：jbyj2005@126.com